소련은 과연 사회주의였는가?

국가자본주의론의 분석

토니클리프 지음 | 정성진 옮김

책갈피

소련은 과연 사회주의였는가?
국가자본주의론의 분석

지은이 | 토니 클리프
옮긴이 | 정성진
펴낸곳 | 도서출판 책갈피
등록 | 1992년 2월 14일(제18-29호)
주소 | 서울 중구 필동2가 106-6 2층
전화 | 02)2265-6354
팩스 | 02)2265-6395
이메일 | bookmarx@naver.com
홈페이지 | http://chaekgalpi.com/

첫 번째 찍은 날 2011년 11월 7일
두 번째 찍은 날 2021년 3월 5일

값 22,000원
ISBN 978-89-7966-088-3 03300
잘못된 책은 바꿔 드립니다.

○ 차례

소련은 과연 사회주의였는가?

국가자본주의론의 분석

일러두기

1. 이 책은 Tony Cliff, *State Capitalism in Russia* (Bookmarks, London, 1996)를 번역한 것이다.

2. 원서의 부록2는 1948년에 클리프가 쓴 "관료 집산주의 이론 비판"인데, 이 책에서는 더 최신 논의를 담고 있는 알렉스 캘리니코스의 1996년도 논문으로 대체했다. 클리프의 원래 글 번역문은 《소련 국가자본주의》(책갈피, 1993)에 부록2로 실려 있다.

3. 원서에는 없는 부록 3과 4는 《마르크스주의와 국가자본주의 논쟁》(풀무질, 1995)에 번역·수록됐던 글들인데, 국가자본주의론을 이해하는 데 큰 도움이 된다고 여겨 사소한 오역을 바로잡고 어색한 표현을 다듬는 등 약간 손을 봐서 실었다.

4. 인명과 지명 등의 외래어는 최대한 외래어 표기법에 맞춰 표기했다.

5. 《 》부호는 책과 잡지를 나타내고, 〈 〉부호는 신문과 주간지를 나타낸다. 논문은 " "로 나타냈다.

6. 본문에서 [ ]는 옮긴이가 독자의 이해를 돕고 문맥을 매끄럽게 하려고 덧붙인 것이고, 지은이가 덧붙인 것은 [— 클리프]라고 표기했다.

7. 각주는 지은이가 설명을 첨가해 덧붙인 것이고, 옮긴이의 각주는 — 옮긴이라고 명기했다.

스탈린 체제의 무덤 앞에서

이 책의 초판은 1947년에 처음 쓰여 등사본 형태로 출간됐다. 당시는 스탈린 체제가 절정에 달했을 때였다. 즉, 소련이 나치 독일에 승리하고 동유럽 각국을 점령한 후였고, [유고슬라비아의] 티토와 스탈린이 분열하기 전이었다. 마오쩌둥의 군대가 중국 전역으로 빠르게 진군하고 있었고 완전한 승리를 거두기 직전이었다.

그로부터 42년 후인 1989년에 동유럽의 스탈린 체제들이 무너졌고 얼마 후 소련에서도 무너졌다. 스탈린 체제의 경제적·사회적·정치적 질서가 붕괴하자, 1947년에 처음 제시한 이 책의 이론적 분석이 타당한지 아닌지를 검증할 수 있는 결정적 기회가 찾아 왔다. 죽은 사람의 시체를 부검해 보면 그가 살았을 때 무슨 병을 앓았는지 알 수 있는 법이다. 사회질서가 붕괴하는 순간은 진실이 드러나는 순간이기도 하다.

스탈린 체제를 사회주의 국가나 '변질된 노동자 국가'(자본주의에서 사회주의로 이행하는 단계)로 여기는 것은 스탈린 체제가 자본주의보다 더 우월하다고 보는 것이다. 마르크스주의자가 볼 때 이것은 근본적으로 스탈린 체제가 자본주의보다 더 효율적으로 생산력을 발전시킬 수 있다는 뜻이다. 그러나 동유럽과 소련의 경제 위기 심화는 1970년대 말과 1980년대 초의 경제성장률 둔화를 빼놓고는 설명할 수 없다. 당시의 성장 둔화가 불황으로 이어졌고 결국은 동구권과 서방 선진국 사이의 격차가 갈수록 벌어지게 된 것이다.

소련의 연평균 국민총생산 성장률은 제1차 5개년계획 때 19.2퍼센트(십중팔구 과장된 수치일 것이다)였고, 1950~59년에 5.8퍼센트, 1970~78년에 3.7퍼센트, 1980~82년에는 1.5퍼센트까지 떨어지더니 지난 10여 년 동안에는 마이너스 성장률을 기록했다. 따라서 생산력이 효율적으로 발전하지 못했다는 것은 분명하다.

동유럽과 소련의 노동생산성이 서방보다 더 역동적이었다면, 동구권 지배자들이 서방의 시장 메커니즘으로 전환할 이유가 없었을 것이다. 동유럽 경제들이 예컨대 통일 독일보다 더 우월했다면, 동독 산업이 서독 산업보다 더 번창했을 것이다. 그러나 실제로는 동독 경제는 독일 통일 후 붕괴하고 말았다. 1989년 당시 동독의 취업 노동자 수는 1000만 명이었지만 오늘날에는 600만 명으로 감소했다. [옛 동독 지역의] 노동생산성은 서독의 29퍼센트에 불과하다.[1] 그래서 동독의 생산성 수준은 비록 동유럽에서는 최고 수준이었지만, 1989년 이후 공공연한 경쟁 상대였던 서독과 그 밖의 선진국 경제들보다는 여전히 낮았다.

소련이 노동자 국가였다면(아무리 변질됐더라도) 자본주의가 소련을 공격했을 때 노동자들이 나서서 자신들의 국가를 방어했을 것이다. 심지어 스탈린 체제를 가장 날카롭게 비판했던 트로츠키도 자본주의가 소련을 공격하면 소련 노동자들이 나서서 국가를 구조할 것임은 자명하다고 항상 생각했다. 소련을 지배하는 관료 집단이 아무리 부패하고 타락했을지라도 말이다.

그러나 1989년에 동유럽 노동자들은 '자신들의' 국가를 방어하지 않았다. 스탈린 체제의 국가가 노동자 국가였다면, 그 국가를 방어한 자들이 오직 루마니아의 보안경찰인 세쿠리타테Securitate와 동독의 보안경찰인 슈타지Stasi뿐이었던 이유를 설명할 수 없다. 또, 소련 노동계급이 시장을 노골적으로 대변한 보리스 옐친을 지지한 이유도 설명할 수 없다.

동유럽과 소련의 체제가 탈脫자본주의 체제였고 1989년에 자본주의가 부활한 것이라면, 어떻게 그토록 놀랄 만큼 쉽게 자본주의가 부활할 수 있었겠는가?

1989년 동유럽 혁명의 두드러진 특징은 대규모 사회적 충돌이나 폭력 사태가 없었다는 점이다. 루마니아를 제외하면 무력 충돌은 전혀 없었다. 사실, 동독·체코슬로바키아·헝가리에서 체제가 무너질 때 일어난 폭력 사태 건수가 1980년대 대처 치하 영국에서 파업 광원과 경찰이 충돌한 폭력 사태보다 더 적었다.

한 사회질서가 다른 사회질서로 바뀔 때는 반드시 한 국가기구가 다른 국가기구로 교체되기 마련이다. [그러나] 1989년에는 어느 나라에서도 국가기구는 거의 손상되지 않았다. 소련의 군대, 국가보안위원회KGB[보안경찰], 국가 관료 집단은 러시아에서도 그대로 살아남았고, 이런 사정은 다른 나라들에서도 마찬가지였다. 폴란드에서는 군대가 폴란드 국가자본주의가 시장경제로 전환하도록 촉진하는 데 일조했다. 1981년의 군사 쿠데타 주모자인 야루젤스키 장군과 계엄 치하에서 행정 업무를 관장한 내무장관 키슈차크 장군이 솔리다르노시치(연대노조)와 원탁 협상을 추진해서 마조비에츠키가 이끄는 연립정부가 수립되는 과정에서 결정적 구실을 했다. 만약 반혁명이 일어났다면, 자본주의가 부활했다면, 한 지배계급이 다른 지배계급으로 완전히 교체됐을 것이다. 그러나 우리가 목격한 것은 사회 상층부에서 똑같은 사람들이 계속 자리를 지키는 것이었다. 이른바 '사회주의' 체제에서 경제·사회·국가를 운영하던 노멘클라투라[특권층] 사람들이 이제 '시장' 체제에서 과거와 똑같은 일을 하고 있다.

소련과 동유럽에서 스탈린 체제가 붕괴하자, 국가자본주의 이론으로 무장하지 않은 전 세계 좌파들과 공산주의 운동 진영은 대혼란에 빠졌다. 전 세계의 수많은 공산당원들과 공산주의 운동 지지자들은 스탈린 체제가 사회주의의 구현이라는 주장을 받아들이고 있었다. 공산주의 운동에는 속하지 않지만 사회주의 운동에 속해 있던 수많은 사람들도 그 주장을 받아들이고 있었다. 운동 내의 좌파만 그런 것이 아니었다. 운동 내 우파인 페이비언협회 회원들, 즉 시드니 웨브와 비어트리스 웨브는 1936년에 《소련 공산주의: 새로운 문명Soviet Communism: a New Civilisation》이라는 책을 써서 스탈린 체제를 크게 칭찬한 바 있다. 스탈린 체제와 사회주의를 동일시한 많은 사람들은 스탈린 체제가 붕괴하자 이데올로기적 파탄과 도덕적 위기에 빠졌다.

예컨대, 1990년 2월 영국 공산당의 권위 있는 역사가였던 에릭 홉스봄은 "소련에서는 노동자들이 노동자 국가를 전복하고 있는 것 같은데요?"라는 질문을 받고 다음과 같이 대답했다. "소련은 분명히 노동자 국가가 아니었고, 소련에서는 아무도 소련이 노동자 국가라고 생각하지 않았으며, 노동자들은 소련이 노동자 국가가 아니라는 사실을 이미 알고 있었습니다."[2] 왜 홉스봄은 이런 말을 50년 전, 심지어 20년 전에라도 우리에게 해 주지 않았을까?

영국 공산당의 이데올로기적 혼란이 극에 달했음은 동유럽 붕괴 직후 열린 공산당 집행위원회 회의록을 보면 알 수 있다. 그 회의에서 당 사무총장이었던 니나 템플은 다음과 같이 말했다. "저는 사회주의노동자당SWP이 옳았다고, 즉 동유럽은 사회주의가 아니라는 트로츠키주의자들의 주장이 옳았다고 생각합니다. 저는 우리가 오래 전에 그렇게 말했어야 한다고 생각합니다."

영국 공산당의 국제간사인 크리스 마이언트는 한술 더 떴다. 그는 10월혁명이 "역사적으로 중대한 실수"였고 "그 결과는 엄혹했다"고 말했다. 심지어 그는 제2차세계대전, 나치의 유대인 대학살, 굴락[소련의 강제노동수용소], 여론 조작용 공개재판, 제3세계의 파시스트 독재 정권, 군비경쟁, 에티오피아의 기근, 세계의 빈곤, 베트남 전쟁 등이 모두 레닌과 볼셰비키 탓이라고 비난했다!

영국 공산당은 이데올로기적 붕괴 때문에 완전히 와해되는 지경에 이르렀다. 1945년에는 당원이 약 6만 명이었고 노동계급 사이에서 매우 광범한 영향력이 있었던 당이 이제는 수동적이고 늙은 당원 200~300명에 불과한 소규모 단체로 전락하고 말았다. 전 세계 공산당들의 사정도 대체로 비슷하다고 할 수 있다.

이데올로기적 위기는 또, 영국의 노동당 좌파에게도 큰 타격을 주었다. 1981년에 토니 벤은 노동당 부당수 선거에서 약 320만 표를 얻었고, 십중팔구 20만~30만 명의 적극적인 지지자들이 있었을 것이다. 그러나 1995년 4월에 당헌 4조를 유지하는 데 찬성표를 던진 노동당 개인 당원은 8500명뿐이었다. 물론 스탈린 체제의 파탄은 노동당 좌파의 쇠퇴에서 한 요인(비록 중요한 요인이지만)이었을 뿐이다.

사회주의는 노동계급이 혁명적 해방을 추구하는 자주적 행동의 결과다. 스탈린 체제는 그런 자주적 행동을 끊임없이 고갈시키고 혁명의 무덤을 파는 구실을 했다. 스탈린 체제가 사회주의라는 생각은 그런 생각을 받아들인 사람들에게 재앙으로 끝났다.

소련의 스탈린 체제가 국가자본주의라는 분석은 약 48년 전에 정교하게 다듬어진 것이지만 오늘날 그 가치가 입증됐을 뿐 아니라 스탈린주의를 논박하고 스탈린주의의 쇠퇴에 반동적으로 대응하지 않기 위해서도 반드시 필요하다고 나는 확신한다.

1996년 7월
토니 클리프

크리스 하먼의 머리말에서

이 책은 1948년 6월에 《소련 스탈린 체제의 성격The Nature of Stalinist Russia》이라는 제목으로 등사본 형태로 처음 배포됐다. 이것을 약간 수정한 1955년판은 《소련 스탈린 체제: 마르크스주의적 분석Stalinist Russia: A Marxist Analysis》이라는 제목으로 출간됐다. 1964년에는 《소련: 마르크스주의적 분석Russia: A Marxist Analysis》이라는 더 두꺼운 책에 제1부로 실렸고, 《소련 국가자본주의State Capitalism in Russia》라는 제목으로 처음 출간된 것은 1974년에 플루토 출판사가 펴낸 책이었다.

이 책[1996년판]의 주요 원문은 1955년판에 바탕을 두고 있는데, 1955년판은 맨 처음 나온 등사본과 몇 가지 사소한 부분에서 다르다(주로 장별 순서에서, 그리고 1948년에 유고슬라비아와 소련 사이의 분열에 관한 자료를 추가한 것과 국가자본주의의 위기를 다룬 부분을 수정한 것에서 다르다).

소련에 대한 트로츠키의 견해를 다룬 첫째 부록은 애초의 원문에서 필수불가결한 부분이다. 그것은 오늘날 트로츠키의 분석을 고수한다고 자처하는 에르네스트 만델이나 고故 아이작 도이처에게 영향받은 사람들에 대한 통렬한 답변으로 남아 있다.

둘째 부록은 애초의 원문이 완성된 직후인 1948년에 따로 쓴 글인데,* 소련이 사회주의도 자본주의도 아닌 신종 계급사회라는 견해를 다룬다. 당시 이 견해는 주로 미국의 [사회민주주의로] 전향한 옛 트로츠키주의자 맥스 샤트먼과 연관돼 있었다. 최근 이 견해는 루돌프 바로, 안토니오 카를로, 힐렐 틱틴, 지오르지 벤스와 야노스 키스[이 두 사람은 라코프스키Lakovsky라는 가명으로 공동 저술하고 있다] 같은 저자들에 의해 부활했다. 그것은 비非스탈린주의 좌파 지식인 전체의 '상식'이 되고 있는 징후를 보여 준다. 클리프의 비판은 그 주장의 구판과 신판을 모두 분쇄하고 있다.

끝으로, 클리프의 고전적 노작인 1964년판에서 부연하듯이 "마르크스주의 이론의 개념적 틀에 익숙하지 않은 독자는 처음부터 끝까지 읽어 나가는 데 일정한 어려움을 겪을 수도 있다. 5~6장, 특히 7장은 좀 어렵다고 느낄 독자가 있을 텐데, 그러면 그 장들을 뒤로 돌려서 나중에 읽는 편이 좋을 것이다." 다만 여기에 한 가지 덧붙인다면, 그럼에도 이 장들은 자본주의의 동역학에 대한 마르크스의 설명을 소련에 적용하려는 사람들이 직면하는 핵심 문제들을 다루는 비할 바 없이 중요한 장들이라는 것이다.

1988년 3월
크리스 하먼

---

* 이 한국어판에서는 샤트먼의 정치적 우경화에 따른 관료 집산주의 이론 진영 내부의 변화를 비판적으로 고찰하며 더 최신 논의를 담고 있는 알렉스 캘리니코스의 글로 대체했다. 클리프의 원래 글 번역문은 《소련 국가자본주의》(책갈피, 1993)에 부록2로 실려 있다 — 옮긴이.

1장 │ 소련 스탈린 체제의 사회·경제 관계들

소련*에서 현재 지배적인 경제·사회 관계의 두드러진 특징들을 서술하는 것으로 스탈린 체제의 성격 연구를 시작해 보자. 향후의 분석과 일반화를 위한 토대로서, 먼저 사실들을 개관해 보자.

생산 통제[1]

혁명 직후, 모든 공장의 경영권을 노동조합 수중으로 옮긴다

---

* 원문에는 '러시아'로 돼 있지만, 1991년 소연방 해체 이후의 러시아와 구별하기 위해, 특별한 경우가 아니면 모두 '소련'으로 번역했다 — 옮긴이.

는 것이 결정됐다. 그래서 소련공산당 8차 당대회(1919년 3월 18~23일)에서 채택된 강령은 다음과 같이 선언했다.

조직된 사회적 생산 기구는 우선 노동조합에 의존해야 한다. … 노동조합은 거대한 생산 단위로 전화해 노동자의 다수를, 때가 되면 모든 노동자를 각 생산 분야에 등록시켜야 한다.

노동조합이 이미 (소비에트 공화국의 법에서 명시되고 실천 속에서 인지된 바와 같이) 산업을 관리하는 모든 지방과 중앙 기관의 참여자인 한, 노동조합은 나라의 경제생활 전체를 관리하는 업무를 자신의 수중에 실제로 집중시켜야 하며, 이것을 그들의 통일된 경제적 목표로 만들어야 한다. 이와 같이 노동조합은 중앙 국가 당국과 국민경제와 광범한 노동자 대중 사이의 확고한 결합을 보장해서, 최대한 많은 노동자들이 경제관리 업무에 직접 참여하도록 유도해야 한다. 경제생활을 관리하는 데 노동조합이 참여하고, 노동조합을 통해 광범한 인민대중이 이 업무에 참여한다면 이것은 또한 소비에트 권력의 경제기구가 관료화하는 것에 맞서 싸우는 운동에도 큰 도움이 될 것이다. 그러면 인민이 생산의 결과물을 효과적으로 통제할 수 있게 될 것이다.

당세포는 노동자 공장위원회와 함께 산업 경영에 참여했다. 전문경영자는 이들과 함께, 그리고 이들의 통제를 받으며 일했다. 이 3자의 결합이 트로이카를 형성했다.

당과 노동조합에서 관료제가 강화되는 것과 함께 트로이카는 점점 더 이름뿐인 것으로 돼 갔고 점차 노동자 대중의 위로 올라섰다. 그렇지만 5개년계획이 시작되기 전까지는 여전히 노동자들의 압력에 매여 있었고, 노동자 통제의 요소도 어느 정도 남아 있었다. 결코 노동자 통제를 지지하지 않은, 오히려 스탈린의 행위를 찬미한 A 바이코프조차 다음과 같이 말했다.

사실상, 그 시기에[5개년계획 전에 ― 클리프] 기업장企業長은 대체로 작업장의 노동조합 기구인 '자브콤'(Zavkom: 공장 노동조합 위원회)과 기업 내 공산당 기관인 당세포에 의존했다. 이들 기구의 대표자들은 기업장의 활동을 감독하는 것을 자신의 의무라고 생각했고, 일반적으로 기업장의 결정에 간섭했다.[2]

거대한 공업화 드라이브가 시작되자 트로이카 체제는 더는 용인될 수 없었는데, 왜냐하면 그것의 존재 자체가 자본축적의 필요에 노동자들을 완전히 종속시키는 것을 방해할 터였기 때문이다. 그래서 1928년 2월에 최고경제평의회는 '공업 기업의 행정·기술·경영 담당자들의 권리와 의무에 관한 기본 법규'라는 제목이 붙은 문서를 공표했다. 이것은 트로이카 체제에 종지부를 찍고 경영자의 무제한 통제권을 완전히 확립하는 데 목적을 둔 것이었다.[3] 1929년 9월에 당 중앙위원회는 다음과 같이 결의했다. 노동자 위원회는 "공장 경영에 직접 간여하거나 또는 어떤 식으로든 공장 경영진을 대신하려고 해서는 안 된다. 모든 수단을 다해 1인 경영을 보장하고, 생산과 공장 발전 그리고 노동계급의 물질적 조건 개선에 일조해야 한다."[4] 경영자가 공장의 완전하고 유일한 책임자가 됐다. 그의 모든 경제적 명령은 이제 "그에게 종속된 경영 부서원들과 모든 노동자들에게 무조건 구속력 있는" 것이 될 것이다.[5] 경제 분야에서 잘 알려진 해결사 L M 카가노비치는 다음과 같이 진술했다. "직공장職工長은 작업장의 권위 있는 지도자이고, 기업장은 공장의 권위 있는 지도자이며, 각자 자신의 지위에 따르는 권리와 의무와 책임을 가진다."[6] 그의 형제 M M 카가노비치(중공업 인민위원부의 고위 관료)는 다음과 같이 진술했다. "1인 경영을 강화하는 것이 무엇보다도 필요하다. 기업장은 공장의 최고 책임자라는 생각에서 출발해야 한다. 공장의 근무원은 모두 그에게 완전히 종속돼야 한다."[7]

1935년에 발간된 한 소련 경제법 교과서는 심지어 다음과 같이 말하는 데까지 나아갔다. "1인 경영은 사회주의 경제의 가장 중요한 조직 원리다."[8]

트로이카 체제는, 당시 스탈린의 2인자 즈다노프가 중앙위원회 전원회의에서 다음과 같이 말한 1937년에 공식 폐지됐다. "트로이카 체제는 결코 용납할 수 없는 것이다. … 트로이카 체제는 경영위원회의 일종이지만, 우리의 경제관리는 완전히 다른 방향을 향해 건설된다."[9]

새로운 경영 체제는 한 공식 편람에서 아주 분명하게 규정됐다. "각 공장에는 완전한 결정권이 부여된, 따라서 모든 일에 완전한 책임이 있는 지도자(공장 경영자)가 존재한다."[10] 나아가, "1인 통제는 한편으로 경영진과 다른 한편으로 당과 노동조합 기구들 사이의 엄격한 구분을 의미한다. 이러한 엄격한 구분을 공업 관리의 모든 수준에 적용해야 한다. 계획을 달성하기 위해 현재 추진되고 있는 사업들은 경영진의 임무다. 작업장 책임자, 공장 경영자, 공업 또는 공업 부문 위원회인 글라브크Glavk의 장長 등은 각각 자기 분야 안에서 완전한 권리를 가지며, 당과 노동조합 기구들은 이들의 명령에 간여해서는 안 된다."[11]

이러한 인용문들에 비추어 볼 때 캔터베리 대성당 주임사제의 말은 얼마나 터무니없는가! "작업장의 민주주의는 소비에트 자유의 방파제다."[12]

혁명 후 처음 몇 년 동안은 법적으로뿐 아니라 실제로도 오직 노동조합만이 임금률을 결정할 수 있었다. NEP 시기 동안 임금률은 노동조합과 경영진의 협상에 따라 정해졌다. 그런데 5개년계획의 도입으로 임금률은 점점 더 인민위원부와 글라브크 같은 경제관리 기관들과 개별 공장 경영자가 결정하게 됐다. 이 주제는 이 장의 뒷부분에서 상세히 다루겠지만, 여기서는 경영자의 임금 결정권에 대한 소련 지도자들의 견해를 보여 주는 전형적인 인용문을 몇 개 제시하겠다. 1933년 6월 주요 노동조합 지도자 중 한 사람인 웨인베르크는 다음과 같이 선언했다.

적정한 수준의 임금 결정과 노동 조정을 위해서는 산업 책임자들과 기술 감독들에게 이 문제의 직접적 책임을 맡길 필요가 있다. 또, 이것은 단일한 권위를 확립하고 기업 경영의 경제성을 보장하기 위해 반드시 해야 할 일이다. … 그들[노동자들 — 클리프]은 자신의 정부에 맞서 자신을 방어해서는 안 된다. 그것은 절대적으로 잘못된 것이다. 그것은 관리 기관을 대체하는 것이다. 그것은 좌익 기회주의적 도착倒錯 행위이고 개별 권위의 말살이며 관리 부서에 대한 간섭이다. 그것은 시급히 일소돼야 한다.[13]

이듬해 중공업 인민위원인 오르조니키제는 중공업 경영자 협의회에서 다음과 같이 연설했다.

기업장, 경영자, 직공장으로서 여러분은 임금 문제의 구체적 세부 사항까지 모두 직접 다뤄야 하며, 가장 중요한 이 문제를 아무에게나 맡겨서는 안 됩니다. 임금은 여러분의 손에 있는 가장 강력한 무기입니다.[14]

얼마 후에 정치국원 안드레예프는 다음과 같이 선언했다.

임금 수준은 전적으로 산업 책임자들에게 맡겨야 한다. 그들이 기준을 정해야 한다.[15]

그리고 '성과급과 분규 조정 위원회'가 그 이름은 계속 유지하면서 특별히 임금률과 근로 기준을 정하는 데 관여하지 못하도록 배제되는 변칙적인 상황이 벌어졌다![16]

노동자들은 자신의 이익을 방어할 조직을 결성할 수 없다

레닌과 트로츠키 시절 노동자들은 자신들의 국가에 맞서서조차 스스로 방어할 권리가 있었다. 그래서, 예컨대 레닌은 다음과 같이 말했다. "현재 우리 국가는 관료적으로 일그러진 노동자 국가다. … 우리 국가는 완전하게 조직된 프롤레타리아가 그 국가에 맞서 자신을 방어해야 하는 그러한 국가다. 그리고 노동자들이 우리 국가를 방어할 수 있도록, 우리는 이러한 노동자 조직들(노동자들이 자신들의 국가에 맞서 자신들을 방어하는 데 필요한)을 활용해야 한다."[17]

국가가 파업을 금지해선 안 된다는 것이 당연시됐다. 11차 당대회에서는 "국영기업에서 파업을 허가하지 말 것"을 제안한 당 지도자는 오직 한 사람 V P 밀류틴뿐이었다.[18] 다른 당 지도자들은 모두 비록 당원들이 파업에 찬성하는 다수의 노동자들과 견해가 다르더라도 파업에 참가하는 것이 당원의 의무라고 말했다. 그리고 사실, 혁명 후 처음 몇 년 동안에는 파업이 많았다. 1922년에는 국유기업에서 노동자 19만 2000명이 파업에 들어갔다. 1923년에 그 숫자는 16만 5000명, 1924년에는 4만 3000명, 1925년에는 3만 4000명, 1926년에는 3만 2900명, 1927년에는 2만 100명, 1928년 상반기에는 8900명에 달했다. 1922년에 노동쟁의에 참가한 노동자 수는 350만 명이었고 1923년에는 159만 2800명이었다.[19]

오늘날 노동조합들이(그것들을 노동조합이라고 부를 수 있다면) 노동자들의 이익을 방어하기 위해 하는 일은 아무것도 없다. 노동조합에 대한 무시는, 9차 노동조합 대회 이후 10차 노동조합 대회가 열리기까지 17년이 걸렸다(1932~49년)는 사실에서 명백하게 드러난다. 이 기간에 노동자들의 상황에 심대한 변화가 일어났다. 예컨대, 7시간 노동제 폐지, 스타하노프 운동, 많은 가혹한 법률 제정 등이 있었다. 대회가 마지막으로 열렸을 때, 그 사회적 구성이 다음과 같이 나타난 것처럼 그것은 전혀 노동자들을 대표하지 않았다. 대의원의 41.5퍼센트는 전업적인 노동조합 관료였고, 9.4퍼센트는 전문 기술자였으며, 오직 23.5퍼센트만이 노동자들이었다(1932년의 9차 대회에서는 대의원의 84.9퍼센트가 노동자였다).[20]

더욱이, '노동조합'은 임금 결정에서 아무 발언권도 없었다.

1934년에 단체협약은 더는 체결되지 않았다.[21] 1940년에 노동조합 중앙평의회 의장 시베르니크는 단체협약 폐지에 대해 다음과 같이 설명했다.

계획이 경제 발전의 결정적 요소가 될 때 임금 문제는 계획과 관계없이 따로 결정될 수 없다. 따라서 임금 조정의 한 형태로서 단체협약은 그 유용성을 상실했다.*[22]

1947년 2월에 이른바 단체협약이 다시 체결됐지만, 스탈린 체제의 지도자들은 이 새로운 협약이 다른 나라들에서 흔히 단체협약이라고 부르는 것과는 아무 관계도 없다는 점(임금 문제는 그 협약에 포함되지 않으므로)을 아주 명확히 했다. 시베르니크가 노동조합 월간지에 썼듯이 "임금의 변화는 오직 정부 결정으로만 이루어질 수 있다."[23] 그리고 관변 노동법 해설자는 이에 호응해 다음과 같이 썼다. "오늘날의 단체협약은, 임금률과 여타 노동조건이 정부 법령으로 확정되지 않았을 때 만들어진 협약들과는 당연히 내용이 달라야 한다."[24]

1938~44년에 발간된 노동법 교과서들은 그 주제를 거론조차 하지 않는다. 그러나 얼마 후(1946년에) 발간된 한 교과서에는 다음과 같이 서술돼 있다.

---

* 대외용으로 출간된 책들이 지금도 단체협약이 계속 존재하는 양 서술하는 것을 보면 재미있다. 예컨대 Lozovsky, *Handbook on the Soviet Trade Union*, Moscow, 1937, pp. 56~57을 보시오.

실생활 자체는 단체교섭 관행의 복구가 적절하지 않다는 것을 보여 준다. 임금노동자와 봉급 근무원의 노동관계를 법적으로 조정하는 특정 형식인 단체협약은 그 의의를 상실했다. 국가의 표준 법령에 따라 이러한 관계의 모든 측면들이 세부적인 부분까지 조정되므로, 이런저런 노동조건에 관한 계약상의 협약 여지는 전혀 남아 있지 않다.[25]

그래서 1947년에 발간된 한 노동법 교과서는 노동법을 인용하면서도 58조는 포함시키지 않았다. 그 58조는 다음과 같다. "자신의 노동에 대해 근무원이 받는 보수의 액수는 단체협약과 개별 고용계약으로 결정된다."[26] 그러나 그 교과서에는 다음과 같은 말도 있다. "임금과 봉급 액수는 현재 정부 결정으로(또는 정부 방침에 입각해) 정해져 있다. … 임금과 봉급 액수를 결정할 때 당사자들의 협약은 부차적 구실을 한다. 그러한 협약은 법률에 어긋나서는 안 되며 오직 법률로 엄격히 규정된 한계 내에서만 허용된다. 예컨대, 구체적 액수가 사례마다 정해져 있고, 그 사례들에서는 인가된 임금 목록이 임금률을 '~부터' '~까지'로 규정해 놓았거나, 다른 직업을 가진 사람을 시간제로 고용할 경우의 보수 등을 정해 놓았다."[27]

마찬가지로, 노동조합 중앙평의회 임금분과 소장 A 스테파노프는 다음과 같이 썼다. "임금 목록과 임금은 정부가 정한다."[28]

임금 관련 교섭을 일절 배제하는 단체협약(그런데 임금 교섭은 어떤 단체협약에서도 노동자들의 주된 관심사일 수밖에 없다), 즉 협약의 모든 주요 쟁점에 관해 정부의 발언권이 결정적 영향을 미치는 단체협약은 그저 관료적 형식주의와 속임수일 뿐이다.

노동계급의 원자화

비록 현대 자본주의의 거대한 공업 플랜트들은 노동자들을 계급으로서 통합시키는 데 의심할 바 없이 강력한 객관적 요인으로 작용하지만, 고용주들은 이러한 통일을 와해시킬 여러 가지 효과적인 방법들을 갖고 있다. 그중 가장 중요한 한 가지는 성과급 제도를 이용해 노동자 간 경쟁을 조장하는 것이다. 굶주림의 위협 때문에 노동자들은 사용자에 맞서 단결하기도 하지만 노동자끼리 서로 생존 투쟁을 할 수도 있는 것이다.

예컨대, 성과급 제도는 나치 독일에서도 똑같은 목적을 위해 대대적으로 이용됐다. 프란츠 노이만은 다음과 같이 썼다.

사회민주주의 노동조합의 직급별 임금은 [나치 — 클리프] 노동헌장 29조에 규정된 '성과급'Leistungslohn으로 대체됐다. 히틀러는 [1936년 나치의] '명예의 당대회'에서 다음과 같이 말했다. "시간당 임금률의 증가를 일절 허용하지 않고 오직 성과의 증대로 소득을 끌어올리는 것이 국가사회주의[나치] 지도부의 철의 원칙이다." 임금정책의 원칙은 성과급과 상여금, 심지어 청소년 노동자를 뚜렷하게 선호한다는 것이다. 그런 정책은 노동자들의 사기를 완전히 떨어뜨린다. 왜냐하면 그들의 가장 이기적인 본능을 자극해서 산업재해를 급격히 증대시키기 때문이다.[29]

또, 노이만은 어째서 나치가 성과급 제도를 적용하는 데서 그렇게 멀리 나아갔는지를 설명한다.

성과급이 압도적이다 보니 임금 격차 문제는 중요한 사회정책이 된다. 무엇보다 중요한 점은 이 문제를 경제적 문제가 아니라 대중 통제라는 **결정적인 정치적 문제로** 이해해야 한다는 것이다. … 임금 격차는 바로 국가사회주의 임금정책의 본질이다. … 임금정책은 대중조작이라는 목표에 의식적으로 맞춰져 있다.[30]

스탈린주의자들도 나치와 똑같은 목적으로 성과급을 이용했다. 5개년계획이 도입된 이후, 성과급에 따라 임금을 받는 공업 노동자 비율이 매우 급격히 증가했다. 1930년에 그 비율은 전체 노동자의 29퍼센트였는데, 1931년에는 65퍼센트로, 1932년에는 68퍼센트로 증가했다.[31] 1934년에는 모든 공업 노동자의 거의 4분의 3이 이른바 '사회주의 경쟁'에 참가하고 있었다.[32]

1944년에는 각종 산업에서 '사회주의 경쟁'에 참가하는 노동자와 근무원의 비율이 다음과 같았다. 석유산업 82퍼센트, 항공산업 81퍼센트, 무기산업 85퍼센트, 공작기계산업 81퍼센트, 군수산업 81퍼센트, 자동차산업 86퍼센트, 전기기계산업 83퍼센트, 고무산업 83퍼센트, 면직산업 91퍼센트, 제화산업 87퍼센트.[33] 1949년에는 90퍼센트 이상의 노동자가 '사회주의 경쟁'에 참가했다.[34]

경쟁을 더욱 치열하게 만들려고, 임금 급여가 생산량과 정비례하는 단순성과급(다른 나라의 관행인)이 아니라 누진성과급이 도입됐다. 이것이 어떻게 적용됐는지 보여 주는 몇 가지 사례가 있다.

석유산업을 다룬 한 소책자는 표 1-1과 같은 급여 규모를 인용한다.[35]

그래서 기준량을 50퍼센트 초과해 생산하는 노동자는 [임금] 기준액을 110퍼센트 초과해 지급받았다. 그의 생산량이 기준량을 70퍼센트 초과했다면, 그가 받는 액수는 기준액을 189퍼센트 초과한 액수가 된다. 생산량이 기준량을 100퍼센트 초과했다면, 지급 액수는 기준액을 300퍼센트 초과하게 된다. 이런 식으로 계속된다.

표 1-1_ 기준량 초과에 따른 성과급 증가분

기준량의 초과 달성(퍼센트)	성과급 증가분(퍼센트)
1~10	5
11~20	10
21~30	20
31~50	40
51~70	70
71 이상	100

증가율은 몇몇 다른 산업들에서 훨씬 더 급격하다. 그래서 예컨대 공작기계산업부의 공장들에서는 표 1-2와 같은 누진성과급이 존재했다.[36]

표 1-2_ 공작기계산업부 공장들의 누진성과급

기준량의 초과 달성(퍼센트)	성과급 증가분(퍼센트)
1~10	30
10~25	50
25~40	75
40 이상	100

기준량을 50퍼센트 초과해 생산하는 노동자는 기준액의 200퍼센트를 초과해 지급받는다!

소련의 사정을 감안하면 누진성과급 제도는 이중으로 반동적이다. 쓸 수 있는 소비재 양이 계획에 따라 사전에 결정되므로, 그리고 기준량을 초과 달성한 노동자들은 그들의 생산량에 상응하는 것보다 훨씬 더 많이 구매할 수 있으므로, 기준량을 달성하지 못한 노동자들은 생산량이 실제로 보장하는 몫보다 훨씬 더 적게 받는다는 결론이 나온다.

누진성과급 제도는 기본 생산기준을 끊임없이 끌어올려 국가가 노동자들의 생활수준을 끌어내릴 수 있게 해 준다. 실제로 1935년 말에 있었던 스타하노프 운동의 시작은 뒤이어 모든 산업에서 생산 기준량의 변화를 가져왔다. 새로운 기준은 평균적인 노동자의 생산량에 따라 결정된 것이 아니라 "스타하노프상을 받은 노동자들의 생산량을 다른 노동자들의 평균치와 합산해 평균을 내"서 결정됐다.[37]

1936년 초 대부분의 주요 산업들에서 작업 기준량은 다음과 같은 비율만큼 높아졌다. 석탄 22~27.5퍼센트, 철과 강철 13~20퍼센트, 공작기계 30~40퍼센트, 비철非鐵야금 30~35퍼센트, 석유 27~29퍼센트, 화학 34퍼센트,[38] 섬유 35~50퍼센트, 건축 54~80퍼센트.[39]

1937년과 1938년에 기준량은 더한층 높아졌다. 이러한 상승의 결과, 금속산업에서 60퍼센트의 노동자들이 기준량을 달성할 수 없었다.[40] 1941년 4월 16일 시베르니크는 모든 산업에서 22~32퍼센트의 노동자가 기준량을 완수하지 못했다고 밝혔다.[41]

노동계급의 원자화 드라이브의 어처구니없는 결과 중 하나이자 관료적 부실 경영의 불가피한 귀결은 어마어마한 수준의 기준량들이 설정된 것이다. 그래서, 예컨대 1939년에 기계와 수송수단 건설 인민위원회에만도 202만 6000가지의 작업 기준량이 있었다![42]

원래는 이런 기준량이 노동자들의 건강을 해치지 않도록 기준량을 점검하는 제도가 있었다. 1936년에 그 제도의 폐지는[43] 정부가 노동자 간의 '자유'경쟁을 아주 가혹하게 실시하기로 결정했음을 명백히 보여 줬다. 그리고 당연히 스타하노프상을 받은 노동자들은 그 과정에서 강력한 도구였다. "영국 노동자라면 자신의 고유한 관점에서, 즉 작업 속도를 높이려는 노력을 좌절시키고자 하는 노동자로서 아마 그들[스타하노프상을 받은 노동자들 — 클리프]을 파업 파괴자로 불렀을 것이다" 하고 메이너드는 썼다.[44] 소련 노동자들도 똑같은 생각을 했다는 사실은 수많은 '사보타주' 건수나, 심지어 노동자들이 스타하노프상 수상자들을 살해한 것에서도 증명된다.[45]

때때로 스탈린주의 저자들은 가장 정교한 자본주의적 착취 방법인 테일러시스템과 스타하노프 운동의 유사성을 무심코 발설한다. 그래서, 예컨대 고등교육부가 인가한 한 편람(석유산업 고등교육기관을 위해 저술된 것)에는 다음과 같은 말이 있다. "노동도구의 이용 증대라는 차원에서 테일러의 견해와 방법은 무조건 진보적이다."[46](반면 레닌은 테일러시스템을 "기계에 의한 인간의 노예화"로 규정했다.[47])

노동자의 법적 자유를 부정하다

제1차 5개년계획이 시작되기 전까지 노동자들은 자기 재량으로 근무지를 바꿀 자유가 있었다. 노동자들이 일하고 싶은 데서 일할 권리는 실제로 1922년 노동법으로 보장됐다. "한 기업에서 다른 기업으로 피고용인을 전근시키거나 한 지역에서 다른 지역으로 전출시키려면, 기업이나 기관이 이동할 때조차도 해당 노동자와 근무원의 동의가 있어야만 한다.[48] 노동자들은 또 방해받지 않고 한 지역에서 다른 지역으로 이주할 수 있었다. 심지어 1930년에도 《소련 소小백과사전》에는 "제정 시절 경찰이 노동 대중을 억압하는 도구였던 국내여권제는 10월혁명으로 폐지됐다"고 명시돼 있었다.[49]

그러나 1931년에 이르러서는 어떤 노동자도 특별 허가 없이는 레닌그라드를 떠날 수 없게 됐다. 1932년 12월 27일부터 이 제도는 소련의 모든 지방에 적용됐고, 누구든지 허가 없이 자신의 거주지를 바꾸지 못하도록 차르 시대보다 훨씬 더 억압적인 국내여권제가 도입됐다.[50]

이미 1930년 12월 15일에 모든 공업 기업들은 허가 없이 원래 근무지를 떠난 사람들을 고용하는 것이 금지됐고,[51] 앞서 말한 1922년 노동법의 37조도 1932년 1월 1일 폐지됐다.[52]

근무기록부가 1931년 2월 11일 공업과 운송 노동자들에게 도입됐고, 1938년 12월 20일에는 다른 모든 노동자들에게까지 확대됐다.[53] 이 근무기록부는 노동자가 취업할 때 기업장에게 먼저 제시해야 하는 것으로, 기업장은 노동자를 해고할 때 그 이유를 근무기록부에 낱낱이 명기하도록 지시받았다. 어떤 노동자도 자신의 근무기록부를 제시하지 않으면 새로운 일자리를 얻을 수 없다. 빅토르 세르주는 이것이 실제로 얼마나 악랄하게 시행됐는지를 잘 보여 주는 글을 썼다. "여권은 직장에서 발급받는다. 직장을 옮길 때마다 그 사유가 여권에 기입된다. 나는 '자발적' 노동(그래서 당연히 보수를 받지 않는)을 헌납하러 휴일에 나오지 않았다는 이유로 해고된 노동자들의 이야기를 알게 됐는데, 그들의 여권에는 '생산 계획을 사보타주해서 해고됨'이라고 쓰여 있다."[54]

1932년 11월 15일의 법령 하에서는 정당한 이유 없이 하루 동안 직장을 결근하는 노동자는 누구든 해고될 수 있었다. 소련 상황에서 훨씬 더 심각했던 것은 해고 노동자의 집이 근무지와 붙어 있을 경우 퇴거당할 수도 있었다는 것인데,[55] 이는 공업 노동자, 광원 등에게 흔한 일이었다.

1932년 12월 4일 인민위원회와 당 중앙위원회는 결근을 겨냥한 법령을 또 하나 공포했다. 이번에는 식량과 기타 생활필수품 공급을 공장 책임자가 통제하게 됐다.[56]

1938년 12월 28일의 법령은[57] 지각하거나 조퇴하는 노동자나 점심시간을 너무 오래 끌거나 조업 중에 태만한 노동자들을 겨냥한 것이었다. 위반자들은 더 낮은 등급의 일자리로 전출됐고 한 달 동안 세 차례 또는 두 달에 네 차례 규정을 위반하면 해고됐다. 법령의 공식 해석은, 해고보다 가벼운 벌칙은 노동자의 지각 또는 태만 시간이 20분 이하일 때만 부과돼야 한다는 것이었다. 단 한 번이라도 시간이 이보다 더 초과되면 그 노동자는 즉각 해고당한다. 해고된 노동자는 주거가 근무지에 붙어 있으면 주거지를 잃을 뿐 아니라 다른 면에서도 마찬가지로 불이익을 받는다. 예컨대, 장애·노령·부양자 등을 위한 연금뿐 아니라 질병수당률도 한 기업에서의 근속 기간에 따라 좌우된다. 이 새로운 법령의 실행을 확실하게 하기 위해, 이 벌칙을 부과하지 않는 기업과 공장의 책임자들은 해임이나 형사처벌을 당할 것이라는 점을 명문화했다. 그랬는데도 2년이 채 안 돼, 노동력 부족 때문에 해고 위협은 의도했던 성과를 내지 못했다는 것이 분명해졌고, 그래서 벌칙은 개정됐다.[58] 1940년

6월 26일자로 관할 당국이 허가할 만한 이유 없이 단 하루라도 결근하는 노동자는 이제 해고당하지 않는 대신에 근무지에서 6개월 이하의 강제 노동과 25퍼센트까지 이하의 감봉 처분을 받았다. 이 개정된 법령 하에서는, 몸이 아파 일을 할 수 없거나 교육기관에 들어가게 되거나 상급 당국이 특별히 허가한 경우가 아니면 어떤 노동자도 자기 일자리를 떠날 수 없다.

이 법령이 공포된 후, 의사의 진단서를 얻어 작업을 면제 받으려는 노동자들의 불법적 시도가 매우 가혹하게 처벌됐다. 그래서, 예컨대 1940년 8월 27일치 〈이즈베스티야〉는 다음과 같이 보도했다. "1915년생 T V 티모닌의 사례. 8월 23일 [피고는 - 클리프] 진료소에 와서 작업을 면제시켜 줄 의사의 진단서를 발급해 달라고 요구했다. 그런데 체온계가 정상 체온을 가리키자 이를 분하게 여긴 그는 활자로 옮길 수 없는 추악한 말을 사용했다. 그는 8월 23일 3년 징역형을 받았고, 형기 만료 후에는 소련 내 9개 지정 도시에서 거주하는 것이 금지됐다."

이 법령이 공포된 지 몇 달 후에 어떤 부인들은 가내 시종들[하인들과 가정부]에게도 이 법이 적용돼야 한다는 주장의 글을 언론에 써 보냈다.[59] 비록 해당 신문인 〈이즈베스티야〉가 그 주장에 동의하지는 않았지만, 이른바 "사회주의에서 공산주의로 이행"하는 시기에 그런 주장이 나왔는데도 전혀 놀라움을 표시하지 않았다는 것은 소련 내의 상황에 관한 기가 막힌 논평이다!

그 근무 태만 처벌법에서 단지 한 걸음만 옮기면 모스크바 당위원회 선전선동부의 기관지에 발표된 다음과 같은 선언으로 나아가게 된다. "생산노동을 위해 480분을 모두 사용하지 않는 자는 노동

규율을 준수하지 않는 자다."[60] 소련 밖 세계의 어떤 노동자도 이 필수적인 '사회주의적 기준'을 준수하지 않는다는 사실은 말할 나위도 없을 것이다!

1940년 10월 19일에는 산업 경영진이 "한 기업이나 기관에서 다른 기업이나 기관으로 공장기사, 기술자, 직공장, 근무원, 숙련노동자를 강제 전근"시키는 것을 허용하는 법령이 공포됐다.[61]

1941년 12월 26일 공포된 법령으로 노동계급의 자유를 더 야만적으로 제한하는 조처가 도입됐다. 이 법령은 허가 없이 군수산업체를 이탈한 노동자에게 5년형에서 8년형까지의 벌칙을 부과했다(위반자들은 군사법원에서 재판을 받았다).[62] 1943년 4월 15일 공포된 법령은 철도 노동자들을 완전히 군사적 규율로 묶어 놓았다. 그들은 상급자가 명령하면 재판 없이, 그리고 법정에 호소할 기회도 없이 최고 20일 동안 합법적으로 구금당하게 됐다.[63] 비슷한 법규들이 해상과 내륙의 수로 노동자,[64] 우편·전신·라디오 방송국 근무원, 전력기관 근무원 등의 노동자들에게도 적용됐다. 허가 없이 직장을 떠나는 것과 같은 위반 사례들은 이후 매우 혹독한 처벌을 받았다.[65] 이러한 전시 법령들은 전쟁이 끝난 뒤에도 계속 시행됐다는 것은 분명하다.

1920년대 말 스탈린 체제의 관료들이 승리한 직후 파업은 금지됐고 파업자들은 사형선고를 받게 됐다. 사형 제도가 폐지된 뒤 그 벌칙은 20년 징역형이 됐다. 물론 파업은 그 이름대로 불리지 않았다. 그래서 《법령집》에서 파업 관련 조항으로 해석할 수 있는 항목은 1927년 6월 6일 포고된 다음과 같은 법조문뿐이었다. "반혁명적 사보타주, 즉 맡은 바 직무 수행을 고의로 게을리할 때 또는 정부나 정부 기구의 권위를 약화시키려는 특정한 목적에 따라 고의로 부주의하게 직무를 수행할 때는 1년 이상 자유를 박탈하고 재산의 전부나 그 일부를 몰수한다. 단, 상황이 특히 심각할 때는 벌칙이 사회보위의 최고 조처(재산 몰수와 함께 총살형)로까지 가중된다."[66]

스탈린 체제 노동법의 의의는 다음의 말 속에 잘 요약돼 있다. "사기업이 허용된 신경제정책NEP 시기보다 노동자의 법적 지위는 더 악화했다. 자본주의 세계에서 노동자가 자신을 변호할 수 있는 모든 통로(입법·사법·행정 기관과 노동조합)가 소련에서는 산업 노동의 주된 고용주(정부)의 기관이다. 현 소련 노동법의 또 다른 특징은 수많은 벌칙 조항이다. 노동법은 대부분 형법이다."[67]

여성 노동

전체 노동자들의 상태는 확실히 혹독했다. 여성 노동자들의 상태는 아주 소름끼쳤다.

1922년의 노동법은 "특히 과중하고 비위생적인 생산노동과 지하 작업에" 여성(과 아동)의 고용을 금지했다.[68] 1923년 11월 14일 노동인민위원부와 최고경제평의회가 공포한 행정명령은 10러시아파운드(4.1킬로그램)를 초과하는 짐을 나르거나 움직이는 작업을 하는 직종에 여성을 고용하는 것을 완전히 금지했다. 최고 40러시아파운드(16.4킬로그램)의 짐 운반은 노동시간의 3분의 1을 넘지 않을 때만 허락됐다.[69] 오늘날 이러한 보호 장치들 가운데 남아 있는 것은 단 하나도 없다. 예컨대, 여성이 탄갱 안에서 가장 힘든 작업을 종종 하는데, 소련 당국은 이를 위대한 업적으로 묘사한다. 건축업에서 무거운 짐을 운반하는 작업이나 부두 하역 노동자와 철도 노동자 등의 작업에서도 마찬가지다.

1932년에 노동인민위원부 산하 과학평의회는 여러 탄광 지대의 직업병을 조사·연구하는 기관 네 곳에 지하 작업이 여성에게 미치는 영향을 조사해 달라고 요청했다. 캅카스 탄광 지대의 기관은 지상 작업에 고용된 148명과 지하 작업에 고용된 444명, 도합 592명의 여성 탄광 노동자들을 진료·조사해, 지하 작업이 지상 작업보다 임산부에게 결코 더 유해하지 않다는 결론에 도달했다. 또, 이 조사를 맡은 모든 기관은 "각종 지하 작업을 포함한 채광 작업이 모체에 아무 해도 없으므로 이 분야에서 여성 고용을 상당히 늘릴 수 있다는 데 모두 동의했다."[70] 탄광 여성들은 소련 언론이 증언한 것처럼, 석탄 하적과 채탄을 포함한 모든 종류의 작업을 하고 있었다. 한 기관지는 다음과 같이 썼다. "도네츠 분지에서 처음으로 여성 하적 노동자들의 분임조가 조직됐다. 이제 바비체바 조組의 여성 10명은 매일 석탄을 각각 14~15톤씩 하적한다. 이 조에는 이미 자체의 채탄기 운전자 파울리나 탄츄라가 있다."[71]

1937년에 또 한 사람의 관변 필자는 다음과 같이 말했다. "가장 흥미로운 점은, 자본주의 사회에서는 여성들에게 허용돼 있지 않은, 그리고 자본주의 나라들에서 '성격상' 여성들이 할 수 없는 남성의 일로 여겨지는 산업 분야들에서 여성의 수가 증가해 왔고 지금도 계속 증가하고 있다는 점이다. 자본주의 탄광업에서 여성들은 매우 사소한 구실을 할 뿐이다. 탄광업에 고용된 전체 노동자 중 여성이 차지하는 비율은 프랑스(1931년) 2.7퍼센트, 이탈리아(1931년) 1.8퍼센트, 독일(1932년) 1퍼센트, 미국(1930년) 0.6퍼센트, 영국 0.6퍼센트다. 소련에서는 여성이 전체 탄광 노동자의 27.9퍼센트를 차지한다. 건설업도 비슷하다. 앞에서 말한 나라들에서 이 분야의 여성 노동 비율은 0.5퍼센트(이탈리아)에서 2.9퍼센트(독일) 사이다. 소련에서는 19.7퍼센트다. 금속공업에서 그 비율은 3퍼센트(미국)에서 5.4퍼센트(영국) 사이다. 소련의 금속공업에서는 전체 노동자의 24.6퍼센트가 여성이다."[72] 스탈린주의자인 저자는 소련 말고도 많은 여성이 탄광에 고용돼 있는 다른 두 나라(인도와 일본,[73] 두 나라 모두 노동자의 끔찍한 상태로 악명 높다)가 존재한다는 사실을 말하지 않는다. 당시 스탈린 체제에 매우 호의적이었던 샬럿 홀데인은 철도 건설 분야에서 여성 노동의 가혹한 실태를 목격한 이야기를 다음과 같이 전하고 있다.

아르한겔스크에서는 부두를 따라 약 5마일의 협궤狹軌철도 선로를 놓아야 했다. … 나는 이 일을 전부 여자들이 하는 것을 보았다. 전철기까지 갖추어진 선로가 48시간 만에 놓였다. 그들은 햇빛과 전깃불 아래서 밤낮으로 일했다. 작업 기간 거의 내내 눈이 내려 얼어붙었지만, 그들은 아랑곳하지 않고 계속 일했다. 화물검사원들도 모두 여성이었다. 그들은 교대로 24시간씩 일했다. 일하는 도중에 가끔 한두 시간씩 짧게 휴식을 취했는데, 이때 그들은 부두의 목조 오두막으로 들어가서 양배추 수프와 검은 호밀빵을 먹으며 싸구려 차를 마시고 옷을 입은 채 불편한 선잠을 자고 나서 다시 일하러 돌아왔다.[74]

또 다른 스탈린 지지자 힌두스는 다음과 같이 썼다.

러시아인 생활의 두드러진 측면 가운데 하나는 여자 일용노동자들이 존재한다는 점이다. 그들은 곡괭이와 삽으로 일하고, 무거운 목재를 나르며, 손수레를 끈다. 모스크바에서 지하도가 건설 중일 때 여자들은 남자들과 나란히 지하에서 일했다. 여자들이 벽돌을 놓고 서까래를 세우며 다른 힘든 공사장 일을 하는 광경은 어느 도시에서나 흔히 볼 수 있었다. 낮 교대시간과 마찬가지로 밤 교대시간에도 그런 일을 하는 여자들이 눈에 많이 띈다.[75]

이런 이야기들을 듣다 보면 다음과 같은 스타하노프의 진술은 정말 아이러니처럼 들린다. "소련 인민들에게 노동은 즐거움이 됐다."[76]

강제 노동

소련에서 강제 노동은 여러 형태로 그리고 다양한 정도로 존재한다. 예컨대, 콜호스의 장長과 공장·탄광·운송업체가 체결한 계약에 따라, 콜호스는 일정 수의 노동자를 업체에 공급한다. 그러나 이런 유형의 강제 노동은 이 절에서 다루지 않겠다. 여기서는 다만 노동자 자신이 아무 법적 자유도 없어서 노동력이 상품으로 매매되지 않는 강제노동수용소의 극단적인 형태만 살펴볼 것이다.

제1차 5개년계획 시기까지 재소자 노동은 규모가 아주 작아서 소련 경제에 실질적 의의가 전혀 없었다. 1928년에 수용소 재소자는 겨우 3만 명뿐이었는데, 당국은 그들을 강제 노동시키는 데 반대했다. 1927년에 교도 행정을 맡고 있던 관리는 다음과 같이 썼다. "재소자 노동을 착취하는 것, 즉 재소자들에게서 '황금의 땀'을 짜내는 제도, 구금 시설에서 생산을 조직하는 것은 상업적 관점에서 수익성은 있지만 근본적으로 교정의 의의가 없는 조처들로서 소련의 구금 시설에서는 결코 용납될 수 없다."[77] 당시 모든 재소자가 생산한 총가치는 그들의 유지비 가운데 아주 작은 비율만을 차지했다.

그러나 5개년계획이 시작되면서 사정은 근본적으로 변했다. "전에 북부 강제수용소의 GPU* 관리였던 키젤료프-그로모프는 1928년에 수용소 재소자가 3만 명에 불과했다고 진술한다. … 1930년에는 모든 수용소 재소자의 수가 도합 66만 2257명으로 추산됐다."[78] 입수 가능한 증거에 바탕을 두고 달린은 1931년 무렵에는 거의 200만 명이, 1933~35년에는 약 500만 명이, 1942년에는 800만~1500만 명이 강제수용소에 있었다고 결론지었다.[79] 여러 해 동안 소련의 강제수용소에 있었던 유고슬라비아 공산당의 옛 지도자 안톤 실리가는 숙청의 절정기였던 1930년대에 재소자 수가 약 1000만 명에 이르렀다고 추산한다.[80]

소련의 노예노동 실태는, 빵 절도 같은 가장 초보적인 범죄를 중벌에 처한 사례들을 보도한 언론 기사뿐 아니라 투표자 통계에서도 간접적으로 가늠해 볼 수 있다. 소련에서는 강제수용소 재소자를 제외한 18세 이상의 성인은 모두 투표권이 있다. 1939년의 인구조사 결과를 보면, 58.4퍼센트가 당시 18세 이상이었다. 1946년에 이 비율은 확실히 증가했을 것이다. 우선 첫째로, 리투아니아와 라트비아 등 소련에 새로 병합된 지역들의 아동 비율은 1939년 당시 소련보다 더 낮았고, 다음으로 전쟁은 성인보다 아동의 사망률을 더 증

---

* 게페우, 스탈린 치하 소련의 보안경찰. 1935년 내무인민위원부로 개칭 — 옮긴이.

가시켰을 뿐 아니라 출생률도 급격히 저하시켰다. 그러나 1946년의 18세 이상 인구 비율이 1939년과 거의 같았다고 가정하더라도 1억 9300만 명 가운데 1억 1270만 명은 여전히 그 연령 집단에 속했어야 한다. 그런데 단지 1억 170만 명만이 투표권이 있었다. 이러한 계산 방식을 따르면 적어도 1100만 명은 강제노동수용소에 있었음이 틀림없다.

강제수용소가 대규모였음을 알려 주는 다른 지표들도 있다. 예컨대, 제2차세계대전 때 볼가 독일 공화국[독일계 주민들이 압도 다수였다]이 해체됐는데(체제에 대한 충성심이 없다는 것이 이유였다고 한다), 그 주민의 십중팔구는 강제수용소로 추방됐다. 전쟁 때 독일군에게 점령당한 지역의 많은 공화국이 해체됐다. 이러한 해체는 언론에 언급조차 안 됐다. 많은 공화국이 사라졌다는 사실은 〈프라우다〉가 1945년 10월 17일 다음 총선거를 위한 유권자 명단을 게재했을 때 비로소 알려졌으며, 그것이 언제부터인가는 아무도 알 수 없었다. 그 공화국들은 크림 타타르 자치공화국, 칼무크 공화국, 체체노-인구시 공화국, 카라체프 자치지구 등이다.[81] 카바르디니아-발카르 자치공화국은 발카르인들의 추방 이후 카바르디니아 공화국이 됐다.[82] 이들 지역의 인구는 200만 명이 넘었다. 그들의 행방에 대해 입수 가능한 공식 정보는 아무것도 없다. 십중팔구 그들도 강제수용소로 보내졌을 것이다.

그러나 소련의 노예노동 규모를 가늠할 수 있는 관련 자료 중에서 가장 명확한 증거는 '1941년도 소련 국민경제 발전에 대한 국가계획'에서 발견된다.[83] 이 자료를 보면, NKVD(내무인민위원부: 게페우 후신)가 경영하는 모든 기업이 생산할 총가치는 1941년에 1926/27년 가격 기준 19억 6900만 루블로 계획됐다.[84] 이것은 모든 재소자 노동의 총생산량이 380만 루블이었던 1925년과 비교해 엄청나게 증가한(500배 이상!) 것이다.[85] 1941년 당시 재소자의 1인당 생산량이 1925년과 똑같았다면, 1500만 명이나 되는 노예노동자가 있었을 것이다. 아마 강제수용소의 노동생산성은 1925년보다 1941년에 상당히 높았을 것이며, '1926/27년 고정가격'으로 계산된 NKVD 기업 산출액 어림수도 아마 다소 부풀려졌을 것이다. 그러나 필요한 수정을 하더라도 강제수용소에 **수백만** 명이 수용돼 있었다는 것은 분명하다.

정확히 얼마나 많은 노예가 수용소에 있었는지를 추산하는 것이 불가능한 이유는 공식 통계가 전혀 없기 때문이다. 1930년대 초까지만 해도 재판과 교도소, 재소자 관련 통계자료가 상당히 많이 공표됐지만, 그 후 그런 수치들의 공표는 완전히 중지됐다. A A 게르첸존이 쓴 《법원 통계》(모스크바, 1948년)라는 책은 미국·영국·독일·캐나다·인도·벨기에·덴마크·핀란드·이탈리아·그리스·네덜란드·오스트리아·스웨덴·스위스·노르웨이 등의 나라들에 대해서는 실제 수치를 제시하지만, 소련에 대해서는 단지 연도 1, 2 등(몇 년인지는 언급하지 않고)과 지역 1, 2 등(어느 지역인지도 언급하지 않고)만을 제시하는 것은 시사적이다. 이 책은 그저 이런 지역의 인구가 470만 명이라고 밝힐 뿐이다. 이 수치는 소련 전체 인구 중 아주 작은 비율이므로 거기서 절대 수치는커녕 심지어 일반적 추세조차 끌어낼 수 없다.

1939년 인구조사 결과가 나중에 공표됐는데, 여기에 지역별 인구분포가 포함돼 있지 않다는 것은 아주 의미심장하다. 정상적인 인구조사 통계에 항상 포함되는 이 정보가 만약 거기에도 들어 있었다면 상당히 정확하게 강제수용소 재소자 수를 추산할 수 있을 것이다. 왜냐하면 자유로운 주민이 거의 없는 것으로 분명히 알려진 특정 지역들이 존재하기 때문이다.

소련의 노동수용소에 모자母子, 임신부, 노약자 등이 있다는 명백한 증거가 1953년 3월 27일의 대사면으로 드러났다. 이 대사면으로 감옥과 노동수용소에서 "10세 미만의 아이가 딸린 여성, 55세 이상의 남자와 50세 이상의 여자, 치료 불능의 중병을 앓는 재소자"가 석방됐다.[86]

노예노동은 대체로 매우 비생산적이다. 소련 정부가 대규모 노예노동에 의존한 것은, 서유럽이나 미국 같은 선진국과 비교해 인력보다 자본이 상대적으로 훨씬 부족하다는 단순한 이유 때문이다. 동시에, 역설적이게도, 노예노동은 어떤 지역과 산업에서는 노동 부족으로 말미암은 장애를 극복하는 데 이바지한다. 노동력이 부족했던 모든 시기에 국가는, 14세기와 15세기 초 그리고 17세기의 서유럽처럼 노동자들의 자유를 법적으로 제한했다. 스탈린 체제 수용소의 노예들은 전통적 자본주의에 존재하는 '실업 예비군'의 조야한 변종이다. 즉, 그들은 다른 노동자들을 '제자리에 머물러 있게' 하는 데 이바지한다. 이와 더불어, 소련에는 아주 강력한 인센티브[유인誘因]를 제시해야만 자유 노동자나 심지어 반半자유 노동자들을 끌어들일 수 있는 매우 힘든 작업들(예컨대, 북극 지방에서 하는 작업)도 많다는 것을 상기해야 한다. 노예노동은, 생산성이 극히 낮은데도, 이런 경우에 유일하지는 않지만 그래도 가장 값싼 방법이다. 이것은 〈이즈베스티야〉에서 인용한 다음과 같은 사례가 예증한다. 강제 노동을 이용해 시베리아에 새로운 철로를 건설하는 작업을 묘사하면서 그 신문은 다음과 같이 지적했다. "지금까지는 건설 기간이 1년에 100일을 넘지 않는 것이 통념이었다. 겨울은 매우 추워, 영하 50도나 된다. 그러나

건설 일꾼들은 그런 조건에서도 중단하지 않고 1년 내내 작업하는 것이 가능함을 입증했다.[87]

비신스키의 다음과 같은 말을 인용해서 이 절을 가장 잘 끝맺을 수 있을 것이다. "자본주의 나라들에서처럼 벌칙이나 형사처벌의 위협이 아니라 노동 열정, 사회주의 의식, 국가와 조국, 소련 인민을 향한 고결한 의무감이 우리의 노동규율 문제를 결정한다."[88]

축적에 종속된 소비 — 생산수단에 종속된 노동자

자본주의에서 대중의 소비는 축적에 종속된다. 어떤 때는 축적과 동시에 소비가 증가하며, 다른 때는 축적은 증대하지만 소비는 감소한다. 그러나 어느 상황에서나 그 근본적 관계는 여전히 남는다.

10월혁명 이후의 소련 역사를 살펴보면, 제1차 5개년계획이 시작되기 전까지는 이러한 종속이 존재하지 않았지만, 그 후부터는 유례없이 무자비하게 나타난다는 것을 알 수 있다. 이 점은 표 1-3을 보면 분명해질 것이다.[89]

표 1-3_ 생산수단과 소비수단으로 총생산량의 분배 (단위: 퍼센트)

	1913년	1927~28년	1932년	1937년	1940년	1942년 (계획)
생산수단	44.3	32.8	53.3	57.8	61.0	62.2
소비수단	55.7	67.2	46.7	42.2	39.0	37.8

물론 이런 수치가 전모를 말해 주지는 않는다. 왜냐하면 거래세가 주로 소비수단에 부과되고 보조금은 거의 생산수단에 돌려져서 (나중에 다시 설명하겠다), 그 결과 가격체계가 왜곡된다는 사실을

위의 공식 계산은 무시한다는 것이 거의 확실하기 때문이다.

소비재 생산량의 실제 변화에 관해 입수 가능한 수치들은 매우 불충분하며, 그것들을 해석하는 데는 정말 커다란 어려움이 있다.

어떤 생산물들, 예컨대 빵을 포함시키는 것은 현명하지 못하다. 왜냐하면 빵의 생산량 증대는 생산 총량의 증가를 반영하는 것이 아니라 단순히 빵 제조가 가정에서 기업으로 이동한 것을 반영할 뿐이기 때문이다(기업과 달리 가정에서의 빵 제조는 통계에 포함되지 않는다).[90]

표 1-4는 가죽신과 종이, 원당을 제외하고는 소비재 생산량이 매우 조금 증가했음을 보여 준다.

표 1-4_ 연도별 소비재 생산량

	1913년	1928/9년	1932년	1937년	1945년	1949년	1950년
면제품 (10억 미터)	2.9	2.74	2.7	3.4	1.7	3.7	3.8
모제품 (100만 미터)	95.0	96.6	91.3	108.3	56.9	153.9	167.0
가죽신 (1켤레)		23.2	82.0	164.2	60.0	156.0	205.0
원당 (1천 톤)	1290.0	1340.0	828.0	2421.0			2522.0
종이 (1천 톤)	197.0	316.0	478.5	831.5			
양말 (100만 켤레)			154.0	401.0	83.0	340.3	
리넨 (100만 미터)		162.0	130.0	278.0			
비누 (1천 톤)			357.2	495.0			866.0

이 수치들을 해석할 때, 1913년의 수치는 혁명 이후 축소된 소련 영토에 맞추어져 있지만, 1945년과 1949년의 수치들은 크게 확대된 전후戰後 영토에 맞추어져 있지 않다는 점이 지적돼야 한다 (1939년 이래 소련에 병합된 영토에는 리투아니아, 라트비아, 에스토니아, 폴란드 동부 지역 등이 포함된다). 더욱이, 적어도 1928년까지는 매우 작은 공장들이 소비수단 생산에 중요한 기여를 했다. 1929년에 대규모 공업 플랜트(30명 이상을 고용하거나 15명 이상이 가동시켜야 하는 동력을 보유한 공장)에는 320만 명이 고용된 반면, 소규모 공업에는 450만 명이 고용돼 있었다.

그러나 그 [경제개발] 계획 시대에 이런 식으로 생산된 재화는 스탈린 정권의 통계에서 제외됐다. 가죽신 생산이 엄청나게 증가한(장부상으로) ― 생산에 투입할 수 있는 가죽 공급량에 관해 알려진 것과는 조화될 수 없는 ― 것은 아마 그 때문일 것이다. 대대적인 집산화 물결 이후 연간 도살된 가축 수는 그 전에 도살된 가축 수에 결코 도달할 수 없었을 것이다. 왜냐하면 1938년에야 비로소 가축의 총수가 다시 1929년 수준에 근접했기 때문이다(1929년에 소는 6810만 마리, 1938년에는 6320만 마리였고, 양과 염소가 1929년에 1억 4720만 마리, 1938년에 1억 210만 마리였다).[91] 더욱이, 수출된 가죽 대비 수입된 가죽의 초과분이 1939년에 1만 5600톤에 불과했지만 1927~28년에는 4만 5300톤이었다.[92] 가죽 공급이 감소하는데도 가죽신 생산이 증가할 수 있었다면 그것은 오직 기적 덕분이었을 것이다. 양말의 경우에는 매우 중요한 사실 하나가 간과돼 있다. 양말은 대개 수공업 기술자들이 생산했다는 점이다. 종이에 관한 한, 정부의 선전과 행정 필요, 공업화와 관련된 문화적 필요 등 때문에 생산량이 엄청나게 **증가**했다는 것은 분명하다.

축적에 대한 소비의 종속은 각 5개년계획들의 소비재 생산 목표들과 생산재 생산 목표들을 나란히 배열하면 한눈에 알 수 있을 만큼 분명하다. 소련 정부가 5개년계획 때마다 소비수단 생산 증대를 약속하면서도 계획의 실제 목표는 이전 계획들의 목표를 초과하지 않는 생산량으로 고정시키는 것을 알 수 있다. 이것은 표 1-5에 분명하게 나타난다.[93]

표 1-5_ 5개년계획 완료 때의 생산 목표

몇몇 소비수단	제1차	제2차	제3차	제4차	제5차
면제품 (1000미터)	4.7	5.1	4.9	4.7	6.1
모제품 (100만 미터)	270.0	227.0	177.0	159.0	257.0
리넨 (100만 미터)	500.0	600.0	385.0		
양말 (100만 켤레)		725.0		580.0	
신발 (100만 켤레)	80.0	180.0	258.0	240.0	318.0
비누 (1000톤)		1000.0		925.0	870.0
설탕 (100만 톤)	2.6	2.5	3.5	2.4	4.3
종이 (1000톤)	900.0	1000.0		1340.0	1740.0
식물성 기름 (1000톤)	1100.0	750.0	850.0	880.0	1372.0
몇몇 생산수단	제1차	제2차	제3차	제4차	제5차
전류 (10억 킬로와트)	22.0	33.0	75.0	82.0	162.5
석탄 (100만 톤)	75.0	152.5	243.0	250.0	372.0
선철 (100만 톤)	10.0	17.4	22.0	19.5	34.1
강철 (100만 톤)	10.4	17.0	28.0	25.4	44.2
석유 (100만 톤)	21.7	46.8	54.0	35.4	69.9

그러나 소련 정부가 "1950년에 우리는 47억 미터의 면제품 생산 수준에 도달할 것"이라고 호언장담할 때, 그들은 소련 인구가 약 5000만 명이나 더 적었던 20년 전에도 동일한 약속을 했다는 사실을 개의치 않았다. 왜냐하면 경찰과 선전기구가 합심해 재화만큼 기억력의 질도 떨어뜨려 놓았기 때문이다.

실제 생산을 살펴보면, 소비재 생산 **목표**가 자본재보다 훨씬 더 낮을 뿐 아니라 이들 목표의 실현 **비율도**(마찬가지로 공식 수치를 따를 때) 자본재보다 소비재에서 훨씬 더 낮다는 것을 알 수 있다 (표 1-6 참조).

표 1-6_ 1차, 2차, 4차 5개년계획에서 증산 계획의 달성률 (단위: 퍼센트)[94]

생산수단	제1차	제2차	제4차
석탄	72.3	71.5	112.9
원유	107.1	33.6	154.5
전기	49.1	93.5	124.6
선철	43.3	83.8	97.8
강철	24.4	106.4	126.8
압연강	19.3	100.0	163.8
시멘트	36.3	49.1	95.7
소비수단	제1차	제2차	제4차
면제품	-3.0	31.0	-8.8
모제품	-3.3	10.6	119.3
신발	26.1	83.3	0.0
종이와 판지	32.2	52.1	72.3
성냥	1.6	25.4	
비누	36.9	21.7	96.7

한편에선 자본의 축적, 다른 한편에선 빈곤의 축적

1928년까지는 관료화가 점차 심화하기는 했지만, 표 1-7에서 드러나듯이 국유·국영 경제에서 부의 완만한 축적이 빈곤의 성장을 동반하지는 않았다.

그래서, 볼셰비키를 편든다는 의심을 받을 소지가 전혀 없는, 케렌스키 정부의 전前각료 프로코포비츠 교수의 계산법을 따르더라도, 1928~29년 소련 노동자의 실질임금은 제1차세계대전 전보다 15.6퍼센트 더 높았다. 동시에 노동시간은 22.3퍼센트 단축됐다. 또 사회 서비스를 감안하면, 실질임금 상승은 훨씬 더 뚜렷할 것이다. 이 표에서 드러나는 또 한 가지 점은 5개년계획을 시작하기 전 마지막 몇 년 동안 관료제 강화와 함께 실질임금 상승은 거의 멈추었고, 상승률도 축적률에 조금 뒤처졌다는 점이다.

표 1-7_ 대공업의 자본 (단위: 100만 루블, 1921=100)

연도	1926/7년 가격[95]	지수	연도	실질임금[96]
1921	7,930	100	1913	100
1922	7,935	100.1	1922/3	47.3
1923	7,969	100.5	1923/4	69.1
1924	8,016	101.1	1924/5	85.1
1925	8,105	102.2	1925/6	96.7
1927	9,151	115.4	1926/7	108.4
1928	9,841	124.1	1927/8	111.1
			1928/9	115.6

계획의 시작과 함께 상황은 근본적으로 변했다. 그때부터 축적은 엄청나게 도약했지만 대중의 생활수준은 현격히 뒤처졌을 뿐 아니

라 심지어 1928년에 견줘 절대적으로 하락했다. 표 1-8은 축적률을 보여 주는 하나의 지표다.[97]

표 1-8_ 자본 투자 (단위: 10억 루블)

연도	총투자	공업투자
1923/4~1927/8	26.5	4.4
1928/9~1932	52.5	24.8
1933~1937	114.7	58.6
1938~42(계획)	192.0	111.9
1946~50(계획)	250.3	

이 시기 루블화의 가치 하락을 충분히 고려하더라도 엄청난 자본축적이 이루어졌다는 것은 이 표를 얼핏 보기만 해도 금방 알 수 있다. 1933년 가격으로 소련 공업의 고정자본은 1928년에 103억 루블이었던 것이 1932년에는 226억 루블로, 1937년에는 599억 루블로 상승했다.[98]

소련 당국은 1928년부터 실질임금과 생활비의 지수를, 1931년부터는 도매가격이나 소매가격을 공표하는 것을 중지했다. 따라서 실질임금 수준의 변동을 계산하기는 매우 어렵다. 그러나 입수 가능한 모든 증거는 대체로 실질임금 수준이 5개년계획 도입 이후 상승하지 않았다는 것을 보여 준다. 그래서 예컨대, 평균임금의 구매력 변동 추세는 표 1-9의 식량 단위 변화로 가늠할 수 있다.[99]

이렇게 식량 단위로 표현된 임금의 구매력 변동 추세는 몇 가지 식료품의 1인당 실제 소비 통계에서도 확인된다(표 1-10 참조).

1937년 소련의 육류 소비와 19세기 마지막 몇십 년 동안 독일과 프랑스의 육류 소비를 비교해 보면 소련의 식량 소비수준이 얼마나 낮아졌는지를 알 수 있다. 1898년 베를린의 육류 소비는 1인당 130~150파운드(61~68킬로그램) 사이에서 오르내렸고, 브레슬라우에서는 1880~89년에 1인당 평균 86파운드(39킬로그램)였다. 프랑스의 1852년도 수치는 다음과 같다. 파리에서 79.31킬로그램, 기타 도시들에서 58.87킬로그램, 농촌에서 21.89킬로그램, 프랑스 전체에서는 33.05킬로그램이 소비됐다.[101]

표 1-9_ 월 임금당 '식량 바구니'

연도	바구니 수	지수
1913	3.7	100
1928	5.6	151.4
1932	4.8	129.7
1935	1.9	51.4
1937	2.4	64.9
1940	2.0	54.1

표 1-10_ 연간 1인당 우유와 육류 소비 (단위: 킬로그램)[100]

연도	우유			육류		
	전체	농촌	도시	전체	농촌	도시
1927~28	189	183	218	27.5	22.6	29.1
1932	105	111	85	13.5	10.3	21.8
1937	132	126	144	14.0	8.5	25.5

몇몇 공업 소비재의 소비에 관해서는, 소련 측 자료를 보면 다음과 같은 사실을 알 수 있다.

면제품과 신발 생산량에 관한 공식 수치들과 군복·작업복 등이 차지하는 몫에 관한 보즈네센스키의 진술을[102] 바탕으로 이 재화들의 민간 소비를 계산한 재스니는 다음과 같은 결론에 도달했다. "사적 소비에 충당될 수 있는 면제품의 양은 1927~28년에 1인당 15.2미터에서 1940년에는 10미터 이하로 떨어졌다."[103] 비록 1인당 사용 가능한 신발의 수는 1927~28년에 0.4켤레에서 1940년에 0.83켤레로 증가했지만, 같은 기간에 "가죽이 부족해 신발 품질이 현저하게 열악해졌다."[104] 군복·작업복 등이 차지하는 몫을 제외한 모직물의 1인당 소비는 1929년에 0.66미터, 1937년에는 0.65미터였고, 설탕(원당)은 1929년에 8.5킬로그램, 1937년에는 14.7킬로그램이었다.[105]

이런 수치가 얼마나 낮은지는 다른 나라들의 소비재 생산량 관련 수치들을 훑어보면 알 수 있다. 영국에서는 같은 해인 1937년에 1인당 60제곱미터의 면직물, 7.4미터의 모직물, 2.2켤레의 가죽신이 생산됐다. 이와 같은 엄연한 사실들을 볼 때, 전前 고스플란[국가계획위원회] 의장 쿠이비셰프가 제17차 당 협의회(1932년 1월)에서 다음과 같이 말한 것은 뛰어난 유머 감각 덕분이라고 생각할 수도 있겠다.

제2차 5개년계획에서 우리는 식량과 경공업과 농업의 생산량을 늘려서 소비수준을 적어도 2~3배 끌어올리는 것이 절대로 필요하다고 생각한다. … 1937년의 소비수준을 어림잡아 계산해 보면, 우리는 1937에 소련이 소비수준에 관해서는 세계 최고의 선진국이 될 것이라고 단언할 수 있다.[106]

그러나 자본축적의 필요에 노동자들의 생활수준이 종속되는 가장 극단적인 표현은 소련 인민의 주거 상태에서 볼 수 있다.

정부와 협동조합의 주택 건설 계획은 표 1-11이 보여 주듯이 제1차 5개년계획이 시작된 이래 한번도 실현된 적이 없다.[107]

표 1-11_ 주택 건설 계획과 그 달성률 (단위: 100만 제곱미터)

주택 공급	목표	실적	달성률(퍼센트)
제1차 5개년계획	53	22.6	42.6
제2차 5개년계획	61.4	26.8	43.9

제3차 5개년계획이 전쟁으로 중단돼서 주택 공급 목표가 어느 정도 실현됐는지를 계산하기는 어렵다.

동시에 도시 인구는 급증했다. 그래서 불가피하게 주택 건설 목표를 달성하지 못했다는 것은 도시 주민 1인당 주거 면적이 심지어 1928년의 불충분했던 수준 이하로 떨어졌다는 것을 뜻한다.[108]

표 1-12에서 다루어진 시기 내내 허용된 생활 면적은 위생 기준의 하한선보다 훨씬 낮았는데, 1947년의 공식 자료를 보면 그 하한선은 8.25제곱미터였다.[109]

표 1-12_ 도시 주민 1인당 생활 면적

연도	도시의 생활 면적*		
	도시 인구(100만 명)	총면적(100만 제곱미터)	1인당 면적(제곱미터)
1923	18.9	118.4	6.2
1927~28	26.3	160.2	6.1
1932	39.7	185.1	4.66
1937	50.2	211.9	4.5
1939	55.9	225.0	4.0

1949년에 몇몇 다른 나라들의 1인당 주거 면적은 덴마크가 21, 아일랜드가 17, 스웨덴이 23, 벨기에가 15, 프랑스가 23, 그리스가

---

* 주방, 욕실, 복도 등의 면적은 포함되지 않았다.

16(추정치), 이탈리아가 12제곱미터였다.[110]

4제곱미터의 생활공간이 어떤 것인지는 영국에서 신축 건물에 허용된 하한선이 주택당 550~950제곱피트(약 51~88제곱미터)[111]라는 것을 생각해 보면 알 수 있을 것이다.

1인당 평균 건평의 감소는 다른 어느 곳보다도 모스크바와 레닌그라드, 그리고 새로 들어선 공업 중심지들에서 더욱 두드러졌다.

소련의 주택 공급 상태를 예찬하는 〈소비에트 뉴스〉의 한 논설은 모스크바에 대해 다음과 같이 말했다. "주택 공급에서 소련이 이룩한 진보는, 전 세계의 모든 수도首都가 본받아야 할 현대적 도시 발전 모델인 모스크바의 사례를 보면 알 수 있을 것이다. 소비에트 권력이 등장한 이래 6500만 제곱미터의 주택이 모스크바에 건설됐는데, 이것은 모스크바가 처음 건설된 이후부터 혁명 전까지 그 도시에 지어진 주택 규모를 모두 합친 것의 절반이나 되는 면적이다. 모스크바의 주택 건설은 그 규모가 해마다 증가하고 있다."[112] 공식 발표에서 교묘하게 무시되는 옥의 티 하나는 모스크바의 인구가 주거 시설보다 훨씬 더 빠르게 증가해 왔다는 점이다. 1912년에 모스크바 인구는 160만 명이었고, 주거 면적은 1190만 제곱미터, 1인당 평균 7.4제곱미터였다. 1939년에는 인구가 413만 7000명이었고, 주거 면적은 1740만 제곱미터, 1인당 평균 4.2제곱미터에 불과했다. 그리고 1950년에는 인구가 510만 명으로 증가했는데, 주거 면적은 겨우 1860만 제곱미터, 즉 1인당 평균 3.65제곱미터밖에 안 됐다.

5개년계획들 시기에 건설된 주택은 매우 원시적이었다. 예컨대, 1935년에 건설된 모든 도시 주택 가운데 32퍼센트가 상수도 공급이 되지 않았고, 38퍼센트가 하수도 시설이 없었으며, 92.7퍼센트가 가스 공급이 되지 않았고, 54.7퍼센트가 중앙난방 설비를 갖추지 못했다.[113] 1939년에 러시아소비에트연방사회주의공화국RSFSR의 도시 소비에트들이 관리한 신축 주택(가장 우수한 주택 대부분을 포함한) 중에서 상수도 시설이 있는 주택은 60.5퍼센트, 하수도 시설은 43.7퍼센트, 중앙난방은 17.5퍼센트, 전등은 93.8퍼센트, 욕실은 11.7퍼센트였다.[114]

도시 전체에 가장 기초적인 공동시설마저 전혀 없는 경우도 있었다. 예컨대 제4차 5개년계획에서 13개 도시에 하수도 시설을 설치하겠다는 계획이 있는 것을 보면 다소 충격적이다. 그중에는 아르한 겔스크(1939년 당시 인구 28만 1091명), 톰스크(14만 1215명), 이르쿠츠크(24만 3380명), 헤르손(9만 7186명) 같은 도시들도 있었다.[115] 도시와 노동자 거주지 2354곳 가운데 단지 460곳만이 상수도 시설을, 140곳만이 하수도 시설을, 그리고 여섯 곳만이 가스 공급 시설을 갖추고 있었다.[116]

이것이 다음의 공식 선언이 '근거하고' 있는 사실들이다. "소련의 주택 건설 속도와 규모는 세계 어디에서도 유례가 없다." 비슷한 선언이 약 15년 전에도 있었다. "소련에서 노동자들의 주거 상태는 어느 자본주의 나라와도 비교할 수 없을 정도로 우월하다."[117]

소련의 주택 건설이 다른 나라들을 앞질렀다는 〈소비에트 뉴스〉의 주장은 다음 수치들이 보여 주듯이 완전히 터무니없다. 1923년과 1939년 사이의 16년간 소련 도시들에서 주거 시설은 겨우 1억 660만 제곱미터가 증가했을 뿐이지만, 잉글랜드와 웨일스에서는 1925년부터 1928년까지 4년 동안에만 적어도 총건평 7000만 제곱미터가 건설됐다.[118]

한편에선 부가 축적되고, 다른 한편에선 빈곤이 축적된다는 증거
가 더 필요한가?

전쟁에 종속된 산업

전쟁 산업의 규모를 분명히 파악하기는 매우 어렵다. 국방 예산
과 '사회·문화 복지'(교육·건강·체육·연금 등) 예산을 비교한 표
1-13에서 알 수 있듯이 국방 예산 수치들은 매우 적게 잡혀 있다.[119]

표 1-13_ 국방 예산과 사회·문화 복지 예산 비교 (단위: 퍼센트)

연도	국방	사회·문화 복지
1935	8.2	13.1
1936	14.9	20.0
1937	17.5	25.7
1938	23.2	35.3
1939	39.2	37.4
1940	56.1	40.9
1946	73.6	80.0
1947	66.3	106.0
1948	82.9	106.0
1949	66.3	105.6
1950	79.2	116.0
1951	93.9	118.9

나치 침공 전야인 1940년 국방 예산이 사회·문화 복지 예산보다
아주 조금 많았을 뿐이고, '냉전'이 한창 뜨거워지던 1949년에는
더 적었다는 점에 주목하라. 이것은 정말 이상한 일이다.

이 순전히 통계적인 현상에 기여한 몇 가지 요인은 다음과 같은

것들이다. (1) 내무부(1935~43년의 NKVD와 그 후신인 1943년 이후의 MVD)의 경비 일부가 군사적 목적에 충당된다. (2) 군수공장, 군사시설, 병영 등을 건설하는 데 드는 비용이 국방부 이외의 행정 부처 예산에 포함된다. (3) 군사학교 예산은 교육부 예산에 포함된다. 그러나 이 모든 요인들과 그 밖의 비슷한 요인들로는 국방 예산이 그토록 적은 이유를 완전히 설명하지 못한다. 주된 이유는 군비가 극히 저렴하다는 것이다(이것은 인위적으로 유도된 현상이다). 소비수단에 무거운 거래세를 부과하고 중공업, 특히 군수산업에 막대한 보조금을 지급한 결과로 중공업 생산물과 그 밖의 부문 생산물 사이의 가격 관계가 극심하게 왜곡됐다. 무기를 생산하는 공작기계 생산에 들어가는 석탄과 강철이나 무기 자체를 직접 생산하는 데 들어가는 석탄과 강철, 이 모든 요소들의 수송 등에는 거액의 보조금이 지급됐다. 그래서 무기 가격은 보조금 제도 덕분에 점차 낮아졌다. 거래세가 소비재 가격의 약 3분의 2를 차지하는 한, 그리고 보조금이 직간접으로 무기 가격을 실제 생산비의 약 3분의 1로 떨어뜨리는 한, 진상을 제대로 알려면 무기 가격에 9를 곱하고 이 수치를 전체 소비재 가격(사회·문화 서비스를 포함해)의 수치와 비교해야 한다. 그러지 않으면 진상을 파악하기 힘들 것이다. 예컨대, 1941년의 계획은 모든 방위산업의 전체 생산물 가격이 403억 루블이지만 섬유산업은 460억 루블로서 더 높을 것이라고 명기했다.[120]

그러나 이 모든 어려움에도 불구하고 우리는 코넬대학교의 M 가드너 클라크 교수 덕분에 소련 경제에서 무기 생산이 차지하는 비중을 상당히 정확히 알 수 있다.

그는 오로지 공식 자료에만 의거해, 소련의 모든 철과 강철 생산량 가운데 군수생산에 사용된 분량과 군수공장 건설에 쓰인 분량을 계산했다. 그의 조사 결과는 다음과 같은 표로 요약된다.[121]

표 1-14_ 소련에서 군수산업이 소비한 철과 강철 (단위: 1000톤, 퍼센트)

내역	1932	1933	1934	1935	1936	1937	1938
군수용 총 톤수	1646.6	1378.1	2204.6	2667.9	2873.3	4019.1	4986.2
기계 제조용 중 군수용 비중	40.4	32.6	38.2	38.0	35.4	47.1	57.5
소련 전체 소비 중 군수용 비중	21.8	17.5	17.5	19.3	17.4	23.2	29.2
군수공장 건설용 총 톤수	252.3	135.6	164.4	290.8	745.4	793.0	880.1
기계제조공장 건설용 중 군수공장 건설용 비중	45.8	65.9	72.8	73.4	82.5	84.5	94.3
소련 전체 공장 건설용 중 군수공장 건설용 비중	17.1	12.8	11.3	13.5	21.8	24.7	30.6

따라서 1932년에 이미 군수품은 모든 철과 강철의 21.8퍼센트를 차지했는데, 이것은 전쟁 준비가 한창이었던 1938년의 29.2퍼센트와 비교하면 알 수 있듯이 매우 높은 비율이었다. 기계공장 건설에 사용된 철과 강철의 거의 절반이 군수공장 건설에 들어갔고, 1938년 즈음에는 다른 기계공장 건설이 거의 모두 중지되고 기계공장 건설에 소비된 철과 강철의 94.3퍼센트가 군수공장 건설에 들어갔다.

군대는 소비재 생산량에서도 매우 큰 부분을 차지했다. 그래서 N A 보즈네센스키는 국가계획위원회 의장으로서 집필하면서, 1940년에 생산된 면제품의 46퍼센트와 신발의 79퍼센트만이 "일반 시장에서" 판매됐다고 밝혔는데, 추측컨대 나머지는 거의 모두 군대로 들어갔을 것이다(공장, 운송 등을 위한 작업복 생산에 남겨진 작은 분량을 제외하고).[122]

'계획'이 실시된 기간 내내 군수산업은 소련 경제체제에서 결정적 지위를 차지하고 있다.

노동생산성과 노동자

노동자 국가에서 노동생산성이 증가하면 노동자들의 상태가 개선돼야 한다. 1928년에 트로츠키가 말했듯이, 실질임금은 "사회주의적 발전의 성공을 측정하는 주된 기준이 돼야 한다." "사회주의적 발전의 기준은 노동자 생활수준의 끊임없는 개선이다." 노동생산성과 노동자 생활수준의 관계가 소련에서 어떠했는지를 보자. 표 1-15는 이에 대한 지표를 제시해 준다.

표 1-15_ 노동생산성과 노동자 생활수준 사이의 관계

연도	노동생산성(지수)[123]	월평균 임금당 '식량 바구니' 수(지수)[124]
1913	100	100
1928	106.6	151.4
1936	331.9	64.9

이와 같이, 1928년까지 임금은 전쟁 전 수준을 넘어섰을 뿐 아니라 노동생산성보다 훨씬 더 많이 올랐다. 1928~36년에는 노동생산성이 3배 이상 증가했지만 실질임금은 사실상 50퍼센트 이상 삭감됐다.

다른 방식으로도 같은 결론에 이를 수 있다. 즉, 한편으로 소련의 생산성 수준을 다른 나라들과 비교하고, 다른 한편으로 소련 노동자들의 생활수준을 다른 나라 노동자들과 비교해도 같은 결론을 얻을 수 있다.

1913년에 소련 공업의 평균 노동생산성은 미국의 약 25퍼센트, 독일의 35퍼센트, 영국의 40퍼센트였다. 1937년에 소련 공업의 노동생산성을 조사하도록 위임받은 고스플란의 한 위원회는 소련 공업의 생산성이 미국의 40.5퍼센트, 독일의 97퍼센트라는 것을 발견했다.[125] 이러한 계산은 과장된 것이다. 실제로 1937년에 소련 공업의 노동생산성은 미국의 약 30퍼센트, 독일의 70퍼센트, 영국과는 대략 비슷한 수준일 것이라고 볼 만한 근거가 있다. 어떻게 이러한 결론에 도달했는지를 자세히 설명하면 너무 장황해질 것이다. 그러나 고스플란 위원회의 결론이 우리의 논거를 무효로 만들기는커녕 오히려 강화하고 있으므로 정확한 수치는 그리 중요하지 않다. 요컨대, 소련 노동자는 영국 노동자의 약 70퍼센트를 생산하지만 생활수준은 훨씬 더 낮다는 것이다.

표 1-16에서는 소련 노동자의 평균 월급이 1950년에 제4차 5개년계획의 목표로 계획된, 모든 국가 공무원(관료층을 포함해)의 평균임금인 500루블이라고 가정한다. 그리고 가격 계산의 기초로는 소련에서 가격이 가장 낮은 제1지역의 가격을 취했다.[126] 한편, 영국 노동자들의 평균 주당 임금은 5파운드 3실링 6펜스로 잡았다.[127] 가격 계산의 기초는 상공회의소가 발표한 공식 수치다.

소련 공업 노동자의 노동생산성이 영국 노동자의 약 5분의 4인데 생활수준은 영국 노동자의 4분의 1이나 3분의 1이라면, 영국 노

동자가 착취당할 때 그의 소련 형제는 훨씬 더 착취당하고 있다는

표 1-16_ 평균 주당 임금으로 살 수 있는 단위들의 수

	단위	소련	영국
밀가루빵(1등급)	1파운드[약 454그램]	41.7	480.7
밀가루빵(2등급)	1파운드	63.3	
호밀빵	1파운드	91.0	
쇠고기	1파운드	9.0	79~127
버터	1파운드	4.1	77.2
우유	1파인트[약 0.57리터]	57~81	247.2
설탕	1파운드	18.5	412.0
계란	1개	82~115	706.3
차	1파운드	1.6	36.4
커피	1파운드	3.4	41.2
맥주	1파인트	14.4	88.2
담배	1개비	464.0	618.0
남성용 신발	1켤레	0.4	2~4.5
여성용 신발	1켤레	0.4	1~4.0
여성용 반모羋毛 재킷	1벌	0.6	1.1~2.3
여성용 면스타킹	1켤레	16.2	25~27.0
얇은 견직물	1야드	1.4	23~25.0
남성용 반모 싱글 양복	1벌	0.3	0.6~1.5
남성용 모직 양복	1벌	0.1	0.2~0.3
고무덧신	1켤레	2.6	9.5
여성용 면 드레스	1벌	0.2	3.5~6.0
여성용 모 드레스	1벌	0.6	0.8~2.1
성냥	1갑	577.0	824.0
여성 화장용 빗	1개	28.8	103~154
축음기	1대	0.12	0.6
라디오 수신기	1개	0.20	0.17
손목시계	1개	0.12	0.3~0.5

것 외에 다른 결론을 내릴 수 있을까?*

농민 수탈

10월혁명으로 대지주·교회·왕족의 재산이 몰수당했다. 농촌 부르주아지(쿨락)의 재산은 몰수당하지 않았다. 그리고 NEP 시기에는 기존 쿨락들이 번성했을 뿐 아니라 새로운 쿨락들이 중농층에서 많이 성장해 나왔다. 쿨락들은 민간 상인들과 함께 농촌 빈민들을 착취했다. 사적 자본주의가 1928년까지 농업을 계속 지배했다.

집산화로 말미암아 상황은 근본적으로 바뀌었다. 여기서는 집산화가 농업 종사자 사이의 계급 분화에 미친 효과는 논하지 않고 다음과 같은 문제만 다루겠다. 집산화는 농업 부문의 **전반적** 소득에 어떤 영향을 미쳤는가? 이 문제에 답할 때 다뤄야 할 가장 중요한 요인은 국가가 농업 부문에서 취득하는 몫에 집산화가 미친 영향이다. 즉, 의무납입액(조세)과, [농민들이] 기계 트랙터 스테이션MTS[콜호스에서 사용되는 농기계를 소유·정비하던 국유 기업]이나 정부 제분소를 이용한 대가로 지급한 금액에 집산화가 미친 영향이다. 의무납입은 그 명칭과

---

* 오늘날, 영국 노동자에 견줘 소련 노동자의 생활수준이 차르 시대 때 영국 노동자에 견준 러시아 노동자의 생활수준보다 훨씬 더 열악하다는 것은 위의 표를 모리스 돕의 다음과 같은 논평과 비교해 볼 때 명백해진다. "차르 치하 러시아에서 … 1913년에 탄광과 공장의 평균임금은 한 달에 20~25루블이었던 것으로 추산되는데, 이것은 당시 영국 화폐의 구매력으로 계산하면 40~50실링과 같다(즉, 주당 약 10~13실링). 이것은 당시 영국 수준의 절반에도 못미치는 적은 액수다."(M, Dobb. *Soviet Economic Development Since 1917*, London, 1948, p. 59)

달리 실제로는 현물세인데, 왜냐하면 [국가가] 콜호스(집단농장)에 지급하는 가격이 극히 낮기 때문이다. 1935년에 귀리의 의무납입 가격은 킬로그램당 4~6코페이카였는데, 정부는 귀리를 킬로그램당 55~100코페이카의 소매가격으로 되팔고 있었다. 호밀의 경우 그 수치들은 각각 4.6~6.9코페이카와 60~100코페이카였다. 밀가루(저급품)의 소매가격은 밀이 수매되는 가격의 60~70배였다.[128] 다른 농산물에 지급하는 가격도 마찬가지로 아주 인색한 것이었고, 그때 이래 차이는 더욱 커졌다. "정부는 여전히 생산자가 인도한 밀에 킬로그램당 약 10코페이카를 지급하면서도 (1946년 가을 이래) 소비자에게는 밀가루(약 85퍼센트 도정한) 1킬로그램당 13루블을 부과하고 있다. 그런데 이것은 애초에 곡물에 지급한 가격의 100배가 넘는 액수다."[129]

둘째, 국가는 MTS가 제공한 서비스의 대가로 상당량의 생산물을 현물로 받는다. MTS는 농업 설비의 독점 공급권이 있으므로 그 설비를 이용한 대가로 고율의 사용료를 징수할 수 있다.

표 1-17은 콜호스에서 생산된 곡물이 1938년에 어떻게 처분됐는지를 보여 준다.[130]

그뿐 아니라 국가는 또한 표 1-18과 같이 과도하게 큰 몫을 차지했다(이것도 1938년 수치들이다).[131]

이런 수치는 콜호스 성원들이 자신들의 이른바 '집단소유 농장' 생산물에서 가져가는 얼마 안 되는 몫과 비교될 수 있다(표 1-19는 1937년도 수치이다).[132]

한편, 표 1-20이 보여 주듯이, 콜호스원들은 점점 더 고되게 일하도록 강요당했다.[133]

표 1-17_ 콜호스 생산 곡물의 분배 (단위: 퍼센트)

의무납입	15.0
MTS에 지급	16.0
대출금 상환	2.0
정부 수매와 시장 판매	5.1
종자 비축용	18.6
사료 비축용	13.6
환자 원조와 아동 양육을 위한 비축	0.8
콜호스 성원들에게 분배**	26.9
기타	2.5

표 1-18_ 콜호스 생산물의 국가 납부 비율 (단위: 퍼센트)

생산물	의무납입	MTS에 현물 납부	합계
해바라기씨	38.7	16.0	54.7
사탕무	82.0	17.8	99.8
원면	81.0	17.5	98.5
조면	90.1	5.0	95.1
육류(1937년)	30.0		30.0
우유(와 유제품) (1937년)	44.0		44.0
양모(1937년)	54.7		54.7

콜호스 노동일의 길이는 차르 치하의 노동일보다 결코 더 짧지 않다. 차르 당시 농업 노동자의 노동일은 14시간이나 됐는데, 말은 겨우 11시간이었고 황소는 10시간이었다.[134]

** 여기에는 행정기관에 바치는 보수가 포함된다. A 테랴예바의 논문 "Organisational-Economic Strengthening of Unified Kolkhozes", *Vorprosi Economiki*, 1950, No.12을 보면, 콜호스가 행정기관에 납부하는 액수는 전체 노동일의 규모에 따라 다음과 같이 나뉜다. 2만 노동일 이하의 콜호스는 8퍼센트, 2만~3만 5천 일은 7퍼센트, 3만 5천~5만 5천 일은 6퍼센트, 5만 5천~7만 5천 일은 5퍼센트, 7만 5천~10만 일은 4퍼센트, 10만 일 이상은 3퍼센트다.

표 1-19_ 콜호스원에게 분배되는 각 생산물의 비율 (단위: 퍼센트)

곡류	35.9	우유	7.6
해바라기씨	27.0	버터	26.6
아마씨	3.7	육류	48.8
아마	2.6	양모	7.7
대마씨	15.7	꿀	35.1
대마	3.4	계란	26.6
감자	45.4		

표 1-20_ 가구당 평균 노동일(Trudodni*) 수

연도	노동일 수	지수
1932	257	100.0
1933	315	122.5
1934	354	133.4
1935	378	147.1
1936	393	152.8
1937	438	170.7
1938	437	170.0

1940년 8월 1일의 정부 포고령은 수확기 동안 콜호스, 소프호스, MTS의 노동일은 아침 5시나 6시에 시작해 일몰시에 끝나는 것으로 규정하고 있다. 또한 모범 콜호스에서 콜호스장長이 하는 작업을 묘사한 한 소책자는 봄철 수확기에 노동일은 식사 시간을 포함하지 않고 15시간이라고 밝혔다.[135] 현행 소련 교과서는 다음과 같은 시간표를 모델로 인용하고 있다.

---

* Trudoden(Trudodni는 복수형이다): 글자 그대로는 노동일이지만, 실제로는 콜호스 노동자의 추상적 노동 단위로 사용된다. 가장 덜 숙련된 노동자의 1일은 0.5노동일과 동등하고, 가장 숙련된 노동자의 1일은 2.5노동일과 동등하다.

(가) "봄철 파종기와 수확기 동안 오전 4시에 작업 개시. 오전 8시~9시 아침식사와 휴식, 오후 1시~3시 점심식사와 휴식. 오후 10시까지 작업."[136]

(나) "수확기 동안 오전 5시 30분부터 오후 9시까지 작업."(휴식에 대해서는 언급 없음.)[137]

(다) 말을 돌보는 마부들은 오전 5시~오후 9시까지, 겨울에는 어쩌면 밤중까지, 여름에는 오전 3시부터 오후 10시까지 일해야 하는 것 같다.[138]

(라) 젖 짜는 여자들은 … 1년 내내 오전 4시 30분에 일을 시작해 오후 8시에 끝마친다. 그 중간에 두 차례 휴식이 있는데, 합쳐서 하루에 1시간 반이다.[139] 그리고 노동시간이 훨씬 더 길게 연장된 경우도 다른 데서 인용되고 있다(한편, 작업 기준에 따르면 젖 짜는 여자들은 1년 365일 모두 일해야 한다).[140]

(마) 돼지 농장의 작업 시간은 오전 5시~오후 8시까지고, 중간에 2시간씩 두 차례 휴식이 있다.[141]

《19세기 말 러시아의 농업 문제》(1908년)에서 레닌이 다음과 같이 쓴 것을 보면 흥미롭다. "말이 없거나 말 한 필을 가진 농민들[즉, 매우 가난한 농민들 — 클리프]은 각각 지출 총액의 7분의 1과 10분의 1을 조세 형태로 납부한다. 농노의 공조貢租가 그만큼 높았는지 의심스럽다."[142] '사회주의 조국'에서 농업 노동자들은 그보다 훨씬 더 많이 납부한다!

집산화는 공업에 들어온 사람들뿐 아니라 농업에 남아 있는 사람들도 프롤레타리아로 전화시켰다. 농업 종사자의 압도 다수는 비록 이론에서는 아니더라도 현실에서는 생산수단을 소유하지 않은 사람들이다. 정말이지, 오늘날의 소련 농업 종사자들을 생산수단 소유자라고 부를 명분은 19세기의 농노보다도 더 없는 듯하다.

결국, 집산화는 공업 발전의 필요를 위해 농산물을 '해방'시키고, 농민을 자신의 생산수단에서 '해방'시키고, 농민의 일부를 공업 노동력의 예비군으로 바꾸고 나머지 농민을 부분 노동자, 부분 농민, 콜호스의 부분 농노로 바꾸는 등의 결과를 가져왔다.

비슷한 일반적 결과가 16~17세기에 영국 부르주아지가 농민을 토지에서 축출한 결과로 성취된 바 있다(몇몇 중요한 특수 사항들에서는 다르지만 말이다). 마르크스는 이 과정을 [자본의] '시초 축적'이라고 부르며* 다음과 같이 썼다. "이것의 역사는 … 피와 불의 문자로 인류의 연대기에 쓰여 있다."[143]

시초 축적기의 영국보다 소련에서 훨씬 더 많은 피가 흘렀다. 스탈린은 영국이 몇백 년 걸려서 이룬것을 몇백 일 만에 해치웠다. 그가 그렇게 한 규모, 그리고 그 성공의 정도에 견주면 서덜랜드의 공작부인**의 행동은 완전히 새 발의 피다. 그 규모와 성공도는 관료의 가차 없는 지시에 따라 국가의 수중에 집중된 현대 공업 경제의 우월성을 보여 주는 준엄한 증거다.

러시아에서 이루어질 시초 축적의 미래에 관한 엥겔스의 예언은 비

---

* 소련의 집산화 과정은 한 가지 근본적인 점에서 영국과 다르다. 영국에서는 농민 축출로 창출된 잉여 농산물이 도시에서 판매됐다. 소련에서는 잉여 농산물의 압도적인 부분을 정부가 아무 대가도 없이 조세로 독차지한다.

** 《자본론》의 시초 축적에 관한 장에서, 농민의 토지를 대대적으로 수탈한 대표적 사례로 인용되는 상업적 지주 — 옮긴이.

록 그가 상상한 것과는 다른 상황에서지만, 완전하게 실현됐다. 그는 다니엘슨에게 보낸 1893년 2월 24일자 편지에서 다음과 같이 썼다.

가장 최근에 자본주의 대공업이 급격히 발전한 나라이자 그와 동시에 농민 인구도 가장 많은 나라인 러시아의 상황을 볼 때, 이 경제적 변화로 말미암은 대격변은 다른 어느 곳보다 러시아에서 더 첨예할 수밖에 없을 것입니다. 지주 약 50만 명과 농민 약 8000만 명을 새로운 부르주아 지주 계급으로 대체하는 과정은 무시무시한 고통과 경련을 수반하지 않으면 이루어질 수 없습니다. 그러나 역사의 여신은 모든 여신 중 가장 잔인한 여신이어서 전쟁에서뿐 아니라 '평화적' 경제 발전에서도 시체 더미를 넘어 개선 전차를 몰고 나아갑니다.[144]

거래세

1930년 이래 자본 투자와 국방비는 주로 거래세에서 충당됐다. 모리스 돕은 다음과 같이 썼다. "예상할 수 있는 일이지만, 그 10년 (1930년대) 동안 투자 지출과 국방 지출의 상승 곡선과 거래세 세수 증대 사이에 상당히 밀접한 관계를 추적할 수 있다. 1932년에 이 거래세 세입은 앞서 보았듯이 170억 루블을 약간 웃도는 수준이었다. 국방 예산과 국가경제 부문의 재원을 합친 금액은 250억 루블이었다. 1934년에 그 두 지출 액수는 똑같이 370억 루블이었고, 1938년에는 각각 800억과 750억, 1939년에는 920억과 1000억, 1940년에는 1060억과 1130억, 그리고 1941년에는 추산액이 1240억과 1440억 루블이었다(이 해에 벌어진 격차는 대개 세금 증가로 메워졌다)."[145]

거래세는 소련 국가 세입의 가장 중요한 단일 원천이다. 전체 정부 수입(차입금은 제외하고)에서 거래세가 차지하는 비율은 표 1-21과 같다.

표 1-21_ 전체 정부 수입에서 거래세가 차지하는 비율

연도	(퍼센트)	연도	(퍼센트)	연도	(퍼센트)	연도	(퍼센트)
1931	46.2	1932	51.5	1933	58.2	1934	64.3
1935	69.5	1936	69.7	1937	69.4	1938	63.1
1939	62.1	1940	58.7	1942	44.8	1944	35.3
1945	40.8	1946	58.7	1947	62.1	1948	60.6
1949	58.8	1950	55.9	1951	58.7[146]		

거래세는 영국의 물품세[구매세]와 비슷한데, 상품을 제조할 때 부과되고, 정부가 농민에게서 농산물을 수매할 때도 부과된다. 거래세는 상품 가격에 포함되고, 그래서 소비자가 전액 부담하게 된다. 거래세는 거의 농산물과 소비재 산업에만 부과된다. 이 점은 1939년의 총생산량에서, 그리고 정부의 거래세 세입에서 각 산업이 차지하는 비율을 나타낸 표 1-22를 보면 알 수 있다.[147]

따라서 1939년에 거래세 세입의 거의 90퍼센트는 식량과 소비재에 매긴 세금에서 나왔다는 것을 알수 있다.

거래세가 판매 가격에 부가되지 않고 그것에 미리 포함되므로, 예컨대 50퍼센트의 거래세는 상품 가격을 실제로 100퍼센트 인상시키는 것이고, 75퍼센트의 거래세는 300퍼센트, 90퍼센트의 거래세는 실제 가격의 아홉 배[원문에는 열 배로 돼 있으나, 아홉 배가 옳다]를 결국 인상시키는 것이다. 거래세율을 나타낸 표 1-23의 수치들을 검토할 때 이 점을 염두에 둬야 한다.[148]

표 1-22_ 정부의 거래세 세입에서 각 산업이 차지하는 비율 (단위: 퍼센트)

인민위원부	총생산량	거래세 세입
석유산업	3.1	8.0
육류와 낙농업	4.5	7.3
식품산업	11.7	29.7
섬유산업	10.2	13.0
경공업	7.9	2.6
농업필수품	2.5	34.4
여타 인민위원부(주로 중공업)	60.1	5.0

이 세금의 역진세적 성격은 자동차(겨우 2퍼센트), 라디오(25퍼센트), 캐비어(40퍼센트) 등에는 가볍게 부과되는 반면, 밀(73~74퍼센트), 소금(70~80퍼센트), 설탕(73퍼센트), 세탁비누(61~71퍼센트), 담배(75~88퍼센트) 등에는 무겁게 부과된다는 사실에서 드러난다. 이런 사실에 비춰 볼 때, 거래세에 대한 모리스 돕의 다음과 같은 진술은 다소 놀랍게 들린다. "그것[거래세]은 가격 인상이 대부분 사치품이나 비필수품에 집중되고 필수품에는 되도록 적게 적용되도록 보장하는 수단이었다. 그래서 상품에 따라 거래세는 차등 과세됐는데, 그 차등의 범위는 1~2퍼센트에서 거의 100퍼센트까지 다양했다. … 거래세는 누진적 일반 소비세(소득이 소비될 때 매겨지는 누진세)의 효과가 있다."[149] 또, 돕은 다음과 같이 말한다. "더 높은 세율은 사치품에 부과되는 경향이 있다. 왜냐하면 사치품은 가뜩이나 부족한 공급 문제를 악화시키기 때문이다. 따라서 세율 차등의 일반적 효과는, 가격 구조가 비필수품을 차별 대우하게 하는 것(그래서 실제 소득 차이를 눈에 보이는 화폐 차액보다 작게 만드는 것)이다."[150]

표 1-23_ 각 상품에 포함된 거래세율

상품	세율(퍼센트)	실시 일자
우크라이나산 곡류 (1퀸들[약 100킬로그램]당 루블)		1940. 4. 1
부드러운 밀	73.00	
거친 밀	74.00	
호밀	60.00	
보리	46.00	
귀리	25.00	
메밀	289.50	
감자(소매가격)	48~62	1940. 1. 24
육류(소매가격)		1940. 1. 24
쇠고기	67~71	
송아지고기, 돼지고기, 양고기	62~67	
가금류(닭, 오리, 거위 등) 고기	20~43	
소시지, 프랑크소시지, 훈제고기	50~69	
생선(소매가격)		1940. 4. 10
청어를 제외한 생선	39~53	
카스피해산 청어	35~50	
캐비어	40	
각종 통조림 생선	5~50	
소금(도매가격)		1940. 5. 1
비포장	70~80	
소형용기 포장	35~42	
주류(소매가격)		1940. 1. 1
보드카	84	
기타 증류주	55~78	
비알콜 음료	20	1940. 4. 10
담배(소매가격)		1937. 6. 1
궐련	75~88	
마호르카[값싼 야생 담배]	70	
면제품(도매가격)		1938. 1. 1
캘리코[날염을 한 거친 면직물]	55	
기타 제품	62~65	

거래세가 소비자에게 부담시키는 실질 부담을 측정하려면 거래세 총액과 그에 상응하는 순소매 거래액을 동시에 살펴보는 게 유용할 것이다(표 1-24 참조).[151]

표 1-24_ 총소매 거래액에서 거래세액과 순소매 거래액이 차지하는 양 (단위: 100만 루블)

연도	총소매 거래액	거래세	순소매 거래액	세율(퍼센트)
1931	27,465	11,643	15,822	73.6
1932	40,357	19,514	20,843	93.6
1933	49,789	26,983	22,806	118.3
1934	61,815	37,615	24,200	155.4
1935	81,712	52,026	29,686	175.3
1936	106,761	65,841	40,920	160.9
1937	125,943	75,911	50,032	151.7
1938	138,574	80,411	58,163	138.2
1939	163,456	96,800	66,656	145.2
1940	174,500	105,849	68,651	154.2
1950(계획)	275,000	187,100	87,900	212.9

간접세이자 역진세인 거래세는 애초의 볼셰비키당 강령과 완전히 모순된다. 볼셰비키의 최소강령, 즉 자본주의에서 실현될 수 있는 것으로 상정된 강령조차 "모든 간접세 폐지, 소득과 상속에 대한 누진세 확립"을 요구했다.[152] 제11차 당대회(1922년)는 다음과 같이 선언했다. "과세 정책은 재산·소득 등에 직접 과세해서 재원 축적 과정을 조절하는 데 맞춰야 한다. 과세 정책은 이행기에서 프롤레타리아의 혁명적 정책의 주요 도구다."[153] 소련 당국이 원칙과 실천 사이의 모순을 해결한 방법은 거래세를 더는 세금이라고 부르지 않는 것이었다. 1935년 연감에는 거래세가 각종 세금 가운데 하나로 열거돼 있지만,[154] 같은 연감의 다음 판에는 거래세

가 '세수稅收' 항목에서 빠져 있다고 재스니는 지적한 바 있다.[155] 이러한 용어 변화 덕분에 소련 재무장관은 최고소비에트에서 다음과 같이 선언할 수 있었다. "소련 예산 세입의 압도적인 부분이 국가경제에서 나오는 돈으로 구성돼 있다는 것은 유명하다. 주민들에게 징수하는 세금은 모두 무시할 만하다. 1939년에 주민에게서 거둔 세금 총액은 65억 루블이었는데, 이것은 전체 세입의 4.2퍼센트에 불과하다."[156]

인간이 재산에 종속되다

소련 헌법 6조는 다음과 같이 밝히고 있다. "토지, 토지의 매장물, 수로, 삼림, 제분소, 공장, 광산, 철도, 수상·항공 운송, 통신 수단, 대규모 국립 농장기업(국영농장, 기계 트랙터 스테이션MTS 등), 도시와 산업 현장의 기본적인 주택 시설은 국가 소유, 즉 전 인민의 재산이다."

이와 같이 인민이 국가를 통해 나라의 재산을 소유하고 있는데도 소련 국가가 그들에게서 이 재산을 지키려고 그처럼 비정상적인 지경까지 나아가는 것은 기괴한 일이다!

"국영기업·집단농장·협동조합 재산의 보호와 사회주의적 소유제도에 관하여"라는 1932년 8월 7일의 법령에 따라, 국가와 콜호스와 협동조합에 속하는 재산이나 철로와 수로를 훔친 자는 전 재산 몰수와 함께 총살형에 처할 수 있었다. 정상을 참작할 수 있는 경우에도 형벌은 최하 10년형과 전 재산 몰수였다.[157] 스탈린은 이 법을 "혁명적 합법성의 기초"라고 불렀다.[158]

실제로 이 법은 사소한 절도죄에는 거의 적용되지 않았다. 그래서 1947년 6월 4일 최고소비에트 간부회의가 '공민의 사유재산 보호'에 관한 법률을 통과시켰을 때(그 법의 1조는 다음과 같다.[159] "절도, 즉 공민의 사유재산을 몰래 또는 공공연히 훔친 자는 5~6년 동안 교정노동수용소에 구금할 수 있다. 집단으로 또는 반복해서 사유재산을 절취한 자는 6~10년 동안 교정노동수용소에 구금할 수 있다"[160]), 재산 관련 범죄의 형벌이 완화됐다면 그것은 모두 실질적이라기보다는 외견상으로만 그랬다.

또한 같은 날 간부회의는 '국유재산 및 공공재산 횡령'에 관한 법률을 통과시켰는데, 거기에는 다음과 같은 조항들이 포함됐다

1. 국유재산을 절취·사물화私物化·유용 등 횡령한 자는 재산 몰수와 함께 또는 몰수 없이 7~10년 동안 교정노동수용소에 구금할 수 있다.

2. 집단으로 또는 대규모로 국유재산을 횡령한 자는 재산 몰수와 함께 10~25년 동안 교정노동수용소에 구금할 수 있다. 반복해서 국유재산을 횡령한 자도 마찬가지다.

3. 집단농장·협동조합 기타 공공재산을 절취·사물화·유용 등 횡령한 자는 재산 몰수와 함께 또는 몰수 없이 5~8년 동안 교정노동수용소에 구금할 수 있다.

4. 집단으로 또는 집단의 폭력을 이용해서 집단농장·협동조합 기타 공공재산을 횡령한 자는 재산 몰수와 함께 8~20년 동안 교정노동수용소에 구금할 수 있다. 대규모로 또는 반복해서 이런 공공재산을 횡령한 자도 마찬가지다.[161]

한 달 뒤, 검찰청은 법령 시행 상황에 관한 열 가지 사례를 제시했다.

1. 사라토프시市에서, 전에 절도죄로 유죄판결을 받은 적 있는 Ｖ Ｆ 유딘은 … 훈제 공장에서 생선을 훔쳤다. 1947년 6월 24일 … 유딘은 교정노동수용소 15년형을 선고받았다.

2. 1947년 6월 11일 모스크바-랴잔 철도에서 근무하는 전기담당원 Ｄ Ａ 키셀료프는 철도 객차에서 모피 제품을 훔쳤다. … 1947년 6월 24일 모스크바-랴잔 철도의 전시재판소는 키셀료프에게 교정노동수용소 10년형을 선고했다.

3. 모스크바주州의 파블로프-포사드에서 Ｌ Ｎ 마르켈로프는 … 파블로프-포사드 섬유 공장에서 옷을 훔쳤다. 1947년 6월 20일 … 마르켈로프는 교정노동수용소 8년형을 선고받았다.

4. 이바노프주의 로드니코프군郡에서 Ｙ Ｖ 스미르노프와 Ｖ Ｖ 스미르노프는 콜호스에서 귀리 375파운드를 훔쳤다. 1947년 6월 26일 … 두 사람은 교정노동수용소 8년형을 선고받았다.

5. 모스크바의 키로프군에서 고용 운전사 Ｅ Ｋ 스미르노프는 제과점에서 빵 22파운드를 훔친 죄로 체포됐다. 인민법원은 … 스미르노프에게 교정노동수용소 7년형을 선고했다.

6. 사라토프에서 Ｅ Ｉ 고르데예프는 … 창고에서 각종 제품을 훔쳤다. 1947년 6월 21일 … 고르데예프는 교정노동수용소 7년형을 선고받았다.

7. 쿠이비셰프에서 Ｅ Ｔ 폴루보야로프는 기차 승객의 지갑을 훔쳤다. … 7월 4일 그는 교정노동수용소 5년형을 선고받았다.

8. 1947년 6월 7일 카잔의 콜호스 시장에서 Ｖ Ｅ 부킨은 여성 시민 푸

스틴스키의 주머니에서 돈을 날치기했다. … 1947년 6월 20일 … 부킨은 교정노동수용소 8년형을 선고받았다.

9. 1947년 6월 6일 쿠이비셰프주의 쿠투조프스크군에 있는 수보브카 마을에서 A A 추바르킨과 V G 모로조프는 지하 저장실에서 여성 시민 프레스냐코프의 감자 88파운드를 훔쳤다. 1947년 6월 17일 … 두 사람은 교정노동수용소 5년형을 선고받았다.

10. 1947년 6월 5일 모스크바에서 … 전에 절도죄로 유죄판결을 받은 적 있는 K V 그린발트는 이웃이 없는 틈을 노려 여성 시민 코발레프의 방에 들어가서 각종 가재도구를 훔쳤다. … 그린발트는 교정노동수용소 10년형을 … 선고받았다.[162]

이 분야에서 소련 법률의 처벌이 가혹한 반면, 이와 대조적으로 살인·납치 등의 폭력 범죄는 비교적 관대한 처벌을 받는다는 점은 아주 의미심장하다. 스탈린 치하 소련에서 개인은 소유물보다 가치가 훨씬 더 낮다는 것이 명백해진다.

그래서 러시아소비에트연방사회주의공화국의 형법은 다음과 같이 규정하고 있다.

136조. 계획적 살인을 (가) 금전적 동기나 시기심 때문에(138조에 포함되지 않을 경우) 또는 기타 불순한 동기 때문에 (나) 이미 계획적 살인죄나 중대한 신체적 위해를 가한 죄로 재판에 회부돼 법원이 부과한 사회보호 조치를 받은 적 있는 개인이 (다) 많은 사람의 생명을 위태롭게 하거나 피해자에게 극심한 고통을 가하는 방식으로 (라) 다른 중대한 범죄를 용이하게 하거나 은폐하려는 목적으로 (마) 피해자의 안녕에 특정한 책임이 있는 개인이 (바) 피해자의 무력한 상태를 이용해 범행한 경우, 최고 10년 동안 자유를 박탈한다.

137조. 계획적 살인이 136조에 기술한 상황에서 범행되지 않은 경우, 최고 8년 동안 자유를 박탈한다.

138조. 계획적 살인이라도 피살자의 폭력이나 심한 욕설로 감정이 격해진 상태에서 갑자기 충동적으로 범행한 경우, 최고 5년 동안 자유를 박탈하거나 최고 1년 동안 강제 노동에 처한다.[163]

개인에 대한 폭력 범죄를 처벌하는 또 다른 몇몇 조항들은 다음과 같다.

147조. 무력을 사용해 불법적으로 타인의 자유를 빼앗은 자는 최고 1년 동안 자유를 박탈하거나 강제 노동에 처한다. 타인의 자유를 빼앗거나 신체적 고통을 가해서 생명이나 건강을 위태롭게 한 자는 최고 2년 동안 자유를 박탈한다.

148조. 건강한 정신 상태에 있는 것으로 알려진 개인을 금전이나 기타 사적인 동기로 보호시설에 유치한 자는 최고 3년 동안 자유를 박탈한다.

149조. 금전적 동기나 보복을 위해, 그 밖의 사적인 목적으로 타인의 자녀를 유괴·은닉하거나 바꿔치기한 자는 최고 3년 동안 자유를 박탈한다.[164]

이러한 재산 숭배는 공동체의 가장 약한 성원(아이들)까지도 종속시킨다. 앞서 보았듯이, 아동 유괴에 대한 최고형은 겨우 3년 금고형이지만 아동이 저지른 절도죄에 부과되는 처벌은 훨씬 더 무겁다. 스탈린 체제의 법률은 소년범죄를 다룰 때는 12세의 아동을 성년으로, 즉 자신의 범죄행위에 완전한 책임이 있는 존재로 간주하면서도 민사民事에서는 그냥 미성년자로 간주한다. 예컨대, 《러시아 소비에트연방사회주의공화국의 결혼, 가족, 후견에 관한 법전》은 다음과 같이 선언한다. "14세에 달하지 않은 미성년자에게는 보호자가 지명돼야 한다."[165] 그리고 "14세에서 18세 사이의 미성년자에게는 후견인이 지명돼야 한다."[166]

1935년 4월 7일에는 소년법원을 폐지하는 법이 공포됐다. "미성년자의 범죄행위를 가장 신속하게 일소할 목적으로" 그 법은 다음과 같이 밝혔다. "중앙집행위원회와 인민위원회는 다음과 같이 포고한다. (1) 절도·폭력·상해·신체훼손·살인 또는 살인미수로 체포된 12세 이상의 청소년은 형사법원에 회부돼 형법의 모든 조항에 따라 처벌된다."[167](형식적으로는 사형은 18세 이하 미성년자들에게는 여전히 금지됐던 듯하다. 왜냐하면 미성년자 사형 금지를 규정한 형법 22조가 삭제되지 않았기 때문이다.)

그 법이 곧 시행됐다는 사실은 1935년 5월 29일치 〈이즈베스티야〉의 보도, 즉 특별재판소가 "어린 강도" 60명에게 몇 년씩 금고형을 내린 것을 2주쯤 지나 보도한 것에서 드러난다.[168] 몇몇 경우에 그 법은 청소년들에게 사형을 언도하기까지 했다. 그래서 청소년 범죄에 대한 가공할 법률이 공포된 지 2주 후 모스크바 법원은 열차 강도로 기소된 한 소년에게 사형을 선고했다.[169]

이같이 가혹한 조처를 옹호하는 공식 근거, 말하자면 1931~34년에 모스크바의 청소년 범죄 건수가 갑절로 늘었다는 것은[170] 결코 정당화의 명분이 될 수 없다. 오히려 이것은 "사회주의의 승리", "인민의 번영과 행복한 삶"이라는 신화의 허구성을 확실히 폭로하는 것이다.

1940년에는 1935년의 법률이 확대돼, 선로를 늘어뜨리거나 선로 위에 장애물을 갖다 놓는 등 철도 교통을 위태롭게 하는 행위를 한 12세 이상 미성년에게도 적용됐다. 1941년 5월 31일의 법령은[171] 1935년 법이 고의적인 위법행위뿐 아니라 과실로 인한 위법행위에도 적용된다고 명시했다.

1943년 6월 15일 정부는 절도나 그와 비슷한 사소한 범죄행위를 저지른 11~16세의 부랑아들을 법적 절차 없이 구금하기 위해 NKVD 산하에 특별 소년원을 설립하라고 명령했다.[172] 강제수용소의 성인 재소자들 사이에서 미성년자들도 발견된다는 증거가 있다. 달린은 "동시베리아의 자카멘스크 수용소에는 재소자들 가운데 모스크바에서 온 미성년자들이 상당수 있는데, 그들은 형사 범죄로 선고받은 소년·소녀들이다. 그들은 탄광과 인근 공장에서 일한다."[173]

앞에서 말한 모든 것은 마르크스의 다음과 같은 진술을 입증해 주는 새로운 실례 구실을 한다. "법률뿐 아니라 범죄도, 즉 지배적 관계에 대한 고립된 개인의 투쟁도 순전히 자의적이지만은 않은 기원에서 비롯한다. 오히려 범죄는 당대에 존재하는 통치 권력과 똑같은 조건에 뿌리박고 있다."[174] 스탈린 치하 소련에서 범죄의 본질에 대한 개념과 범법자에게 가해지는 처벌은 재산에 대한 인간의 종속에, 자본에 대한 노동의 종속에, 즉 관료적 국가자본주의 질서를 추동하는 기본 모순에 뿌리박고 있다.

분배 관계의 변화

"4월 테제"에서 레닌은 "선거로 선출되고 언제라도 소환될 수 있는 모든 관리의 봉급은 숙련노동자의 평균임금을 초과하지 않게 하는 것"이 당의 정책이라고 말했다.[175] 《국가와 혁명》(1917년 8~9월)에서 레닌은 사회주의 혁명 직후에 "경제적·도덕적·지적인 모든 면에서 여전히 옛 사회의 태생적 흔적이 남아 있는" 상황에서 임금과 봉급을 지급하는 방식 문제를 제기했다.[176] 이러한 상황에서 "모든 사회 구성원 간의 평등은 생산수단의 소유와 관련해서, 즉 노동의 평등과 임금의 평등"에서 실현된다.[177]

"모든 시민은 국가의 유급 공무원으로 바뀌고, 국가는 무장한 노동자들로 구성된다. 모든 시민은 단일한 국민국가 '신디케이트'의 공무원과 노동자가 된다. 이를 위해 필요한 것은, 그들이 평등하게 노동해야 한다는 것(적절하게 분배된 몫의 일을 해야 한다는 것)과 평등하게 지급받아야 한다는 것뿐이다."[178] "사회 전체는 평등하게 노동하고 평등한 임금을 받는 단일한 사무실, 단일한 공장이 될 것이다."[179] 그래서 레닌은 "기술자, 관리자, 회계원뿐 아니라 모든 관리가 '노동자 임금'을 넘지 않는 급료를 받게 하는 것"을 볼셰비키의 "당면 목표"로 제기했다.[180]

혁명 후 몇 달이 지나(1918년 3월) 레닌은 "모든 직종과 부문에서 모든 임금과 봉급의 점진적 평준화"를 지지한다고 재차 선언했다.[181] 레닌은 전문가들에게는 약간의 예외가 필요하다는 점을 인정했는데, 이는 전문가들이 부족하거나 그들이 노동자 국가에 적대적 태도를 취하는 상황에서는, 그러한 목표를 달성할 수 없다는 점을 잘 알고 있었기 때문이다. 그러나 레닌은 임금격차가 차르 체제에서보다 즉시 현저히 감소돼야 하며, 그러한 **경향**이 장차 평등주의의 강화로 이어져야 한다고 주장했다. 그리고 무엇보다도 그는 후진성 때문에 소비에트 정부가 강요받고 있는 불평등을 사회주의에서의 후퇴, 자본주의에 대한 양보라고 솔직하게 인정했다. 그래서 레닌은 다음과 같이 썼다. "이러한 이행기에 우리는 그들[전문가들 ― 클리프]에게 최대한 좋은 생활 조건을 보장해야 한다. … 우리가 노동인민위원인 시미트 동지와 임금 등급 문제를 의논했을 때, 그는 이와 비슷한 사실을 언급했다. 그는 임금을 평준화하는 문제에 관해서는 우리가 그 어디에서 했던 것보다도, 그리고 그 어느 부르주아 국가가 수십 년 동안 할 수 있는 것보다 더 많은 것을 해냈다고 말했다. 전쟁 이전의 임금률을 살펴보자. 육체노동자는 보통 하루에 1루블, 즉 한 달에 25루블을 받았던 반면에, 전문가는 한 달에 500루블을 받았다. … 전문가는 일반 노동자의 20배나 되는 임금을 받았다. 현재 우리의 임금률은 600루블에서 3000루블까지 다양하지만 그 격차는 다섯 배에 불과하다. 우리는 평준화에 관한 한 상당한 성과를 거두었다."[182] 전문가들에게 높은 임금을 지급하는 것은 "부르주아적 관계에 따른 임금 지급"이며 "일보 후퇴"이자 객관적 현실 때문에 소비에트 정부가 강요받은, 자본주의에 대한 "양보"다.[183]

1919년 러시아공산당은 다음과 같은 내용의 임금정책을 발표했다. "모든 종류의 노동에 대한 평등한 보상과 완전한 공산주의를 염원하면서도 소비에트 정부는 자본주의에서 공산주의로 이행하는 최초의 조처들을 시행하고 있는 현 시점에서, 이러한 평등의 즉각 실현을 자신의 임무로 간주할 수는 없다."[184] 1921년 제10차 당대회에서는 "여러 이유로 노동의 질에 따른 화폐임금의 차등이 일시적으로는 유지돼야 하지만, 임금정책 수립의 기초는 임금률이 최대한 평등해야 한다는 것"이라고 결정됐다.[185]

같은 대회에서 "전문가나 유자격 노동자들과 노동 대중 사이에 존재하는 생활 조건, 임금 등의 불평등은 민주주의를 침식하고 당에 부패를 가져오는 근원이며 공산주의자의 권위를 깎아내리므로, 그런 불평등을 제거하기 위한 완전하고 적절한 조처들을 찾아내는 것"이 필요하다고 선언했다.[186] 그러나 이미 전시공산주의 체제에서 임금과 봉급은 사실상 완전히 평등해졌다. 소련 통계학자 스트루밀린이 작성한 자료를 보면, 1917년에 가장 높은 보수를 받은 노동자의 임금은 가장 낮은 보수를 받은 노동자 임금의 232퍼센트였으나, 1921년 상반기에 이르러서는 그 수치가 102퍼센트에 불과했거나 사실상 동일했다고 한다.[187](한편, 전시공산주의에서 만연했던 물자 부족 상황 때문에 관리들은 공급·분배 자원의 통제권을 빈번히 남용할 수 있었다.)

임금에서 사실상의 평등은 신경제정책의 도입과 함께 종결됐다. 1921~22년에 단일화된 임금 등급이 도입됐는데, 그것은 견습공에서 최고 전문가까지 17단계의 등급을 포함하고 있었으며, 최고 숙련노동자에게 최저임금 비숙련노동자의 3.5배에 해당하는 임금을 지급하는 것으로 돼 있다. 전문가들은 비숙련노동자에 견줘 최고 8배의 임금을 받을 수 있었다(이것은 당원들에게는 적용되지 않았는데, 그들이 받는 최대한의 특별 임금 규모는 비당원 전문가들보다 아주 낮은 것이었다).

소득 격차는 혁명 전보다 훨씬 더 작았다. 혁명 전과 후에 철도 부문의 근무원이 받았던 임금과 봉급을 살펴보면 그런 사실을 알 수 있다. 1902년에 신호원의 한 달 소득은 10~20루블, 기관사의 소득은 30~60루블이었지만 역장급의 소득은 500~750루블, 국장급의 소득은 1000~1500루블에 달했다.[188] 혁명 후인 1924년 3월의 월 소득 격차는 노선 근무 노동자 13.27루블, 관리직원 26.80루블로 줄었다.[189]

공업 부문에서는 1926년 3월에 노동자의 평균임금이 58.64체르보네츠[1922~47년 소련에서 발행된 10루블짜리 화폐]루블이었는데, 공장 경영자들은 당원이면 187.90체르보네츠루블, 당원이 아니면 309.50체르보네츠루블을 받았다.[190]

제1차 5개년계획이 도입될 때까지 이러한 격차를 줄인 몇 가지 요인이 있었다. 무엇보다도, 공산당 당원 어느 누구도 숙련노동자보다 더 많은 보수를 받는 것이 허용되지 않았다. 이러한 규정은 공업의 각 부문과 기업의 간부가 대부분 당원이었기 때문에 매우 중요했다. 1928년에 트러스트 경영진의 71.4퍼센트, 신디케이트 경영진의 84.4퍼센트, 개별 단위 기업 경영진의 89.3퍼센트가 당원이었다.

단일화된 임금 등급에서 실제 임금격차를 생각보다 훨씬 더 작게 만든 또 다른 요인은 전문가들(그중 일부는 숙련노동자보다 보수가 적은 당원이었다)의 수가 매우 적었다는 점이다. 1928년에 전문가들은 모든 공업 부문 종사자의 2.27퍼센트밖에 안 됐다.

소련에서 나타난 소득 격차의 일반적 모습이 《1926년 소련 통계 자료집》(러시아어판)에 제시돼 있는데, 그것을 보면 1926~27년에 육체노동자의 연평균 소득은 전쟁 전의 루블로 환산해 465루블이었다. 같은 시기에 전문가들이 받을 수 있었던 최고 소득은 1811루블이었다. 부르주아지와 네프맨(NEP 시기 중소 자영 상인), 쿨락(부농)을 제외하면 이러한 최고 소득을 올린 사람은 11만 4000명 뿐이었다. 그들은 임금 소득자의 0.3퍼센트에 불과했고, 그들의 소득도 국민소득의 1퍼센트만을 차지했다.[191]

"승리한 사회주의"라는 기치 아래 시작된 5개년계획과 더불어 볼셰비키의 평등주의 전통이 모두 무너졌다. 스탈린은 "우라브닐로프카Uravnilovka[평등주의의 남용을 뜻하는 용어 — 클리프]는 농민적 사고방식, 모든 재화의 평등 분배 심리, 원시적인 농민 '공산주의' 심리가 그 기원이다. 우라브닐로프카는 마르크스주의적 사회주의와 공통점이 전혀 없다"고 선언하면서[192] 공격을 주도해 나갔다. 이제 수련에서 감히 소득 격차에 반대하는 사람은 아무리 비중 있는 인사라도 화를 면할 수 없었다. 심지어 몰로토프는 제7차 소비에트 대회에서 "볼셰비키 정책은 계급의 적의 공범자, 사회주의에 적대적인 세력인 평등주의자들에 대해 가차 없이 투쟁할 것을 요구한다"고 선언하기까지 했다.[193]

당원의 소득에 제한을 두었던 조항은 1929년에 완화됐다가 나중에는 완전히 폐지됐다.* 많은 전문가들은 흔히 두 개의 직위를 겸직했는데, 그런 사람들에게 최고액 봉급의 1.5배만을 지급하도록 했던 법률도 폐지됐다. 성과급 직종에서 기준량을 초과 달성한 경우에도 기준 임금률의 100퍼센트 이상을 받을 수 없도록 규정했던 1920년 6월 17일자 "일반 임금법"도[194] 폐지됐다. 다른 한편, 성과급

---

* 이 조항은 정확히 언제 폐지됐는지가 알려져 있지 않을 정도로 몰래 폐지됐다. 그러나 소련 언론의 보도에서 명백히 알 수 있는 것은 그 조항이 1934년에는 존재하지 않았다는 사실이다.

직종에 종사하는 노동자에게 기준 임금의 3분의 2 이하로 지급하는 것을 금지했던 조항도 폐지됐다.[195]

소득 불평등을 제한하는 요인들은 모두 사라졌으며, 소득 격차는 놀랄 만큼 빠르게 커졌다.

1934년 이후 소련 통계학자들은 노동자들의 소득 격차와 관련된 수치들을 더는 발표하지 않고 모든 노동자의 평균 소득만을 발표했는데, 이것은 여성 잡역부, 비숙련노동자, 숙련노동자, 전문가, 기사장, 경영자 등등의 소득을 평균해서 얻은 수치였다.*

이렇게 정보가 부족하지만, 몇 가지 사실, 특히 관료의 급여 수준이 급격히 높아졌다거나 노동계급의 임금수준이 급격히 떨어졌다는 사실들이 보기로 제시될 수 있다.

예를 들면, 기사장이 한 달에 1500루블을, 기업장이 2000루블(정부가 더 많은 수입을 얻을 수 있도록 특별히 허가해 주지 않은 경우에)을, 숙련노동자들이 200~300루블을 벌고 있던 1937년에, 소련 정부는 성과급 노동자에 대해 월 110루블, 시간급 노동자에 대해 월 115루블의 최저임금제를 도입했다. 많은 노동자들이 겨우 살아갈 수 있는 최저임금만을 받았다는 점은, 이 최저임금을 규정한 법률에 따라 1938년에 예산으로 6억 루블이 책정됐다는 사실에서 명백히 드러난다.[196] 이런 류의 임금과 비교하면, 기업장의 월 2000루블은 상

---

* 경제통계에 관한 소련의 책이, 미국 측 통계는 습관적으로 임금과 봉급 산정표에 기업주의 봉급도 포함시켜서 평균임금과 봉급을 높게 잡고 있다고 비판하는 것을 보면 재미있다.(*Dictionary Handbook of Social-Economic Statistics*[러시아어판], Moscow 1948, p. 12) 자기가 하면 괜찮고 남이 하면 안 된다!

당한 봉급이었다. 게다가 기업장과 엔지니어는 기본급 외에 상여금
도 받았는데, 그 액수는 기업의 생산량이 경제계획에서 할당받은 목
표를 초과했느냐에 좌우됐다. 한 예로 1948년에 자동차 운송기업의
관리자들이 계획을 달성했거나 초과 달성했을 때 받는 상여금의 비
율이 알려진 적 있는데, 그 내역은 표 1-25와 같다.[197]

표 1-25_ 상여금과 기본급의 비율

	계획 달성의 경우	계획 초과 달성 시 1퍼센트당
상급 관리자(기업장, 기사장)	30퍼센트까지	4퍼센트까지
중급 관리자(각부 주임)	25퍼센트까지	3퍼센트까지
하급 관리자(직장 주임 등)	20퍼센트까지	3퍼센트까지

그래서 한 공장의 기업장이 계획을 10퍼센트만 초과 달성해도 기
본급의 70퍼센트나 되는 상여금을 받게 되며, 20퍼센트 초과 달성
시에는 110퍼센트의 상여금을, 30퍼센트 초과 달성 시에는 150퍼센
트를, 50퍼센트 초과 달성 시에는 230퍼센트의 상여금을 받게 된다.

소득원이 또 하나 있는데, 그것은 1936년 4월 19일 도입된 제도
인 기업장 기금이다.[198]

법에 따르면, 계획된 이윤의 4퍼센트와 이를 초과하는 모든 이윤
의 50퍼센트는 기업장 기금으로 적립하도록 돼 있었다. 한 소련 경
제학자가 제시한 표 1-26의 수치는 해당 기금 총액을 보여 준다.[199]

표 1-26_ 분야별 기업장 기금 총액(1937년)

분야	계획의 실현 비율 (퍼센트)	실적원가/계획 원가(퍼센트)	기업장 기금 (100만 루블)	노동자 1인당 기업장 기금(루블)
석유공업	104.1	103.8	21.7	344.92
식육공업	118.6	104.1	51.9	752.69
주정공업	108.8	103.0	86.0	1,175.00

1937년에 모든 노동자와 근무원의 월평균 임금이 254루블에 불과했으므로,[200] 계획을 약간만 초과해도 그해의 노동자 1인당 기업장 기금이 석유공업에서는 월평균 임금보다 많아지고, 식육공업에서는 3배, 주정공업에서는 4.5배 이상 많아졌다. 또 다른 소련 경제학자에 따르면, "5개의 공업인민위원부에서 노동자 1인당 기업장 기금은 연평균 임금의 6.3퍼센트였다. 그러나 여러 분야에서 이 비율은 상당히 더 높았는데, 목재공업에서는 21.5퍼센트, 모피와 가죽신발 공업에서는 대략 25퍼센트, 주정·국수·식료품 공업에서는 55퍼센트나 됐다."[201] 따라서 노동자를 수천 명 고용한 기업장 수중에 막대한 액수의 기금이 들어온다는 것은 불 보듯 뻔한 일이다.

겉으로 내세운 기업장 기금의 목적은 노동자와 근무원의 주택·회관·매점·탁아소·유치원 등을 세운다는 것, 두드러진 노동 성과에 대해 상여금을 지급한다는 것이었다.

기업장 기금이 어떻게 분배됐는지를 알 수 있는 통계자료는 우리에게 없다. 우리가 가진 유일한 지표는 1937년 4월 29일자 〈자인두스트리알리자치야Za Industrializatsiya〉에 실린 것인데, 그것은 하리코프 지역에 있는 포르첸 공장의 기업장 기금 분배에 관한 수치다.

기업장 기금 6만 루블 가운데 기업장 자신이 2만 2000루블을 가져갔고, 당위원회 서기가 1만 루블, 공장사무소 주임이 8000루블, 회계 주임이 6000루블, 노동조합 위원장이 4000루블, 작업장 주임이 5000루블을 가져갔다.[202]

특권 계급의 다른 부분들도 유별나게 높은 소득을 누리고 있다. 작가 알렉세이 톨스토이와 극작가 비시네프스키가 "저술가들이 엄청난 인세로 고액의 소득을 올리고 있다는 오해"를 일소할 목적으로 〈프라우다〉에 보낸 편지는 저술가들의 수입에 관해 표 1-27과 같은 수치를 제시하고 있다.[203]

표 1-27_ 저술가들의 소득 분포

1936년도 월 소득	인원(명)
1만 루블 이상	14
6000~1만 루블	11
2000~5000루블	39
1000~2000루블	114
500~1000루블	137
500루블 이하	약 4,000

같은 해인 1936년에 모든 소련 노동자와 근무원의 연평균 소득이 2776루블이며, 월평균으로는 231루블이었다는[204] 점을 상기할 때 더 이상의 논평은 필요 없을 것이다.

레닌은 정부 관리의 소득이 일반 숙련노동자의 소득보다 많지 않아야 한다고 했지만, 오늘날 소련 관리들의 소득은 매우 큰 편차를 보이고 있다. 1938년 1월 17일 소연방 최고소비에트의 결정으로 연방평의회와 각 민족평의회의 의장과 부의장은 연봉을 30만 루블씩 받고, 최고소비에트 대의원은 연봉 1만 2000루블과 회기 중에 하루 150루블을 추가로 받는다.[205] 러시아소비에트연방사회주의공화국 최고소비에트 의장과 대의원들은 연봉 15만 루블을 받았다.[206] 다른 가맹 공화국 의장과 부의장들도 비슷한 액수의 봉급을 받은 것으로 추정된다. 소련군 사병들은 전시에 월 10루블을 받았고, 중위는 1000루블, 대령은 2400루블을 받았다. 어떤 상상력을 다 동원해도 결코 사회주의 군대라 할 수 없는 미국 군대에서도 월 소득의 차이는 사병 50달러, 중위 150달러, 대령 333달러에 불과했다.[207]

관료들은 국가에서 수여하는 각종 상금이라는 또 다른 소득원이 있다. 스탈린의 60회 생일을 기념해 스탈린상을 제정한다는 포고가 처음 발표됐을 때, 그 액수는 1인당 최고 10만 루블로 제한돼 있었다.[208] 그 후 상금의 상한선은 30만 루블로 인상됐고, 해마다 1000명씩이나 되는 사람들이 5만 루블에서 30만 루블에 이르는, 세금이 면제된 스탈린 상금을 받았다.

소련의 엄청난 소득 격차를 알려 주는 또 하나의 명확한 지표는 소득세율이다. 1940년 4월 4일자 소득세율표는 연간 1800루블 이하에서 30만 루블 이상의 소득 범위를 열거하고 있다.[209]

정부의 고위 관리나 기업장 또는 성공한 작가가 모스크바에 있는 저택, 크림반도에 있는 여름 별장, 자가용 한두 대, 하인 몇 명 등을 거느리는 것은 당연하게 여겨졌다.

비상 상황에서 노동자들한테서 최대한의 생산량을 쥐어짜내는 데 모든 노력을 기울이는 전시에조차 각 계급의 생활 상태는 극단적으로 달랐다. 열 살짜리와 세 살배기 두 아이를 데리고 사는 어떤 미망인이 1942년에 알렉산더 워스에게 이런 말을 한 적이 있다. "애들은 주로 빵과 차를 먹고 살죠. 작은 애는, 원 세상에 맛도 없고 영양가도 거의 없는 간장용 콩으로 만든 우유 대용품을 받고 있습니다. 나는 이번 달에 고기 배급표를 가지고 생선 몇 마리밖에 살 수 없었어요. 가끔씩 나는 음식점에서 남긴 고깃국물을 조금씩

얻어먹기도 하는데 그게 전부예요."[210]

이와 함께 워스의 일기장에는 다음과 같은 기록이 보인다. "오늘 내셔널호텔에서 먹은 점심 식사는 매우 사치스러운 것이었다. 모스크바에서는 식량이 부족하지만, 정부 관리가 손님으로 참석해 모종의 대향연을 열 이유가 있을 때면 언제든 최고의 음식이 충분히 나오는 것 같다. 특식으로 가장 신선한 캐비어와 풍족한 양의 버터, 훈제연어가 나오고, 다음에는 철갑상어 요리, 그 뒤에는 얇게 저민 닭고기가, 다음에는 브랜디와 리쿠르술을 곁들인 얼음과 커피가 나온다. 식사가 다 끝나면, 갖가지 술병이 늘어선 술상이 차려진다."[211]

소련 사회가 특권층과 하층민으로 분열돼 있다는 것은 전시의 배급제에서 매우 생생하게 드러난다. 서방의 민주 자본주의 나라들에서라면 누구도 감히 제안조차 못했을 차별적인 배급제가 도입됐다. 이것은 소련 인민들에게도 너무나 충격적인 것이어서, 〈프라우다〉도 〈이즈베스티야〉도 그 문제는 일절 언급하지 않았으며, 배급제 전체가 비밀에 싸여 있었다.[212]

사실, 부자들의 사치품은 가난한 사람들의 생활필수품보다 상대적으로 훨씬 더 값이 쌌다. 이와 같은 사실은 거래세율에 관한 몇몇 지표를 다시 살펴보면 명백히 드러난다(표 1-28 참조).[213]

표 1-28_ 품목별 거래세율(퍼센트)

밀	비포장 소금	식육(쇠고기)	캐비어	라디오	자동차
73~74	70~80	67~71	40	25	2

그 결과, "1948년 중반에 모스크비치라는 자동차[9000루블짜리 — 클리프]는 [파운드당 62~66루블짜리 — 클리프] 버터 310파운드와 같은 가격이

다. 한편, 미국에서는 조금 더 고급 자동차가 버터 1750파운드와 같은 가격이었다."[214]

소득 격차는 상속재산의 크기에서도 커다란 차이를 가져왔다. 혁명 초기에는 1918년 4월 27일자 포고령에 따라 1만 루블 이상의 상속재산은 모두 몰수됐다.[215] 이와 같은 조처는 자본주의에서 공산주의로의 이행기 요구 중 하나로, 모든 상속권의 폐지를 제안한 《공산당 선언》의 정신에 따라 이루어진 것이었다. 몇 년 후 그 법은 완전히 바뀌었고, 1929년에 이르면 이미 1000루블 이하부터 50만 루블 이상의 상속세 과표가 존재하고 있었다.[216] 현재 상속세는 10퍼센트를 넘지 않는다. 이것은 자본주의 국가인 영국이나 미국의 상속세와 비교해 보더라도 매우 낮은 비율이다.

제2차세계대전 기간에 소련 언론에서 흘러나온 많은 기사에는 정부에 100만 루블이나 그 이상의 돈을 빌려 준 사람들의 이야기가 보도됐다. "소련의 친구들Friends of the Soviet Union"은 이것을 두고 "소련에서 백만장자들은 그들 자신의 노고로, 그리고 소련 국가와 인민들에게 봉사해서 돈을 벌었다"는 식으로 설명했다.[217]

이러한 진술을 검토해 보면, 1940년까지 노동자와 근무원의 평균소득이 4000루블에 불과했으므로, 보통의 노동자가 100만 루블을 모으려면 자신을 위해서 돈 한 푼 쓰지 않더라도 250년이 걸릴 것이라는 사실을 알 수 있다. 소련의 백만장자들은 이자로만 100만 루블당 5만 루블씩 거둬들이고 있으며, 이것은 그 어떤 노동자의 소득보다 몇 배나 많은 액수다.

그러나 소련 사회가 특권층과 하층민으로 분열됐음을 가장 분명히 보여 주는 것은 정부의 연금 계획이다. 군에 입대하기 전에 노동자나 근무원이었던 사병이 죽으면 그의 가족은 한 달에 52.5루블에서 240루블 사이의 연금을 받는다. 그 사람이 노동자나 근무원이 아니었다면 그 가족이 받는 연금은 일할 수 없는 부양가족의 수가 몇 명이냐에 따라 달라진다. 한 명일 때는 40루블, 두 명일 때 70루블, 세 명 이상일 때에는 90루블을 받게 된다. 농촌 지역에 거주하는 사람들은 이 액수의 80퍼센트만을 받는다. 이와는 반대로, 사망한 대령의 가족은 매달 1920루블을 받는다.[218] 작업 중 사고로 사망한 노동자의 부양가족은 300루블을 받는 몇몇 드문 경우를 제외하고는 매달 최대 200루블을 받는다.[219] 반대로, 특권층 사람들은 가장이 사망하면 거액을 받는다. 최고소비에트 대의원이었던 블라디미르스키가 사망했을 때, 그의 미망인은 5만 루블의 일시금과 매달 2000루블의 종신연금을 받았으며, 그의 누이는 매달 750루블의 종신연금을 받았다.[220] 연대장 유스케비치가 사망했을 때, 그의 미망인은 5만 루블의 일시금과 매달 2000루블의 종신연금을 받았다.[221] 그 같은 사례들에 관한 기사는 수두룩하다.

적대적 분배 관계의 한 요소는 사다리식 교육이다. 1936년 스탈린 헌법 121조는 "소련 시민들은 교육받을 권리가 있다. 이 권리는 보통·의무·초등 교육에 의해, 고등교육을 포함한 무료 교육에 의해 보장된다"고 선언했다. 그러나 모든 교육이 무료인데도 가난한 집 아이들은 되도록 일찍 돈을 벌기 시작해야 하므로, 그리고 많은 부모가 자녀가 학교에 다닐 동안 뒷받침해 줄 여유가 없기 때문에, 가난한 집과 부잣집 아이들 사이에 교육 기회의 실질적 평등은 존재하지 않는다. 따라서 소련에서 교육이 더 발전하는데도 교육 혜택을 누리는 아이들의 비율이 감소한다는 것은 놀랄 일이 아니다. 한

예를 들면, 1939~40학년도 모든 교육기관에 재학 중인 학생 총수
는 표 1-29와 같다.[222]

표 1-29_ 각급 학교의 재학생 총수 (단위: 1000명)

초등학교(1~4학년)	20,471
초급 중등학교(5~7학년)	9,715
상급 중등학교(7~10학년)	1,870
중등전문공업학교	945
대학과 고등전문학교	620

우리가 소련의 연령별 아동수를 알고 있다면, 연령별 아동의 취
학률을 계산할 수 있을 것이다. 그러나 이러한 정보가 없더라도 위
의 수치들을 토대로 해서 볼 때, 연령별 교육 기회의 불균형은 명백
하다. 7살에서 11살 사이의 아동이 전부 취학했다고 가정하면, 절반
이하의 아동만이 4년 이상의 교육을 받는 행운을 누릴 수 있었다.
열 명 가운데 한 명만이 7년 이상 교육을 받았을 뿐이고, 20명 가
운데 한 명 이하가 10년 과정을 마쳤다(자본주의 영국의 10년제 의
무교육과는 반대로).

심지어 대학과 기술전문대학, 기타 상급 학교의 수업료 제도가
확립되기 전에 이미 대학과 고등전문학교에까지 진학하는 데 성공
한 많은 학생이 경제적 어려움 때문에 학업을 마치기도 전에 자퇴
해야 했다. 1928~1938년에 공업과 운수 관계 기술자를 양성하는
대학의 입학생 총수는 60만 9200명이었는데, 졸업한 사람은 24만
2300명뿐이었다. 기술전문대학의 입학생 수는 106만 2000명이었는
데, 졸업생 수는 36만 2700명뿐이었다.[223]

1938년에 고등교육기관에 재학 중인 학생의 42.3퍼센트는 지식

인의 자녀들이었다.[224] 그 후로는 학생의 사회적 성분에 관한 어떠한 통계도 발표된 적이 없지만, 1940년부터 수업료 부과로 말미암아 '좋은' 가정 출신 학생들이 차지하는 비율이 증가했다는 것은 의심할 바 없는 사실이다.

스탈린 헌법 146조에는 "소연방 헌법의 변경은, 소연방 최고소비에트의 양원에서 투표자의 3분의 2 이상 다수로 채택된 결의에 의해서만 가능하다"고 쓰여 있다. 그러나 정부는 앞에서 말한, 교육은 무료여야 한다고 규정한 헌법 121조를 변경하기 위해 최고소비에트를 소집하지 않고도 상급 중등교육과 대학교육 수업료를 부과할 수 있었다. 1940년 10월 2일 공포된 인민위원회 포고령으로[225] 중등학교의 상급 학년(8, 9, 10학년)에게는 연 150~200루블의 수업료가, 대학에는 연 300~500루블의 수업료가 부과됐다. 이 액수의 크기는 당시 한 달 335루블이라는 평균임금과 봉급, 그리고 많은 노동자들의 임금이 한 달에 겨우 150루블밖에 안 됐던 것과 비교해 봐야 제대로 평가할 수 있다. 특히, 자녀가 서너 명인 가족에게는 수업료 부과가 고등교육에 대한 실질적 장애물이었음이 명백하다.

게다가 소련 정부는 이러한 수업료 부과가 인민이 점점 더 부유해지는 증거라고 선언하는 허세까지 부렸다. 그 선언의 전문은 "근로자들의 높은 물질적 복지 수준과 끊임없이 증가하는 중등·고등교육기관의 건설·유지·설비에 들어가는 막대한 비용을 고려해, 인민위원회는 중등·고등교육 비용의 일부를 근로자들에게 부과할 필요가 있음을 인정하고, 그에 따라 … 결의한다"고 밝히고 있다. 그런 식의 논리라면, 초등교육도 돈을 내고 받아야 하는 나라가 진짜 부유한 나라라는 결론으로 나아가지 말란 법도 없다!

수업료를 납부할 필요성이 결코 부유한 환경을 나타내는 증거가 아니라는 점은 학생들이 분명히 알고 있었을 것이다. 수업료 제도가 도입된 1940~41학년도와 1942~43학년도 사이에 러시아소비에트연방사회주의공화국에서는 "수업료 제도 도입과 장학금 배정 방법의 변화와 연관된 선발고사 제도" 때문에 대략 20퍼센트의 학생이 고등학교를 그만두었다.[226]

같은 날짜인 1940년 10월 2일 또 다른 포고령이 공포됐다. 해마다 14세~17세(8학년에서 10학년) 소년 80만~100만 명을 선발해 의무적 직업교육을 받도록 인가하는 '국가 노동 예비군'에 관한 법령이었다. 이 법령에는 각 지역이 공급할 인원 할당 내역이 명기돼 있고, 그 명령을 실행할 책임은 각 군과 시 소비에트에 맡겨졌다.[227] 시와 군 소비에트의 의장, 노동조합 대표, 콤소몰 지방 서기들로 구성되는 위원회가 설립됐으며, 그 위원회는 할당된 일정 수의 학생을 교사가 선발해 공급하도록 각 학교에 지시했다. 이 규정은 거의 예외 없이 빈곤 가정 출신 학생에게 적용됐다(허락 없이 학교를 그만두거나 기타 규율을 위반하면 소년원 구금 1년형 처벌까지 받는 것을 보면 직업학교 학생들이 지켜야 하는 규율이 얼마나 엄했는지를 알 수 있다).[228] 직업학교를 확대하기 위해 최고소비에트 간부회의는 1947년 6월 19일자로 노동 예비대의 연령 상한을 끌어올려야 한다고 선포했으며, 실제로 여러 공업 부문에서 연령 상한이 19세로 높아지기도 했다.[229]

1940년 10월 2일 공포된 두 법령을 보면, 1887년 차르 알렉산드르 3세의 교육부 장관 델랴노프가 발표한 회람장을 떠올리지 않을 수 없다. "중등학교 학생들의 자질을 향상시키기를 희망하는 본 장관"은 "마부·하인·요리사·세탁인·소상점 주인 등과 같은 자들의 자녀에게 주위 환경을 넘어서도록 고무해서는 안 된다"고 결정했다는 내용의 회람장 말이다.

결론적으로, 앞서 말한 것을 볼 때 5개년계획 이전의 소득 격차와 이후의 소득 격차 사이의 차이는 필연적으로 양적 차이를 넘어 질적 차이가 됐다는 점이 명백하다. 전문가나 공장 경영자가 비숙련노동자보다 4배~8배 더 많은 임금을 받는다고 해서 양자 간에 반드시 착취 관계가 존재한다는 뜻은 아니다. 숙련노동자나 전문가와 경영자는 비숙련노동자보다 작업 시간당 더 많은 가치를 생산한다.

심지어 전문가가 자신이 생산한 가치의 차액보다 더 많이 받는다고 해서 그가 비숙련노동자를 착취한다는 것을 뜻하지는 않는다. 이 점은 간단히 증명될 수 있다. 노동자 국가에서 비숙련노동자가 하루 6시간 만에 자신의 생활필수품을 생산하고, 그가 8시간을 노동한다면 나머지 2시간은 사회적 서비스를 생산하는 데, 사회의 생산수단을 늘리는 데 바치는 셈이다. 이 2시간의 노동은 다른 사람을 위한 것이 아니라 자기 자신을 위한 것이므로, 그것을 잉여노동이라 부르는 것은 잘못이다. 그러나 새로운 용어의 도입을 피하고 그 2시간을 처음의 6시간과 구별하기 위해 그것을 '잉여노동'이라 부르고 6시간은 '필요노동'이라고 부르자. 단순화하기 위해 비숙련노동 1시간이 1실링의 가치를 생산한다고 하자. 그러면, 비숙련노동자는 8실링을 생산하고 6실링을 받는다. 전문가는 1시간 노동으로 5단위의 가치, 즉 5실링을 생산한다고 치자. 전문가가 비숙련노동자보다 5배 많은 돈, 즉 30실링을 벌더라도 명백히 양자 사이에는 착취 관계가 전혀 존재하지 않을 것이다. 심지어 전문가가 비숙련노동자보다 5배 많이 생산하면서 임금은 6배 많이 받는다고 해도 전문가가 하루에 40실링을 생산하면서 36실링을 버는 것이 되기 때문에 여전히 착취 관계가 존재하는 것은 아니다. 그러나 전문가가 100실링이나 200실링을 번다면, 상황은 근본적으로 달라질 것이다. 그럴 경우 그의 소득의 많은 부분은 필연적으로 타인의 노동에서 온 것이다.

우리가 가진 통계자료들을 보면, 비록 관료가 5개년계획 이전 시기에 특권적 지위를 누리고는 있었더라도, 대부분의 경우에 그들이 타인의 노동에서 잉여가치를 획득했다고 말할 수는 없다. 이와 마찬가지로, 5개년계획을 도입한 이래 관료 소득의 상당한 부분이 잉여가치로 구성돼 있었다는 사실 또한 그 자료들에서 확실히 알 수 있다.

관료의 부실 경영

생산수단의 사적 소유에 바탕을 두는 자본주의에서 자본가는, 생산된 상품의 가격뿐 아니라 생산요소들의 가격도 맹목적으로 결정하는 시장의 자동 조절 작용을 재정 나침반으로 이용한다. 자본가는 정확한 회계 체계를 운용해야 한다. 계산이 잘못되면 재정적 손실을 입게 되며, 과실이 중대할 경우에는 파산이 뒤따른다. 반면에, 국가 통제 경제에서는 가격이 거의 모두 행정적으로 결정되고 공장 경영자들의 소득은 그가 관리하는 공장의 실제 경제 상태와 직접 관련이 없으므로, 공장 경영자가 기업의 손실을 장기간 감출 수 있다. 즉, 시장 법칙에 얽매이지 않는다. 그러므로 정확한 회계는 훨씬 더 사활적이고 필수적인 것이 된다. 정확한 회계 체계가 없다면, 한 기업에서 이루어진 왜곡이 다른 기업의 계산 요소로 들어갈 수 있고, 이런 식으로 왜곡이 점점 누적될 수 있다. 실책을 범한 경영자를 크렘린 당국이 처벌할 수는 있지만, 그 실책은 이미 손해가 난 뒤에야 밝혀진다. 게다가 언제 닥칠지 모르는 처벌(좌천, 투옥 등등)이 행정 조처의 성격을 띠고 있고 극히 가혹하다 보니, 자신의 실책을 숨기는 경영자들은 더 절박한 심정에서 더 대담한 행위도 서슴지 않을 뿐 아니라 다른 행정 관리들과 공모하기까지 한다. 또, 그러한 처벌의 무자비한 성격 때문에, 위험을 무릅써야 하거나 결정을 내려야 하는 경영자들 사이에서는 소심함까지는 아니더라도 높은 수준의 보신주의가 만연하게 된다. 그 결과, 소련의 산업 경영자들 사이에서는 "책임 떠넘기기"가 특징적 경향이 되고 비생산적인 관리들이 엄청나게 증가했다. 더욱이, 그러한 경영자들은 자신을 위협하는 제재 조처의 무자비한 행정적 성격을 날카롭게 의식하고 있다. 따라서 그들은 현행 정책에서 기계적으로 나온 자의적 결정에 자신의 운명이 달려 있다는 점도 날카롭게 의식하고 있다. 그 정책은 하루아침에 완전히 다른 정책으로 대체될 수 있고, 또 빈번히 대체되고 있다.

마지막으로, 현대의 산업 경제가 매우 복잡하고 다양하기 때문에 현장에서 최대한의 자율적 이니셔티브와 아주 광범한 경영의 자유재량이 필요하다는 것은 이제 흔한 이야기다. 그러나 그런 이야기는 소련의 극단적인 관료 지배와 결코 양립할 수 없는 것이다.

만일 우리가 계획을 중앙의 지령이라는 의미로 이해한다면, 스탈린 체제의 공업화 드라이브는 계획된 것이다. 사적 자본주의에서 경제는 맹목적으로 작동하며, 따라서 특정 시점에서 사적이고 자율적인 여러 결정들의 총합을 나타내지만,* 소련에서는 정부가 거의 모든 것을 결정한다. 그러나 '계획경제'라는 말을 모든 구성 요소가 단일한 리듬에 따라 조정되고 조절되며, 갈등이 최소화되고, 무엇보다 예측을 바탕으로 경제적 결정이 내려지는 경제로 이해한다면, 소련 경제는 결코 계획경제가 아니다. 제1차 5개년계획은 농업이 주로 사적 농민의 수중에 남아 있을 것이라는 가정(계획상으로는 콜호스는 마지막 해에 국내 곡물 총생산의 11.5퍼센트만을 생산할 터였다)에서 시작됐지만 그 계획이 끝났을 때는, 농업의 70퍼센트를 콜호스와 소프호스가 담당하고 있었다.[230] 원래 계획은 말 610만 마리, 소 1450만 마리, 돼지 1220만 마리, 양과 염소 2880만 마리 등 도합 6160만 마리의 가축 증가분을 예상했다.[231] 그러나 실제 결과는 말 1390만 마리, 소 3020만 마리, 돼지 1440만 마리, 양과 염소 9460만 마리 등 도합 1억 5310만 마리가 감소했다.[232] 원래 계획은 또, 모든 경제 부문 간의 관계가 시장 교환에 바탕을 둘 것으로 예상했다. 그러나 실제로는 전면적 배급제 실시로 끝났다. 그리고 국영 부문에 고용된 노동자의 수가 33퍼센트 증가할 것이라고 예상했으나,[233] 실제로는 96.6퍼센트나 증가했다.[234] 생활수준은 향상될 것이라고 예상했으나 실제로는 저하됐다. 상이한 재화들의 생산 목표가 서로 연결될 것으로 예상했지만, 목표 달성률은 매우 큰 차이가 났다. 농촌 인구는 9퍼센트 증가하고, 도시 인구는 24.4퍼센트 증가해서 전체 인구가 11.8퍼센트 증가할 것으로 예상했으나, 실제로는

---

* 현존하는 사적 자본주의의 중앙집권적 지시 계획, 특히 전시 정책에서 나타나는 계획은 흥미로운 주제이기는 하지만, 여기서 이 주제를 탐구할 수는 없다.

각각 1.1, 40.2, 8.1퍼센트 증가했다. 이러한 사정은 이후의 5개년계획들에서도 마찬가지였다. 인플레이션(계획이 시행됐던 20년 동안 물가 수준은 1500퍼센트나 상승했다), 1932~33년의 끔찍한 기아, 농민과 노동자들을 겨냥한 무자비한 행정 조처 등은 모두 경제를 운용하는 데서 관료의 예측력 결여, 상호 의존 관계에 있는 다양한 경제 부문의 부조화를 드러내는 징후의 일부였다.

서로 다른 공장들 간에 상호 조정이 거의 이뤄지지 않았다. 예를 하나 들어 보자. 스탈린그라드 트랙터 공장의 책임 기술자인 데마노비치는, 1940년 10월에 1800만 루블 상당의 트랙터 753대가 공장 구내에 방치돼 있는데, 그것은 작은 공장들에서 와야 할 10만 루블 상당의 부품이 오지 않고 있기 때문이라고 했다. 이 때문에 중대한 생산 차질이 빚어졌다.[235]

경제의 대혼란은 소련의 기이하고 특유한 현상, 즉 같은 생산물을 생산하는 상이한 기업들의 생산가격이 엄청나게 차이가 나는 현상에서도 극단적으로 드러난다. 그래서 1939년에 각종 공장의 노동자 1인당 선철과 강철의 연간 생산량은 표 1-30과 같았다.[236]

표 1-30이 인용된 책에는, 노동생산성이 이처럼 크게 다른 근본적 이유가 생산의 자연적 조건 때문이 아니라 각 기업의 기술적 설비 차이 때문이라고 분명히 나온다.[237] 많은 경우 각 공장의 기술적 설비에 큰 차이가 없는 곳에서도 생산비는 크게 달랐다. 그래서 〈이즈베스티야〉는 다음과 같이 썼다. "동일한 설비를 갖춘 같은 행정 부처 산하 두 공장의 생산비가 흔히 매우 다른데, 한 기업의 관리비가 다른 기업의 두세 배에 이른다. … 공장 전체의 인력 관리에서 질서가 확립되면, 불필요한 노동자 수십만 명을 다른 일에 투입하

고 생산비도 상당히 절감할 수 있을 것이다."[238]

표 1-30_ 노동자 1인당 선철과 강철 연간 생산량 (단위: 톤)

공장	선철	강철
마그니토고르스크 콤비나트	2,840	1,168
쿠즈네츠크 콤비나트	2,324	1,389
크리보이 로그 공장	1,733	
'자포로쥐 철강'	1,679	1,074
'아조프 철강'	1,642	664
키로프 공장	2,102	523
제르진스키 공장	785	529
페트로프스키 공장	799	299
크라마토르스크 공장	725	293
오르조니키제 공장	707	400
프룬제 공장	636	403

생산비의 차이를 가져온 또 다른 원인은 불량품 생산 비율의 커다란 격차다. 1947년에 재무장관 즈베레프는 최고소비에트에 제출한 국가 예산 관련 보고서에서 두 전구 생산공장을 거론했다. 한 공장의 생산비가 다른 공장보다 다섯 배나 더 높았다. 즈베레프는 한 공장에서는 생산품의 47.3퍼센트가 불량품인 반면, 다른 공장은 겨우 7.3퍼센트라는 것이 생산비가 다른 이유라고 설명했다.[239] 사적 소유에 바탕을 둔 자본주의에서는 이러한 생산비 차이가 존재할 수 없으리라는 것은 명백하다. 후진적인 기업은 일찌감치 생산에서 밀려날 것이다. 생산비를 똑같게 또는 엇비슷하게 하지 않은 채 이러한 공장들을 유지하는 것은, 일반적인 경제적 관점에서 볼 때 엄청난 낭비다.

서로 다른 공업들이 이렇게 서로 조정되지 않고 발전이 일치되지 않는다는 것은 가격의 발작적인 등락과 각 공업 간의 조화로운 관계의 부재에서 나타난다. 재스니 박사는 실례를 들어 이 점을 아주 명료하게 설명했다. 그가 제시한 사례 중 하나는 다음과 같다.

계획 기간에 원목과 목재의 가격 변동은 터무니없이 큰 차이가 났다. 목재 가격은 1927~28년에 소폭 하락했다가 1936년 4월 1일자로 100퍼센트 이상 상승했다. 이후 거의 13년 동안 가격은 인플레이션, 판재板材 품귀 현상, 경제적으로 합리적인 양을 훨씬 초과한 삼림 벌목에도 불구하고 그대로 유지됐다. 그러다가 1949년 1월 1일자로 거의 세 배가 올라, 1926~27년의 약 일곱 배가 됐다.

소련에서 많은 통나무가 건설에 직접 사용됐는데, 통나무 가격은 1926~27년에서 1927~28년 사이에 14.7퍼센트 하락했다가 그 후 1936년에 조금 상승했을 뿐이다. 원목 가격은 1944년에 다시 약간 상승했지만, 그 후에도 여전히 1926~27년의 가격을 약간 웃도는 정도였다. 1949년에 그 모든 지체를 보상하기 위해 원목 가격은 일거에 4.5배 이상 상승했다. 대체로 원목 가격은 1926~27년에 목재(톱으로 켠 원목) 가격의 50퍼센트에 가까워졌다. 1936년에 원목 가격은 목재 가격의 20퍼센트를 약간 웃돌았는데, 그 비율은 1944년에 약 30퍼센트로 상승했고 1949년에는 40퍼센트를 넘어섰다.

그러나 단순 목재 제품인 철도 침목의 가격은 또 다른 추이를 보여 주는데, 그것은 1936년에 갑절로 인상됐다가 1943년에 다시 갑절 넘게 인상됐다. 1949년에는 또다시 갑절 넘게 인상됐으며, 그 결과 1949년 1월 1일자 가격은 1921년 수준의 거의 열 배가 됐다.[240]

재스니는 다른 책에서 경쟁 상품들의 가격 간에 또는 원료와 완성품의 가격 간에 상호 연관이 없음을 보여 주는 또 다른 사례를 들고 있다. 그는 다음과 같이 썼다. "1933년에 공업용 등유의 도착지 본선인도가격*이 약 열 배 정도 인상돼 양질의 돈바스 산 보일러용 석탄 본선인도가격의 약 45배 수준에 이르렀다. 1949년에 같은 등유는 석탄의 6배가 조금 못 되는 가격이 됐다. 이러한 가격 변동에는 정당한 근거가 전혀 없으며, 심지어 아무 설명도 제시되지 않았다. 등유 가격과 석탄 가격 사이의 비율 차이는 극단적 사례지만, 가격과 비율 관계에서 정당한 근거 없이 큰 폭의 변동이 일어난 경우는 헤아릴 수 없이 많다. 1949년에 몇몇 주요 압연강의 가격은 석탄의 5~6배였지만, 1950년 후반기에는 약 3배 정도로 떨어졌다."[241] 아울러 "기계류의 가격을 한 해(1949년)에 30~35퍼센트 인상했다가 다음 해(1950년)에 그 인상분 이상을 인하한 것이라든지, 단거리 철도 화물 요금을 장거리 요금보다 훨씬 적게 인상했다가 (1939년의 요금 개정) 그 다음 개정(1949년)에서는 완전히 그 반대로 했던 것 등은 커다란 실책이었다."[242]

가격 조정 방법이 조야했다거나 서로 아귀가 맞지 않았음을 보여 주는 가장 좋은 예는 스탈린 자신이 제공했다.

소수를 제외하면 우리 경영 관계자들과 계획 작성자들은 가치법칙의 작용에 대한 지식이 빈약한 데다 그것을 연구하지도 않으며, 가치법칙

---

* 매도인이 수출항에서 매수인이 지정한 배에 상품 싣기를 마칠 때까지의 모든 비용과 책임을 진다는 내용의 국제 매매계약 ― 옮긴이.

을 계산에 반영할 능력도 없다. 사실, 이것이 가격정책 영역에서 여전히 흔하게 나타나는 혼란의 이유다. 허다한 사례 중 하나만 제시해 보자. 얼마 전에 목화와 곡물의 가격을 목화 재배에 유리하도록 조정할 것, 목화 재배자들에게 판매하는 곡물의 가격을 더 정확히 정할 것, 국가에 납입되는 목화의 가격을 인상할 것 등이 결정됐다. 우리의 경영 관계자와 계획 작성자들은 이에 관한 제안서를 제출한 바 있는데, 그것은 곡물의 톤당 가격을 목화의 톤당 가격과 거의 같은 수준으로 정할 것, 나아가 곡물의 톤당 가격을 빵의 톤당 가격과 같게 정할 것 등을 제안하고 있었으므로 중앙위원들은 놀랄 수밖에 없었다. 제분하고 구워 내는 데 드는 추가 비용 때문에 빵의 톤당 가격이 곡물의 톤당 가격보다 높기 마련이라는, 그리고 세계시장의 가격도 증명하듯이 목화는 일반적으로 곡물보다 훨씬 더 비싸다는 중앙위원들의 의견에 답변하는 자리에서 제안서 작성자는 아무것도 조리 있게 설명하지 못했다. 따라서 중앙위원회가 직접 그 문제를 맡아서 곡물 가격을 낮추고 목화 가격을 올릴 수밖에 없었다.[243]

혼란의 극치다! 그것도 다름아닌 국가 최고 기관에서 말이다. 개별 공장들이 긴밀하게 통합돼 있지 않음을 보여 주는 또 다른 현상은 중개인 집단의 출현이다. 그들은 자원이 남는 공장과 부족한 공장을 알아내, 당국이 정한 가격과 어긋나는 조건으로 공장 간 물물교환 협정을 주선하는 일로 먹고산다. 〈계획경제〉는 공식 가격의 벽돌 250만 장과 함께 석탄 800톤, 원목 250톤, 등유 11톤, 기타 다양한 상품을 따로 덧붙여 교환하는 대가로 건축 공사를 약속한 어느 중기계 공장의 사례를 보도했다.[244] 이 모든 것이 불법이지만 매우 만연한 현상이다. 이것을 금지한 관료 정부가 결국은 이런 현상의 원인인 것이다.

같은 종류의 또 다른 예는 식량 배급을 맡으면서 특히 전시에 번창한 콜호스 시장인데, 그것은 사실상 '암시장'이었다.

완전히 불법이지만, 원료·기계 등을 획득하는 과정에서 막대한 수수료를 챙기는 톨카치tolkach, 자재공급 촉진자의 출현도 이러한 상황에서 이루어졌다. 기업장에게는 없는 권한, 즉 원료와 기계 등을 획득할 때 발휘할 수 있는 블라트blat, 즉 개인적 영향력이 매우 중요해진 것도 이러한 상황에서였다. 소련 출판물들은 그것이 중요한 현상임을 증명하는 풍부한 증거들을 제공하고 있다.

기업, 트러스트, 총관리국, 내각 각 부처 등이 서로 이례적으로 많은 소송을 제기한 것을 보면 그들 간의 상호 충돌을 알 수 있다. 예컨대, 1938년에 국가중재재판소(Gosarbitrazh: 경제 기관 간 분쟁을 판결하는 특별재판소)에 제소된 사건은 33만 건이 넘었다.[245] 이 수치에는 각 부서 중재위원회가 처리한 경제 단위(총관리국과 개별 내각 부서 소속 공장들) 간 소송은 빠져 있다. 버먼은 다음과 같이 썼다. "국가중재재판소에 제기된 소송 유형은 놀랄 만큼 다양하다. 계약에 따라 공급된 재화의 질을 둘러싸고 많은 분쟁이 일어난다. 가격 문제 관련 소송이 많은 이유는 가격이 정해져 있는데도 공정 가격을 피하거나 면해 보려는 술책이 많기 때문이다."[246]

관료적 경영 실책에서 가장 중요한 요소 가운데 하나는, 중앙 정부 자신의 조령모개식 결정 변경이다. 몇몇 사례가 제시될 수 있다.

다년간 기업은 능률의 최적 기술 수준에 관계없이 규모가 클수록 좋다고 믿는 것이 일종의 신앙이 됐다. 그래서 예컨대, 스탈린은 "5만~10만 헥타르의 대규모 곡물 공장을 건설할 수 있는 가능성과

합목적성에 반대하는 '과학'적 논의들은 모두 무너져 내려 먼지 속으로 사라졌다"고 선언했던 것이다.[247]

1930년에 촌락 50곳과 8만 4000헥타르의 면적으로 구성된 콜호스와, 촌락 29곳과 3만 3553헥타르를 가진 또 하나의 콜호스가 조직됐다.[248] 그러나 막대한 손실을 입은 후 정부는 손을 떼고 말았다. 1938년에 콜호스의 평균 경지면적은 484헥타르였다. 9년 동안 (1928~37년) 거대 기업 열풍이 불다가, 이에 대한 반발이 일어나자 '거대 열병'은 "파시스트 같은 트로츠키주의자들"의 해악적 행위 탓이라고 선언됐다.

다른 시기에 생산 목표는 터무니없이 높은 수준으로 설정돼서 모험주의적 속도로 추진되면서, 기계의 파손과 마모, 원료와 노동의 낭비, 엄청난 비용 소모가 뒤따랐다. 그래서 예를 들면, 중공업 인민위원인 오르조니키제는 제17차 당 협의회(1932년 1월 30일)에서 1932년도의 과제를 다음과 같이 밝혔다. "1년 내에 우리는 [선철의] 생산을 1350만~1400만 톤으로 끌어올려 금속 공장의 생산능력을 갑절 이상 높여야 한다. … 1932년에 철강과 금속 공업의 생산계획을 완수한다는 것은 무엇을 뜻하는가? … 그것은 1년에 400만 톤의 증가를 의미한다. 자본주의 나라들이 동일한 목표를 달성하는 데 얼마나 많은 시간이 걸렸는가? … 영국은 35년이 걸렸다. … 독일은 10년이 걸렸고 … 미국은 8년이 걸렸다. 소련은 1년 만에 같은 성과를 내야 한다."[249] 실제로 그것은 1년이 아니라 6~7년이 걸렸다.

고스플란이라는 기관은 제2차 5개년계획의 목표를 책정할 때 훨씬 더 터무니없는 태도를 취했다. 그 기관은 1937년에 소련이 석탄 4억 5천만~5억 5천만 톤, 원유 1억 5천만 톤, 선철 6천만 톤, 전기에너지 1억 5천만 킬로와트를 생산할 것이라고 발표했다. 이 계획은 제17차 당 협의회(1932년 1월)에서 절반 이하로 대폭 축소됐고, 최종안을 통과시킨 제17차 당대회(1934년 1월)에서는 훨씬 더 축소됐다. 그저 목표들만을 비교해 보더라도 정부의 계획이 얼마나 터무니없고 모험주의적이었는지가 드러난다(표 1-31 참조).[250]

표 1-31_ 1937년도 생산계획

	고스플란 계획 (1931)	17차 당 협의회 (1932)	17차 당대회 (1934)	실제 완수량 (1937)
석탄(백만 톤)	450~550	250	152.5	128.0
원유(백만 톤)	150	80~90	46.8	30.5
선철(백만 톤)	60	22	17.4	14.5
전력(백만 킬로와트)	150	100	38.0	25.4

여기 기묘하면서도 전형적인 사건이 또 하나 있다. 1931년에 국민경제 최고회의의 주요 멤버 가운데 한 사람인 소콜로프스키는 대담하게도 목화 생산량이 6000만 푸드가 아니라 3000만 푸드에 그칠 것으로 예상된다고 말했다.[251] 그는 법정에 불려나갔으며, 검사는 "그 두 수치만으로도 소콜로프스키가 하는 일의 실천적 해악을 증명하는 데 충분하다"고 단언했다. 소콜로프스키는 "자기비판"하고, 사실은 6000만 푸드 생산을 달성할 수 있을 것이라고 말했다(그 "자기비판"은 그를 구해 주지 못했으며, 그는 의심의 대가로 10년 금고형을 치렀다). 4년 후인 1935년 목화 재배자들의 협의회에서 경공업인민위원 루비모프와 농업인민위원 체르노프는 스탈린에게 목화 계획의 대성공으로 그해에 3200만 푸드의 목화를 생산할 수 있을 것이라고 보고했다! 스탈린은 그것이 달성 불가능한 계획이라고 생각해, 회의

적으로 질문했다. "당신들 열성이 너무 지나친 것 아니오?"²⁵²

요약하면, 소련에서는 정부 자체의 결정과 활동으로 말미암아 경제에 생겨난 간극을 메우기 위해 진정한 계획이 아니라 엄격한 정부 지령 방식이 발전했다. 따라서 소련 경제는 계획경제라기보다는 관료적 지령 경제라고 부르는 편이 더 정확할 것이다. 사실, 전체주의적·관료적 독재정치는 조악한 계획이 낳은 결과를 극복하는 데 이바지하고 있고, 동시에 그러한 계획은 이 동일한 관료 기구에 그 뿌리를 두고 있다.

그러나 소련 국민경제를 좀먹는 부실 경영 때문에 매우 실질적인, 아니 엄청난 성과를 거두는 것이 불가능하다고 생각해서는 안 된다. 실제로는 관료의 부실 경영과 소련 공업의 대약진 사이에 긴밀한 변증법적 통일이 존재한다. 소련의 낙후한 생산력, 생산력의 급속한 성장을 향한 거대한 드라이브(이와 관련된 일련의 요인들 전체와 함께), 그리고 무엇보다 자본축적에 대한 소비의 종속만이 관료적 국가자본주의의 출현을 설명해 줄 수 있다.

공업 강대국 소련

관료의 부실 경영과 낭비에도 불구하고 인민의 노력과 자기희생 덕분에 소련은 공업 강대국의 지위로, 공업 생산량에서 볼 때 유럽 4위, 세계 5위에서 유럽 1위, 세계 2위로 올라설 수 있었다. 소련은 활기없고 조용한 후진국에서 벗어나 현대적인 강력한 공업 선진국이 됐다. 그래서 관료층은 많은 찬사를 받았는데, 이것은 마치 마르크스와 엥겔스가 부르주아지를 칭찬한 것과 비슷하다. "그들[부르주아지]은 최초로 인간의 활동이 무엇을 이룰 수 있는지를 보여 주었다. 그들은 이집트의 피라미드, 로마의 수로, 고딕 양식의 대성당을 훨씬 능가하는 경이로움을 이룩했다. … 부르주아지는 모든 민족을 문명 속으로 끌어들였다. … 그들은 거대한 도시를 창조했고, 그래서 인구의 상당 부분을 농촌 생활의 우둔함에서 구출했다. 부르주아지는 100년도 채 안 되는 지배 기간에 모든 앞 세대들이 이룩한 성과를 합친 것보다 더 크고 많은 생산력을 창출했다."253

이러한 업적을 위해 바쳐진 대가는 물론 어림잡을 수조차 없는 규모의 인간적 수난이었다.

그러나 사회주의의 견지에서 결정적인 기준은 생산력의 성장 자체가 아니라 이 엄청난 생산력 발전에 수반하는 사회관계다. 노동자들의 경제적 지위 개선이, 그들의 정치권력 증대가, 민주주의의 강화가, 경제적·사회적 불평등의 축소가, 국가 강압의 쇠퇴가 수반하는가 안 하는가, 산업 발전이 계획되는가, 만일 그렇다면 누가 누구에게 이익이 되게 계획하는가? 이러한 것들이 경제 발전에 대한 사회주의적 기준의 출발점이다.

마르크스는 자본주의의 생산력 발전이 불러오는 위기에서 인류가 빠져나올 수 있는 출구는 두 개뿐이라고 내다보았다. 하나는 사회를 사회주의적으로 재조직하는 것이고, 다른 하나는 야만주의로 퇴락하는 것이다. 야만주의의 위협은 바로 우리 눈앞에서 인간의, 산업의, 과학의 생산력을 전쟁과 파괴의 전차에 얽어매는 형태로 나타난다. 인간의 역사에서 마그니토고르스크[소련의 대규모 철강산업 단지]와 오크리지[미국의 핵무기 중심지]가 차지하는 지위는 엄청난 물질적 업적이 아니라 그 밑에 깔린 사회적·정치적 관계에 의해 결정될 것이다.

2장 | 소련 스탈린 체제의 국가와 당

앞장에서는 소련 사회·경제 관계의 주요한 단면을 살펴봤다. 이 장에서는 정치적 측면, 즉 국가와 당을 다룰 것이다.

마르크스와 엥겔스의 노동자 국가론

마르크스와 엥겔스는 자본주의 국가를 대체할 국가의 **내용**(형태가 아니라)을 나타내려고, 즉 지배계급을 규정하려고 '프롤레타리아 독재'라는, 어감이 다소 나쁘고 널리 오해되는 용어를 사용했다. 이런 맥락에서 그들에게 독재는 곧 계급 지배를 의미했고, 따라서 아테네 도시국가, 로마제국, 나폴레옹 지배, 영국의 의회 정부, 비스 마르크의 독일, 파리코뮌은 모두 독재였다. 왜냐하면 그 체제들 모두에서 한 계급 또는 다수의 계급들이 다른 계급의 지배를 받았기 때문이다. 마르크스와 엥겔스의 저작에서 프롤레타리아 독재는 매우 완전한 민주주의 형태로 이해된다. 예를 들면 《공산당 선언》에서는 다음과 같이 말한다. "노동계급이 혁명에서 취할 첫 조처는 프롤레타리아를 지배계급의 지위로 끌어올려 민주주의 전장에서 승리하는 것이다."[1] 40여 년 후에 엥겔스는 다음과 같이 썼다. "한 가지 확실한 것은 우리 당과 노동계급은 오직 민주공화제 형태에서만 권력을 장악할 수 있다는 것이다. 민주공화제가 프롤레타리아 독재의 특수한 형태이기도 하다는 사실은 이미 프랑스대혁명에서 드러났다."[2]

프롤레타리아 독재의 민주적 형태에 관한 마르크스와 엥겔스의 생각은 1871년 파리코뮌에서 현실이 됐다. 엥겔스는 다음과 같이 썼다. "파리코뮌을 보라. 그것이 프롤레타리아 독재다."[3] 마르크스도 이 점을 다음과 같이 지적했다. "코뮌의 첫 포고령은 … 상비군을 폐지하고 그것을 무장한 인민으로 대체한다는 것이었다." 그리고 "코뮌은 시의회 의원들로 구성돼 있었는데, 이들은 도시의 각 구에서 보통선거로 선출됐고 언제든지 해임될 수 있었다. 그들의 대다수는 당연히 노동자이거나 노동계급의 공인된 대표자였다. … 경찰은 더는 중앙정부의 도구가 아니었고, 이제 그 정치적 속성을 벗어 버리고 코뮌에 책임지고 언제든지 소환될 수 있는 코뮌의 도구가 됐다. 그 밖의 행정 부처 공무원들도 모두 마찬가지였다. 코뮌의원 이하 모든 공무원들은 **노동자와 동일한 임금**을 받아야 했다. 국가 고위 관료의 기득권과 판공비는 고위 관료직 자체와 함께 사라졌다. … 법관은 허구적 독립성을 박탈당했다. … 다른 공무원들과 마찬가지로 치안판사와 법관도 선거로 선출됐고, 코뮌에 책임을 지며 언제든지 소환될 수 있었다."[4]

엥겔스를 한 번 더 인용하자. "국가와 국가기관들이 사회의 공복에서 사회를 지배하는 주인으로 바뀌는 것(기존의 모든 국가에서 불가피했던 과정)을 막고자, 코뮌은 두 가지 확실한 방법을 사용했다. 첫째, 코뮌은 행정·사법·교육 등의 모든 직책을 보통선거로 뽑고, 나아가 그 직책에 선출된 자들을 언제든지 소환·해임할 수 있도록 했다. 둘째, 지위 고하를 막론하고 모든 직책에 일반 노동자들이 받는 임금만큼만 지급했다. 코뮌은 어느 누구에게도 급료를 6000프랑 이상 지급하지 않았다. 이런 식으로, 엽관獵官과 출세주의를 효과적으로 저지할 수 있었다. 대의기구 대표자들이 의무적으로 수행해야 할 온갖 지시 사항이 덧붙여진 것은 말할 것도 없다."[5]

마르크스는 파리코뮌이 보통선거권, 모든 공무원에 대한 소환권과 노동자 임금 지급, 최대한의 지방자치, 인민 위에 군림해 인민을 억압하는 무장력 폐지 등으로 완전한 민주주의를 구현했다고 선언했다.

노동자 국가의 대립물은 자본주의 국가의 거대한 관료제와 군대였다. 그것은, 엥겔스의 말을 빌리면 "사회 전체를 삼켜 버릴 기세"였다.[6]

요컨대, 이것이 바로 마르크스와 엥겔스의 노동자 국가관, 즉 일관된 최대한의 민주주의다.

이제 이러한 노동자 국가관과 스탈린 치하 소련 국가의 현실을 대조해 보자.

소련 군대

국가의 주된 요소는 무장력이다. 레닌의 명제를 인용하면, 국가는 "감옥 등을 자신의 수중에 가진 특수한 무장 집단이다."[7] 따라서 현 소련 국가기구에 대한 어떠한 분석도(특히 마르크스주의의 관점에서 볼 때) 군대의 구조에서 출발하지 않으면 안 된다. 트로츠키가 적절하게 말했듯이, "군대는 사회의 복사판이기에 사회의 모든 질병에 감염돼 있고, 그 열도 대단한 고열이다."[8]

시민군 창설은 사회주의 정당들이 전통적으로 요구해 온 것이다.* 따라서 볼셰비키 지도자들이 권력을 장악하자마자 처음으로 취한 조처 중 하나는 다음과 같은 조항들이 포함된 포고령을 공포한 것이었다.

2. 군대의 어느 단위에서든 모든 권력은 병사위원회와 소비에트가 장악한다.
4. 군대 지휘관의 선출 원칙은 다음과 같이 도입된다. 연대장까지는 모든 지휘관을 [각 단위 부대들 — 클리프]의 보통선거로 선출한다. … 전군의 최고사령관을 포함해 연대장보다 높은 지휘관은 … 각 단위 부대 위원회들[지휘관을 선출하는 — 클리프]이 모인 회의에서 선출한다.[10]

다음날 더 상세한 포고령이 추가됐다.

---

* 예를 들어 러시아 사회민주노동당의 1903년 강령 12조를 보라.[9]

모든 불평등을 즉시 결정적으로 근절하기를 바라는 혁명적 인민의 의지를 실현하기 위해 인민위원회는 다음과 같이 포고한다.

1. 상병에서 대장까지 모든 계급과 칭호를 폐지한다. …

2. 기존의 각종 계급 관련 특권과 외부적 표장表章을 모두 폐지한다. …

3. 모든 경례를 폐지한다.

4. 모든 훈장, 영예기장榮譽記章을 폐지한다.

5. 모든 장교 조직을 폐지한다.

6. 장교의 당번병 제도를 폐지한다.[11]

그러나 군대의 진정한 민주화, 즉 시민군으로 전환하기를 원했던 볼셰비키의 희망은 객관적 현실의 장애물 때문에 재난에 부딪혔다.

10월혁명 후 초기에, 혁명적 군대는 소규모 자원자 집단들로 구성됐다. 인민대중은 전쟁으로 병들고 지쳐 있었으며, 새로운 혁명적 군대를 자원할 태세가 돼 있지 않았다. 강력한 외국 열강의 지원을 받는 백군의 도전에 맞서기 위해 볼셰비키는 자원제自願制 원칙을 버리고 징병제를 채택할 수밖에 없었다. 게다가 지휘관들의 경험 부족으로 옛 차르 군대 장교들을 수만 명이나 충원할 수밖에 없었다. 그래서 지휘관을 뽑는 데서 선거 원칙도 포기할 수밖에 없었다. 군복 입은 농민과 노동자들이 그토록 증오했던 구체제의 대표자인 장교들을 자신들의 대표자로 선출한다는 것은 거의 기대할 수 없는 일이었다. 또한 전투상의 필요 때문에, 지역적 편제에 따라 군대를 건설한다는 이상, 즉 인민을 무장시킨다는 이상을 포기하고 군대를 병영으로 되돌리는 것이 불가피해졌다.

볼셰비키 지도자들은 이런 조처들이 사회주의 강령에서 일탈한 것이라는 점을 결코 한순간도 부정하지 않았다(예를 들면, 1919년 3월 제8차 당대회의 결의를 보라).[12] 더욱이, 그들은 그 지휘관들을 상설직으로 하려는 어떤 시도에도 강력하게 반대했다. 예를 들면, 내전 중에 볼셰비키와 싸웠던 옛 차르 군대의 장성이 사회주의 나라의 군대가 시민군에 기초를 둬서는 안 되고 구래의 병영 체제에 기초를 둬야 한다고 말했을 때, 군사인민위원인 트로츠키는 단호하게 대답했다. "공산당은 단지 삼색三色 병영을 붉은 병영으로 바꾸려고 권력을 장악한 것이 아니오."[13] 볼셰비키는 최대한 빨리 시민군 체제를 도입하려는 의사를 거듭 밝혔다. 예를 들면, 1919년 12월에 열린 소비에트 제7차 대회에서 트로츠키는 다음과 같이 선언했다. "소비에트 공화국을 무장시킬 **시민군 제도** 확립에 착수해야 한다."[14]

제9차 당대회는 이를 실현하기 위해 정규군과 함께 노동자 시민군 부대들도 건설하기로 결정했다. 그리고 시민군이 점차 발전해서 정규군을 완전히 대체할 수 있기를 기대했다.[15]

그러나 이 결의는 전혀 실행되지 못했다. 시민군을 도입하려는 어떤 계획도 객관적 현실, 즉 러시아의 후진적인 생산력, 인민의 낮은 문화 수준, 프롤레타리아가 인구의 소수라는 사실에 가로막혔다. 이 것은 군대의 지도적 볼셰비키인 스밀가가 1921년에 한 다음의 말에서 명확하게 드러난다.

지역적 원리가 기본 특징인 시민군 체제는 러시아에 도입되는 과정에서 극복할 수 없는 정치적 장애에 부딪혀 있다. 러시아 프롤레타리아의 수가 적다 보니 지역 시민군 단위에서 프롤레타리아의 지도력을 **보장할 수 없다.** … 시민군 체제를 도입하는 과정에서 훨씬 더 큰 어려움은 전략적 측면에서 나타난다. 우리나라는 철도가 발달하지 못했기 때문에, 전시에 위협받은 방면에 군대를 집중할 수가 없었다. … 더 나아가 내전의 경험은 지역 조직이 완전히 **부적절**하다는 것, 병사들은 도주하고 있으며 퇴각은 물론 공격 때도 자신의 마을을 떠나려 하지 않는다는 것을 보여 준다. 따라서 이런 형태의 조직화로 회귀하는 것은 결코 정당화될 수 없는 조야한 오류일 것이다.[16]

생산력의 후진성, 그리고 그와 관련돼 있는 러시아의 농민적 속성이 적군을 시민군이 아닌 정규군으로 편성하게 만든 두 가지 결정적 요인이었다(흔히 정규군과 어울리지 않는 민주주이아 평등주의의 많은 요소들이 적군의 구조에 도입됐지만 말이다). 한 나라의 경제 수준이 결국 결정적인 역사적 요인이다. 마르크스가 말했듯이, "생산수단이 노동의 조직을 좌우한다는 우리의 이론은 그 어느 곳보다도 '인간 살상 산업'에서 가장 뚜렷이 확증되는 듯하다."[17]

러시아의 물리적·문화적 후진성은 사병과 장교의 관계에서도 나타났다.

전에 임명된 장교들을 모두 사병들이 선출한 장교로 대체한다고 선동은 했지만, 처음부터 볼셰비키는 옛 차르 군대의 장교들을 임명하는 것이 불가피함을 느꼈다. 경험 있는 지휘관들 없이 백군에 대항해 전쟁을 수행할 수는 없었다. 만약 선택권이 병사들에게 맡겨진다면, 그들은 옛 차르 체제 장교들을 선출하지 않았을 것이다.

처음부터 군대 내에서 정치위원을 한편으로 하고 당 집단을 다른 한편으로 하는 양자 사이에 투쟁이 벌어졌다. 이 충돌은 중앙집권적 경향과 분권주의적 경향 사이의 또 다른 충돌과 맥을 같이 했다. 이 두 가지 투쟁에서 정치위원들이 당 집단들을 누르고 승리했고 중앙집권파가 게릴라파를 눌렀다. 이 두 가지 투쟁이 맥을 같이 하게 된 것은 군대에서 관료적 경향의 강화를 반영하는 것이었다.

머지않아 옛 차르 체제 장교들은 프롤레타리아 출신의 새 지휘관들에게 영향을 미치기 시작했다. 볼셰비키인 페트로프스키는 다음과 같이 밝혔다. "군사학교에서 우리는 사병 대중에 대한 장교의 구실에 관해 농민이 가진 구체제적 견해 때문에 곤란에 부딪혔다. 우리는 또한 차르 군사학교의 사관후보생들이 가진 상류계급 전통을 지향하는 경향에도 직면했다. … 그들[적군 지휘관들 — 클리프]은 새로운 장교 집단의 구성원이 됐다. 그리고 대중과의 접촉 필요성에 대한 어떠한 선동이나 그럴듯한 연설도 효과가 없었다. 존재 조건은 선의보다 더 강하다."[18]

지휘관, 정치위원, 그 밖의 적군 장교들은 직위를 이용해서 이득을 추구하기 시작했다. 그러자 트로츠키는 그들을 혹독하게 질책했다. 예컨대, 전선과 군대의 혁명군사위원회에 편지를 보내, 지휘관이 "피로에 지친 병사들의 눈앞에서 화려한 파티"를 위해 관용차를 사용하는 것을 비난했다(1920년 10월 31일). 그는 "병사들이 거의 헐벗고 있는데도 매우 우아하게 차려 입은 지휘관들"을 언급하며 분노했고, 지휘관과 정치위원들이 즐기는 술판을 비난했다. 그리고 "그런 사실들은 적군 병사들 사이에서 격분과 불만을 불러일으킬 수밖에 없다"고 결론 내렸다. 같은 편지에서 트로츠키는 "군대에서 온갖 특권을 즉시 제거한다는 거의 실현 불가능한 목적을 세우기보다는 이런 특권들을 체계적으로 축소해서 실제적으로 필요한 수준으로 최소화하려고 노력한다"는 목표를 상술하고 있다.[19] 그의 현실주의적인 혁명적 관점은 상황이 엄청나게 어려웠음을 분명하게 보여 준다.

그러나 이러한 직권남용에도 불구하고 군대 전체에 볼셰비키당의 세포가 존재했기에, 또 일반 병사들의 혁명적 열정과 자기희생, 그리고 그 지도자 트로츠키가 있었기에 내전 기간에 적군의 프롤레타리아적 성격이 확고히 유지될 수 있었다.

1923년에 관료층이 부분적 승리를 거두자, 장교들이 사병들을 대하는 거만하고 독재적인 태도는 예외가 아니라 규칙이 됐다. 점차 지휘관들 자신이 군대에서 당세포의 핵심 지위를 차지하게 돼, 1926년에는 군대 내 당기구에서 모든 직위의 3분의 2를 지휘관들이 차지하고 있다고 군대 정치국이 기록할 정도였다.[20] 달리 말하면, 장교가 장교로부터 사병을 보호하도록 상정돼 있는 정치적 지도자가 된 것이다!

그렇다 해도 이것이 아직 완전히 독립적인 장교들의 카스트Caste는 아니었다. 한 예를 들면, 지휘관들의 생활 조건은 어려웠고 병사들의 생활 조건과 거의 다르지 않았다. 화이트는 다음과 같이 지적했다. "프룬제[군사인민위원 — 클리프]가 볼 때, 1925년에 지휘관의 30퍼센트만이 제대로 된 주거 환경에서 살았다. 나머지 70퍼센트는 수준 이하의 주거 환경에서 살았다. 프룬제는 여러 지역에서 지휘관 몇 명이 각자 가족들을 거느린 채 방 하나만 있는 집에서 모여 산다고 말했다. 달리 말하면, 각 가족은 방 하나의 일부만을 자기 것으로 사용했다는 것이다. 군대의 계급 서열 밖에서 재훈련을 받기 위해 소집된 예비 지휘관들은 중국인 하층 막일꾼도 거들떠보지 않을 보수를 받았다. 그들 가운데 다른 직업에 종사하지 않는 사람은 훈련 기간 중 시간당 9코페이카를 받는 반면, 다른 직업 종사자와 농업에 종사하는 사람은 시간당 5코페이카를 받았다."[21]

적군 지휘관이었던 볼렌베르크는 다음과 같은 사실들을 전해 준다.

1924년에 군단사령관의 한 달 보수는 숙련 금속 노동자가 받는 보수와 거의 비슷한 150루블이었다. 그것은 "당원의 월급 상한선", 즉 당원이 당시 받을 수 있게 허용된 최대한의 월급보다 25루블 모자라는 것이었다. … 당시 특별한 장교 식사는 없었다. 장교와 사병들의 식사는 같은 취사장에서 준비됐다. 당원인 장교는 비번일 때 계급장을 거의 달지 않았다. 그리고 업무 중에도 자주 계급장을 달지 않았다. 당시 적군은 군사 업무를 수행할 때만 상하 관계를 인정했다. 그리고 어쨌든 모든 사병은 자신의 지휘관이 계급장을 달았건 안 달았건 그를 알고 있었다.

장교의 시중을 드는 사역병제는 폐지됐다.[22]

나아가 병사들은 군검찰관실에 자신들의 장교에 대해 불평할 수 있도록 허용됐고, 실제로 그랬다. 1925년에는 월평균 1892건, 1926년에는 1923건, 1927년에는 2082건의 불평이 있었다. 1931~33년까지 장교와 사병들 사이에는 "자연스럽고 편안한 관계"가 있었다.[23]

화이트는 장교의 카스트화化가 공고해지는 전환점을 좀 더 이르게 제시한다. 그는 1928년의 군법령이 실제적 경계선이고, 그 후에는 "이미 충분히 굳어진 추세의 발전"이 뒤따랐다고 기술한다.[24] 이 법령들로 군대 장교에게는 종신직의 기회가 열렸다. 그리고 화이트는 풍부한 근거를 들며 그 법령들이 "지휘관의 대헌장"이자, "표트르대제가 제정한 관리등급표와 아주 비슷한 것"이라고 설명했다.[25]

1929년에 "적군 집회장이 장교 클럽으로 점차 탈바꿈"되는 과정이 시작됐다.[26] 여전히 사병들의 보수는 매우 낮은 수준으로 유지됐는데도, 장교의 보수는 다음 표가 보여 주듯이 오르기 시작했다.[27]

표 2-1_ 장교의 월급 증가율 (단위: 루블)

	1934년	1939년	증가율(퍼센트)
소대장	260	625	240
중대장	285	750	263
대대장	335	850	254
연대장	400	1,200	300
사단장	475	1,600	337
군단장	550	2,000	364

1937년에 사병들과 부사관들의 평균 연봉은 150루블이었지만, 장교들은 8000루블에 달한 것으로 추산됐다.[28] 제2차세계대전 중에 소련군 사병들은 한 달에 10루블, 중위는 1000루블, 대령은 2400루블의 봉급을 받았다. 이렇게 광범한 격차와는 아주 대조적으로, 미국 군대의 사병들은 한 달에 50달러, 중위는 150달러, 대령은 333달러를 받았다(미국 군대의 사정을 인용하는 이유는 그것을 긍정적으로 보기 때문이 아니라 단지 비교하기 위한 것일 뿐이다).[29]

그 전 20~30년 동안 루블화 가치가 급격히 하락했는데도, 장교들은 민간인보다 그 영향을 훨씬 덜 받았다. 왜냐하면 그들은 보엔트로크(Voentrog: 군대 시장), 즉 상점·레스토랑·세탁소·양복점·

제화점 등을 경영하는 전용 협동조합을 이용할 수 있었기 때문이다. 장교들을 위해 모든 편의시설을 갖춘 특별 주택이 세워졌다. 장교들과 장교 가족들은 무료로 기차·버스·배 등을 이용한다(일반 사병들은 그럴 수 없다. 사병들에게 제공된 유일한 혜택은 외부와 편지를 주고받을 때 이용하는 무료 우편 제도뿐이다).[30]

1935년 9월 22일의 포고령은 육군과 공군에 소위·중위·대위·소령·중령·여단장·사단장·군단장·제2사령관·제1사령관 등의 계급과 마지막으로 소련군 원수 계급을 도입했다.[31] 비슷한 계급들이 해군에도 도입됐다. 군대의 기술직에도 계급이 부여됐다.[32] 1940년 5월 7일 육군과 공군에 소장·중장·대장·원수 등의 계급들을 도입했다.[33] 그리고 해군에는 해군소장·해군중장·해군대장·해군원수 등이 도입됐다. 마지막으로 1945년 6월 26일 소련군 대원수 계급이 도입됐다.[34]

1940년 9월 3일 옛 차르식 계급장, 즉 금술 달린 견장과 금·백금·다이아몬드 별 휘장(제독이 다는) 등이 부활됐다.[35] 백군을 "금술 달린 견장"이라고 부르던 내전 시기와는 판이한 상황이었다. 1930년에 발간된 《소련 소백과사전》 중 한 권에는 견장이 "군대의 계급 억압 상징으로서 1917년 11월혁명으로 폐지됐다"고 적혀 있다.[36] 이와 대조적으로 적군 신문은 견장이 도입된 후인 1943년에 다음과 같이 기록하고 있다. "병사들과 장교들의 전통적인 견장 도입은 … 러시아 역사를 통해 우리 시대까지 내려오는 러시아 군대의 영광이 계속되고 있음을 강조하고 상징한다."[37]

장교들과 사병들 사이의 친목은 금지됐다. 재향군인들조차도 군대와 동일한 계급들로 나뉘었다.[38] 그리고 그들은 언제든지 군복을 입을 권리가 있었다.[39]

〈데일리 워커〉의 모스크바 통신원인 존 기번스는 "요즘에 버스나 지하철 또는 기차로 여행하는 사병들과 부사관들은 상급자에게 자리를 양보하고 서 있어야 한다"고 썼다.[40]

장교들은 우월한 신분에 맞게 품위를 유지해야 하므로 거리에서 큰 짐 꾸러미를 들고 다니는 것이 허용되지 않았고, 극장에 갈 때 펠트부츠를 신을 수도 없었다. 고위급 장교들은 지하철이나 시가전차로 다닐 수 없었다. 특별 장교식당과 장교클럽이 있었다. 장교는 휴가 중에도 공공장소에서 다른 계급들과 테이블에 마주 앉아 식사할 수 없었다. 모든 장교에게는 전임 사역병이 있었다. 장교의 자식들을 위해 유치원부터 특수학교가 설립됐다 차르 시대에 배자이었고 차르 경호대장이었던 중장 알렉세이 이그나티예프는 스탈린 군대에서 예절과 법도를 사실상 총감독하는 지위에 오르게 됐다. 사교댄스 강의는 군사학교에서 필수과목이 됐다.

역사상 소련 장교들보다 더 막강한 징계권을 가진 군대가 과연 있었을까? 1940년 10월 12일 제정된 법령은 다음과 같이 규정하고 있다. "불복종의 경우에 지휘관은 폭력과 화기 사용을 포함해 모든 강제 조처를 취할 권리가 있다. 지휘관은 불복종자로 하여금 명령을 수행하게 하고 징계와 명령에 따르도록 하기 위해 폭력과 화기를 사용할 필요가 있다고 생각되면 그 결과에 책임을 지지 않는다. … 그런 경우에 명령을 완수하기 위해 필요한 모든 조처를 사용하지 않는 지휘관은 군사법원에 회부된다."[41]

모스크바 재판을 주재한 울리치는 이 법령들을 다음과 같이 평가했다. "징계 법규는 폭력과 소小화기의 사용에 관한 지휘관의 권한을 대폭 확대하고 있다. … 사병들과 장교들 사이에 동지적 관계는 더는 존재하지 않는다. … 적군에서 지휘관과 예하 장병 사이에 동지적 정신이 존재할 여지는 없다. 예하 장병 사이에서는 어떤 종류의 토론도 일절 금지돼 있다."[42]

같은 시기에 〈프라우다〉에 실린 한 기사는 이 법규의 또 다른 측면을 분명히 보여 준다. "불만은 단지 사적으로, 그리고 개인적으로만 용인될 수 있다. 타인에 대해 집단적으로 불만을 토로하는 것은 금지돼 있다. 어떠한 집단적 선언, 어떠한 공동 토론도(명령에 관한 것이건 질 나쁜 음식에 관한 것이건 어떤 다른 주제에 관한 것이건 간에) 허용되지 않았다. 이 모든 것에는 '불복종'이라는 딱지가 붙는다. 그리고 이에 대해서 상급 장교가 단독으로 그리고 개인적으로 결정만 내리면 해당 병사는 군사재판, 심리 또는 조사 없이 즉석에서 사살될 수도 있다."[43]

이와 같이 소련 군대는 역사상 어느 사회에서 존재했던 군대보다 더 분명하게 규정된 군사적 위계제로 발전했다.

소비에트

공식적으로는 소련에서 주권을 가진 기구는 최고소비에트(1937년까지 소비에트 대회)를 정점으로 하는 소비에트다. 이미 오래 전부터 이 기구는 거수기 노릇을 했을 뿐이고 실질적 권력은 다른 곳에 있음을 보여 주는 수많은 증거가 있다.

초기에는 사정이 달랐다. 예를 들면, 1918년에 소비에트 대회는 다섯 번 열렸다. 1919~22년에 대회는 1년에 한 번씩 열렸지만, 그 후로 회기 사이의 간격은 상당히 길어졌다. 1923년에 러시아소비에트연방사회주의공화국과 그 밖의 공화국들이 결합해 소비에트사회주의연방공화국(USSR: 소련)을 결성했다. 소련의 제1차 소비에트 대회는 1922년 12월에, 제2차는 1924년 1~2월에. 제3차는 1925년 5월에 열렸다. 그 후 1931년까지는 2년에 한 번씩 열렸다. 제7차 대회는 이전 대회 후 4년이 지난 1935년 1~2월에 열렸다. 그 후 아무런 개선도 이루어지지 않았다(전시의 비상 상황이 대회를 연기할 핑계 구실을 했다는 것은 분명하다. 비록 충분한 핑계 거리는 안 됐지만 말이다). 이 소비에트 '의회'의 회기일은 1917년부터 1936년까지 연평균 6일도 채 안 되는 104일에 불과했다.[44] 몇 년 후 이 회기 일수는 더욱 짧아진다. 그리고 소련이 가장 거대하고 급속하게 탈바꿈하는 시기인 1931~35년에 대회가 한 번도 열리지 않았다는 것은 의미심장하다. 5개년계획, 집산화, 공업화 등 많은 주요 조처들이 소련의 '최고 기관'에 아무 자문도 하지 않고 결정된 것이다.

1917~36년에 입법권은 공식적으로 소비에트 대회와 대회가 선출한 중앙집행위원회의 수중에 있었다. 그러나 스탈린의 승리 이후에 중앙집행위원회 회기는 연평균 열흘도 안 됐다.

소련은 중앙집행위원회 의장이 "소비에트 공화국의 최고 기관으로서 중앙집행위원회는 … 인민위원회가 수행해야 할 … 정책을 입안한다"고 말할 수 있었던 때 이래로 현격한 변화를 겪었다.[45]

최고소비에트 간부회의는 언제 소집되고 안건이 무엇인지가 알려지지 않는다. 왜냐하면 회의 진행에 관한 소식이 전혀 발표되지 않기 때문이다.

1920년대 말 이래 소비에트 대회에서, 그리고 나중에 최고소비에트에서 내려진 결정은 모두 만장일치로 통과됐다. 제출된 어떤 안건에 대해서도 반대표가 나온 적이 없을 뿐 아니라, 단 하나의 기권표도 없었고 수정 제안이나 반대 연설도 없었다.

최고소비에트의 단순히 의례적인 성격은 그 심의의 성격에서도 드러난다. 예를 들면, 외교정책이 영국·프랑스와 동맹을 추진하던 것에서 히틀러와 제휴하는 것으로 크게 변했을 때도 최고소비에트는 "소비에트 정부의 외교정책이 명확하고 일관되기 때문에" 그 문제를 토론할 필요가 없다고 결정했다.[46]

연간 예산은 때때로 집행된 지 몇 개월 후에야 최고소비에트에 보고된다. 그래서 예를 들면, 1952년도 예산은 그해 1월 1일부터 시행됐지만 1952년 3월 6일에야 재무장관 즈베레프가 발표했다.[47] 1954년 예산은 4월 11일에 "심의"됐다.[48] 마찬가지로 제1차 5개년계획은 1928년 10월 1일 시작됐는데도 1929년 4월에야 승인됐다. 제2차 5개년계획은 1933년 1월 1일 시작됐지만, 공식적으로 승인된 것은 22개월이 지난 1934년 11월 17일이었다. 마찬가지로 제3차 5개년계획은 1939년 1월 1일 시작됐는데 1939년 3월에 승인됐고, 제4차 5개년계획은 1946년 1월 1일 시작됐는데 1946년 3월에 승인됐으며, 제5차 5개년계획은 1951년 1월 1일 시작됐는데 1952년 10월에야 승인됐다.

이런 사실에 비춰 볼 때, 캔터베리 대성당 주임사제인 휼렛 존슨 박사의 다음과 같은 말은 터무니없는 허튼소리다. "집행위원회는 최고소비에트에 종속된다. … 집행위원회의 조처는 모두 최고소비에트의 비준을 받아야 한다. 헌법 30조는 '국가의 최고 기관은 최고소비에트다'라고 규정하고 있다. 이러한 법 시행의 의의는, 여기[영국]서 벌어지는 정반대 경향, 예컨대 영국 내각이 의회 심의 없이 또는 즉

시 신속하게 의회 비준을 구하지 않고 특정 조처를 취하는 것을 경계의 눈으로 바라보는 사람들에게는 자명할 것이다. 더 중요한 것은 최고소비에트가 예산을 통제해야 한다는 결정이다. 돈주머니를 쥐고 있는 자가 최종적인 권력을 갖는다."[49] 이 문단이 있는 장의 제목은 "세계에서 가장 민주적인 헌법"이다!

선거

1937년 총선 전야에 스탈린은 다음과 같이 선언했다. "이제까지 세계 어디서도 이토록 완전히 자유롭고 진정으로 민주적인 선거가 실시된 적은 없다. 정말이지 결코 없었다! 역사 기록 어디에도 이런 종류의 선거는 보이지 않는다."[50] 스탈린 정권을 열렬히 지지하는 한 미국인도 "공명정대하게 비밀투표에 따라 그[소비에트 시민 — 클리프]는 진정으로 원하는 개인이나 정책에 투표할 수 있다"고 말한다.[51]

그러나 이렇듯 "완전히 자유롭고 진정으로 민주적인" 선거에서 유권자가 각 선거구에서 투표할 후보자는 **오직** 한 사람뿐이었다. 또한 수백 개 선거구 중에서 투표율이 98퍼센트 이하인 곳은 한 군데도 없었다. 투표 결과는 거의 항상 99.9퍼센트였다. 그리고 한 후보자는 실제로 100퍼센트 이상을 득표하기도 했다. 1947년 12월 21일 치러진 지방소비에트 선거에서 당선한 스탈린이 바로 그 주인공이다. 그를 '선출한' 선거구의 유권자 수가 1617명이었는데 득표수는 2122표가 나온 것이다! 그보다 더 웃지 못할 해프닝은 이튿날 〈프라우다〉에 실린 다음과 같은 해설이다. "초과된 투표용지는 지도자에게 고마움을 표현할 기회를 얻고자 갈망하던 이웃 선거구의 시민들이 투표함에 넣은 것이다."[52]

물론 대개는 상황이 매우 치밀하게 계획되므로 선거구 조작의 증거가 거의 남지 않는다. 그럼에도 또 다른 사건이 기록으로 남아 있다. 그것은 1940년 7월 12일 리투아니아와 소련의 합병안 문제를 결정하기 위해 리투아니아에서 실시된 국민투표였다. 리투아니아 당국이 국민투표를 이틀 동안 연장 실시하기로 결정했다는 통보를 모스크바의 타스통신이 받지 못하는 바람에 모스크바 당국은, 국민투표 둘째 날까지의 투표수가 실제로는 집계되지 않았는데도 이미 첫날에 결과를 발표하는 일이 벌어졌다. "우연"하게도 그 결과는 예측과 똑같았다. "런던의 한 일간지가 소련 통신사한테서 입수한 공식 결과를 공식 투표 종료 24시간 전에 발표한 것은 불운한 실수였다."[53]

《선거 규정》은 시민의 선거권에 대한 어떤 간섭도 처벌된다고 명기했다. 그러나 예컨대 1937년 12월 실시된 최고소비에트 선거에 후보들이 추천되고 나서 실제 투표가 이뤄지기 전에 후보자 37명(그중 두 명은 정치국원인 코시오르와 추바르)이 사라지고 다른 사람으로 대체됐다. 유권자들에게는 아무 설명도 없었다. 그리고 어느 누구든 그 문제를 따지고 들어서 신상에 이로울 게 없다고 생각하는 것 같았다.

같은 선거가 있기 15일 전에 〈뉴욕 타임스〉의 모스크바 통신원은 차기 최고소비에트의 구성과 인적 사항을 예측하는 기사를 송고했다. 그는 고위 당직자 246명, 민간인 관리와 군 장교 365명, 지식인 대표 78명, 노동자 131명, 콜호스원 223명으로 구성될 거라고 쓰고 그들의 이름을 밝혔다.[54] 마지막에 체포된 37명을 제외하면 그의 예측은 세부 사항에 이르기까지 정확하게 일치했다. 조작하지 않은 선거라면 그런 일이 일어나는 것을 상상이나 할 수 있겠는가?

당

소련공산당이 국가 당인 이상, 당의 구조·인적구성·기능에 대한 분석은 또한 국가기구에 대한 분석이어야 한다.

스탈린이 당을 장악한 이후의 당 운용을 분석하기 전에, 먼저 관료층이 대두하기 전까지 민주적으로 운영되던 당의 모습과 현재의 획일적이고 전체주의적인 성격을 대조·검토하는 것이 중요하다.

볼셰비키당은 결코 획일적이거나 전체주의적인 당이 아니었다. 전혀 그렇지 않았다. 당내 민주주의는 항상 당 생활에서 가장 중요했지만, 이런저런 이유로 이 사실은 그 주제를 다루는 대부분의 문헌에서 간과됐다.

따라서, 주제에서 다소 벗어나더라도 스탈린 체제 이전의 당내 민주주의를 예증하는 다수의 사례들을 제시하는 데 지면을 할애하는 것도 그런대로 가치 있는 일일 것이다. 우선 10월혁명 이전의 몇몇 예를 들어보자.

1905년 혁명이 결국 실패한 후인 1907년에 당은, 차르의 두마선거에 대해 어떤 태도를 취할 것인가 하는 문제를 둘러싸고 위기를 겪었다. 볼셰비키뿐 아니라 멘셰비키도 참석한 러시아사회민주노동당 제3차 협의회(1907년 7월)에서는 기이한 상황이 벌어졌다. 레닌만 빼고 모든 볼셰비키 대의원들이 두마선거 보이콧에 찬성한 반면, 레닌은 멘셰비키측에 찬성투표했다.[55] 3년 후 볼셰비키 중앙위원회 전체회의에서는 멘셰비키와의 통합을 요구하는 결의안이 통과됐다. 이때도 유일한 반대자는 레닌이었다."[56]

1914~18년의 전쟁이 발발했을 때 당 지부들 가운데 어느 하나도 레닌이 제창했던 혁명적 패배주의 방침을 채택하지 않았다.[57] 그리고 1915년에 카메네프와 볼셰비키 두마의원 두 명은 법정에서 레닌의 혁명적 패배주의 방침을 반박했다.[58]

2월혁명 후에 당 지도자들 대다수가 혁명적 소비에트 정부에 찬성하지 않고 임시 연립정부를 지지했다는 것은 잘 알려져 있다. 볼셰비키당은 1917년 3월 2일 당시 페트로그라드 소비에트에서 당원이 40명이나 활동하고 있었지만, 부르주아 연립정부에 권력을 넘기자는 결의안이 표결에 부쳐졌을 때 반대한 사람은 겨우 19명뿐이었다.[59] 페트로그라드 당위원회 회의에서(1917년 3월 5일) 혁명적 소비에트 정부를 지지하는 결의안은 단지 한 표만을 얻었다.[60] 당시 스탈린이 편집한 〈프라우다〉의 방침은 어떤 면에서도 혁명적이라고 할 수 없었다. 당시 〈프라우다〉는 임시정부가 "반동이나 반혁명에 맞서 투쟁하는 한" 임시정부를 지지한다고 단호하게 선언했다.[61]

1917년 4월 3일 레닌이 러시아로 돌아와서 유명한 "4월 테제"(당을 10월혁명으로 인도한 빛)를 발표했을 때, 다시 그는 자신의 당에서 한동안 소수파로 있었다. 〈프라우다〉는 "4월 테제"가 "레닌의 개인적 견해"이고 상당히 "받아들이기 곤란한" 것이라고 논평했다.[62] 1917년 4월 8일 열린 페트로그라드 위원회 회의에서 "테제"는 겨우 두 명의 지지를 받는 데 그치고, 13명이 반대했으며 1명이 기권했다.[63] 그러나 4월 14~22일 열린 당 협의회에서 "테제"는 다수를 획득했다. 71명이 찬성하고 39명이 반대했으며 8명이 기권한 것이다.[64]

이 협의회에서는 또 다른 중요한 문제, 즉 당이 스톡홀름 사회주의 정당들의 협의회에 참가해야 하는가를 둘러싸고 논쟁이 벌어졌는데, 여기서 레닌은 패배했다. 그의 견해에 반대해 전면적 참가로 결정이 내려진 것이다.[65]

다시 9월 14일 케렌스키가 '민주협의회'를 소집했을 때 레닌은 강한 어조로 그것을 보이콧할 것을 주장했다. 중앙위원회는 9 대 8로 보이콧을 결정했다. 그러나 투표 결과가 거의 대등했기 때문에, 최종 결정은 '민주협의회' 내 볼셰비키 분파로 대부분 구성될 당 협의회로 위임됐다. 이 회의는 77 대 50으로 보이콧하지 않기로 결정했다.[66]

무엇보다도 가장 중요한 문제인 10월 무장봉기 문제가 이사일정에 올랐을 때, 지도부는 다시 첨예하게 갈라졌다. 지노비예프, 카메네프, 리코프, 퍄타코프, 밀류틴, 노긴 등이 이끄는 강력한 분파는 봉기에 반대했다. 그렇지만 중앙위원회가 정치국을 선출했을 때 지노비예프도 카메네프도 배제되지 않았다.

권력 장악 후에도 당 지도부 내의 의견 차이는 여전히 첨예했다. 혁명 후 며칠이 지나자 다수의 당 지도자들이 다른 사회주의 정당들과의 연립정부를 요구하고 나섰다. 이러한 주장을 고집했던 사람들 중에는 내무인민위원 리코프, 농업인민위원 밀류틴, 상공인민위원 노긴, 교육인민위원 루나차르스키, 노동인민위원 실랴프니코프, 공화국 의장 카메네프, 지노비예프 등도 포함됐다. 그들은 정부 직책을 사임하기까지 하면서 레닌과 그 지지자들에게 압력을 넣어서 다른 당들과 협상을 개시할 수밖에 없게 만들었다.[67](멘셰비키가 레닌과 트로츠키를 연립정부에서 배제할 것을 고집했기 때문에 협상은 결렬됐다.)[68]

제헌의회 선거(1917년 12월)를 실시할 것인가 연기할 것인가 하는 문제를 둘러싸고 레닌은 중앙위원회에서 다시 소수파가 됐고,[69] 그의 충고와 반대로 선거는 실시됐다. 얼마 후 그는 브레스트리토프스크에서 진행 중이던 독일과의 강화협상 문제를 둘러싸고 다시 패배했다. 그는 즉각적인 강화를 제창했다. 그러나 1918년 1월 21일 열린 중앙위원회와 적극적 활동가들의 회의에서는 부하린의 "혁명전쟁" 방침이 32표를 얻고 트로츠키의 "강화도 아니고 전쟁도 아닌" 방침이 16표를 얻은 반면, 레닌의 동의안은 겨우 15표를 얻는 데 그쳤다.[70] 이튿날 중앙위 회의에서 레닌은 다시 패배했다. 그러나 사태의 압력 덕분에 레닌은 마침내 중앙위원의 다수를 자신의 견해로 설득하는 데 성공했다. 2월 24일 중앙위 회의에서 그의 강화안은 일곱 표를 얻었고 반대표와 기권표가 각각 네 표였다.[71]

혁명 이전과 혁명 직후에 볼셰비키 당내 분위기는 획일적이라는 비난이 끊이지 않았지만, 앞서 말한 사실들에 비춰 볼 때 그런 비난은 근거 없음이 드러난다. 그러나 그런 분위기가 나중에는 현실이 됐다.

오랫동안 당에서 가장 중요한 기관은 당대회였다. 예컨대, 레닌은 다음과 같이 말했다. "당대회는 … 당과 공화국의 가장 책임 있는 회의[다]."[72]

그러나 관료층의 대두와 함께 당대회는 갈수록 중요성을 잃어 갔다. 1919년, 1921년, 1925년의 당규약(각각 당규약 제20조, 제20조, 제21조)은 당대회가 해마다 개최돼야 한다고 규정했다.[73] 그리고 1925년의 제14차 당대회까지는 이것이 유지됐다. 그러나 그 후 당대회는 점점 더 뜸하게 열렸다. 그 다음 대회는 2년 뒤에 열렸고, 제

16차 대회(1930년)가 열릴 때까지는 무려 2년 6개월이 지났다. 그리고 제16차 당대회와 1934년의 제17차 당대회 사이에는 3년 반이라는 시간이 걸렸다. 제17차 당대회에서는, 당대회가 "적어도 3년에 한 번은 개최돼야 한다"는 새로운 규정이 통과됐다(당규약 제27조).[74]

그러나 이 규정도 준수되지 않았다. 제17차 당대회와 제18차 당대회(1939년) 사이에 5년이 흘렀고, 제18차 당대회와 제19차 당대회(1952년) 사이에는 13년이라는 간격이 있었다.

당규약대로 하면, 중앙위원회는 대회와 대회 사이에 당 협의회를 개최해야 하며, 또 제15차 당대회에서 채택되고 지금도 공식적으로 유효한 규약에 의하면 "당 협의회는 적어도 1년에 한 번은 개최돼야 한다." 1919년 이래 당 협의회는 1919년, 1920년, 1921년(두 번), 1923년, 1924년, 1925년, 1926년, 1929년, 1932년, 1934년 그리고 가장 최근인 1941년에 열렸을 뿐이다.

당대회는 당의 지도적 기관인 중앙위원회를 선출한다. 형식상 중앙위원회는 당대회에 자신의 활동을 보고할 의무가 있지만, 당대회는 13년 넘게 개최되지 않았으므로 이 조항은 공문구가 될 수밖에 없었다.

공식적으로는 중앙위원회가 정치국을 선출하고, 정치국은 중앙위원회에 종속돼 있다. 그러나 현실을 보면 중앙위원회가 정치국에 종속돼 있다.

만약 중앙위원회가 당에서 최고의 권위를 실질적으로 수행했다면, 제17차 당대회와 제18차 당대회 사이의 시기에 중앙위원회의 다수파(사실상 4분의 3을 넘었다)가 '인민의 적'으로 낙인찍혀 축출되고 박해받는 일은 일어나지 않았을 것이다.

1934년에 선출된 중앙위원 71명 중 16명만이 5년 후 선출된 중앙위원 명부에 남아 있었다. 그리고 후보위원 68명 중 8명만이 명부에 남아 있었다.

13~14명 정도로 구성되는 정치국은 서기장을 수뇌로 하는 서기국을 선출한다. 30년 동안 서기장 직위는 스탈린이 장악했다. 스탈린 사후, 집행부 조직은 더욱 복잡해진다. 모든 면에서 볼 때, 게오르기 말렌코프가 스탈린의 후계자 같았지만, 서기장직은 다른 사람(니키타 흐루쇼프)에게 돌아갔다. 흐루쇼프가 지배권을 장악했다는 것은 이제 명백하다.

원래 중앙위원회의 결정 사항을 집행하는 사람일 뿐이었던 서기장이[75] 스탈린의 지배 하에서는 그 어떤 차르도 감히 꿈꿀 수 없었던 전지전능한 권력을 휘두를 수 있게 됐다는 사실이야말로 관료의 지배를 분명히 보여 준다.

예컨대, 레닌은 결코 당 서기국의 구성원이었던 적이 없다. 그의 생애 중에 당의 가장 유능한 지도자들이 서기국 구성원이 된 적도 없었다. 예컨대 스탈린이 서기국을 맡기 직전(1922년)에 서기국은 몰로토프, 야로슬라브스키, 미하일로프로 구성돼 있었는데, 그 가운데 어느 누구도 볼셰비키 최상층 지도부의 반열에 있다고 생각될 수 없었다. 오직 관료층의 공고화와 위로부터 통제되는 위계제의 확립과 함께 비로소 서기장은 전능한 직책이 될 수 있었던 것이다.

1930년 이래 당의 사회적 구성 변화를 정확하게 추적하는 것은 불가능하다. 그해부터 그러한 정보를 공표하는 관행이 중지됐기 때문이다(이러한 누락은 그 자체로 깊은 의미가 있다). 그렇지만 당원의 교육 수준에서 당의 사회적 구성에 대한 몇 가지 지표를 얻을 수는 있다.

　소련에서는 아동 스무 명 가운데 한 명만이 중등학교를 마친다 (대학은 말할 것도 없다). 그런데 1939년에 당원 158만 8852명 가운데 대학교육을 받은 사람이 12만 7000명이나 됐는데, 이것은 1934년의 9000명, 1927년의 8396명과 크게 대비되는 수치다. 그리고 중등교육을 받은 사람은 33만 5000명이었는데, 1934년에는 11만 명, 1927년에는 8만 4111명밖에 되지 않았던 것과 크게 대조된다.[76] 1924년 당대회에서는 투표 자격이 있는 대의원의 6.5퍼센트만이 대학교육을 받았는데, 1930년 당대회에서는 7.2퍼센트, 1934년에는 약 10퍼센트, 1939년에는 31.5퍼센트, 1941년 당 협의회에서는 41.8퍼센트에 이르렀다. 중등교육을 받은 대의원의 비율은 1924년 17.9퍼센트, 1930년에는 15.7퍼센트, 1934년 31퍼센트, 1939년 22.5퍼센트, 1941년 29.1퍼센트(여기에는 대학교 중퇴자도 포함된다)에 이르렀다.[77] 그래서 '소비에트 인텔리겐치아'로 분류되는 대의원의 비율은 1924년 22.4퍼센트, 1930년 22.9퍼센트, 1939년 54퍼센트, 1941년 70.9퍼센트였다. 1934년 당대회에서는 투표 자격이 있는 대의원의 41퍼센트가 중등교육과 고등교육을 받은 사람들인 반면, 공업과 농업 노동자는 겨우 9.3퍼센트뿐이었다. 이 후자의 비율은 1939년과 1941년 당대회에 이르러서는 훨씬 더 줄어들었음이 틀림없다.

　콤소몰(청년공산동맹)을 보면, 콤소몰 서기 Ｎ Ａ 미하일로프는 다음과 같이 진술했다. "연방공화국들의 각급 위원회 서기 중 반이상이 고등교육을 받거나 중퇴한 사람들이었다. 나머지 서기들도 중등교육을 받았다. 콤소몰의 지역위원회 서기 중 67퍼센트가 중등교육이나 고등교육을 받았다."(《프라우다》, 1949년 5월 30일)

더욱이, 당대회에 참석하는 육체노동자 중에서 상당수는 스타하노프상 수상자들이었다. 전시에 당원이 250만 명에서 600만 명으로 증가했지만 승인된 후보자의 47퍼센트가 고등교육이나 대학교육을 받은 사람들이었다.[78] 1947년 1월 1일 당시 600만 명에 이른 당원과 후보자 가운데 40만 명이 대학교육을 받았고, 130만 명이 고등교육 과정을 마쳤으며, 150만 명이 고등교육을 중퇴했다.[79]

신입 당원의 사회적 지위에 관한 언론 보도를 봐도 동일한 추세를 알 수 있다. 예컨대, 1941년과 1942년의 처음 두 달 동안 첼랴빈스크 주에서 당원후보 자격을 인정받은 사람 중에 600명이 노동자, 289명이 콜호스원, 2035명이 '사무직 노동자'였다. 그 기간에 후보를 마치고 정식 당원이 된 사람 중에 909명이 노동자, 399명이 콜호스원, 3515명이 '사무직 노동자'였다. 이와 같이, 새 후보자와 신입 당원의 70퍼센트 이상이 '사무직 노동자' 범주에 속했다.[80]

1923년에는 공장 경영자의 29퍼센트만이 당원이었다. 1925년에 이르러 스탈린 분파가 부분적 승리를 거두자 트러스트 경영위원회의 위원들 가운데 73.7퍼센트, 신디케이트 경영위원회 위원 가운데 81.5퍼센트, 그리고 대기업 기업장들 가운데 95퍼센트가 당원이었다. 1927년에는 그 비율이 각각 75.1퍼센트, 82.9퍼센트, 96.9퍼센트였다.[81] 1936년에는 이 부류에 속한 사람들 가운데 97.5~99.1퍼센트가 당원이었다. 또 트러스트 경영위원회 위원은 100퍼센트가 당원이었다.[82]

적군 지휘관들을 보면, 1920년에 겨우 10.5퍼센트만이 당원이었는데, 1924년에는 30.6퍼센트, 1929년에는 51.1퍼센트에 이른다.[83] 그리고 콤소몰에 속하는 사람까지 포함하면, 1933년에는 71.8퍼센트로 높아진다. 오늘날 그들이 모두 당원이라는 사실은 의심할 여지가 없다.[84]

1937년 1월 경영진의 인원이 175만 1000명이고[85] 그중 적어도 90퍼센트가 당원임을 고려하면, 이 계급 이외에 당원일 수 있는 사람이 상대적으로 얼마 안 될 것이라는 점은 자명하다. 왜냐하면 당원과 당원 후보자의 총수가 약 250만 명밖에 안 되기 때문이다. 1937년도에 관한 정확한 통계는 없지만, 1934년과 1939년의 수치는 각각 280만 7000명, 247만 7000명이다.

이러한 추측은 모스크바의 프레스냐 기계공장 같은 몇 가지 사례를 통해서 확인된다. 이 공장의 근무자 1300명 중에서 당원은 119명이고, 그중에 100명 이상이 '사무직 노동자'였으며, 약 12명 정도만이 육체노동자였다.[86] 이러한 비율은 분명히 다른 대부분의 공장에서도 비슷할 것이다.

당원의 사회적 구성의 변화와 함께 고참 당원들이 제거됐다. 1939년 3월 1일 당시 158만 8852명 당원 가운데 1917년부터 당원인 사람은 1.3퍼센트뿐이었고 1920년, 즉 내전 종결 이후부터 당원인 사람은 8.3퍼센트였다.[87] 제18차 당대회가 폐회될 때, 당원의 70퍼센트가 1929년 이후에야 비로소 입당한 사람들이라는 것이 실제로 강조됐다. 2월혁명 전야에 당원은 2만 3600명이었고, 1917년 8월에는 20만 명, 1921년 3월에는 73만 명이었다.[88] 따라서 1939년에는 명백히 1917년 당시 당원의 약 14분의 1, 그리고 1920년의 약 6분의 1만이 당에 남아 있었다.

고참 당원들이 대거 사라진 것은 자연적 원인으로는 설명이 안 되는데, 왜냐하면 1917년과 1920년 당시 당원들은 매우 젊었기 때문이다. 심지어 1927년에도 당원의 53.8퍼센트는 29세 이하였고, 32퍼센트가 30대, 11.4퍼센트가 40대, 2.8퍼센트가 50대 이상이었다.[89]

스탈린이 볼셰비키당의 고참 지도자들을 물리적으로 말살하기 위해 저지른 짓을 알고 싶다면 몇 가지 사실들만 살펴봐도 충분할 것이다.

1917년 10월 10일의 제1차 정치국(아직 정치국이라는 명칭을 사용하지 않았다)은 레닌, 트로츠키, 지노비예프, 카메네프, 소콜니코프, 부브노프, 스탈린으로 구성돼 있었다.[90] 1918년에 부하린이 추가로 포함됐다. 1920년에 프레오브라젠스키와 세레브랴코프가 추가됐으나, 1년 후에 지노비예프와 톰스키로 대체됐다. 1923년에 리코프가 부하린을 대신했다.[91]

내전 기간 내내 정치국은 레닌, 트로츠키, 카메네프, 부하린, 스탈린으로 구성돼 있었다. 이들 지도적 인물 가운데 오직 두 사람 레닌과 스탈린만이 자연사했다. 지노비예프, 카메네프, 부하린, 리코프, 세레브랴코프는 모두 정치재판 후에 처형됐고, 트로츠키는 멕시코에서 보안경찰 요원의 손에 살해됐다. 톰스키는 체포 전날 밤 자살했고, 사후에 '인민의 적', '파시스트'라는 낙인이 찍혔다. 소콜니코프는 장기 구금에 처해졌고, 프레오브라젠스키와 부브노프는 '대숙청' 때 실종됐다.

레닌은 '유언장'으로 알려진 문서에서 6인을 골라 각각 특별한 언급을 남겼다. 그중 네 명은 재판 후 스탈린의 명령으로 처형됐는데,

이들은 퍄타코프, 부하린(레닌은 이들이 젊은 층에서 가장 유능한 사람들이라고 썼다), 지노비예프, 카메네프였다. 트로츠키는 암살당했다. 6인 가운데 레닌이 가장 혹평했던 한 사람이 다른 다섯 사람을 처형한 것이다!

최초로 조직된 볼셰비키 정부(1917년 10월의 인민위원회)의 구성원 15인 가운데 단 한 사람 스탈린만이 대숙청 이후까지 생존했다. 네 명은 병으로 자연사했다. 레닌, 노긴, 스크보르초프-스테파노프, 루나차르스키가 그들이다. 나머지 열 명, 즉 트로츠키, 리코프, 실랴프니코프, 크릴렌코, 디벤코, 안토노프-오프세옌코, 로모프-오포코프, 밀류틴, 글레보프-아빌로프, 테오도로비치는 스탈린의 명령으로 처형되거나 옥사했다.

각종 인민위원부의 최고 관리들은 모두 차례대로 '숙청'당했다. 그래서 예컨대, 노동인민위원직을 맡은 사람들은 잇달아 해임된 뒤 처형되거나 투옥됐다. 첫 번째로 실랴프니코프, 다음으로 스미르노프, 그 다음에 미하일 우글라노프, 마지막으로 시미트가 그랬다.

'파시스트의 앞잡이'로 숙청된 사람들 가운데 트로츠키는 당내에서 워낙 걸출했기 때문에, 내전기와 이후의 시기에 당은 "레닌과 트로츠키의 당"으로 불렸고 정부 역시 비슷하게 알려졌다. 그리고 레닌 사후 리코프는 레닌을 대신해서 인민위원회 의장직(대략 총리직)을 맡고 있었으며, 지노비예프는 공산주의인터내셔널 집행위원회 상임간부회의 의장이었고, 톰스키는 노동조합 대회 의장직을 맡고 있었다. 숙청된 사람 중에는 적군 수뇌도 포함돼 있었다. 국방인민위원 대리 투하체프스키 원수가 처형됐고, 다른 수뇌인 가마르니크는 체포 전에 자살했다(공식 발표에 따르면). 다른 수뇌인 예고로프 원수도 얼마 후 '실종'됐고, 해군인민위원 스미르노프도 마찬가지였다. 1935년에 임명된 사령관 15명 가운데 오직 한 사람만이 대숙청 후에도 고위직을 유지했다. 이 한 사람만이 자연사했고, 나머지는 모두 '배반자'로 낙인찍혀 '숙청'당했다.[92] 외국 주재 소련 대사들도 거의 모두 '숙청'당했다. 보안경찰 우두머리 두 명도 마찬가지 운명이었는데, 그중 한 명인 야고다는 지노비예프-카메네프 음모를 직접 조작한 자이며, 다른 한 명인 예조프는 후에 다른 재판들을 조작한 자로, 그 재판들 가운데는 야고다가 피고인 사건도 있었다.

만약 스탈린이 말살한 사람들이 모두 '파시스트'였거나 '반역자'였다면, 10월혁명과 내전 기간 내내 당과 국가 지도부의 적어도 10분의 9를 차지했던 그들이 어떻게 사회주의 혁명을 지도할 수 있었는지는 완전히 수수께끼다. 이와 같이, 그 규모 자체만으로도 '숙청'의 기만적 성격은 충분히 드러난다.

대숙청의 비극에 음흉한 날조 수법을 덧붙여, 스탈린은 엄청난 규모의 숙청에 대한 책임을 첫 희생자인 트로츠키파에게 떠넘겼다. 스탈린은 트로츠키파가 "일부러 불평불만을 유포했고, 불만에 찬 동지들을 교활하게 매수해 파멸의 늪에 빠뜨렸다"고 주장했다.[93] 제18차 당대회 연설에서 즈다노프는 트로츠키파가 "대숙청을 확대시켜 당기구를 파괴하려 했다"고 주장해, 이 환상적인 조작을 완성했다. 아마 동일한 논리로 종교재판소는 그들의 피고에게 책임을 물어 판결을 내릴 수 있었을 것이다. 같은 연설에서 즈다노프가 인용한 다음의 해프닝은 잔인한 풍자지만, '숙청'의 엄청난 규모를 암시해 준다. 그는 다음과 같이 말했다. "어떤 당원들은 ['숙청'을 피해 — 클리프]

자신의 안전을 도모하려고 의료 기관에 도움을 요청했다. 이들 시민 중 한 사람에게 발부된 의료 증명서가 여기 있다. '심신 상태를 볼 때 동지는 계급의 어떠한 적에 의해서도 도구로 사용되기에 적합하지 않다. 주州 정신과 의사, 10월, 키예프시(서명).'"[94]

국가와 법의 고사枯死

마르크스는 사회주의가 확립되고 사회 계급이 폐지되면 국가가 더는 존재하지 않게 될 것이라고 생각했다. 계급 간 또는 사회집단 간에 갈등이 사라지게 되면, 군대·경찰·감옥 등의 형태를 갖춘 상설적 강제 기구는 전혀 필요하지 않게 될 것이라고 했다. 법도 존재하지 않게 될 것이다. 왜냐하면 "법은 법을 준수하도록 강제할 수 있는 기구가 없으면 아무것도 아니기 때문이다."[95] 사회주의에서 모든 갈등은 개인 간의 갈등일 것이다. 현 사회에서 '범죄'의 주된 원인인 빈곤이 사라진 후에도 계속해서 나타날 개인의 악행 같은 것을 처벌하기 위한 특별한 억압 기구는 더는 필요하지 않을 것이다. '일반의지'(루소의 용어를 사용한다면)가 널리 퍼져서 그러한 문제를 처리할 것이다. 오래 전인 1927년에 스탈린이 말했듯이 "사회주의 사회는 계급이 없는 사회이고, 국가가 없는 사회[다]."[96]

이러한 생각은 1918년 7월 10일 공포된 러시아소비에트연방사회주의공화국 헌법에서 표현됐다. "러시아사회주의연방소비에트공화국 헌법, 즉 현재의 이행기에 적합하도록 작성된 헌법의 근본 목적은 강력한 전 러시아 소비에트 권력의 형태로 농촌 빈민과 함께 도시와 농촌에서 프롤레타리아 독재를 확립해, 부르주아지를 완전히 제압하고, 인간에 의한 인간 착취를 폐지하고 **계급 분화도 국가권력도 더는 존재하지 않을 사회주의를 실현하는 것이다.**"[97]

그러나 스탈린의 승리 이후 노선은 완전히 바뀌었다. 스탈린 체제의 대변자들은 더는 '국가의 고사'를 말하지 않고, 정반대 극단으로 나아가 '일국사회주의'와 심지어 '일국공산주의'는 국가의 강화와 병행한다고 주장하기까지 했다. 그래서 1948년에 유딘은 다음과 같이 썼다. "소비에트 국가는 사회주의 건설과 공산주의 사회 건설의 실현을 위한 주력군이자 주된 도구다. 따라서 모든 수단을 동원해 소비에트 국가를 강화하는 것은 공산주의 사회 건설을 위한 미래 활동뿐 아니라 현재 활동의 주요 과제이기도 하다."[98] 또 "모든 수단을 통한 소비에트 국가의 강화는 사회주의 건설, 그리고 이제 공산주의 건설의 필요조건이 됐다. 다시 말해서, 이것은 소비에트 사회 발전의 가장 중요한 법칙 중 하나다."[99] 또 다른 소련 이론가는 다음과 같이 말했다. "공산주의는 경제와 문화를 관장하는 완벽한 기구의 존재를 전제한다. 그 기구는 점진적으로 발달하고, 사회주의에서 공산주의로의 이행 조건 속에서 그 형태가 드러난다. 그래서 공산주의의 성장은 우리 국가기구와 경제기구의 완성도에 달려 있는 것이다."[100]

소련 국가의 강화, 전체주의의 심화는 사회주의의 승리가 아니라 심각한 계급 적대의 결과 이외의 것일 수 없다.

3장 | 노동자 국가의 경제

　　노동자 국가의 근본 특징들을 살펴보기 전에 한 가지 매우 중요
한 요인을 말해 둘 필요가 있다. 마르크스와 엥겔스는 혁명이 선진
국들에서 시작되리라고 예상했다. 그래서 새로운 사회는 그 출발부
터 가장 선진적인 자본주의 나라들보다도 물질적·문화적으로 더
발달했으리라고 가정했다. 그러나 모든 예측은 조건적이다. 역사는
마르크스와 엥겔스가 예측한 대로 전개되지 않았다. 혁명이 처음
일어나 노동자가 권력을 장악한 곳은 가장 후진적인 자본주의 나
라들 중 하나였던 러시아였다. 오히려, 러시아의 뒤를 이어 선진국
들에서 일어난 혁명들은 실패했다.

자본주의 생산관계에서 사회주의 생산관계로의 전화

생산력의 요소에는 생산수단과 노동력 두 종류가 있다. 자본주의에서 이 생산력의 발전(한편으로는 자본의 집중, 다른 한편으로는 노동과정의 사회화라는)은 사회주의에 필요한 물질적 조건들을 창출한다.

자본주의에서 형성되는 모든 생산관계(자본가들 사이, 자본가와 노동자 사이, 노동자들 사이, 전문가와 노동자 사이, 전문가와 자본가 사이 등의 관계) 가운데 단지 한 부분만이 사회주의 사회로 이월된다. 그것은 생산과정에서 노동자들 사이에 형성되는 관계다. 사회적 생산을 통해 결합된 노동자들은 새로운 생산관계의 기초가 된다. 자본주의에서 존재하는 생산관계의 어떤 요소들은 사회주의가 자본가들을 일소해서 완전히 폐지되겠지만, '신중간계급'(전문가·회계사 등) 같은 여타의 요소들은 새로운 틀에 적합하게 변형될 것이다.

이러한 '신중간계급'은 생산력의 일부이고, 따라서 필수적인 생산요소다. 그러나 자본주의 사회의 위계제에서 이들이 차지하는 지위는 자본주의만큼이나 과도적인 것이다. 사회주의는 생산과정에서 프롤레타리아의 지위보다 상위에 있는 이러한 위계적 지위를 완전히 폐지할 것이다. 사회주의 생산양식에 필요한 서로 다른 요소들 간에, 정신노동과 육체노동 사이에 새로운 관계가 형성될 것이다. 그 새로운 관계(나중에 더 자세히 다루겠다)는 이행기와 함께 모습을 갖추기 시작한다.

노동계급은 생산력의 일부이면서 그와 동시에 자본주의 생산관계의 일부이기도 하기 때문에 새로운 생산관계의 **토대**가 되고, 이 관계를 기초로 한 생산력 발전의 출발점이 된다. 마르크스는 다음과 같이 말했다.

모든 생산도구 중에서 가장 큰 생산력은 혁명적 계급 자체다. 혁명적 요소들을 계급으로 조직하려면 낡은 사회 내부에서 발생하는 생산력이 존재해야 한다.[1]

분업과 계급 분화

엥겔스는 다음과 같이 썼다.

생산이 자연발생적으로 발전한 모든 사회(우리가 사는 현 사회도 이러한 유형인데)에서는 생산자가 생산수단을 통제하는 것이 아니라 생산수단이 생산자를 통제한다. 그러한 사회에서 새롭게 출현하는 생산의 지렛대는 모두 생산자를 생산수단에 종속시키는 새로운 수단으로 바뀌기 마련이다. 이 점은 무엇보다도 대공업이 도입되기 전에 가장 강력한 생산의 지렛대였던 분업에서 잘 드러난다.[2]

육체노동과 정신노동의 분리로 표현되는 분업은 역사적으로 과도적 성격을 띤다. 그것은 생산수단에서 노동자가 분리되고, 그 분리에서 비롯하는 이 두 요소 간의 적대에 뿌리를 두고 있다. 마르크스는 다음과 같이 말했다.

생산에 사용되는 정신적 능력이 한 방면에서는 발전하면서 다른 여러 방면에서는 오히려 소멸된다. 부분노동자들이 잃어버리는 것은 그들과 대립하고 있는 자본에 집적된다. 부분노동자들이 물질적 생산과정의 정신적 능력을 타인의 소유물로 또 자신을 지배하는 힘으로 대면하게 되는 것은 매뉴팩처 분업의 결과다. 이 분리 과정은, 자본가가 개별 노동자에게 사회적 노동조직체의 통일성과 의지를 대변하는 단순협업에서 시작된다. 그리고 노동자를 부분노동자로 전락시켜 불구자로 만드는 매뉴팩처에서 더욱 발전한다. 끝으로, 과학을 노동과는 별개인 생산능력으로 만들고 과학을 자본에 봉사하게 만드는 대공업에서 이 분리 과정은 완성된다.[3]

사회주의가 완전히 승리하면 정신노동과 육체노동의 분리가 완전히 폐지될 것이다. 분명 사회주의 혁명 직후에는 이 분리를 폐지할 수 없다. 그러나 노동자의 생산 통제는 육체노동과 정신노동을 연결하는 직접적 가교가 될 것이고, 미래에 정신노동과 육체노동의 종합, 즉 계급의 완전한 폐지를 위한 출발점이 될 것이다.

여기서 우리는 생산관계의 변혁이라는 관점, 즉 육체노동과 정신노동의 가교라는 관점에서 볼 때 근본적인 문제에 이르게 된다.

노동자와 전문가

전문가는 생산과정에서 필수적인 요소이고, 사회(자본주의든 사회주의든)의 생산력의 중요한 일부다. 앞서 말했듯이, 자본주의에서 전문가는 생산의 위계제에서 한 층을 형성하기도 한다. 그들은 이 위계제의 일부로서 존재하는 것이다. 정신적 생산수단(부하린이 그렇게 이름 붙였다)에서 그들이 차지하는 독점적 지위는 한편으로는 생산수단에서 노동자가 분리된 결과이고, 다른 한편으로는 노동이 사회화된 결과다. 사회주의는 이러한 위계제를 폐지할 것이다. 이행기에 그러한 위계제는 어떤 의미에서는 계속 존재하겠지만, 다른 의미에서는 폐지될 것이다. 정신노동이 소수의 특권으로 남아 있는 한, 위계적 관계는 프롤레타리아 혁명 이후에도 공장·철도 등에 계속 존재할 것이다. 그러나 위계제에서 자본가의 지위를 노동자 국가, 즉 집합체로서의 노동자들이 차지하고 전문가는 노동자들에게 종속될 때, 정신적 위계제는 폐지될 것이다. 노동자가 전문기를 통제한다는 것은 사회주의적 요소에 자본주의적 요소가 종속됨을 뜻한다. 노동자의 통제가 효율적일수록, 그리고 대중의 물질·문화 수준이 높아질수록, 정신노동자의 독점적 지위는 더욱더 침식될 것이며, 마침내 완전히 폐지돼 정신노동과 육체노동의 완전한 통합이 달성될 것이다.

생산과정에서 전문가가 하는 이중적 구실 때문에, 마르크스주의의 창시자들은 사회 전체의 이익에 전문가를 종속시키는 일은 새로운 사회가 경험할 가장 어려운 일 중 하나가 될 것이라고 지적했다. 그래서 엥겔스는 다음과 같이 썼다. "만약 … 전쟁 때문에 우리가 때이르게 권력을 잡게 된다면, 전문가들은 우리의 주된 적이 될 것이다. 그들은 할 수 있다면 어디서든 우리를 속일 것이고 배반할 것이다. 우리가 당하고만 있지 않으려면 그들을 상대로 공포정치를 실시해야 할 것이다."[6]

노동규율

모든 형태의 사회적 생산에는 생산에 참여하는 서로 다른 사람들 간에 조율이 필요하다. 달리 말하면, 모든 형태의 사회적 생산에는 규율이 필요하다. 자본주의에서 이 규율은 노동자에게 외적 강제력으로서, 자본이 노동자에게 휘두르는 권력으로서 나타난다. 사회주의에서 규율은 의식성의 결과일 것이다. 그것은 자유로운 인민의 습관일 것이다. 이행기에서 그것은 두 요소, 즉 의식성과 강제성이 통일된 결과일 것이다. 국가기관들은 의식적 요소로서 대중의 조직이 될 것이다. 노동자들이 생산수단을 집단적으로 소유하는 것, 즉 노동자 국가에 의한 생산수단의 소유는 노동규율에서 의식적 요소의 토대가 될 것이다. 동시에, 집단으로서 노동계급은 자신의 제도들, 즉 소비에트와 노동조합 등을 통해 생산에서 개별 노동자에게 규율을 지도하는 강제력으로 나타날 것이다. 개인주의적 소비, 분배에 관한 '부르주아적 권리'는 규율을 강제하는 수단으로 이용될 것이다.

전문가·관리자 등은 노동규율에서 특별한 지위를 차지한다. 자본주의에서 관리자는 노동자에 대한 자본주의적 강제를 전달하는 벨트 구실을 한다. 공산주의에서 관리자는 어떠한 강제적 기능도 하지 않을 것이다. 노동자와 관리자의 관계는 오케스트라와 지휘자의 관계와 유사할 것이다. 왜냐하면 노동규율이 의식성과 습관에 기초를 둘 것이기 때문이다. 이행기에서 노동자들은 자신들을 규율하는 동시에 규율받는 존재이고 주체이자 객체인 반면에, 전문가들은 현실에서 오직 전달 벨트(이제는 노동자 국가의 전달 벨트) 구실을 할 것이다. 비록 형식적으로는 여전히 노동자에게 규율을 집행하는 사람으로 남아 있더라도 말이다.

노동자와 생산수단

마르크스는 《공산당 선언》에서 다음과 같이 말했다.

부르주아 사회에서 산 노동은 축적된 노동을 증가시키기 위한 수단일 뿐이다. 반대로, 공산주의 사회에서 축적된 노동은 노동자의 생활을 향상시키고 풍요롭게 하며 증진하는 수단일 뿐이다.
따라서 부르주아 사회에서는 과거가 현재를 지배한다. 공산주의 사회에서는 현재가 과거를 지배한다. 부르주아 사회에서는 자본이 독립적이고 인격을 가진 반면 개인은 그렇지 않다.[5]

공산주의 사회에서 축적은 인민의 소비 욕구에 좌우될 것이다. 자본주의 사회에서는 축적이 고용의 범위와 임금률, 즉 노동 대중의 소비율을 결정한다. 자본가 자신을 보더라도, 그를 자본가로 만드는 요인은 소비가 아니라 축적이다. 마르크스가 말했듯이

'축적을 위한 축적, 생산을 위한 생산'이라는 공식으로 고전경제학은 부르주아지의 역사적 사명을 표현했고, 부를 낳는 고통에 대해 한순간도 잘못 생각하지 않았다.[6]

노동자가 자신의 노동생산물에 지배받기 때문에 자본주의 축적 과

정이 소비를 결정하고, 제한하고, 잠식한다. 노동자가 자신의 생산물을 지배할 공산주의에서는 소비가 생산수단의 축적을 결정할 것이다.

생산관계의 형태가 어떻든 간에 모든 사회에서 생산의 합리화는 대체로 더 우회적인 생산방식을 수반한다. 즉, 사회의 총노동 가운데 생산수단 생산에 들어가는 몫이 증가하게 된다. 이것은 소비율보다 '축적'률이 증가한다는 뜻이다. 공산주의에서는 이렇게 소비율보다 '축적'률이 증대한다는 것은 곧 노동자들의 소비가 대규모로, 절대적으로 증가한다는 것도 의미한다. 그러나 자본주의에서는 적대적인 분배 방식 때문에 잉여가치율이 증가하고, 따라서 축적률도 증가하지만 대중의 소비율은 그것들에 종속된다.

자본주의에서 축적을 위한 축적은 두 가지 요인의 결과인데, 하나는 생산수단으로부터 노동자의 분리이고, 다른 하나는 자본가들(사적 독점자본가든 국가자본가든) 사이의 경쟁이다. 사회주의는 생산관계의 이 두 측면을 모두 폐지한다. 노동자들의 생산 통제와 국경 철폐는 축적을 소비에 완전히 종속시키기 위한 두 조건이다. 그러한 조건에서는 사회는 소비하기 위해 축적할 것이다.

이렇듯 축적이 소비에 종속되는 것은 대중의 물질·문화 수준을 끌어올리는 동시에 '정신적 생산수단'에 대한 전문가의 독점을 침식할 것이고, 그래서 노동자들의 생산 통제를 강화할 것이다.

이행기의 분배 관계

이 문제에 대한 가장 정확하고 간결한 분석은 마르크스의 《고타 강령 비판》에서 찾아볼 수 있다.

우리가 여기서 다뤄야 하는 것은 자체의 토대 위에서 **발전한** 공산주의 사회가 아니라, 반대로 자본주의 사회에서 방금 **생겨난** 공산주의 사회다. 따라서 이 공산주의 사회는 모든 면에서 경제적·도덕적·정신적으로 그 모체였던 낡은 사회의 흔적을 여전히 지니고 있다. 그러므로 생산자 개개인은 정확히 그가 사회에 주는 만큼 사회로부터 — 공제할 것을 공제한[사회 전체의 이익을 위한 공제 — 클리프] 後에 — 돌려받게 된다. 그가 사회에 준 것은 그의 개인적 노동량이다. 예컨대, 사회적 노동일은 개인적 노동시간의 총계이며, 개별 생산자의 개인적 노동시간은 사회적 노동일에 그가 기여한 부분이며 그 사회적 노동일 중 그의 몫이다. 각 생산자는(사회적 기금을 위해서 그의 노동을 공제한 뒤에) 그가 사회에 이러저러한 만큼의 노동량을 제공하고 있다는 증서를 받고, 이 증서에 따라 소비재의 사회적 저장분 중에서 같은 양의 노동이 드는 만큼만 돌려받는다. 그는 자신이 어떤 형태로든 사회에 준 만큼의 노동량을 다른 형태로 돌려받는 것이다.

상품 교환이 등가교환인 한, 여기서도 분명히 상품 교환을 규제하는 것과 동일한 원칙이 지배한다. 그러나 내용과 형식이 달라졌다. 왜냐하면, 이제 사정이 달라져서 어느 누구도 자신의 노동 외에는 줄 수 있는 것이 없기 때문이며, 또 한편 개인적 소비수단 외에는 어느 것도 개인의 소유물이 될 수 없기 때문이다. 그러나 개별 생산자들 사이의 소비수단 분배에 관한 한 등가 상품의 교환과 동일한 원칙이 지배한다. 즉, 어떤 형태의 일정 양의 노동이 다른 형태의 똑같은 양의 노동과 교환되는 것이다.

그러므로 여기서 말하는 **평등한 권리**란 원리상 여전히 **부르주아적 권리**다. 물론 여기서는 원리와 실제가 더는 충돌하지 않지만, 상품 교환에서 등가물 교환은 오직 **평균**으로만 존재하고 개별적인 경우에는 그렇지 않은 것이다.

이러한 진보에도 불구하고 **평등한 권리**는 부르주아적 한계를 여전히 벗어나지 못한다. 생산자들의 권리는 그가 제공하는 노동에 비례한다. 평등은 **똑같은 척도**, 즉 노동으로 측정된다는 사실에 있다.

그러나 어떤 사람은 다른 사람보다 신체적 또는 정신적으로 뛰어나서, 같은 시간에 더 많은 노동을 제공하거나 아니면 더 오랫동안 노동할 수 있다. 그런데 노동이 척도 노릇을 하자면, 그 길이와 강도를 가지고 기준을 삼아야 한다. 그렇지 않으면 그것은 척도가 될 수 없다. 이 **평등한 권리**는 불평등한 노동을 감안하면 불평등한 권리인 것이다. 이 권리는 어떠한 계급적 차이도 인정하지 않는다. 왜냐하면 모두 다 노동자일 뿐이기 때문이다. 그러나 그것은 암암리에 불평등한 개인적 소질을, 따라서 노동자의 불평등한 노동능력을 자연적 특권으로 인정한다. 그러므로 그것은 모든 권리가 다 그렇듯이 그 내용상 불평등한 권리인 것이다. 권리라는 것은 본래 똑같은 척도를 적용하는 경우에만 성립할 수 있다. 그러나 불평등한 개인들(만일 그들이 불평등하지 않다면 서로 다른 개인이 아닐 것이다)은 오직 그들을 똑같은 관점에서 볼 경우에만, 즉 하나의 **특정** 측면에서만 파악할 경우에만 그들을 똑같은 척도로 측정할 수 있다. 예컨대, 여기서는 그들을 오직 **노동자로만** 여기고 그 이상의 것은 무시하며 다른 모든 측면은 죄다 도외시하고 있는 것이다. 나아가 어떤 노동자는 결혼했는데 다른 노동자는 결혼하지 않았고, 어떤 노동자는 아이가 많은데, 다른 노동자는 그렇지 않다든가 하는 등등의 차이를 모두 무시하는 것이다. 그래서 동등한 노동능력으로는, 따라서 사회적 소비기금 중의 동등한 몫으로는 어떤 사람은 실제로 다른 사람보다 더 많이 받고 다른 사람보다 더 부유해지는 등등의 일들이 생길 것이다. 이 모든 결함을 피하려면 권리가 평등하지 않고 오히려 불평등해야 할 것이다.

그러나 오랜 산고 끝에 자본주의에서 막 생겨난 공산주의 사회의 첫 단계에서 이러한 결함은 불가피하다. 권리는 결코 사회의 경제구조와 그 구조의 제약을 받는 문화의 발전 수준보다 더 높을 수 없다.

공산주의 사회의 높은 단계에서, 즉 개인이 노예처럼 분업에 예속되는 상태가 사라지고 이와 함께 정신노동과 육체노동의 대립도 사라지고 나면, 노동이 단순히 생계 수단이 아니라 노동 자체가 생활의 일차적 필요가 되고 나면, 개인들의 전면적 발전과 더불어 생산력도 성장해 집단적인 부의 모든 원천이 더 풍부하게 흘러넘치고 나면, 오직 그때서야 비로소 부르주아적 권리의 좁은 한계가 완전히 극복되고 사회는 자신의 깃발에 다음과 같이 써넣을 수 있게 된다. 저마다 능력에 따라 일하고, 필요에 따라 분배받는다![7]

비록 노동자들이 저마다 숙련도도 다르고 자신과 가족의 필요 등도 서로 다르더라도 한 가지 점에서, 즉 생산수단의 소유에서 그들은 **절대로 평등**해야 하는데, 왜냐하면 모든 노동자가 어떤 형태로든 사회에 주는 것과 같은 양의 노동을 다른 형태로 돌려받으려면 반드시 그래야 하기 때문이다. 생산의 증가, 사회에 속하는(즉, 모든 노동자가 평등하게 소유하는) 생산수단의 증가는 생산물 분배의 평등한 권리를 꾸준히 약화시킬 것이다. 한편, 이것이 이번에는 사람들 사이의 평등을 꾸준히 증대시킬 것이다. 따라서 이행기의 부르주아적 권리는 자신의 부정을 포함한다.

이행기의 부르주아적 권리는 모든 노동자가 자신이 사회에 준 노동에 따라 사회로부터 소비수단을 받아야 한다고 규정하지만, 생산수단에 관한 한 그것은 사회적 평등에 기초를 두고 있으므로 스스로 고사枯死할 것이다.

농민과 노동자

10월혁명은 두 혁명의 융합이다. 즉, 성숙한 자본주의의 산물인 사회주의적 노동계급의 혁명과, 신흥 자본주의와 낡은 봉건제의 충돌이 낳은 농민의 혁명이 융합한 결과다. 언제나 그렇듯이, 농민은 대지주의 사유재산을 수탈할 태세가 돼 있었지만, 그들 자신의 소규모 사유재산을 원했다. 그들은 봉건제에 맞서 반란을 일으킬 태세가 돼 있었지만, 그 반란은 사회주의를 위한 것은 아니었다. 프랑스 역사는 프랑스 농민의 이러한 태도를 보여 준다. 1789년 이후 농민들은 파리 노동계급의 '적색 위협'에 대항해 항상 반동적 정부를 지지했다. 보나파르트와 나중에 그의 조카 나폴레옹 3세, 그리고 카베냐크와 티에르 등의 지지 기반이 된 것도 바로 농민들이었다. 대토지 소유가 철폐된 뒤 서유럽(스페인과 이탈리아를 포함해)에서 농촌 주민들이 사회주의자나 공산주의자들을 국회의원으로 다시 뽑는 일은 아주 드물었다. 따라서 10월혁명에서 노동자와 농민의 동맹이 승리한 뒤 곧이어 매우 긴장된 관계로 돌아선 것은 결코 놀라운 일이 아니다. 일단 백군과 함께 지주제가 복귀할 위험이 사라지자 노동자에 대한 농민의 충성은 거의 사라져 갔다. 농민은 토지를 분배해 준 정부에 지지를 보냈다. 그러나 나중에 바로 그 정부가 배고픈 도시 주민을 먹여 살리려고 농민의 생산물을 징발하기 시작했을 때 사정은 완전히 바뀌었다. 소비에트 정부를 대하는 농민의 태도에서 나타나는 이러한 이중성은 1923년 4월 제12차 공산당 당대회에서 다수의 지방 대의원들에 의해 표출됐다. 그들의 보고는 농민이 볼셰비키와 공산당을 전혀 다른 집단으로 여기고 있음을 보여 준다. 볼셰비키는 농민들에게 토지를 주었지만 공산당은 그들에게 국가의 굴레를 씌웠다는 것이다(1918년 제7차 당대회에서야 당명이 공산당으로 바뀌었다는 사실은 이러한 오해가 쉽사리 생기도록 하는 데 일조했다).

사회주의적 노동자들은 사회화된 노동, 국가 소유, 사회주의적 계획을 지지한다. 반대로 농민은 개인적 소생산, 사적 소유, 자유 매매를 찬성한다. 두 생산 체제 간의 영속적인 갈등을 피하는 것은 불가능하다. "소생산은 자본주의와 부르주아지를 끊임없이 매일, 매시간 엄청난 규모로 발생시킨다."[8] 농업 생산의 후진성과 그 개인적 성격은 공업의 계획적 생산에 중대한 장애였다. 에이브러햄 링컨의 말에서 몇 구절만 바꿔 표현하면, "집을 지을 때 반은 집산주의적·계획적 노동을 바탕으로, 나머지 반은 무계획적·개인주의적 노동을 바탕으로 지을 수는 없다."

러시아 농민의 보수성은, 10월혁명 후 농업혁명으로 봉건적 토지 소유가 폐지되자 농민의 혁명적 열기가 가라앉았다는 사실에서뿐 아니라 농민층 자체 내의 계급적 차이가 크게 축소됐다는 사실에서도 두드러지게 나타났다. 도시 노동계급의 자연적 동맹군인 프롤레타리아·반프롤레타리아 농업 종사자의 수는 농업혁명으로 급격히 줄어들었는데, 러시아의 농업혁명은 1789년 프랑스의 농업혁명보다 더 일관되게 민주적이었고 훨씬 더 멀리 나아갔다. 프랑스 혁명에서는 대토지가 대개 유상으로 처분됐고, 따라서 화폐를 소유한 사람들(도시와 농촌의 부유층)의 수중으로 들어갔다. 그러나 러시아에서는 농민들이 대토지뿐 아니라 부농의 농지도 대거 점거했고, 그 토지는 결국 무상으로 분배됐다.

사회적 생산방식을 농업에 적용하는 것은 극히 어려운 일이다. 공업과 달리 농업은 가장 발달된 나라들조차 주로 소규모 생산 단위에 기초를 두고 있다. 많은 공장에는 노동자들이 대규모로 고용돼 있지만 농업 부문에서는, 심지어 미국에서도 소규모 영농이 지배적이다. 1944년 미국에서 농업에 종사하는 노동의 77퍼센트가 가족노동이었다.[9]

노동자이자 자본가이고 동시에 토지 소유자인 농부는 지대와 이윤을 포기하면서, 심지어 도시 노동자보다 낮은 소득을 얻으면서까지 매우 열심히(정말이지 공업 노동자보다 더 열심히) 일하려고 한다는 사실을 근거로 소규모 영농의 잔존 이유를 설명하는 것은 우리의 논지와 관련 없다.

결정적 요인은 소규모 생산과 비교한 대규모 생산의 기술적 우위가, 공업보다 농업에서 비교도 안 될 정도로 적다는 점이다. 이 점은 곡물 생산보다는 집약적 혼합 농업이 훨씬 더 그렇다(그리고 도시의 인구가 늘고 생활수준이 올라가면서, 곡물 생산이 집약 농업, 예컨대 우유·야채·과일·고기 등의 생산보다 비교적 덜 중요해진다는 것을 잊어서는 안 된다). 많은 나라들에서 대규모 영농은, 자유경쟁 과정에서 소규모 영농이 탈락한 결과라기보다는 오히려 경제 외적 요인들, 예컨대 봉건적 토지 소유의 잔존물인 인클로저

등의 결과로서 생겨났다.

사회주의 혁명 후 농민에게 어떠한 태도를 취할 것인가에 관한 엥겔스의 견해는 이러했다.

> 만약 우리가 국가권력을 잡게 된다 해도, 우리가 소농의 재산을 강제로 몰수(유상인가 무상인가는 중요하지 않다)할 생각을 하지 않으리라는 것은 … 분명하다. … 소농에 관한 우리의 목표는 무엇보다도 그의 소규모 생산과 사적 경영을 협동조합적 방향으로 인도하는 것이다. 물론 강제가 아니라 실례를 통해서, 그리고 그러한 목적을 위해 공적 원조를 제공해서 그렇게 해야 한다. 그리고 물론 그때쯤 되면 우리는 소농에게 이러한 전환의 이점을 모두 보여 줄 실례들을 풍부하게 가지고 있을 것이다. …
>
> 우리는 단호히 소농의 편에 서 있다. 즉, 우리는 소농이 이러한 조처를 받아들이기로 결정한다면, 그의 처지를 개선하고 협동조합으로의 전환을 용이하게 해 줄 가능한 모든 일을 할 것이다. 만일 그가 이러한 결정으로까지 아직 나아가지 못하면 우리는 그가 자신의 분할지에서 곰곰이 생각해 볼 충분한 시간적 여유를 줄 것이다.[10]

엥겔스는 서부와 중부 유럽의 농민이 자발적으로 협동조합에 들어가기로 결정하는 데는 몇 세대가 걸릴 것으로 보았다. 인구의 대다수가 농업에 종사하고 있고, 공업이 농민의 생필품을 공급하고 그들을 집단 생산으로 끌어들일 조건이 훨씬 더 취약한 나라(예컨대, 1917년의 러시아처럼)에서 농민이 **자발적으로** 생산자 협동조합에 가입하는 데 장애물이 훨씬 더 크다는 것은 자명한 일이다. 자발적인 협동조합은 고도로 기계화한 농업, 국가가 충분한 가격을 보장하는 농산물 수매, 농민에게 값싼 공산품의 대량 공급, 매우 낮은 세금 등이 필요하다. 간단히 말해, 일반적 풍요가 필요하다.

혁명 후 곧 다수의 볼셰비키 이론가들, 특히 예브게니 프레오브라젠스키는 공업에서 생산된 잉여만으로는 자본축적에 충분하지 않다는 것을 분명히 깨달았다. 왜냐하면 특히 "승리한 그 순간부터 노동계급은 자본가가 했던 것과 같은 방식으로 노동계급 자신의 노동력, 건강, 노동조건 등의 문제를 다룰 수 없기 때문이다. 이것은 사회주의적 축적의 속도를 늦추는 결정적 장애로서, 자본주의적 공업 발전의 첫 시기에는 나타나지 않았던 장애다."[11] 프레오브라젠스키는 '사회주의 축적'(이것은 사회주의 경제 부문 자체에서 잉여생산물이 생산된 결과로 생산수단이 증가하는 것을 뜻한다)에 반대하여 "사회주의적 시초 축적"을* 주장했다. 그것은 "국유 부문(우클라드)의 외부에 존재하는 원천에서 주로 획득되는 물질적 자원을 국가의 수중에 축적하는 것"을 뜻했다. "이러한 축적은 후진 농업국에서 반드시 중대한 구실을 할 것이다. … 시초 축적은 공업화 기간에 우세해질 것이다. … 따라서 이 단계 전체를 사회주의 축적의 시초 또는 준비 기간이라고 불러야 한다."[13] "국유 부문의 외부에 존재하는 원천"이란 농업이었다. 서유럽의 중상주의 시기에 신흥 상인자본가들이 식민지를 착취해 부를 쌓았듯이 사회주의 공업은 내부 '식민지'(프레오브라젠스키가 격렬히 반대한 용어를 사용하면), 즉 소규모 개인적 농업에 의존할 것이다. 프레오브라젠스키는 중상

---

* 이 말을 처음 만들어 낸 사람은 볼셰비키 경제학자 V 스미르노프인 듯하다.

주의 상인들처럼 농민에게 폭력을 사용하는 것, 그리고 어떤 계급이든(러시아에서는 노동계급) 착취 계급의 지위로 올라서는 것은 옹호하지 않았다. 그는 중상주의 부르주아지가 사용한 것보다 훨씬 더 온건한 방책들을 제안했다. 공업과 농업의 교환 조건을 공업에 유리하고 농업에 불리하게, 즉 한 단위의 국영공업 노동이 한 단위 이상의 농업 노동과 교환되도록 변경해서 가치법칙을 부분적으로 억제하자고 제안한 것이다. 그는 이러한 교환 조건은 곧 사회 전체의 소득뿐 아니라 절대적 수준에서는 농민의 소득도 증대시킬 만큼 사회의 전반적 생산수준을 급속히 향상시킬 것이라고 생각했다.

프레오브라젠스키의 '사회주의적 시초 축적'이 실제로 시행됐디면, 논리적으로 볼 때, 그의 예상과는 매우 다른 상황을 가져왔을 것이다. 농민을 '쥐어짜'려는 어떠한 시도도 생산의 고의적 감소에 부딪힐 가능성이 많았고, 그래서 농공 간의 '교역 조건'이 공업에 유리하면 교역량은 감소했을 것이다. 그런 '파업'strike을 처리하는 방법은 단 하나뿐이었을 것이고, 그것은 농민에게 폭력을 사용하고 그들을 수탈하고, 대규모 농장에 농민을 집중시켜서 국가가 농민의 노동과 생산물을 통제할 수 있게 하는 것이었다. 국가가 이런 방식을 사용한다면, 노동자들도 강력하게 반대했을 텐데, 왜냐하면 이러한 후진국에서는 많은 노동자가 공업에 새로 충원된 사람들인지라 당연히 농촌과 가족적 유대가 여전히 긴밀했을 것이기 때문이다. 더욱이, 국가가 사회주의적 시초 축적을 강요하려고 억압에 의존한다면, 국가가 본래의 '사회주의적 축적'과 관련해서도, 즉 국영공업 자체의 노동자들에게서 잉여가치를 착출榨出할 때도 같은 수단에 의존하는 것을 어떻게 막을 수 있겠는가?

후진국에서 국영공업과 개인적 농업이 서로 충돌하는 것을 해결하는 한 가지 방법은 공업 발전율을 농업 잉여 증가율에 의존시키는 것이었다. 농업혁명의 결과, 시장에 출하되는 잉여농산물이 크게 감소했는데, 이는 대지주와 쿨락이 원래 잉여농산물의 주요 출하자였기 때문이다. 토지 분배로 말미암아, 주로 생계를 위해 일하는 중농의 점유율이 높아지자, 상품화할 수 있는 농산물의 원천이 감소한 것이다.

확실히, 러시아에서 잉여가 증가하려면 **쿨락**이라고 불린 부농이 차지하는 토지 비율이 높아져야 했을 것이다. 그러나 국영공업의 발전을 쿨락 농업의 발전에 의존시키려면 공업 발전 속도를 달팽이 걸음으로 늦추고, 그래서 쿨락보다 공업 노동계급을 약화시켜야 했을 것이다. 그러면, 필연적으로 경제 전체에서 결국 사적 자본주의가 승리했을 것이다.

또는 농공 간의 갈등을 해결하는 방안으로 '시초 축적', 즉 농민을 수탈하고 그들을 기계화된 대농장에 강제로 밀어 넣고, 그래서 공업에 투입할 노동력을 창출하고 잉여농산물을 도시 주민이 이용하도록 하는 방법에 입각한 급속한 공업화를 추진할 수도 있었을 것이다. 이러한 '시초 축적' 방법 역시 궁극적으로는 공업 노동자들을 자본축적의 필요에 종속시키는 것으로 귀결될 수밖에 없다. 그것은 개인적 농업 생산을 국가자본주의 경제 속으로 침몰시키는 방안이다.

두 경우 모두에서 사회주의적 민주주의의 발전을 기대하기는 힘들다. 오히려, 첫 번째 경우에 국가는 필연적으로 쿨락의 압력을 점점 더 많이 받게 되고, 그 결과 갈수록 노동자들과 절연할 수밖에 없게 된다. 두 번째 경우에 국가는 전능해질 수밖에 없고, 그로 말미암아 국가 관료들이 마치 전제군주처럼 노동자와 농민을 모두 지배하게 될 것이다.

(이 두 가지 방식은 실제로 실험됐는데, 첫 번째 방식은 1921~28년의 신경제정책NEP 기간에, 두 번째는 5개년계획과 함께 각각 실험됐다.)

결론

노동자 국가의 경제와 자본주의 경제는 공통된 특징이 많다. 노동자 국가(자본주의와 공산주의 사이의 과도[이행] 단계)는 그것이 딛고 일어선 사회[자본주의]의 특징 일부와 미래 사회의 핵심 일부를 포함할 수밖에 없다. 그러나 이러한 적대적 요소들은 이행기에 함께 매여 있으며, 과거는 미래에 종속돼 있다. 분업, 무엇보다 정신노동과 육체노동의 분리는 노동자 국가와 자본주의의 공통점이다. 양자의 특징적 차이는 노동자들이 생산을 통제하느냐 아니냐다. 노동자 통제는 공산주의 사회의 확립과 함께 완전하게 실현될 육체노동·정신노동 분리 폐지로 나아가는 가교가 될 것이다(협소한 가교이겠지만). 전문가가 노동자 위의 계층을 형성한다는 사실도 노동자 국가와 자본주의의 공통점이다(물론 노동자 국가에서는 그것이 **본질적** 의미의 위계는 아니다). 그러나 양자의 특징적 차이는 노동자 국가에서는 전문가가 자본에 종속되지 않고 노동자 국가의 의지, 즉 생산자들의 집합체에 종속된다는 사실이다. 이것은 생산에서 사회적 위계를 폐지하기 위한 출발점이다. 노동규율의 강제 요소는 자본주의에서처럼 노동자 국가에서도 존재할 것이다. 그러나 노동자 국가에서 그것은 자본주의에서 행해지는 것과는 달리 유일한 요소가 아닐 것이다. 그런 강제 요소는 사회적 연대, 사람들 간의 조화로운 관계, 교육 등으로 말미암아 생산과정에서 더는 강제가 필요없게 될 때까지 의식의 요소에 점점 더 종속될 것이다. 자본주의 상품경제와 마찬가지로 노동자 국가에서도 등가물이 교환된다. 즉, 일정량의 사회적 필요노동을 담고 있는 생산물이 등가의 양을 담고 있는 다른 생산물과 교환된다. 그러나 노동자 국가에서 이러한 결과는, 첫째로 경제에 대한 의식적 지도를 통해 달성되는 것이지 맹목적인 힘들의 상호작용을 통해 달성되는 것이 아니며, 둘째로(이 점이 근본적으로 중요하다) 등가물의 교환은, 생산수단 소유와 관련해 모든 직접 생산자들의 권리가 평등하다는 사실에 바탕을 두고 있다. 부르주아지가 지배하는 사회에서 부르주아적 권리는 착취를 뜻한다. 노동자 국가에서 분배의 부르주아적 권리는 "불평등한 개인의 재능과, 따라서 불평등한 생산능력을 선천적 특권으로 암암리에 인정하는 것이다." 그러나 동시에 그것은 생산수단에 대한 생산자들 간의 평등을 선언하는 것이기도 하다. 노동자 국가에서 분배의 부르주아적 권리에 대한 전제 조건은 일체의 착취가 없어야 한다는 것, 그리고 모든 경제적 불평등(개인의 선천적 재능에서 비롯하는 불평등도 포함해서)의 완전한 폐지를 향해 나아가는 것이다.

4장 | 10월혁명 이전 제정 러시아 사회의 물질적 유산

《정치경제학 비판을 위하여》서문에서 마르크스는 역사유물론의 주요 결론들을 다음과 같이 간략하게 정식화하고 있다.

> 모든 사회질서는 그 속에 내재한 생산력이 완전히 발전하기 전까지는 사라지지 않는다. 그리고 더 높은 수준의 새로운 생산관계도 그 물질적 존재 조건들이 낡은 사회의 태내에서 성숙되기 전에는 결코 나타나지 않는다.

멘셰비키가 이 구절을 들먹거린 이유는 러시아 자본주의가 아직 성숙하지 않아서 사회주의 혁명은 시기상조이며 사회주의 단계에 도달하기까지는 틀림없이 앞으로도 오랜 시일이 걸릴 것이라는 점을 입증하기 위해서였다. 그러나 이 단순한 결론은 생산력의 발전 가능성을 좌우하는, 즉 제한하거나 확대하는 일련의 요인들을 모두 무시한 데서 비롯한 것이다.

제정 러시아에서 생산력의 발전을 좌우한 것은, 한편으로는 러시아 자체 내 계급 세력 관계였으며, 또 다른 한편으로는 세계 자본주의에 대한 러시아의 의존성이었다. 이 두 요인은 변증법적으로 맞물려 있었다. 만약 세계의 통일성이 존재하지 않는다면, 서로 다른 나라들의 불균등·결합 발전이라는 문제, 즉 왜 러시아 같은 후진국에서 계급투쟁이 가장 철저하고 극단적인 형태를 띠었으며, 또 왜 제정 치하의 러시아 프롤레타리아가 미국 프롤레타리아보다 더 대기업들에 집중돼 있었는가 하는 문제가 해명될 수 없을 것이다. 이들 현상은 세계경제가 이미 높은 사회적 생산수준에 도달했으며, 자본주의 생산관계가 사회주의 생산관계로 대체될 만큼 세계가 이미 성숙했다는 증거다. 차르 체제의 몰락을 재촉한 제1차세계대전은 교전국들 각각의 생산력이 높은 수준에 도달했다는 증거가 아니라, 세계 수준에서 사회주의 혁명의 물질적 조건들이 무르익었음을 나타내는 것이었다. 러시아군에게 치명적 손실을 입힌 일련의 군사적 패배는 선진 세계 내에서 러시아가 경제적·군사적 후진국임을 분명히 보여 주었다. 러시아의 노동자 운동이 아직도 요람기에 있었을 때, 마르크스주의(프랑스 사회주의와 영국 경제 이론과 독일 철학이 종합된 성과)가 러시아로 수입됐다는 사실은 세계의 정신적 통일을 보여 주는 증거다. 반대로, 서유럽의 여러 나라보다 러시아의 노동운동에서 기회주의와 수정주의의 뿌리가 훨씬 더 미약했다는 사실은, 사회주의의 도래 가능성이 무르익은 세계에서 러시아의 후진성을 드러내는 것이었다. 농민들이 도시로 유입돼 노동자들의 생활수준이 계속 낮은 상태에 머물러 있었다는 사실, 러시아 부르주아지의 해외투자가 전혀 없었고, 그 때문에 서구와 달리 일부 노동자 계층을 매수하고 한동안 전체 대중의 상태를 일시적으로 개선하는 데 이용할 초과이윤이 없었다는 사실, 러시아 노동자들이 대기업들에 집중돼 있었다는 사실, 이 나라가 농업혁명이라는 화약통 위에 불안하게 걸터앉아 있는 상태였다는 사실 등은 모두 러시아의 후진성을 보여 주었다.

생산력이라는 것이 멘셰비키가 주장하고 싶어하듯 진공 상태에서 발전하는 것이 아니라 국내외 사회관계의 틀 안에서 발전한다는 사실은 멘셰비키의 꿈, 즉 러시아 자본주의가 엄청나게 발전할 수 있을 것이라는 전망을 완전히 헛된 것으로 만들었다. 오히려 당시의 구체적인 국내외 관계 속에 러시아 자본주의가 계속 존재했다면 봉건제의 짐도 계속 보존됐을 것이다. 그리고 후진국 러시아는 이런저런 전쟁에 휘말려 결국은 서구 열강의 식민지나 반식민지로 전락했을 것이다. 그러면 러시아 인구의 약 절반을 차지하는 소수민족들의 발전도 계속 방해받았을 것이다.

앞서 인용한 《정치경제학 비판을 위하여》의 그 구절은 어떤 한 나라에만 따로 적용되는 것이 아니라 세계체제에 적용된다. 최초의 프롤레타리아 혁명이 후진국에서 일어났다는 바로 그 사실이 이 점을 확인해 준다. 그것은 세계가 사회주의 혁명을 위해 무르익었음을 가장 잘 보여 주는 증거이기 때문이다.

현대 세계가 해결 불가능한 위기에 빠진 근본 원인들 가운데 하나는 국제 분업으로 말미암아 이제 국경이 생산력 발전에 너무 협소한 틀이 돼 버렸다는 사실이다. 러시아 같은 나라의 처지에서 볼 때 국경은 더 선진적인 공업국들의 물질적 도움을 받는 데 심각한 장애가 될 뿐 아니라, 다른 국민국가들과 군비경쟁을 벌여야 하는 무거운 부담도 강요한다.

레닌이 죽기 전까지는 볼셰비키당의 어느 누구도 러시아가 혼자만의 노력으로 사회주의를 건설할 수 있다고 주장하지 않았다. 레닌 자신이 러시아가 자력으로는 사회주의를 건설할 수 없다는 사실을 거듭거듭 강조했다. 1918년 6월 4일 그는 다음과 같이 썼다. "러시아혁명은 러시아 프롤레타리아의 특별한 장점 덕분이 아니라 역사적 사건들의 추세 때문에 일어났다. 그리고 이 과정에서 러시아 프롤레타리아는 역사의 의지에 의해 일시적으로 지도적 지위에 앉혀졌고 당분간 세계혁명의 전위로 나서게 됐다."

"우리는 항상 우리 활동의 운명을 국제 혁명에 걸었다. 그리고 이것은 무조건 옳았다. … 사회주의 혁명 같은 과업을 한 나라에서는 완수할 수 없다는 사실을 우리는 항상 강조했다."*

나중에 '일국사회주의' 사상을 제창하는 스탈린은 레닌 사망 직후에는 자기 입으로 다음과 같이 말했다. "그러나 한 나라에서 부르주아 권력을 전복하고 프롤레타리아 권력을 수립한다고 해도, 여전히 사회주의의 완전한 승리가 확보되는 것은 아니다. 핵심 과제, 즉 사회주의적 생산을 조직하는 일이 여전히 달성돼야 하기

---

* 1920년 11월 6일. Lenin, *Works*[러시아어] 제3판, Vol. XXV, pp.473~4. 이 구절은 Lenin, *Works*[러시아어] 제4판에는 빠져 있다. Vol. XXXI, p. 370을 보시오.

때문이다. 여러 선진국 프롤레타리아들의 결합된 노력 없이 일국에서 사회주의의 최종 승리를 확보하는 것이 가능한 일일까? 그렇지 않음이 아주 분명하다. 한 나라의 노력으로 충분히 부르주아지를 타도할 수는 있다. 이것은 우리 혁명의 역사가 입증하는 바다. 그러나 사회주의의 최종 승리, 즉 사회주의적 생산의 조직을 위해서는 일국의 노력, 특히 러시아처럼 근본적으로 농업국인 나라의 노력만으로는 충분하지 않다. 여러 선진국 프롤레타리아들의 노력이 필요하다."*

두말할 것도 없이, 트로츠키는 거듭거듭 국제주의 입장을 표명했다.

러시아혁명은 불균등 발전 법칙으로 설명할 수 있다. 불균등 발전 법칙은 세계 발전의 통일성을 보여 주는 한 단면이다. 그러나 이 법칙은 두 가지 발전 가능성을 허용한다. 첫째는 세계가 사회주의로 나아갈 만큼 성숙됐다는 증거인 러시아혁명은, 연이어 또는 일정한 간격으로 계속 일어날 혁명들의 서곡일 수 있다는 것이다. 둘째 가능성은 첫째 가능성을 재정식화한 것인데, 불균등성 때문에 이 '일정한 간격'이 몇 년간으로 길어지면서 러시아혁명이 적대적 자본주의 세계 속에서 고립될 수 있다는 것이다. 1917년

---

* Stalin, *The Theory and Practice of Leninism*, Communist Party of Great Britain, 1925, pp. 45~6. 1924년 12월에 나온 이 책의 러시아어 제2판에서 위의 구절은 빠져 있고 대신 다음 구절이 들어가 있다. "승리한 나라의 프롤레타리아는 자신의 권력을 공고히 하고 농민에 대한 주도권을 장악해, 사회주의 사회를 건설할 수 있고 또 그래야만 한다. … 대체로 이것이 프롤레타리아 혁명에 관한 레닌주의 이론의 전형적 특징이다."(Stalin, *Works*[러시아어] Vol. VI, pp. 107~8. 또 Stalin, *Problems of Leninism*, pp. 27~8도 보시오.)

10월 전에는, 그저 세계사의 보편성과 관련된 일반적 고려 사항들만을 바탕으로 해서는 인류가 어떠한 길을 따라 나아갈지를 판단할 수 없었다. 이 보편성에 내재한 여러 모순, 즉 불균등 발전 법칙도 고려해야 하기 때문이다. 인간의 실천만이 역사가 어떤 길로 나아갈지를 결정할 수 있다. 이제 돌이켜 보면 인간의 실천, 즉 사회민주주의 정당들이 서유럽과 중부 유럽에서 자본주의를 지지한 것 때문에 10월혁명 이후의 여러 혁명들이 실패하고 말았다고 할 수 있다.

생산력이 발전하려면 차르 치하에서 존재했던 사회질서가 사라져야 했다. 그러나 어떠한 사회질서가 그것을 대신해야 했는가? 제정 러시아의 사회질서가 파괴된 것은 사회주의로 나아갈 수 있을 만큼 세계가 성숙했다는 표현이었으므로, 만약 10월혁명이 확산됐다면 새로 들어설 사회질서가 공산주의 사회의 첫 단계였을 것임은 자명하다. 그러나 10월혁명이 확산되지 못했을 때, 러시아에서는 어떠한 사회질서가 나타날 수 있었는가?

이 문제에 답할 때 우선 해야 할 일은 10월혁명 전에 존재한 사회질서에서 물려받은 물질적 유산을 분석하는 것이다.

통속적 미신에서 말하는 것과 달리 인간은 새로운 세계를 '현세의 재화'earthly goods로 건설하는 것이 아니라 이제 막 사라져 가는 과거 세계의 역사적 업적들로 건설한다. 진화 과정에서 인간은 완전히 혼자 힘으로 새로운 사회의 물질적 조건들을 만들어 내기 시작해야 한다. 그리고 인간 정신이나 의지의 어떠한 노력으로도 이 운명에서 벗어날 수 없다.[2]

차르 시대의 물질적 유산

1913년에 러시아 인구의 80퍼센트는 생계를 농업에 의존했다. 공업·광업·운송업에 종사하는 인구는 겨우 10퍼센트밖에 안 됐다. 이 수치만 보더라도 러시아의 후진성은 분명하게 드러난다. 그리고 유럽 각국 가운데 유고슬라비아·터키·루마니아·불가리아 등만이 러시아와 유사한 직업별 인구분포를 보이고 있었다.

19세기 중엽에 이미 서유럽과 중유럽의 몇몇 나라들과 미국은 1913년 러시아보다 광공업과 운송업에 종사하는 인구비가 훨씬 더 높았으며, 농업에 종사하는 인구비는 훨씬 더 낮았다. 영국은 1841년에 농림어업 종사자가 인구의 22.7퍼센트였으며, 제조업·건설업·광업·운송업 종사자는 47.3퍼센트였다. 영국보다 크게 뒤떨어져 있던 프랑스도 1837년에 농업 종사자가 인구의 63퍼센트였으며 1866년에는 농업 인구가 43퍼센트, 공업 인구가 38퍼센트로 크게 변했다. 독일도 1800년에는 인구의 거의 3분의 2가 농업에 종사했으나, 1852년에는 농업 인구가 44.4퍼센트로 줄고 공업과 수공업 종사자가 40.9퍼센트로 늘어났다. 1850년에 농림어업 종사자가 72.3퍼센트, 제조업·건설업·광업 종사자가 12.3퍼센트로 근본적으로 농업국 성격을 띠었던 미국도 1880년에는 그 구성비가 각각 64.8퍼센트와 17.8퍼센트로 변했다.

국민소득 통계를 보면, 볼셰비키가 권력을 장악하면서 넘겨받은 물질적 유산이 얼마나 빈약했는지가 명백하게 드러난다. 이것은 당시 자본주의 선진국들에 견줘서는 물론이고 이 나라들이 자본주의 발전의 유아기를 경과하던 시기와 비교하더라도 마찬가지다.

콜린 클라크는《경제적 진보의 조건들》(런던, 1940)에서 각 나라가 상이한 시기에 기록한 국민소득을 최대한 완전하고 정확하게 계산해 낸 바 있다. 그의 계산 결과를 보면, 1913년 러시아의 취업자 1인당 실질소득은 306국제단위(International Units : IUs)였고,* 몇몇 선진국의 취업자 1인당 실질소득은 표 4-1과 같다.[3]

표 4-1_ 선진국의 취업자 1인당 실질소득

영국		프랑스		독일		미국	
연도	IU	연도	IU	연도	IU	연도	IU
1688	372	1850~59**	382	1850	420	1850	787
1860~69**	638	1860~69**	469	1877	632	1880	1032
1904~10**	999	1911	786	1913	881	1900	1388
1913	1071					1917	1562
						1929	1636

이처럼, 1913년의 러시아 취업자 1인당 평균 소득은 산업혁명 거의 100년 전인 1688년 영국의 80.9퍼센트에 불과했다.

자본주의 생산관계의 폐지를 위한 물질적 조건이 존재하지 않는 상태에서 노동계급의 지배

마르크스와 엥겔스는 자본주의 생산관계를 사회주의 생산관계로 대체하기 위한 역사적 전제 조건들이 마련되기 전에 노동계급

---

* '국제단위'는 1925년에서 1934년 사이의 평균가격으로, 미국에서 1달러로 구입할 수 있는 '재화와 서비스의 양'을 말한다.
** 연평균 수치임.

이 권력을 장악하면, 어떤 일이 일어날 것인가 하는 문제를 여러 차례 말한 바 있다. 두 사람은 그런 일이 벌어지면 노동계급이 부르주아지에게 권력을 잃게 될 거라고 결론지었다. 노동계급은 단지 일시적으로만 권력을 유지할 뿐이며 자본주의 발전을 위한 길을 열게 되리라는 것이었다. 예컨대, 마르크스는 1847년에 다음과 같이 썼다.

부르주아지가 정치적으로, 즉 국가권력을 통해 "소유관계의 불공평을 유지한다"[하인첸의 표현 — 클리프]는 것이 진실이라면, 부르주아지가 그 소유관계를 창출하지 않는다는 것도 그에 못지않게 진실이다. "소유 관계의 불공평"은 근대적 분업, 즉 근대적 형태의 교환·경쟁·집중 등에 좌우되며, 부르주아 계급의 정치적 지배 때문에 생겨난 것이 결코 아니다. … 부르주아 계급의 정치적 지배는 … 기존의 생산관계에서 비롯한다. 따라서, 프롤레타리아가 부르주아지의 정치적 지배를 타도하더라도, 역사의 '운동'이 부르주아 생산양식을 폐지시킴과 동시에 부르주아지의 정치적 지배를 최종 타도하는 것을 필연적이게 하는 물질적 조건들을 창출하지 않는 한, 그 승리는 단지 일시적인 것으로서 부르주아 혁명 과정 자체의 한 지점일 뿐이며, 1794년에 그랬듯이 단지 부르주아 혁명의 대의에 기여할 것이다. 따라서 프랑스의 '공포정치'는 무시무시한 철권 조처들로 프랑스에서 봉건 잔재들을 깨끗이 쓸어내야 했다. 소심하고 조심스런 부르주아지라면 수십 년이 지나도 이 임무를 완수하지 못했을 것이다. 그래서 피 흘린 인민의 행위는 단지 부르주아지를 위한 길을 닦는 데 기여했을 뿐이다.[4]

엥겔스도 비슷한 맥락에서 다음과 같이 썼다.

극단적 정당의 지도자에게 생길 수 있는 최악의 사태는 그가 대표
하는 계급이 지배권을 장악할 수 있을 만큼, 또 그런 지배에 걸맞
은 조처들을 실행할 수 있을 만큼 운동이 성숙하지 못한 시점에서
어쩔 수 없이 정부를 떠맡는 것이다. … 그는 필연적으로 딜레마에
봉착한다. 그가 할 수 있는 것은 지금까지 그가 실천해 온 모든 행
동과 원칙, 그리고 그의 정당의 이해관계와 상반된다. 반면 그가 해
야 하는 것은 이룰 수 없는 것들이다. 요컨대, 어쩔 수 없이 그는 그
의 정당이나 계급을 대표하기보다는 지배 조건이 성숙해 있는 계급
을 대표하게 된다. 그는 어쩔 수 없이 운동 자체를 위해 다른 계급의
이익을 옹호할 수밖에 없고, 그가 속한 계급에게는 다른 계급의 이
익이 곧 그들의 이익이라는 강변을 늘어놓고 공허한 문구와 약속을
제시한다. 이런 난처한 처지에 놓인 사람은 누구든 돌이킬 수 없이
파멸한다.[5]

자본주의에서 사회주의로 이행하기 위한 역사적 전제 조건들이
마련되지 못한 상태에서 프롤레타리아를 권좌에 올려놓는 혁명에
관해 마르크스와 엥겔스가 말한 내용은 10월혁명에는 직접 적용되
지 않는다. 그 이유는 물질적인 역사적 전제 조건들이 국제 수준에
서 이미 마련돼 있었기 때문일 뿐 아니라 러시아 자체의 특수한 조
건들 때문이기도 하다. 혁명 후 겨우 몇 달 만에 러시아 부르주아지
는 정치적으로 타도됐을 뿐 아니라 경제적으로도 재산을 몰수당했
다. 남아 있던 농촌 부르주아지도 프롤레타리아를 타도하는 데 성

공하지 못했고, 그 사회적 비중도 특히 5개년계획 때부터는 거의 무시해도 좋을 정도였다. 10월혁명은 비록 고립되기는 했지만 러시아 부르주아지의 발전 '과정 속의 한 지점'으로 되지는 않았다. 러시아 부르주아지가 절멸해 버렸기 때문이다. 그렇다면 어떠한 생산관계가 10월혁명 이후에 나타날 수 있었는가?

사회주의 생산관계?

사회주의 생산관계의 확립은 제정 러시아 때보다 훨씬 더 높은 수준의 생산력을 요구한다. 사회가 계급들로 분화되는, 착취자와 피착취자로 분화되는 이유에 대한 엥겔스의 설명은 심지어 10월혁명 이후의 러시아 상황에도 완전히 들어맞는다.

사회가 착취 계급과 피착취 계급으로, 지배계급과 피지배계급으로 분화되는 현상은 지금까지의 낮은 생산력 발전의 필연적 결과였다. 사회적 노동 전체가 모든 사람의 생존에 꼭 필요한 양을 약간 초과하는 만큼만 생산하는 한, 따라서 대다수 사회 구성원들이 모든 시간 또는 거의 모든 시간을 노동에 투여해야 하는 한, 그런 사회는 필연적으로 여러 계급으로 분화될 수밖에 없다. 오로지 노동에만 종사하는 이 대다수와 나란히, 직접적 생산노동에서 벗어난 계급이 발생한다. 이 계급은 사회의 공동 업무, 즉 노동감독·국가행정·사법·과학·예술 등을 관장한다. 따라서 분업의 법칙이야말로 계급 분화의 근저에 놓여 있는 것이다. 그렇다고 해서 이 계급 분화가 폭력과 약탈, 기만과 사기에 의해 확립된 것이 아니라는 말은 아니다. 또, 일단 권력을 휘두르게 된 지배계급은 노동계급을 희생시켜 자신의 지배력을 강화하고 또 사회 운영을 대중 착취로 전화시키지 않았다는 말도 아니다.[6]

자본가의 기능

부르주아지의 역사적 사명은 레닌이 지적한 두 가지 명제, 즉 "사회적 노동의 생산력 증대와 노동의 사회화"라는 말로 요약된다. 세계 수준에서 이 임무는 이미 달성된 상태였다. 러시아에서는 혁명이 생산력 발전을 저해하는 요인들을 제거하고, 봉건 잔재들을 일소하고, 대외무역 독점을 구축해 세계 자본주의의 파괴적 압력에 맞서 자국 생산력의 발전을 보호하고, 생산수단을 국유화해 생산력 발전에 강력한 지렛대를 제공했다. 그러한 조건에서 자본주의의 역사적 사명(사회주의의 확립에 필수적인 전제 조건이지만 부르주아지는 제공할 수 없었던 노동의 사회화와 생산수단의 집중)을 가로막는 장애 요인들은 모두 폐지된다. 10월혁명 이후 러시아는 부르주아지의 역사적 사명을 달성해야 하는 과제를 안고 있었다.

심지어 선진국에서도 승리한 프롤레타리아 혁명이 완수해야 할 모종의 부르주아적 과제들이 있을 것이다. 예컨대, 미국의 일부 분야(주로 농업)에서는 자본주의 체제에서 생산력 발전이 저지돼, 사회적 생산과 생산수단 집중이 아직도 실현되지 못한 상태다. 그러나 미국 전체의 생산력은 아주 잘 발달해 있기 때문에, 이 부르주아적 과제들은 사회주의 사회를 건설하는 과업에 종속되는 부차적인 일들에 불과할 것이다. 따라서, 예컨대 사회적 생산의 확립과 생산수단 집중이, 한편으로는 프롤레타리아가 다른 한편으로는 자본이 창출됨으로써 이루어지지는 않을 것이다. 노동자들이 처음부터 생산수단과 분리되지는 않을 것이기 때문이다. 이에 반해 10월 혁명 이후의 러시아에서는 국민소득 수준이 낮았기 때문에 부르주아적 과제들의 완수가 **중심적** 문제였다. 미국에서는 노동의 사회화에 필요한 새로운 생산수단을 추가하는 일이 대중의 생활수준 향상, 생산 규율에서 설득 요소의 강화, 노동자 통제 강화, 육체노동자와 정신노동자 간 소득 격차의 점진적 축소 등과 함께 일어날 수 있다. 그러나 포위 상태에 놓인 후진국에서도 그럴 수 있는가? 생산수준이 매우 낮은 상태에서, 주로 설득에 바탕을 둔 노동규율이 널리 보급될 수 있는가? 나라의 후진성과 세계 자본주의의 압력 때문에 필수적이게 된 급속한 축적이 사회의 분리, 즉 사회의 공동 업무를 관장하는 사람들과 관장을 받는 사람들로, 노동을 감독하는 사람들과 감독을 받는 사람들로 분리되지 않고서도 이루어질 수 있는가? 생산을 통제하는 사람들이 자신들의 이익을 위해 분배도 통제하는 일이 생기기 전에 그러한 분리가 종식될 수 있겠는가? 후진국의 노동자 혁명이 결국 의기양양한 국제 자본주의에 의해 고립되면, 비록 자본가 계급이 폐지되더라도 자본주의의 발전 '과정 속의 한 지점'이 되는 것 말고 다른 것이 될 수 있을까?

5개년계획은 왜 관료의 지배계급화를 의미하는가?

1장과 2장에서 이미 살펴보았듯이, 5개년계획의 시작은 분배 관계의 발전, 축적과 소비의 관계, 노동생산성과 노동자 생활수준의 관계, 생산에 대한 통제, 노동자의 법적 권리, 강제 노동 제도, 생산 수단에 대한 농업 종사자들의 관계, 거래세의 엄청난 증대, 끝으로 국가기구의 구성과 조직에서 전환점이었다. 공업화와 집산화의 현실은 대중이 걸었던 희망, 심지어 관료들 자신이 품었던 환상과도 완전히 모순된다는 것이 드러났다. 그들은 5개년계획이 소련을 사회주의 방향으로 크게 발전시키리라고 생각했다. 그러나 이것은 인간 행위의 결과가 행위자 자신들의 바람과 희망에 정면으로 배치되는, 역사에서 흔히 일어나는 사례들 가운데 하나일 뿐이다.

5개년계획이 왜 그러한 전환점이었는가 하는 질문에 우리는 어떻게 답할 수 있는가?

이때 처음으로 관료층은 프롤레타리아를 창출하면서 급속히 자본을 축적하려 했다. 달리 말하면, 관료층이 부르주아지의 역사적 사명을 되도록 신속하게 실현하고자 노력했던 것이 이때였던 것이다. 1인당 국민소득이 얼마 안 되고, 생산수준이 낮은 상태에서 자본을 신속하게 축적하려면 대중의 소비, 대중의 생활수준에 견디기 어려운 압력을 가해야 한다. 그러한 상황에서 자본의 화신으로 변모해 오로지 자본축적만을 지상 목적으로 삼게 된 관료층은 노동자 통제의 잔재들을 모두 제거하고, 노동과정에서 설득을 강제로 대체하고, 노동계급을 원자화하고, 모든 사회·정치 생활을 전체주의 틀에 두들겨 맞춰 놓아야 한다. 자본축적 과정에 꼭 필요한 존재가 된, 그리고 노동자들의 억압자가 된 관료층이 분배 관계에서 자신의 이익을 확보하려고 생산관계에서 그들이 차지하는 사회적 우위를 지체 없이 이용할 것임은 분명하다. 이렇게 포위 상태에 있는 후진국의 공업화와 농업에서의 기술 혁명('집산화')으로 말미암아 관료층은 프롤레타리아의 직·간접 압력과 통제를 받던 한 계층에서 지배계급으로, 다시 말해 "사회의 공동 업무, 즉 노동감독·국가행정·사법·과학·예술 등"의 관리자로 탈바꿈한다.

모순과 놀라움으로 가득 찬 변증법적 역사 발전은, 관료층이 '일국사회주의' 건설을 빨리 완수하겠다는 주관적 의도를 가지고 내디딘 첫걸음이 국가자본주의 건설의 토대가 되는 역설적 현상을 가져왔다.

5장 │ 국가자본주의와 노동자 국가의
      │ 공통점과 차이점

자본의 집적 수준이 높아져서 한 자본가나 자본가 집단 또는 국가가 일국의 자본 전체를 자기 수중에 집적하는 단계에 이르더라도, 세계시장에서 경쟁이 지속되는 한 그것은 여전히 자본주의 경제라는 사실을 의심한 마르크스주의 이론가는 아무도 없었다. 동시에 **모든** 마르크스주의 이론가들은 이미 오래 전에 자본의 집적이 그런 수준에 도달했으며, 따라서 프롤레타리아와 부르주아지의 적대가 사회주의 혁명의 승리로 귀결되든지, 아니면 자본주의 국가 간 적대가 그들을 파괴적인 제국주의 전쟁으로 몰아넣어 사회가 총체적으로 쇠퇴하든지 둘 중 하나일 것이라고 강조했다.

국가자본주의가 이론적으로는 가능하더라도, 사적 자본주의가 진화적 발전을 통해서 실제로 사회의 모든 자본이 하나의 수중에 집적되는 상황까지는 결코 이를 수 없을 것이라는 점은 분명하다. 트로츠키는 왜 그럴 수 없는지를 명확하게 설명했다.

물론 이론적으로는 부르주아지 전체가 주식회사를 구성하고, 국가를 이용해 국민경제 전체를 관리하는 상황을 얼마든지 상정할 수 있다. 그런 체제의 경제법칙에 신비한 것은 아무것도 없다. 잘 알려져 있듯이, 자본가는 자기 기업의 노동자가 직접 창조한 잉여가치의 일부가 아니라, 나라 전체에서 창조된 총 잉여가치 중에서 자신의 자본량에 비례하는 만큼을 이윤 형태로 수취한다 완결적인 '국가자본주의'에서 이 평균이윤율 법칙은 우회적 방식(즉, 자본 간의 경쟁)에 의해서가 아니라 국가회계를 통해, 즉시 그리고 직접 실현될 것이다. 하지만 그런 체제는 한번도 존재한 적이 없고, 소유자 자신들 간의 뿌리 깊은 모순 때문에 앞으로도 존재하지 않을 것이다. 게다가 국가가 자본주의적 소유의 보편적 저장고가 되면 너무나도 매혹적인 사회혁명의 대상이 될 것이므로 그런 체제는 더더욱 존재할 수 없을 것이다.[1]

트로츠키가 말한 두 가지 요인, 즉 "소유자 자신들 간의 모순"과 "국가가 자본주의적 소유의 보편적 저장고가 되면 너무나도 매혹적인 사회혁명의 대상이 된다"는 사실은 전통적인 사적 자본주의가 점진적으로 발전해서 100퍼센트 국가자본주의에 도달할 수 있을 것이라는 생각이 왜 전혀 그럴듯하지 않은지를 설명해 준다. 그러나 이 두 요인이, 집권한 노동계급이 타도되고 난 후에 전통적 자본주의가 아니라 국가자본주의가 부활할 가능성도 배제하는가? 혁명적 프롤레타리아는 생산수단을 한 기구의 수중에 이미 집적시켰으므로 첫째 요인을 제거했다. 둘째 요인으로 말하자면, 노동자들을 억압하고 착취하는 국가는 어쨌든 "사회혁명의 … 매혹적인 대상"이 되기 마련이다. 따라서 노동계급을 정치적으로 수탈하는 것은 경제적으로 수탈하는 것과 일치한다.

국가자본주의의 존재 가능성을 부정하기 위해 제시할 수 있는 유일한 논거는, 국가가 모든 자본의 저장고가 된다면 더는 자본주의 경제가 아닐 것이라는 주장, 다시 말해 **이론적으로 국가자본주의는 불가능**하다는 주장이다. 실제로 버넘, 드와이트 맥도널드 등이 이렇게 주장했다. 예컨대, 버넘은 다음과 같이 썼다.

'국가자본주의'라는 용어는 오해에서 비롯한 듯하다. … 국가가 경제의 단지 일부, 그것도 작은 부분만을 소유하고, 나머지 경제는 자본주의 사기업으로 남아 있을 때 그 작은 국가소유 부분과 관련해 '국가자본주의'를 이야기하는 것은 아마도 올바를 것이다. 왜냐하면 앞서 살펴보았듯이, 그 경제의 저울추는 여전히 자본주의 쪽에 있으며 국가소유 부분조차 주로 자본주의 부분에 이로운 방향으로 이끌릴 것이기 때문이다. 그러나 '국가자본주의' 속의 '자본주의'는 국가가 통제하는 부분에서 파생되지 않는다. 후자[자본주의 부분]가 사라지거나 또는 무시할 수 있을 만큼 작아지면 자본주의는 사라질 것이다. 10퍼센트 국가자본주의를 10배로 하면, 100퍼센트 자본주의가 되기는커녕 0퍼센트 자본주의가 된다고 말하는 것은 전혀 역설이 아니다. 곱해지는 것은 **자본주의가 아니라 국가**다. 계산은 훨씬 복잡하겠지만, 10퍼센트 국가자본주의 경제는 단지 90퍼센트 자본주의 경제일 뿐인 것처럼 100퍼센트 **국가** 경제는(아니 80퍼센트 또는 70퍼센트 국가 경제조차도) 자본주의를 몽땅 제거해 버릴 것이라고 유추해 말할 수 있을 것이다.[2]

물론 국가자본주의가 용어상 모순이라면, 세계시장에서의 경쟁, 상품생산, 임금노동 등이 지배하는 그런 사회의 이름은 완전히 임의로 선택될 수 있을 것이다. 혹자는 그 사회의 법칙을 자의적으로 결정해서, 그것을 경영자 사회managerial society라거나 관료적 집산주의라고 부를 수도 있을 것이다. 브루노 알Bruno R은 관료 집산주의는 자동으로 공산주의로 나아갈 것이라고 말한다. 버넘은 경영자 사회에서는 생산이 중단 없이 성장하여(pp. 115~6), 자본주의의 과잉생산 공황이 일어나지 않을 것이며(p. 114), 실업이 존재하지 않고, 경영자 사회는 후진국을 발전시켜 줄 것이며(pp. 154~5), 그 사회는 점점 민주화할 것이고(pp. 145~7), 이 모든 것 때문에 그 사회는 대중의 열렬한 지지를 받을 것(p. 160)이라고 말한다. 샤트먼은 이에 반대해 관료 집산주의는 야만주의라고 말한다.

만약 애덤 스미스가 오늘날 환생한다면, 예컨대 나치 독일의 경제와 19세기 매뉴팩처 사이의 유사점을 발견하기가 매우 힘들다고 생각할 것이다. 전자의 특징은 엄청나게 거대한 독점적 조직, 원료 분배의 국가 규제, 노동시장의 국가 규제, 국민생산의 반 이상의 국가 구매 등인 반면, 후자의 특징은 몇 명이나 기껏해야 수십 명의 노동자를 고용한 기업 간의 자유경쟁, 자본가가 생산조직에 능동적으로 참여하기, 자본주의적 과잉생산 공황의 부재 등이었다. 하나의 단계에서 다음 단계로 나아가는 자본주의의 점진적 발전을 자세히 살펴보면, 두 경제의 공통점이 무엇인지, 그리고 두 경제 모두 그 법칙은 자본주의적이라는 사실을 쉽게 알 수 있다. 소련 경제와 나치 경제의 차이는 나치 경제와 애덤 스미스 시대 경제의 차이보다 훨씬 작다. 소련 경제와 전통적인 독점자본주의 사이의 유사점과 차이점, 그리고 국가자본주의와 한편으로 전통적 자본주의, 다른 한편으로 노동자 국가 사이의 차이점을 파악하기가 어려운 이유는 독점자본주의 단계가 점진적으로 발전해 나아가지 않기 때문이다.

국가자본주의가 자본주의가 도달할 수 있는 이론적 극한이라는 점을 감안하면, 국가자본주의가 전통적 자본주의에서 가장 멀리 나아간 것임은 틀림없다. 그것은 자본주의 자체의 기초 위에서 자본주의를 부정한다. 마찬가지로 노동자 국가가 사회주의 사회의 가장 낮은 단계임을 감안하면, 노동자 국가는 국가자본주의와 공통점이 많을 수밖에 없다. 둘의 절대적 차이점은 자본주의 체제와 사회주의 체제 사이의 근본적이고 본질적인 차이다. 국가자본주의를 한편에서는 전통적 자본주의와 비교하고 다른 한편에서는 노동자 국가와 비교하면, 노동자 국가가 사회주의 혁명이라는 동전의 앞면으로서 사회주의로 이행하는 단계인 반면, 국가자본주의는 같은 동전의 뒷면으로서 사회주의로 이행하는 단계라는 사실을 알 수 있다.

국가자본주의 ― 자본주의의 부분 부정

국가가 경제활동을 규제하는 것은, 국가가 아직 생산수단의 저장고가 아니더라도 그 자체로서 가치법칙을 부분적으로 부정한다.*

---

* 이에 대한 완전한 설명으로는 7장을 보시오.

가치법칙은 무계획적인 방식으로 경제 기능을 조절한다. 그것은 상이한 경제 부문 간의 교환관계를 결정하며, 어떻게 인간들 간의 관계가 직접적이고 투명한 관계가 아니라 간접적이고 신비에 싸인 관계가 되는지를 설명한다. 가치법칙은 자유경쟁의 조건에서만, 즉 자본·상품·노동력의 자유로운 운동이 존재할 때만 완전한 힘을 발휘한다. 따라서 독점적 조직의 가장 초보적인 형태조차도 이미 가치법칙을 어느 정도 부정한다. 그러므로 국가가 자본과 노동력의 배분, 상품 가격 등을 규제하게 되면, 그것은 가장 확실하게 자본주의를 부분적으로 부정하는 것이다. 국가가 생산물의 주요 구매자일 때는 더욱 그렇다. 이 문제를 두고 레닌은 다음과 같이 말했다.

자본가들이 국가 방위를 위해 일할 때, 즉 국고國庫를 위해 일할 때, 그것은 분명히 더는 '순수한' 자본주의는 아니며 특수한 형태의 국가 경제다. 순수한 자본주의는 상품생산을 의미한다. 상품생산은 미지의 자유로운 시장을 위해 일하는 것을 의미한다. 그러나 방위를 위해 '일하는' 자본가는 결코 시장을 위해 '일하는' 것이 아니다. 그는 정부의 주문을 받아 생산한다. 그것도 대부분의 경우는 국고에서 그에게 선지급된 돈으로 그렇게 한다.[3]

경제의 독점화가 진척될수록 가치법칙의 부분 부정은 점점 광범해진다. 은행자본은 산업자본보다 훨씬 전에 하나의 사회적 형태를 부여받는다. 마르크스는 다음과 같이 지적했다. "은행 제도는 … 사실 사회적 규모에서 생산수단의 일반적 부기와 분배의 형태를 제시한다. 물론 단지 그 형태만을 제시한다."[4]

이 점은 국가가 화폐자본의 주요 투자 형태가 되면 더욱 두드러질 것이고, 자본주의 국가가 은행 제도를 자기 수중에 넣을 때 절정에 달할 것이다.

자본주의의 사적 소유는 독점적 구조에 의해서도 부분적으로 부정된다. 자유경쟁 자본주의에서는 자본가가 자기 사유재산의 절대적 소유자였지만, 독점자본주의에서는, 특히 가장 극단적 형태인 국가자본주의에서는 개별 자본가가 더는 생산수단의 절대적 소유권자가 아니게 된다. 주식회사에서 자본은 "사회적 자본의 형태를 직접 부여받는다. … 그것은 자본주의적 생산양식 자체의 한계 내에서 사적 소유로서의 자본을 폐지하는 것이다."[5]

이것은 국가가 자본의 흐름을 규제할 때 더욱 맞는 말일 것이다. 그럴 때 사적 소유는 계약의 자유를 상실하게 된다. 사적 자본은 소멸하지만 개별적 전유는 계속된다. 이는 국가가 생산수단을 자기 수중에 넣을 때 절정에 달한다. 한 개인으로서 증권 소유자는 자신의 사회적 자본 부분을 전혀 통제할 수 없게 되는 것이다.

게다가 국가자본주의는 상품으로서의 노동력을 부분적으로 부정한다. 노동력이 시장에서 '순수한' 상품으로 나타나려면 두 가지 조건이 필요하다. 첫째, 노동자는 생산수단에서 '자유'로워야 한다. 둘째, 그는 자신의 노동력을 판매할 때 어떠한 법률적 장애도 받지 않아야 한다. 노동시장을 국가가 통제하는 곳에서는, 예컨대 파시즘 체제에서는 노동자가 자신의 노동력을 더는 자유롭게 판매하지 못하게 된다. 그때 국가가 생산수단의 실제 소유자가 되면, [노동자가] 고용주를 선택할 수 있는 자유는 완전히 폐지되며 직장을 선택할 수 있는 자유도 크게 제약된다. 그리고 국가자본주의가 임금 동결이나 강제 동원 등을 수반하면, 이 자유는 더욱 부정된다.

그러나 가치법칙이 부분 부정된다고 해서 경제가 가치법칙에서 벗어나는 것은 아니다. 반대로 경제 전체는 가치법칙에 더욱 종속된다. 차이는 단지 가치법칙이 표현되는 **형태가 다르다는** 것뿐이다. 한 독점기업이 이윤율을 다른 산업들보다 더 높은 수준으로 끌어올리려 한다면, 총잉여가치 중 자신의 몫을 증가시키거나 아니면 노동자들이 더 많은 잉여가치를 생산하도록 강요해서 착취율을 증가시킨다. 한 산업이 국가의 보조금을 받아서 자신의 상품을 생산비 이하로 판매하면, 총생산비의 일부가 한 부문에서 다른 **부문으**로 이전된다. 국가가 가격을 조절할 때 출발점은 항상 생산비다. 이 모든 조건에서 임금노동은 특수한 형태가 어떠하든 여전히 자본과 적대적이고, 잉여가치는 계속 생산돼, 계속 자본으로 바뀐다. 사회의 총노동시간과 전체 노동자의 생활필수품 생산에 들어간 총노동시간은 착취율, 즉 잉여가치율을 결정한다. 새로운 생산수단 생산에 할당된 총노동시간은 축적률을 결정한다. 모든 상품의 가격이 가치를 정확히 표현하는 것은 아니지만(가격이 가치를 정확히 반영하는 경우는 사적 자본주의에서도 우연하게만 발생한다), 사회의 총생산물이 서로 다른 계급들로 분배되고 그것이 축적과 소비로 할당되는 것은 가치법칙에 의존한다. 국가가 모든 생산수단을 소유하고 노동자들은 착취당하는데 세계경제는 여전히 분열되고 원자화된 상황에서, [가치법칙에 대한] 이런 의존은 가장 순수하고 가장 직접적이며 절대적인 형태를 취한다.

국가자본주의 — 사회주의로의 이행기

생산수단이 집중될수록 노동계급도 집중된다. 국가자본주의는 생신수단의 집중을 자본주의에서 가능한 최고 단계까지 진전시키며, 그래서 노동계급도 최대한 집중시킨다.

자본주의 생산관계의 기초 위에서 자본주의를 부분 부정한다는 것은, 자본주의 체제의 틀 내에서 발전하는 생산력이 그 틀을 넘어 발전하게 되자, 자본가 계급이 '사회주의적' 조처들을 사용할 수밖에 없게 되고 그것을 자신들에게 이롭게 조작한다는 사실을 의미한다. "자본가들은 말하자면 자신들의 의도와는 무관하게 새로운 사회질서, 즉 완전한 자유경쟁에서 완전한 사회화로 이행하는 사회질서로 끌려들어 간다."[6]

생산력이 자본주의와 양립하기 어려울 만큼 대단히 강력하게 발전해, '사회주의적' 요소들이 경제 속으로 들어간다(엥겔스는 이를 두고 '침투하는 사회주의 사회'라고 불렀다). 그러나 그런 요소들은 자본주의의 보존이라는 이해관계에 종속된다. 마찬가지로 노동자 국가에서는 생산력이 사회주의에 걸맞게 충분히 발전하지 못해서, 노동계급은 사회주의 건설에 유리하게 자본주의적 조처들(예컨대, 분배에 적용되는 자본주의 법률)을 사용할 수밖에 없다.

국가자본주의와 노동자 국가는 자본주의에서 사회주의로 이행할 때 거치는 두 단계다. 국가자본주의는 사회주의의 극단적 대립물이다. 국가자본주의와 사회주의는 대칭적으로 대립하고 있고, 서로 변증법적으로 통일돼 있다.

국가자본주의에서는 노동자가 고용주를 자유롭게 선택할 수 없다는 점에서 임금노동이 부분적으로 부정되지만, 프롤레타리아 독재에서는 하나의 집단으로서 노동자들이 생산수단에서 '자유'롭지 않다는 점에서 임금노동이 부분적으로 부정된다. 동시에 노동자 국가에서는 임금노동이 더는 상품이 아니게 된다. 노동력 '판매'는 자본주의에서의 노동력 판매와 다르다. 왜냐하면 노동자 국가에서는 개인으로서 노동자들이 노동력을 판매하지 않고, 그들의 집단적 구실에 도움이 되도록 노동력을 이용하기 때문이다. 노동력은 정말로 더는 상품이 아니다. 왜냐하면 노동자 국가에서는 교환이 개인으로서 노동자들과 하나의 집단으로서 이 똑같은 노동자들 사이에 이루어지며, 그들 간의 교환을 제외하면 완전히 상호 독립적인 두 실체 간에 이루어지는 것이 아니기 때문이다. 국가자본주의는 노동조합과 국가의 융합을 진전시켜 노동조합이 궁극적으로 폐지되게 하지만, 노동자 국가는 노동조합의 영향력을 극대화한다. 국가자본주의는 역사적으로 국가의 전체주의화를 뜻하지만, 노동자 국가는 사회가 지금껏 경험한 최고의 민주주의를 실현한다. 국가자본주의는 생산수단을 통제하는 자본가 계급에게 노동계급이 극단적으로 예속되는 것을 뜻하지만, 노동자 국가는 생산수단을 통제하는 노동계급이 자본가들을 억압한다는 것을 뜻한다.

레닌은 국가자본주의와 사회주의의 관계를 다음과 같은 말로 명확하게 정식화했다.

독일판 플레하노프들(샤이데만, 렌슈 등)이 '전시 사회주의'라고 부른 조처들은 사실은 전시 국가독점자본주의다. 또는 더 간단명료하게 말하면, 노동자에게는 군사적 형벌 노동이며, 자본가에게는 이윤의 군사적 방어다.

그러나 융커·자본가 국가, 즉 지주·자본가 국가를 혁명적 민주주의 국가로 대체해 보자. 다시 말해서 가장 완전한 민주주의를 혁명적 방식으로 도입하기를 두려워하지 않고 모든 특권을 혁명적 방식으로 파괴하는 국가로 대체해 보자. 그러면 진정으로 혁명적인 민주주의 국가에서 국가독점자본주의는 필연적으로 그리고 불가피하게 사회주의로 나아가는 진보를 의미한다는 사실을 알게 될 것이다.

… 왜냐하면 사회주의는 국가자본주의적 독점에서 한발 앞으로 내딛은 것일 뿐이기 때문이다. 다시 말하면, 사회주의는 전 인민에게 이익이 되도록 만들어진 국가자본주의적 독점이며, 따라서 더는 자본주의적 독점이 아니게 된다.[7]

국가자본주의 문제를 폭넓게 다룬 부하린은 국가자본주의와 프롤레타리아 독재 사이의 관계를 매우 분명하게 정식화했다.

국가자본주의 체제에서 경제의 주체는 **자본주의 국가**, 즉 집합적 자본가다. 프롤레타리아 독재에서 경제의 주체는 **프롤레타리아 국가**, 즉 집합적으로 조직된 노동계급, "국가권력으로 조직된 프롤레타리아"다. 국가자본주의에서 생산과정은 자본가 계급의 수중으로 들어가는 잉여가치의 생산과정이며, 자본가 계급은 이 가치를 잉여생산물로 전화하려고 노력한다. 프롤레타리아 독재에서 생산과정은 사회적 필요를 계획에 따라 충족시키는 수단이다. 국가자본주의 체제는 한 줌의 과두층이 대중을 착취하는 가장 완전한 형태다. 프롤레타리아 독재에서는 그 어떠한 착취도 생각할 수 없다. 왜냐하면 집단적 자본가의 소유와 그 사적 자본주의 형태가 집단적·프롤레타리아적 '소유'로 전화하기 때문이다! 국가자본주의와 프롤레타리아 독재는 형태는 비슷하지만 내용은 정반대다. 이러한 적대는 또, 형태가 비슷한 이 두 체제의 모든 부분들의 적대를 규정한다. 그래서 예컨대, 국가자본주의에서 일반적 노동의무는 노동자 대중의 노예화를 뜻하는 반면, 프롤레타리아 독재에서는 대중이 스스로 노동을 조직하는 것일 뿐이다. 국가자본주의에서 산업의 동원은 부르주아 권력의 강화와 자본주의 체제 강화를 의미하지만, 프롤레타리아 독재에서는 사회주의의 강화를 의미한다. 국가자본주의 체제에서 모든 형태의 국가 강제는 착취 과정을 보장하고 확대하고 심화하는 압력이지만, 프롤레타리아 독재에서 국가 강제는 공산주의 사회를 건설하기 위한 수단이다. 요컨대, 형태가 비슷한 현상들 간의 기능적 모순은 전적으로 조직 체계들 간의 기능적 모순에 의해, 그들의 모순적인 계급적 특성에 의해 결정된다.[8]

레닌이나 부하린보다 훨씬 전에 엥겔스는 근본적으로 똑같은 생각을 《반듀링론》에서 개진했다.

국가가 생산력을 더 많이 장악할수록, 국가는 모든 자본가의 현실적 집합체가 되며, 더 많은 시민들을 착취하게 된다. 노동자는 여전히 임금노동자로, 곧 프롤레타리아로 남아 있다. 자본주의적 관계는 폐지되지 않고 오히려 극단으로까지 발전한다. 그러나 이 극단에서 그것은 대립물로 바뀐다. 생산력의 국가 소유는 갈등의 해결책이 아니지만, 자체 내에 갈등 해결의 형식적 수단과 방법을 포함하고 있다.[9]

6장 | 스탈린 체제의 사회·경제·정치에 대한 심층 고찰

스탈린 체제의 관료는 계급이다

여러 마르크스주의 이론가들이 제시한 사회 계급 개념들을 살펴보면, 스탈린 체제의 관료는 계급의 자격이 있다는 것을 알 수 있다. 예컨대, 레닌은 다음과 같이 썼다.

역사적으로 확립된 사회적 생산 체제에서 차지하는 위치, 생산수단에 대한 관계([항상은 아니더라도 - 클리프]) 대부분 법률로 고정되고 정식화된다), 사회적 노동 체계에서 하는 구실, 따라서 처분 가능한 사회적 부를 획득하는 방법과 그 부의 크기 등에 의해 서로 구분되는 대규모 인간 집단을 계급이라고 부른다. 계급은 인간 집단인데, 그중 한 집단은

특정한 사회경제 체제에서 차지하는 위치의 차이 덕분에 다른 집단의 노동을 자기 것으로 만들 수 있다.[1]

부하린도 이와 매우 유사하게 계급을 정의했다.

사회 계급은 … 생산에서 동일한 구실을 하는 사람들의 집합인데, 이들은 생산과정에서 다른 사람들에 대해 동일한 관계에 있고, 이 관계는 사물(노동도구)에 대해서도 마찬가지다.[2]

스탈린 체제의 관료가 계급인지 아닌지가 조금이라도 의심스럽다면, 생산과정에 직접 참여하지도 않았던 상인 계급에 대한 엥겔스의 분석을 주의 깊게 읽어보기만 해도 된다. 그는 다음과 같이 썼다.

문명은 세 번째 분업을 추가했다. 그래서 생산에는 참여하지 않고 단지 생산물의 교환에만 관여하는 계급, 즉 상인이 나타났다. 기존의 모든 계급은 오로지 생산 분야에서 형성된 것들이었다. 그래서 생산자들이 생산을 감독하는 자들과 감독받는 자들로, 또는 대규모 생산자들과 소규모 생산자들로 나누어졌다. 그러나 이제 처음으로 생산에 전혀 참여하지 않으면서도 생산 전반을 통제하고 생산자들을 경제적으로 지배하는 계급이 출현했다. 이 계급은 두 생산자 집단 사이에 꼭 필요한 매개자를 자처한다. 그리고 두 생산자 집단을 교환의 곤란과 위험에서 구해 주고, 그들의 생산물 시장을 원격지로 확대하고, 그래서 자신들이 사회에서 가장 유용한 계급이 됐다는 등의 구실로 두 집단을 모두 착취한다. 기생적 계급, 진정한 사회적 기생충인 이들은 극

히 하찮은 서비스에 대한 보수로 국내외에서 생산의 알짜배기를 가져
간다. 그래서 엄청난 부를 급속하게 축적하고, 따라서 사회적 영향력
도 획득한다. 이러한 이유로 그들은 문명이 발전하는 동안 점점 더 새
로운 명예를 얻고 생산을 더욱더 통제하게 되다가 마침내 그들 자신의
생산물, 즉 주기적 상업 공황을 만들어 낸다.[3]

이러한 정의에 비춰 보면, 왜 마르크스가 성직자·법률가 등을 '이
데올로기적 계급'이라고 불렀는지 알 수 있다. 이들은 부하린이 적절
히 말한 대로 '정신적 생산수단'을 독점하는 계급이기 때문이다.

스탈린 체제의 관료를 카스트라고 부르는 것은 다음과 같은 이유
로 옳지 않다. 계급은 생산과정에서 특정한 위치에 있는 인간 집단
인 반면, 카스트는 법률적·정치적 집단이다. 카스트의 구성원들은
서로 다른 계급들의 구성원일 수 있으며, 한 계급에 서로 다른 카
스트의 구성원들이 존재할 수 있다. 카스트는 경제의 상대적 부동
성immobility, 즉 경직된 분업과 정체된 생산력의 산물인 반면, 스탈린
체제의 관료는 경제적 **역동성**의 절정에서 지배계급으로 변모했다.

스탈린 체제의 관료
― 자본의 극단적이고 순수한 인격화

마르크스는 다음과 같이 썼다.

자본가는 인격화한 자본으로서만 역사적 가치와 역사적 생존권이 있
다. … 그러나 자본가가 인격화한 자본인 한, 그의 활동 동기는 사용가

치 획득과 향락이 아니라 교환가치 획득과 증식이다. 그는 가치 증식
을 열광적으로 추구하며 그래서 인류에게 생산을 위한 생산을 무자비
하게 강요한다. … 자본가의 일거수일투족은 (그를 통해 의지와 의식
을 부여받은) 자본의 기능에 불과한 만큼, 자본가 자신의 개인적 소비
는 자본축적에 대한 도둑질로 간주된다. … 그러므로 절약하라, 절약
하라! 즉, 잉여가치나 잉여생산물 가운데 되도록 많은 부분을 자본으
로 재전환하라! 축적을 위한 축적, 생산을 위한 생산.[4]

자본주의에 근본적인 두 기능, 즉 잉여가치의 착출과 그 잉여가
치를 자본으로 전환하기는 통제와 경영의 분리와 함께 분리된다. 경
영 기능은 노동자들에게서 잉여가치를 착출하는 것인 반면, 통제는
그 잉여가치가 자본으로 전환되도록 감독한다. 자본주의 경제에서
는 이 두 기능만이 필요하다. 주주들은 점차 잉여가치의 특정 부분
을 소비하는 자로 전락한다. 착취자가 잉여생산물의 일부를 소비하
는 것은 자본주의에만 고유한 현상이 아니라 모든 계급 사회에 존
재했다. 자본주의에만 고유한 것은 경쟁에서 살아남으려고 축적을
위한 축적을 하는 것이다.

자본주의 주식회사에서 대부분의 축적은 제도적이다. 주식회사
들은 자금을 내부적으로 조달하지만, 주주들에게 분배되는 배당의
더 많은 부분은 소비를 위해 사용된다. 독점자본주의에서 점진적
으로 진화한 국가자본주의에서 주주는 대체로 소비자일 뿐인 반면,
국가는 축적자다.

축적에 들어가는 잉여가치가 소비되는 잉여가치보다 많을수록
자본주의는 더욱 순수한 형태가 된다. **통제**라는 요소의 상대적 비

중이 증권 소유라는 요소의 상대적 비중보다 더 클수록, 다시 말해 더 많은 배당이 주식회사나 국가 소유자에 의해 내부 축적에 종속될수록, 자본주의는 더 순수한 형태가 된다.

(자본을 통제하는 사람들, 자본의 극단적 인격화인 사람들이 이 세계를 즐기기를 거부하지는 않지만, 그들의 개인적 소비의 의의는 축적에 견줘 양적으로는 훨씬 적고 질적으로는 사뭇 다르며, 근본적인 역사적 중요성 따위는 전혀 없다는 사실을 누구나 알고 있다.)

따라서 실제로 국가를 '소유'한 채 축적 과정을 통제하는 소련 관료는 자본의 인격화의 가장 순수한 형태라고 할 수 있을 것이다.

하지만 소련은 통상적인 표준(즉, 독점자본주의에서 점진적으로 진화한 국가자본주의 개념)과는 다르다. 독점자본주의에서 점진적으로, 그리고 유기적으로 진화한 국가자본주의 개념과 다르다고 해서 국가자본주의 개념의 문제가 중요해지지 않는 것은 아니다. 그러기는커녕, 자본주의의 기초 위에서 점진적으로 진화한 국가자본주의보다 소련 경제가 이 개념에 훨씬 더 가깝다는 사실을 깨닫는 것은 엄청나게 중요하다. 관료가 자본가 계급의 과제를 완수하며, 그렇게 해서 스스로 계급으로 전화한다는 사실 때문에 관료는 자본가 계급의 가장 순수한 인격화가 될 수 있다. 관료는 비록 자본가 계급과 다르지만, 그와 동시에 자본가 계급의 역사적 본질에 가장 가깝기도 하다. 소련 관료는 전통적 자본가 계급의 부분 부정인 동시에 이 계급의 역사적 사명의 가장 참된 인격화이기도 한 것이다.

관료 계급이 소련을 지배하고 있다고 말하는 데서 그친다면, 가장 중요한 문제, 즉 소련에서 지배적인 자본주의 생산관계라는 문제를 회피하는 것이다. 소련이 국가자본주의라고 말하는 것은 완전히 정확하지만, 그것으로 충분한 것은 아니다. 소련 지배계급과, 독점자본주의에서 점진적으로 진화해 나온 국가자본주의의 지배계급 사이에 존재하는 법적 관계의 차이도 지적해야 한다. 따라서 소련 사회의 가장 정확한 명칭은 관료적 국가자본주의Bureaucratic State Capitalism다.

관료의 취득 양식은 부르주아지와 다르다

소련에서는 국가가 고용주이고, 관료는 단지 경영자에 불과한 것처럼 보인다. 소유 기능과 경영 기능은 완전히 분리돼 있다. 그러나 이것은 단지 형식적으로만 그렇다. 근본적으로 소유권은 집합체인 관료의 수중에 있다. 즉, 관료의 국가에 귀속돼 있는 것이다. 그러나 경영자 개인이 생산수단을 소유하지 않는 것처럼 보이고, 또 그가 취득하는 국민소득의 일부가 봉급이라는 형태를 취한다는 사실 때문에, 우리는 노동자가 자신의 노동력에 대한 보수를 받는 것과 마찬가지로 경영자 개인도 자신의 노동력에 대한 보수를 받을 뿐이라고 생각하는 함정에 빠질 수 있다. 게다가 경영 노동은 모든 사회적 생산과정에 필요하고 착취 관계와 무관하기 때문에, 노동자의 기능과 경영자의 기능 차이가 모호해진다. 왜냐하면 양자가 모두 사회적 생산과정에 포함되기 때문이다. 그래서 적대적 계급 관계는 조화로운 것처럼 **보인다**. 피착취자의 노동과 착취를 조직하는 자의 노동이 모두 노동처럼 보인다. 국가는 인격화한 소유권으로서 인민 위에 떠 있는 것처럼 보이는 반면, 생산과정을 감독하는, 따라서 역사적으로 자본의 인격화가 그 본질인 관료는 노동자처럼 보인다. 즉, **관료의 노동도** 가치를 생산하는 것처럼 보인다.

그러나 관료의 소득은 분명히 자신의 노동이 아니라 노동자의 노동에 정비례한다. 이 소득의 규모 자체가 관료의 소득과 노동자의 임금 사이에 존재하는 **질적 차이**를 여실히 보여 준다. 그들 간에 질적 차이가 전혀 없다고 말한다면, 예컨대 영국에서 가장 높은 이사 봉급을 받는 맥고완 경도 자신의 노동력을 팔았을 뿐이라고 말해야 할 것이다. 또, 고용주이며 모든 인민 위에 떠 있는 것처럼 보이는 국가는 실제로는 관료 집단의 조직이다.

국가와 관료 개인들 사이에 잉여가치의 분할을 결정하는 요인은 무엇인가?

생산된 총가치가 임금과 잉여가치로 **양적**으로 분할되는 것은 **질적**으로 상이한 두 요소(노동력과 자본)에 달려 있는 반면, 하나의 집합체인 관료(국가)와 관료 개인들 사이의 잉여가치 분할은 둘 사이의 어떠한 질적 차이에도 바탕을 둘 수 없다. 따라서 국가와 관료 사이의 잉여가치 분할, 또는 관료 몫의 잉여가치가 여러 관료들에게 분배되는 것에 관해 **정확한** 일반적 법칙을 이야기할 수 없다. 마찬가지로 자본주의 경제에서 이윤이 기업이윤과 이자로 분배되는 것, 또는 다양한 주식 소유자에게 분배되는 것을 규정하는 정확한 일반 법칙에 관해 이야기할 수 없다(마르크스, 《자본론》 제3권, 428쪽을 보라).

하지만 이 분할이 순전히 자의적으로 결정된다고 생각하는 것은 옳지 않다. 일반적 **경향**은 이야기할 수 있다. 그 경향은 축적의 가속화를 요구하는 세계 자본주의의 압력, 생산이 이미 도달한 물질적 수준, 축적의 원천을 상대적으로 감소시키는 이윤율 저하 경향

등에 달려 있다. 이러한 상황들을 고려하면, 왜 잉여가치 중에서 축적되는 부분이 끊임없이 증가하는지를 알 수 있다. 그와 동시에, 축적 과정을 관리하는 관료는 자신의 개인적 욕망을 채우는 것을 간과하지 않으며, 따라서 관료가 소비하는 잉여가치의 양은 절대적으로 증가한다. 이 두 과정은 대중에 대한 착취율이 계속 증대할 경우에만, 그리고 자본의 새로운 원천이 계속 발견될 경우에만 지속될 수 있다(그래서 소련 농민을 강탈한 시초 축적 과정이나 동유럽 각국을 약탈하는 일이 필요했던 것이다).

생산관계와 법

소련에서 생산수단의 압도 다수는 국가의 수중에 있다. 증권이나 다른 형태의 법적 청구권은 생산수단 중 너무나 작은 부분만을 차지하므로 별로 의미가 없다.

그와 같은 사적인 청구권 형태를 대규모로 도입하는 경향이 존재하지 않는 이유는 무엇인가? 왜 소련의 지배적인 재산법과 여타 자본주의 세계의 재산법 사이에는 차이가 있는가? 이러한 물음에 답하려면 먼저 생산관계와 재산법의 관계를 분석해야 한다.

법은 경제에 기초를 두고 있다. 재산관계는 생산관계의 법적 표현이다. 그러나 생산관계와 법의 발전 사이에 정밀하고 절대적인 함수관계는 존재하지 않는다. 이는 경제적 토대와 상부구조의 다른 요소들 사이에 정밀하고 절대적인 관계가 존재하지 않는 것과 마찬가지다. 이는 법이 생산관계를 직접 표현하는 것이 아니라 간접적으로 표현하기 때문이다. 만약 법이 생산관계를 직접 표현한다면,

생산관계의 점진적 변화가 일어날 때마다 그에 따라 법도 즉시 변할 것이다. 그러면 그것은 더는 법이 아닐 것이다. 법의 기능은 말하자면 여러 계급의 적대적 이해관계를 조화시키는 것, 즉 사회·경제 체제에서 흔히 나타나는 간극을 메우는 것이다. 이를 달성하려면, 법은 경제에 기초를 두면서도 경제 위에 올라서야 한다.

법은 그 내용에서 보면, 법이 딛고 서 있는 물질적 기초의 간접적 반영이지만, 그 형태의 관점에서 보면 과거부터 물려받은 법을 융합하고 완성한 것일 뿐이다. 생산관계의 변화와 법의 변화 사이에는 항상 시간 지체逕滯가 존재한다. 생산관계의 변화가 깊고 신속할수록 법은 보조를 맞추기가 더 힘들고, 그래서 여전히 형식적으로는 과거 발전과의 연속성이 보존된다. 수많은 역사적 사례를 보면, 신흥 계급이 성장해서 권력을 장악했을 때 자신들의 집권을 공표하기를 꺼리고, 그래서 자신들의 존재와 권리를 과거의 틀(이 틀이 자신들과 절대적으로 모순되는데도)에 맞추려고 애쓴 것을 볼 수 있다. 그래서 신흥 부르주아지는 이윤과 이자가 모종의 지대일 뿐임을 증명하려고 매우 오랫동안 애썼다. 당시 지주의 지대는 지배계급이 보기에 정당한 것이었기 때문이다. 영국의 자본가 계급은 자신의 정치적 권리를 봉건 계급의 권리장전인 마그나카르타에 근거지우려고 애썼는데, 마그나카르타는 사실 내용과 형식 모두에서 부르주아적 권리와 근본적으로 모순되는 것이었다. 과거부터 물려받은 법의 망토 아래 자신의 특권을 숨기려는 지배계급의 노력은 자신의 존재를 감히 선언하지 못하는 반혁명 때 가장 강력해진다.

혁명적 사회주의는 자신의 목적을 숨기지 않으므로, 권력을 장악하자마자 공포하는 법률의 내용과 형식이 모두 혁명적이다. 10월혁명 후에 외국 간섭군이 승리했다면, 그들의 유혈 통치는 10월혁명으로 폐기된 옛 법을 대부분 부활시켰을 것이다. 그러나 소련에서 관료는 점진적으로 지배계급으로 바뀌었기 때문에, 생산관계의 변화가 즉시 법의 완전한 변화로 표현되지는 않았다. 여러 이유로 소련 관료는 반혁명이 일어났음을 공개적으로 선언하지 않았다(주요 이유 하나는 스탈린 체제가 전 세계 노동자들 사이에서 사이비 혁명적 선전을 해야 할 외교정책적 필요가 있었다는 것이다).

하지만 이것만으로는 관료들이 모든 경제 분야에서 채권이니 주식 형태로 사유재산을 복원해서 안정된 경제적 지위를 자식에게 물려주는 방식을 추구하지 않는 이유를 설명할 수 없다. 다른 요인들을 고려해야 한다. 계급이나 카스트 또는 사회계층의 욕망은 자기 생활의 물질적 조건에 의해 형성된다. 각 계급은 생산과정에서 차지하는 고유의 지위가 있을 뿐 아니라 각각의 유산계급이 핵심 기반으로 삼는 사회적 부의 형태도 저마다 다르다. 물질적·문화적 혜택을 최대한 누리고 싶다는 추상적이고 단순한 욕망이 인류 역사의 추진력이었다면, 노동계급만이 사회주의를 바라지는 않았을 것이다. 중소 부르주아지, 심지어 대부르주아지도 사회주의를 원했을 것이다. 지금 세대가 핵전쟁의 위협 아래 살고 있다는 점을 감안하면 더욱 그럴 법도 하다. 그러나 사실은 그렇지 않다. 인간이 역사를 만들 때, 그들은 자신이 처해 있는 객관적 현실에 따라 역사를 만든다(바로 그 현실 속에서 그들의 욕망이 형성된다). 그래서 봉건 영주는 자신과 자기 자식의 영지를 넓히려고 애를 썼다. 상인은 자식들에게 많은 돈을 물려줘서 안정된 생활을 보장해 주려고 노력한다. 물리학자, 법률가, 그 밖의 자유 전문직 종사자들은 자식들에게 '정신적 생산수단', 즉 교육을 제공해서 자신들의 특권을 넘겨주려한다. 그러나 상이한 계급들과 계층들 사이에 만리장성이 있는 것은 아니므로 당연히 각 계급·계층은 모두 자신의 특권 이상의 것을 물려주려고 애쓸 것이다. 그래서 전문직들은 정신적 생산수단뿐아니라 물질적 생산수단도 물려받을 것이고, 상인은 고등교육도 제공받을 것이다.

마르크스가 《헤겔 법철학 비판》에서 말했듯이, 국가 관료는 국가를 사유재산으로서 소유한다. 생산수단의 저장고가 된 국가에서 국가 관료(지배계급)는 봉건영주나 부르주아지 또는 자유 전문직과는 다른 방식으로 특권을 상속한다. 만약 기업의 경영자, 정부 부처의 우두머리 등등을 뽑는 지배적인 방식이 호선互選이라면, 모든 관료는 자식에게 100만 루블을 상속하기보다는(물론 이것도 중요하지만) 자신의 '연줄'connection을 물려주려고 애쓸 것이다. 그와 동시에 대중이 고등교육을 받을 기회 등을 제한해서 관료 자리를 둘러싼 경쟁자 수를 억제하려고 노력할 것이 분명하다.

발전의 양극단의 종합

소련은 프롤레타리아 혁명으로 생겨난 소유 형식과, 후진적 생산력과 세계 자본주의의 압력이 맞물린 결과로 생겨난 생산관계의 종합을 보여 준다. 종합의 내용은 혁명 이전 시기와 역사적 연속성이있고, 그 형식은 혁명 시기와 역사적 연속성이 있다. 혁명이 후퇴하는 상황에서도 형식은 원래의 출발점으로 곧장 되돌아가지 않는다. 비록 형식이 내용에 종속되지만 형식도 상당히 중요하다.

역사는 흔히 전진하거나 후퇴한다. 역사가 후퇴할 때는 곧장 원점으로 되돌아가는 것이 아니라 과거의 사회체제와 미래의 사회체제 요소들을 모두 결합하면서 나선螺旋형으로 내려간다. 예컨대, 자본주의 발전의 유기적·점진적 연속인 국가자본주의에서는 채권과 주식의 소유 형식에서 사적 소유가 지배적일 것이다. 그러나 그렇다고 해서 노동자 혁명의 잔해 위에서 점진적으로 성장한 국가자본주의에서도 마찬가지일 것이라고 결론지어서는 안 된다. 독점자본주의에서 진화한 국가자본주의의 역사적 연속성은 사유재산(증권)의 존재에서 드러난다. 변질돼 죽어버린 노동자 국가에서 진화한 국가자본주의는 **사유재산의 부재**에서 역사적 연속성이 드러난다.

이러한 나선적인 발전은 러시아 자본주의 발전의 두 극단을 종합한다. 한 극단은 이제까지 자본주의가 도달한 최고 단계, 십중팔구 앞으로 다른 어느 나라도 도달하지 못할 최고 단계이고, 다른 극단은 사회주의의 물질적 전제 조건이 여전히 준비돼야 하는 낮은 발전 단계다. 10월혁명의 패배는 당시 세계 자본주의에 크게 뒤처져 있던 러시아 자본주의가 도약할 발판 구실을 했다.

이러한 종합은 자본의 집적 수준과 자본의 유기적 구성 수준이 지극히 높은 데서 드러나기도 하고, 다른 한편으로 기술 수준을 고려하면 낮은 노동생산성과 낮은 문화 수준에서 드러나기도 한다. 그런 종합이야말로 소련의 생산력 발전 속도, 청년기 자본주의의 경험을 훨씬 앞지르는 속도, 쇠퇴하고 정체한 자본주의가 현재 겪고 있는 것과는 정반대의 높은 속도를 설명해 준다.

청년기 자본주의는 '부랑자' 단속, 구빈법, 부녀자와 아동의 하루 15~18시간 강제 노동 등에서 알 수 있듯이, 노동 대중을 비인간적으로 잔혹하게 대했다. 노쇠한 자본주의는 다시 한 번 청년기의 잔혹한 짓을 많이 저지르는데, 파시즘에서 알 수 있듯이 달라진 것은 그 잔혹한 짓을 훨씬 효율적으로 저지를 수 있다는 점이다. 이 두 시기 모두 경제법칙의 자동적 메커니즘에 덧붙여 강제를 사용하는 것이 특징이다. 국가자본주의와 청년기 자본주의의 과제들이 종합된 덕분에 소련 관료들은 잉여가치에 대한 끝없는 탐욕, 비인간적 행위를 저지를 수 있는 능력을 확보했을 뿐 아니라 대중을 억압하는 데서 최고의 효율성을 발휘할 수도 있었다.

엥겔스가 "인간은 짐승에서 유래했으며, 따라서 스스로 야만에서 빠져나오기 위해서는 야만적이고 거의 야수 같은 수단을 사용해야 했다"고 말했을 때, 그는 역사가 "자신을 의식"하게 되는 사회주의 혁명을 묘사한 것은 물론 아니었다. 그러나 그는 인류의 전사前史를 잘 묘사했다. 표트르 대제는 야만에 맞서 야만적 방법을 사용한 투사로 역사에 전해질 것이다. 헤르첸은 표트르 대제가 "손에 매를 들고 [러시아를] 문명화시켰고, 그 매는 빛을 박해했다"고 썼다. 스탈린은 노동계급을 억압한 자로 역사에 전해질 것이다. 다시 말해, 그는 세계가 충분히 성숙해 있어서 매 없이도 인류의 생산력과 문화를 발전시킬 수 있었는데도 "매를 손에 들고" 그것들을 발전시킨(그와 동시에 제국주의 전쟁으로 전 인류를 파멸시키려 한) 권력자로서 역사에 전해질 것이다.

프롤레타리아 혁명은 생산력 발전을 가로막는 장애물을 모두 일소했으며, 구래의 야만을 많이 폐지했다. 그러나 그 혁명은 후진국에서 일어나 고립됐기 때문에 끝내 패배했으며, 그 결과 야만적 방법으로 야만에 맞서 싸우는 전장戰場이 활짝 열리게 됐다.

경제와 정치

국가는 "특수한 무장 집단", 즉 한 계급이 다른 계급이나 계급들을 억압하기 위해 수중에 갖고 있는 무기다. 소련에서 국가는 노동자 대중을 억압하기 위해 관료가 갖고 있는 무기다. 그러나 이것만으로는 스탈린 체제 국가의 모든 기능을 설명할 수 없다. 그 국가는 사회적 분업, 사회적 생산의 조직이라는 직접적 요구에 부응하는 것이기도 하다. 고대 중국, 이집트, 바빌로니아의 국가들도 비슷한 과제를 약간 바꿔서 수행한 적이 있다. 당시에는 대규모 관개 사업이 절실히 필요했는데, 그런 사업은 오직 대규모로만 조직될 수 있었기 때문에 국가는 계급 출현의 결과로서, 따라서 사회적 분업의 결과로서 **간접적으로** 발전했을 뿐 아니라 생산과정의 일부로서 **직접적으로도** 발전했다. 계급 분화와 국가의 출현·강화 사이의 상호의존과 상호작용이 너무 밀접했기 때문에 경제와 정치의 분리는 전혀 불가능했다. 이와 비슷하게 스탈린 체제의 국가는 대중과 관료 사이의 심연深淵이 확대됐기 때문에, 따라서 "특수한 무장 집단"으로서 출현했을 뿐 아니라 생산력 자체의 필요를 충족시킬 직접적 해결책으로서, 즉 생산양식의 필수적 요소로서 출현하기도 했다.

칼데아*의 왕들 가운데 한 사람은 다음과 같이 말했다.

---

* 페르시아만 연안에 있던 고대 왕국 — 옮긴이.

나는 인간을 이롭게 하려고 강의 비밀을 터득했다. … 나는 강물을 황
야로 끌어들여서 말라붙은 도랑에 물을 채웠다. … 나는 사막에 물을
공급해서 비옥한 토지로 만들고 즐거운 거주지로 꾸몄다.

플레하노프는 위의 문장을 인용하면서 다음과 같이 말했다. "온
갖 자만에도 불구하고, 이것은 사회적 생산과정을 조직하는 데서
오리엔트 국가가 한 구실을 매우 정확히 묘사했다."[5]

스탈린도 자신이 산업을 건설하고 소련의 생산력을 발전시켰다
는 등의 주장을 할 수 있을 것이다. 그러나 칼데아 왕의 전제정치는
역사적으로 필요하고 그 시대에서는 진보적이었지만, 스탈린의 독
재정치는 역사적으로 불필요하고 반동적이었다.

고대사회처럼 오늘날 소련에서도 지배계급의 수호자인 동시에 사
회적 생산의 조직자라는 국가의 이중적 기능은 경제와 정치를 완전
히 융합시켰다.

이러한 융합은 노동자 국가뿐 아니라 최고 단계의 자본주의에서
도 특징적으로 나타난다. 그러나 노동자 국가에서 이러한 융합은
정치적으로 지배하는 노동자들이 "인간에 대한 통치가 사물의 관
리와 생산과정 감독으로 대체되는"[6] 상황에 훨씬 더 근접했다는 뜻
인 반면, 최고 단계 자본주의에서 그런 융합은 정치적 억압이 경제
의 자동 메커니즘에 추가될 뿐 아니라 사실은 중대한 구실을 하게
된다는 것을 의미한다. "자본주의 질서의 고유한 특징은 미래 사회
의 모든 요소들이 사회주의에 가까워지는 형태가 아니라 더 멀어지
는 형태로 자본주의 질서 속에 나타난다는 점이다."

따라서 예컨대

군대로 말하면, 자본주의의 발전으로 말미암아 보편적 병역의무가 확대돼서 … 사실상 시민군에 가까워졌다. 그러나 그것은 군국주의 국가가 국민을 지배하고 국가의 계급적 성격이 극명하게 드러나는 현대 군국주의 형태로 실현된다.[7]

이러한 융합은 우리 시대가 사회주의를 위해 성숙했다는 사실, 자본주의는 사회주의의 요소들을 점점 더 많이 흡수할 수밖에 없다는 사실을 증명한다. 엥겔스가 말했듯이, 이것은 사회주의 사회가 자본주의로 침투하는 것을 뜻한다. 하지만 이러한 침투가 착취와 억압의 짐을 경감시키는 것은 아니다. 오히려 그 짐은 더욱 무거워진다(노동자 국가에서 노동자는 정치적으로 자유롭기 때문에 경제적으로도 자유롭다. 노동자 국가도 경제와 정치의 융합[제]이지만, [자본주의와는] 정반대 결과를 수반하는 경제와 정치의 융합이다).

경제와 정치의 융합이 이루어지는 곳에서는 정치혁명과 경제혁명 또는 정치적 반혁명과 경제적 반혁명을 구별하는 것은 이론적으로 오류다. 부르주아지는 다양한 정부 형태 하에서, 예컨대 봉건군주국, 입헌군주국, 부르주아 공화국, 나폴레옹 1세와 3세 같은 보나파르트 체제, 파시스트 독재 그리고 특정 기간에는 노동자 국가에서조차(쿨락과 네프맨은 1928년까지 존재했다) 사유재산을 소유하는 부르주아지로서 존재할 수 있다. 이 모든 경우에서 부르주아지와 생산수단 사이에는 직접적 소유관계가 존재한다. 이 모든 경우에서 국가는 부르주아지의 **직접적** 통제를 받지 않는다. 하지만 그 어디에서도 부르주아지가 지배계급이 아닌 적은 없었다. 국가가 생산수단의 저장고인 곳에서는 경제와 정치가 **절대적**으로 융합되며,

정치적 수탈은 또한 경제적 수탈을 뜻한다. 앞에서 인용한 칼데아 왕이 정치적으로 수탈했다면, 그는 틀림없이 경제적으로도 수탈했을 것이다. 스탈린 체제의 관료에 대해서도 마찬가지 이야기를 할 수 있고, 약간만 수정하면 노동자 국가도 마찬가지라고 할 수 있다. 노동자 개인은 노동자 국가에서도 생산수단의 소유자가 아니며, 하나의 집합체로서 그들의 소유권은 생산수단의 저장고인 국가의 소유권으로 표현된다는 사실을 감안할 때, 노동자들이 정치적으로 수탈당한다면 경제적으로도 수탈당하는 것이다.

노동자 국가에서 자본주의 국가로 점진적으로 이행하는 것이 가능한가?

프롤레타리아는 부르주아 국가기구를 인수할 수는 없으며, 그것을 파괴해야만 한다. 그렇다면 레닌과 트로츠키의 노동자 국가(1917~23년)에서 스탈린의 자본주의 국가로 점진적으로 이행했다는 것은 마르크스주의 국가론의 기초와 모순되지 않는가? 이러한 질문은 오늘날 소련이 여전히 노동자 국가라는 설説을 옹호하는 사람들이 내세우는 핵심 근거 중 하나다. 이 주장을 견지하는 사람들은 1933년의 트로츠키를 인용한다(그러나 그들은 트로츠키가 훗날 다르게 말한 것은 인용하지 않는다). 트로츠키는 《소련과 제4인터내셔널》에서 다음과 같이 썼다.

한 계급의 수중에서 다른 계급의 수중으로 권력이 이양되는 것의 파국적 성격에 관한 마르크스의 테제는, 역사가 미친 듯이 휩쓸고 나아가는 혁명적 시기뿐 아니라 사회가 뒤로 역행하는 반혁명의 시기에도 적용된다. 소련 정부가 프롤레타리아 정부에서 부르주아 정부로 점진적으로 변했다고 주장하는 사람들은, 말하자면 개혁주의의 필름을 거꾸로 돌리고 있는 것이다.

문제가 되는 것은 마지막 문장의 타당성 여부다.

자본주의의 부활은 여러 방식으로 이루어질 수 있다. 정치적 부활이 경제적 부활에 선행할 수 있다. 백군과 외세 열강의 간섭군이 볼셰비키를 타도하는 데 성공했다면 그랬을 것이다. 또는 비록 완전하지는 않더라도, 경제적 부활이 정치적 부활에 선행할 수도 있다. 1928년까지 경제적 특권을 공고히 했던 쿨락과 네프맨이 체제를 타도하는 데 성공했다면 그랬을 것이다. 두 경우 모두 노동자 국가에서 자본주의 국가로의 이행은 점진적이지 않았을 것이다. 따라서 그것이 점진적일 수도 있었다고 말하는 것은 개혁주의의 필름을 거꾸로 돌리는 것과 같다는 지적은 정당하다. 그러나 노동자 국가의 관료가 지배계급으로 바뀌면 경제적 부활과 정치적 부활은 떼려야 뗄 수 없게 결합된다. 국가는 점진적으로 노동자와 절연되며, 국가와 노동자 사이의 관계는 점점 자본가 고용주와 노동자 사이의 관계와 유사해진다. 그러면 처음에는 하나의 왜곡된 존재처럼 보이던 관료 도당이 자본주의 생산관계에서 부르주아지의 과제를 수행하는 계급으로 점차 전화한다. 관료가 대중의 통제에서 점진적으로 벗어나는 과정은(1928년까지는 대중이 어느 정도 관료를 통제할 수 있었다) 제1차 5개년계획이 시작되면서 혁명적인 질적 변화의 단계에 이르렀다.

하지만 아직 문제는 남는다. 이것은 마르크스주의 국가론과 모순되지 않는가?

형식 논리의 관점에서 볼 때, 프롤레타리아는 부르주아 국가를 노동자 국가로 점진적으로 전화시킬 수 없고 국가기구를 분쇄해야 한다면, 지배계급이 된 관료 역시 노동자 국가를 부르주아 국가로 점진적으로 전화시킬 수 없고 국가기구를 분쇄해야 한다는 점은 논박될 수 없는 것처럼 보인다. 하지만 변증법의 관점에서 우리는 문제를 다르게 제기해야 한다. 프롤레타리아가 부르주아 국가기구를 점진적으로 변화시킬 수 없는 이유는 무엇인가, 그리고 이 이유는 노동자 국가의 계급적 성격이 점진적으로 변화하는 것을 가로막는 부동不動의 장애물 노릇을 계속하는가?

마르크스와 엥겔스는 오직 영국만이 프롤레타리아 혁명의 첫 단계인 국가기구 분쇄를 건너뛸 수 있다고 말했다. 이는 유럽 대륙에는 적용되지 않았다. 영국에서는 "사회혁명이 완전히 평화적이고 합법적인 수단을 통해 이룩될 수도 있다"는 것이었다. 이에 대해 레닌은 다음과 같이 논평했다. "이는 영국이 아직 군국주의화하지 않고 관료제도 아직 안착하지 않은, 순수 자본주의 나라의 모델이었던 1871년에는 당연한 것이었다."[8]

따라서 노동자들이 평화적으로 권력에 접근하는 것을 가로막는 걸림돌은 관료와 상비군이다. 그러나 노동자 국가에는 관료도 상비군도 없다. 그래서 이러한 제도들이 존재하지 않는 노동자 국가에서 그것들이 존재하는 국가자본주의 체제로 평화적으로 이행할 수 있는 것이다.

이제 점진적 사회혁명을 배제하는 것이 점진적 반혁명도 배제하는지 살펴보자.

위계적으로 구성된 군대에서 병사들이 군대를 단호하게 통제하려 한다면, 당장 장교 집단의 반대에 부딪힐 것이다. 그런 장교 집단을 제거하는 방법은 혁명적 폭력 말고는 없다. 반면에, 시민군의 장교가 병사들의 의지에 점점 덜 종속된다면(그들과 대립하는 제도적 관료가 결코 존재하지 않는다는 점을 볼 때 능히 그럴 수 있다), 시민군 장교가 병사들과는 독립적인 장교 신분으로 전화하는 것이 점진적으로 이루어질 수 있다. 상비군에서 시민군으로 이행하는 것은 오직 혁명적 폭력의 거대한 폭발을 통해서만 가능하다. 다른 한편 시민군에서 상비군으로 이행하는 것은, 그것이 시민군 내부 경향의 결과인 한, 점진적일 수 있으며 또 점진적이지 않으면 안 된다. 병사들이 관료의 성장에 반대하면, 관료들은 병사들에게 폭력을 사용할 수도 있다. 그러나 이것이 본질적인 측면은 아니다. 군대에 적용되는 것은 마찬가지로 국가에도 적용된다. 관료 없는 국가, 또는 대중의 압력에 의존하는 미약한 관료가 있는 국가는 관료가 노동자들의 통제를 받지 않는 국가로 점진적으로 바뀔 수 있다.

모스크바 재판은 대중에 맞선 관료의 내전이었다. 그런데 이 전쟁에서는 한 편만이 무장하고 조직돼 있었다. 모스크바 재판은 관료가 인민의 통제에서 완전히 해방되는 과정의 완성이었다. 모스크바 재판과 '스탈린 헌법'이 합법적 수단으로 사적 자본주의를 부활시키는 조처들이라고 생각한 트로츠키는, 프롤레타리아 국가에서 부르주아 국가로의 점진적인 변화는 "개혁주의의 필름을 거꾸로 돌리는 것"이라는 주장을 철회했다. 그는 다음과 같이 썼다.

실제로, 새 헌법은 … 관료들이 경제적 반혁명을 일으킬 수 있는 '합법적' 길, 즉 '은밀한 타격'으로 자본주의를 부활시킬 수 있는 길을 열었다.[9]

스탈린 체제 — 야만?

'야만'이라는 단어는 서로 다른 것들을 나타낸다. 우리는 노동자에 대한 야만적인 착취, 식민지 인민에 대한 야만적인 억압, 나치의 야만적인 유대인 학살 등을 이야기한다. 여기에서 '야만적'이란 인류 역사의 한 단계나 사회관계의 특정 내용을 가리키는 것이 아니라 한 계급이 취하는 행동의 특정 측면을 가리킨다. 그런데 그 계급은 심지어 발흥하는 진보적 계급일 수도 있다. 예컨대, 우리는 자본주의가 발흥하던 시대에 영국 농민을 야만적으로 추방한 것, 또는 남미의 주민을 야만적으로 약탈한 것 등을 이야기한다. 그러나 '야만'은 전혀 다른 어떤 것을 가리키기도 한다. 비록 그것이 앞서 말한 의미와 어느 정도 연관이 있더라도 말이다. 즉, 야만은 문명이 완전히 파괴돼 사회가 역사 이전의 시대로 쇠퇴하는 것을 가리키기도 한다. 이것은 '야만'을 인류 역사에서 완전한 하나의 단계로 보는 것이다. 어떤 사건은 두 의미 모두에서 야만적일 수 있다. 예컨대, 제3차세계대전이 일어나면 지배계급의 행동은 첫 번째 의미에서 야만적일 수 있으며, 사회가 완전히 쇠퇴하는 원인으로서 두 번째 의미에서도 야만일 수 있다. 그러나 근본적으로 두 의미는 서로 다르며 구별돼야 한다. 우리 시대와의 연관 속에서 첫 번째 의미로 사용되는 야만은 사회주의 혁명의 지연 때문에 인류가 치르고 있는 대가를 의미한다.

두 번째 의미의 야만은 부패하고 쇠퇴한 사회에서 모든 희망이 사라진 것을 의미한다. 이에 따르면 나치 체제를 두 번째 의미의 야만, 즉 '재생한 봉건제', '흰개미들의 국가', '초(超)역사적 시대' 등으로 정의하는 것은 옳지 않다. 왜냐하면 나치 체제는 역사적으로 자신의 무덤을 파는 사람들이자 인류의 구원자인 프롤레타리아의 노동에 기초를 두고 있기 때문이다. 스탈린 체제를 두 번째 의미의 야만으로 정의하는 것은 더욱 정당화될 수 없다. 왜냐하면 이 체제는 러시아의 후진성에 직면하여, 그리고 국제적 경쟁에 따른 절멸의 공포 때문에 노동계급의 수를 급속하게 증대시키고 있기 때문이다.

이 문제는 말꼬리 잡는 문제가 아니라 매우 중요한 문제다. 야만이라는 말을 두 번째 의미로 사용하는 것은 소련 노동자를 노예라는 말로(노예를 프롤레타리아와는 다른 의미로 사용한다면) 부르는 것만큼이나 잘못된 것이다. 첫 번째 의미의 야만처럼 노예제도 히틀러 치하 독일 노동자의 상태나 스탈린 치하 소련 노동자 상태의 한 측면(법적 자유의 부재, 노동자 고유의 특성에 대한 부분 부정)을 가리키는 말로 사용한다면, 이는 정확한 용어법일 것이다. 그러나 한 체제를 가리키는 근본적 정의로 사용한다면, 그것은 옳지 않다. 따라서 우리는 두 번째 의미의 야만이라는 단어를 사용해 스탈린 체제를 정의하는 것에 강력하게 반대한다. 사실, 우리는 오늘날 사회가 도달한 단계를 나타내기 위해 그 단어를 일반적으로 사용하는 것에 반대해야 한다. 우리는 단지 첫 번째 의미로만 야만이라는 단어를 사용하는 것을 인정할 수 있다. 즉, 미국이든 소련이든 영국이든 일본이든 쇠퇴하는 자본주의의 특정 양상을 묘사하기 위해 야만이라는 단어를 사용하는 것 말이다. 스탈린 치하 소련은 자본주의적 야만의 한 예인가? 그렇다. 자본주의를 총체적으로 부정하는 그런 야만의 한 예인가? 아니다.

스탈린 체제는 진보적인가?

생산력을 발전시키고 더 우월한 사회체제의 물질적 조건들을 준비하는 데 필요한 사회질서는 진보적이다. 여기서 **물질적 조건**이라는 부분이 중요하다. 왜냐하면 **모든** 조건들(계급의식, 대중적 혁명 정당의 존재 등등)을 포함시킨다면, 어떤 사회질서가 존재한다는 것 자체가 그 사회질서를 타도하기 위한 **조건들이 모두** 갖춰져 있지는 않다는 것을 증명하므로 결국 모든 사회질서는 진보적일 것이기 때문이다.

이러한 정의에서 다음과 같은 결론, 즉 한 사회질서가 반동적으로 됐을 때, 즉 생산력 발전에 질곡이 됐을 때, 다시 말해 이 생산력 발전이 중단되거나 발전 속도가 무조건 떨어진다는 결론이 나오지는 않는다. 13세기에서 18세기까지 유럽에서 봉건제가 반동적이었다는 것은 명백하다. 그러나 그렇다고 해서 봉건제에서 생산력이 전과 같은 속도로, 사실은 전보다 빠른 속도로 발전하는 것이 불가능했다는 말은 아니다. 이와 마찬가지로 레닌은 (19세기의 마지막 10년대에 시작된) 제국주의 시대가 자본주의의 쇠퇴와 부패를 의미한다고 말하면서도, 동시에 다음과 같은 말도 했다.

이러한 쇠퇴 경향이 자본주의의 급속한 성장 가능성을 배제한다고 생각하는 것은 오류다. 그렇지 않다. 제국주의 시대에는 특정 산업 부문,

부르주아지의 특정 계층 그리고 특정 나라들에서 정도 차이는 있지만 제국주의의 이런저런 경향들이 나타난다. 전체적으로 **자본주의는 전보다 훨씬 빠르게 성장한다.** 그러나 이러한 성장은 일반적으로 점점 더 불균등할 뿐 아니라, 그 불균등성은 특히 자본이 가장 풍부한 나라들(영국 같은 나라)의 쇠퇴에서도 드러난다.[10]

레닌은 자본주의의 쇠퇴를 이야기하면서도, 동시에 러시아의 민주주의 혁명으로 봉건제의 잔재들이 일소돼 러시아 자본주의가 미국처럼 빠르게 발전할 수 있는 엄청난 가능성이 열릴 것이라고 말했다. 이 견해는 그가 '프롤레타리아와 농민의 민주주의 독재'기 러시아에서 부르주아 혁명의 과제들을 수행할 것이라고 믿었던 시점에 지녔던 견해다.

1891년 이후의 세계 공업 생산 수치들을 살펴보면, 제국주의 시대에 세계의 생산력이 결코 절대적으로 정체하지 않았음을 알 수 있다(표 6-1 참조).[11]

표 6-1_ 세계의 공업 생산 (1913년 기준 100)

1891년	1900년	1906년	1913년	1920년	1929년
33	51	73	100	102	148

생산능력에 관한 한, 어떠한 진보가 이루어졌는지를 알고 싶으면 핵 에너지를 통제하는 것만 봐도 된다.

후진국들이 세계의 나머지 지역과 동떨어져 있다면, 그 나라들에서는 자본주의가 진보적일 것이라고 확실히 말할 수 있다. 예컨대, 만약 서방의 나라들이 쇠퇴해서 소멸했다면, 인도 자본주의는 19세기의 영국 자본주의 못지않게 길고 영광스러운 미래를 가질 수 있었을 것이다. 소련 국가자본주의에 대해서도 마찬가지로 이야기할 수 있을 것이다. 하지만 혁명적 마르크스주의자들은 세계를 출발점으로 삼으며, 따라서 자본주의는 어디서나 반동적이라고 결론짓는다. 왜냐하면 오늘날 절멸의 고통에서 인류가 해결해야 할 문제는 어떻게 생산력을 발전시킬 것인가 하는 문제가 아니라 어떤 목적으로 그리고 어떠한 사회적 관계에서 생산력을 이용할 것인가 하는 문제이기 때문이다.

소련 국가자본주의가 생산력의 급속한 발전에도 불구하고 반동적이라는 결론을 논박하려면, 세계 자본주의가 사회주의의 확립에 필요한 물질적 조건들을 준비하지 못했다거나 또는 스탈린 체제가 사회주의의 확립을 위해 필요한 조건들을 세계 전체가 준비한 것 이상으로 준비하고 있다는 주장을 입증해야 한다. 전자의 주장은 우리가 아직 사회주의 혁명의 시대에 살고 있지 않다는 결론으로 이어진다. 후자의 주장에서 그나마 사 줄 만한 최대치는, 소련의 스탈린 체제가 사회주의에 물려줄 자본과 노동계급의 집적 수준이 다른 어느 나라보다 높을 것이라는 점이다. 그러나 이것은 단지 양적인 차이다. 미국과 영국 경제를 비교해 보면, 자본의 집적과 노동의 사회화 수준이 영국보다 미국에서 더 높다는 것을 알 수 있다. 그러나 그렇다고 해서 현대의 미국 자본주의가 역사적으로 진보적인 것이 되지는 않는다.

소련 내부의 계획을 근거로, 소련 경제가 다른 나라의 자본주의보다 진보적이라고 주장할 수도 있다. 그러나 이것은 터무니없는 주장이다. 노동계급이 생산을 전혀 통제하지 못하는 한, 노동자는 계획의 주체가 아니라 계획의 대상일 뿐이다. 이는 포드 같은 대기업 내부의 계획에 타당한 것과 마찬가지로, 소련 경제 전체에도 타당하다. 노동자가 계획의 대상인 한, 노동자들에게 계획은 사회주의에 필요한 물질적 조건의 한 요소로만, 즉 자본과 노동자의 집적이라는 측면에서만 의미가 있다.

노동자 100명을 고용하고 있는 공장보다 10만 명을 고용하고 있는 공장의 계획이 더 정교하고 발전해 있으며, 1000만 명을 고용하고 있는 국가자본주의에서는 더욱 그럴 것이다. 그렇다고 해서 큰 기업의 생산관계가 더 작은 기업의 생산관계보다 진보적인 것은 아니다. 각각에서 계획은 서로 독립적인 생산자들 사이의 경쟁에서 비롯한 맹목적인 외적 힘에 좌우된다.

스탈린 체제가 존재한다는 사실 자체가 그것의 반동적 성격을 분명히 보여 준다. 왜냐하면 10월혁명이 패배하지 않았다면 스탈린 체제는 존재할 수 없었을 것이며, 세계가 사회주의를 위해 준비되지 않았다면 10월혁명은 일어나지 않았을 것이기 때문이다.

7장 | 소련 경제와 마르크스의 가치법칙 및 자본주의 공황론 (스탈린 체제의 경제결정론)

서론

마르크스와 엥겔스는 자본주의의 근본 법칙은 가치법칙이라고 보았다. 가치법칙이 자본주의를 다른 모든 경제체제와 구별해 주며, 가치법칙에서 다른 모든 자본주의 법칙들이 파생된다는 것이다. "따라서 생산물의 가치 형태 안에는 이미 자본주의적 생산 형태 전체, 자본가와 임금노동자의 적대, 산업예비군, 공황이 맹아적으로 내포돼 있다."[1] 그러므로 가치법칙은 마르크스 정치경제학의 기본 법칙이다.

소련의 주요 경제학자 두 사람, 즉 라피두스와 오스트로비탸노프는 자신들이 쓴 정치경제학 교과서 머리말에서 이런 질문을 던졌다. "정치경제학은 사람들 사이의 모든 생산관계를 연구하는가?" 그러고는 다음과 같이 답했다.

그렇지 않다. 모든 필요를 자급자족하고 다른 농민들과 교환관계가 전혀 없는 가부장 농민의 원시적 자연경제를 예로 들어 보자. 여기서 우리는 독특한 생산관계 유형을 본다. 말하자면, 그 생산관계의 특징은 노동이 집단적으로 조직된다는 것 … 모든 사람이 가부장에 종속된다는 것이다. 농민의 자연경제와 공산주의 경제의 엄청난 차이에도 불구하고 이 두 경제는 공통점이 하나 있다 모두 의식적인 인간 의지에 의해 조직되고 통제된다는 점이다. … 당연히 그 두 경제에는 자본주의 사회의 조직되지 않은 관계를 규제하는 일정한 법칙들이 존재한다. 그러나 이 법칙들은 자연발생적이다. 즉, 생산과정에 참여하는 사람들의 의식적이고 목적지향적인 의지에서 독립해 있다. … 이 기본적이고 자연발생적인 법칙들이 바로 … 정치경제학의 주제다.[2]

다음으로 그들은 이렇게 물었다. "정치경제학의 자본주의 법칙은 어떻게, 어느 정도 소련 경제에 영향을 끼칠 수 있는가? 소련 경제에서 자생적 활동과 계획된 활동 사이의 관계는 어떠한가? 각 요소의 비중은 어느 정도이며 그 발전 경향은 어떠한 것인가?"[3] 그들이 도달한 결론은, 정치경제학은 자연발생적 과정에만 적용될 뿐 사회주의 같은 계획경제에는 적용될 수 없으며, 소련 경제가 아직 사회주의가 아니라 사회주의로 이행하는 단계이므로 그 정도까지만 소련에 적용된다는 것이었다. 당시 소련 경제학자들은 모두 이 주장에 동의했다.

당시 소련 경제학자들은 사회주의에서 가치법칙이 작용하느냐는 질문에 이구동성으로 그렇지 않다고 대답했다. 소련에 존재하는 가치법칙의 흔적은 소련의 이행기적 지위의 소산이며, 소련이 아직 완전히 사회주의에 도달하지 못한 결과라고 설명됐다.

그래서 라피두스와 오스트로비탸노프는 다음과 같이 썼다.

다음과 같은 문제가 제기된다고 치자. 소련 경제는 자본주의인가 사회주의인가? 우리의 대답은 물론 '사회주의'도 '자본주의'도 아니라는 것이다. 왜냐하면 소련 경제의 특수성은 … 자본주의에서 사회주의로 나아가는 이행기적 성격 자체에 … 있기 때문이다. 다음과 같은 문제를 제기하는 사람들에게도 똑같이 대답할 수밖에 없다. 소련에서는 가치법칙이 완벽하게 작용하고 있는가, 아니면 가치법칙이 작용을 완전히 멈추고 의식적 규제로 대체됐는가? '이것 아니면 저것이' 옳다고 말할 수 없다. 이것도 아니고 저것도 아닌 제3의 가정, 즉 우리는 이것에서 저것으로 옮겨가는 이행기에 살고 있다는 가정이 옳기 때문이다. 우리 상황에서 가치법칙은 사라지지 않고 계속 작동하고 있다. 그러나 그것은 소멸 과정에 있기 때문에, 자본주의 체제에서 작동하는 것과 똑같은 방식으로 작동하지는 않는다.[4]

프레오브라젠스키도 같은 주장을 했다. "계획 요소(기본 속성이 사회주의적 축적에서 드러난다)와 가치법칙은" 자본주의에서 사회주의로 나아가는 이행기에 "서로 싸우고 있으며" 계획 요소가 승리하면 "가치법칙은 소멸할 것이다."[5]

또 다른 경제학자 레온티예프도 다음과 같이 썼다. "가치법칙은 자본주의 상품생산의 **운동 법칙이며**, "자본주의 모순의" 모든 싹은 "가치 안에 내재해 있다."[6]

소련 경제학자들은 자신들의 주장을 뒷받침하기 위해 마르크스와 엥겔스의 저작을 광범하게 인용할 수 있었다. 앞에서 인용한 《반뒤링론》에서 발췌한 글은 그들의 주장을 뒷받침하고 있다. 《반뒤링론》의 다른 곳에서 엥겔스는 마르크스의 가치법칙이 사회주의에 적용된다는 뒤링의 생각을 비웃으면서 다음과 같이 썼다. "사회주의에서는 그 유명한 '가치'의 개입 없이 사람들이 모든 일을 매우 간단히 처리할 수 있을 것이다."[7]

엥겔스는 "생산자가 생산물에 종속되는 것을 가장 포괄적으로 표현해 주는 경제적 범주[가치 — 클리프]를 생산자들이 논리적으로 적용해서 마침내 자신들의 생산물을 통제하는 사회를 건설한다는 것"은 완전히 터무니없는 생각일 것이라고 말했다.[8] 한편, 마르크스는 다음과 같이 말했다. "가치란 자본주의적 생산과정에 **고유한 특성**의 표현이다."[9]

마르크스는 A 바그너의 《일반적 또는 이론적 국민경제학*Algemeine oder Theoretische Volkswirtschaftslehre*》을 비판하면서, "부르주아 사회를 설명하려고 개발된 가치론이 '마르크스의 사회주의 국가'에서도 유효하다는 생각"을 비웃었다.[10] 혁명 이후 15년 동안 소련의 모든 경제학자들은 마르크스와 엥겔스의 이러한 주장을 거의 자명한 것으로 받아들였다.

그 뒤 10년 동안 이 문제에 관한 논의가 전혀 없다가 1943년에 청천벽력 같은 사태가 벌어졌다. 당의 이론 기관지 《마르크스주의 깃발 아래서*Pod Znamenem Marksizma*》에 필자를 밝히지 않은 채 실린

"정치경제학 교육의 몇 가지 문제"라는 제목의 상당히 긴 논문은 과거와의 관계를 완전히 청산하는 내용을 담고 있었다.[11] "우리 대학에서 이루어지는 정치경제학 교육은 몇 년 동안의 시행착오 끝에 새롭게 바뀌었다. 그 전에는 기존 교과서와 교과과정, 정치경제학 교육에 심각한 결함이 있어서 어려움이 많았다." "사회주의 경제 법칙과 관련해 많은 근본적 오류와 혼동이 정치경제학 교과과정과 교과서에서 자주 나타났다." 그 논문은 "이전 교육"의 주된 오류로서 "사회주의 사회에서 가치법칙의 작용을 부정하는 것"을 꼽았다. 소련 경제학자들은 모두 이 새로운 노선에 즉각 동의했다.

당시의 이러한 방향 전환을 이해하려면, 그동안 실제로는 소련 생활의 특징으로 받아들여졌으면서도 공식적으로는 부인되던 대러시아 국수주의나 차르 체제 전통의 찬양 등과 같은 것들을 당국이 상당 부분 공개적으로 인정할 태세를 새롭게 갖추었다는 사실을 봐야 한다. 그러나 소련 경제학자들은 자신들의 논리가 마르크스와 엥겔스의 저작들과 워낙 모순되다 보니 그 문제와 거듭 씨름해야 했던 듯하다. 상당한 시간이 흐른 뒤인 1952년 2월에도 스탈린 자신이 다음과 같은 글을 써야 할 정도였다.

가치법칙이 사회주의 체제인 우리나라에도 존재하며 작용하고 있느냐는 질문이 때때로 제기된다. 그렇다. 가치법칙은 존재하며 작용하고 있다.[12]

이 문제에 관한 마르크스주의의 모든 가르침과는 정반대로, 스탈린은 다음과 같이 말했다. "가치법칙은 자본주의의 기본 경제

법칙인가? 그렇지 않다."[13] 마르크스는 노동력이 상품으로 존재하는 곳에서는 노동력 판매가 자연적으로, 또 필연적으로 잉여가치, 즉 착취를 낳는다고 말했다. 그러나 스탈린은 소련 경제에 가치법칙이 작용하고 있기는 하지만 노동력 판매는 존재하지 않으며 따라서 잉여가치도 존재하지 않는다고 말하는 것이 편하다는 사실을 깨달았다. 그는 다음과 같이 썼다. "노동력이 상품이라는 말이나 노동자들을 '고용'한다는 말이 우리 체제에서는 이제 다소 우스꽝스럽게 들리기조차 한다. 생산수단을 소유한 노동계급이 자신을 고용하고 자신에게 노동력을 팔고 있다는 말이 아닌가?"[14](스탈린의 주장에 암묵적으로 깔려 있는 가정은, 생산수단을 소유하고 노동력을 구매하는 국가를 실제로 '소유하고' 통제하는 집단이 전횡적 관료가 아니라 노동자들이라는 것인데, 물론 이것은 결코 지지할 수 없는 가정이다.) 스탈린은 한술 더 떠서 다음과 같이 썼다. "나는 우리가 … 마르크스의 《자본론》(이 책에서 마르크스는 자본주의를 분석하는 데 관심을 기울이고 있다)에서 받아들여 우리의 사회주의적 관계들에 억지로 갖다 붙인 몇몇 개념들을 폐기해야 한다고 생각한다. 그러한 개념들로는 특히 '필요'노동과 '잉여'노동, '필요'생산물과 '잉여'생산물, '필요'시간과 '잉여'시간을 들 수 있다."[15]

물론 가장 중요한 것은, 마르크스가 가치법칙과 자본주의의 모든 모순들 사이에 밀접한 연관이 있다고 보았다는 사실을 명심하면서, 마르크스의 가치법칙과 소련 경제 사이의 진정한 관계를 규명하는 것이다.

마르크스의 가치법칙

마르크스의 가치론은 다음과 같이 간단히 요약할 수 있다.

자본주의에서는, 아니 오로지 자본주의에서만 "전체 생산물 또는 거의 모든 생산물이 상품이라는 형태를 띤다."[16] 생산물이 상품이 되려면 사회 안에 분업이 존재해야 한다. 하지만 그것만으로는 충분하지 않다. 원시 부족에게도 분업은 있었지만 상품은 생산되지 않았다. 노예노동으로 자급자족했던 라티푼디움을 바탕으로 한 고대 로마 사회체제에서도 상품은 생산되지 않았다. 단일한 자본주의 공장 안에서도, 분업은 존재하지만 각 노동자의 노동생산물이 상품이 되지는 않는다. 원시 부족들 사이, 라티푼디움들 사이, 자본주의 공장들 사이에서만 생산물은 서로 교환되고 그럼으로써 상품 형태를 취하게 된다. 마르크스는 다음과 같이 썼다. "사적 개인들"이나[17] "사적 집단들"이[18] "저마다 자신의 이익을 위해 서로 독립적으로 생산하는 다양한 종류의 노동생산물만이 상품이 될 수 있다."

가치는 모든 상품 교환의 토대가 되는, 모든 상품에 공통된 특성이라 할 수 있다. 생산물은 상품일 때만 교환가치가 있다. 교환가치는 상품생산자들 사이의 사회적 관계, 즉 개별 생산자가 수행하는 노동의 사회적 성격을 표현한다. 그것은 독립적 생산자들로 이루어진 사회에서 노동의 사회적 성격을 나타내는 것으로는 사실상 유일하다. 마르크스는 다음과 같이 썼다. "생산자들은 자신의 노동생산물의 교환을 통해 비로소 사회적으로 접촉하기 때문에, 그들의 사적 노동의 독특한 사회적 성격도 이 교환에서 비로소 나타난다. 다시 말하면, 교환 행위에 의해 노동생산물 사이에 형성되는 관계와, 그 생산물을 매개로 생산자들 사이에 형성되는 관계를 통해서만 사적 개인의 노동은 사회적 노동의 일부가 된다."[19]

상품은 가치라고 말했을 때, 마르크스는 상품이 추상적 노동의 구현具現이라는 점과 사회 전체의 생산적 노동 가운데 일부의 결과라는 점을 강조한 것이었다. "가치의 크기는 사회적 생산관계를 나타낸다. 즉, 특정 상품과, 사회의 총노동시간 가운데 그 상품을 생산하는 데 필요한 시간 사이의 연관을 나타낸다."[20]

왜 교환가치가 이러한 관계의 유일한 표현이며, 왜 이 관계는 사물의 매개를 통하지 않고는 직접 표현될 수 없는가? 그 대답은 개별 생산자들 사이에 형성될 수 있는 사회적 관계는 오직 사물을 통한 관계, 즉 상품 교환을 통한 관계라는 데 있다.

서로 독립적인 생산자들의 사회에서 가치법칙은 다음의 것들을 결정한다.

1. 서로 다른 상품 간의 교환 관계.

2. 종류가 서로 다른 상품들의 상대적 생산량. 따라서,

3. 서로 다른 기업 간에 사회적 총노동시간의 분배.

따라서 가치법칙은 노동력이라는 상품과 그 밖의 상품들의 교환 관계를 결정하고, 그럼으로써 노동시간을 '필요노동'(노동자가 자기 노동력의 가치를 재생산하는) 시간과 '잉여노동'(노동자가 자본가를 위해 잉여가치를 생산하는) 시간으로 나눈다. 또한 가치법칙은 생산재와 소비재의 생산에 들어가는 사회적 노동의 비율, 즉 축적과 소비의 관계도 조절한다(위의 1의 필연적 귀결로서).

마르크스는 자본주의 사회 전체에서 이루어지는 분업(가치의 출

현으로 표현되는)과 한 공장 안에서 이루어지는 분업(가치의 출현으로 표현되지 않는)을 대비시켰다.

사회 안의 분업은 서로 다른 산업 부문의 생산물이 매매됨으로써 이루어지지만, 작업장 내의 여러 부분노동 사이의 연관은 여러 노동력이 동일한 자본가에게 판매돼 결합노동력으로 사용됨으로써 이루어진다. 작업장의 분업은 한 자본가의 수중에 생산수단이 집적되는 것을 전제하지만, 사회적 분업은 서로 독립된 다수의 상품생산자들에게 생산수단이 분산되는 것을 전제한다. 작업장에서는 일정한 수의 노동자들을 일정한 기능들에 배치할 때 일정 비율의 철칙이 작용하지만, 작업장 밖의 사회에서는 사회적 노동의 각 부문 사이에 생산자와 생산수단이 분배될 때 우연과 자의恣意가 작용한다. 물론 여러 생산 영역들이 끊임없이 균형을 유지하려 하는 것은 사실이다. 왜냐하면 한편으로는 각각의 상품생산자는 사용가치를 생산해서 특정한 사회적 욕망을 충족시켜야 하지만 이 욕망들의 크기가 서로 다르므로 이 다양한 욕망을 하나의 자연발생적인 체계로 결합시키는 내적 유대가 존재하기 때문이고, 다른 한편으로는 사회가 자유로이 처분할 수 있는 전체 노동시간 중 얼마만큼을 각각의 특정 상품생산에 지출할 수 있는지는 결국 상품의 가치법칙에 따라 결정되기 때문이다. 그러나 여러 생산 영역들이 끊임없이 균형을 유지하려는 이 경향은 균형의 끊임없는 파괴에 대한 반작용으로만 나타난다. 작업장 분업에서는 사전事前적으로, 계획적으로 적용되던 규칙[즉, 균형]이 사회적 분업에서는 (자연법칙에 의해 강요되고, 생산자들의 자의적 변덕을 통제하고, 시장가격의 변동에서나 느낄 수 있는) 사후事後적 필연성이 된다. 작업장 분업에서 자본가는 노동자들에게 무조건적 권위가 있고, 노동자들은 자본가가 장악한 전체 메커니즘의 구성원일 뿐이다. 반면에, 사회적 분업은 독립적 상품생산자들을 서로 연결시키는데, 그들은 경쟁이라는 권위 외에는, 즉 상품생산자들의 상호 이해관계 압박이 그들에게 가하는 강제 외에는 다른 아무런 권위도 인정하지 않는다.[21]

따라서 상품생산자들의 사회에는 중앙집중적 계획이 없는데도 가치법칙이 경쟁으로 인한 수요·공급의 끊임없는 변화를 통해 무질서에서 질서를 창출한다. 그래서 다양한 상품들의 생산에서, 그리고 경제의 여러 부문 간에 사회적 총노동시간이 분배되는 과정에서 일정한 균형이 확립된다. 반면에, 개별 공장 안에서는 인간과 무관한 무계획성이 아니라 자본가의 목적의식적 의지가 분업과 여러 상품의 생산량을 결정한다.

고대의 원시공산제에서 미래의 사회주의 사회까지 어떤 사회에서든 상품을 수요량에 걸맞게 생산하려면 다양한 경제 부문 간에 사회적 노동시간을 일정하게 분배해야 한다는 것은 분명하다. 그러나 그러한 분배가 이루어지는 방식은 사회 형태마다 다양하다. 마르크스는 다음과 같이 썼다.

1년은 고사하고 단 몇 주만이라도 생산이 중지된 나라는 사멸해 버린다는 것은 너무도 당연하다. 또, 다양한 욕구에 부응하는 생산물의 양은 사회적 총노동 가운데 양적으로 서로 다른 다양한 노동량을 요구한다는 것도 당연하다. 이렇게 사회적 노동을 일정한 비율로 분배할 필요성은 사회적 생산의 **특정 형태**에 의해 제거될 수 없으며, 오히려 사회적 생산이 취하는 형태가 바뀔 뿐이라는 것은 자명한 사실이다. 자연법칙은 결코 인위적으로 제거되지 않는다. 역사적 상황 변화 속에서 변할 수 있는 것은 이러한 법칙들이 작용하는 형태다. 사회적 노동의 상호 연관이 개별적 노동생산물의 사적 교환으로 나타나는 사회에서 노동의 이러한 비례적 배분이 실현되는 형태는 바로 이 노동생산물의 교환가치다.[22]

교환가치가 사회의 총노동시간이 다양한 상품의 생산으로 배분되는 것을 표현하는 데 필요한 조건은, 생산과정에 참여하는 사람들의 활동이 '철저하게 원자화'돼서 노동력 판매자들 사이에, 독립적 생산자들 사이에, 서로 다른 상품의 소유자들 사이에 자유경쟁이 있어야 한다는 것이다. 즉, 생산과정에 참여한 사회 구성원들의 관계가 의식적 행동에 의해 결정되지 않아야 한다는 것이다.

자본주의 독점에 대한 가치법칙의 적용 가능성

마르크스는 《자본론》에서 완전한 자유경쟁 체제를 자본주의의 표준으로 삼았다. 루돌프 힐퍼딩은 마르크스주의자로서는 유일하게 《금융자본론》(빈, 1910년)에서 가치법칙을 독점자본주의와 관련지어 상세하게 검토한 경제학자다. 그는 독점이 여러 상품의 교환 관계에 미치는 양적 영향을 설명해 줄 수 있는 일반 법칙을 마르크스의 가치법칙에서 도출하는 것은 불가능하다고 주장한다.

그의 글을 인용해 보자.

독점기업이 지배하는 곳에서 불확실하고 예측할 수 없는 요인은 수요다. 가격 상승에 수요가 어떻게 반응할 것인지는 확실히 말할 수 없다. 독점가격은 사실 경험적으로 결정되고 있지만, 그 적정 수준을 이론적으로 파악할 수는 없다. … 고전경제학[힐퍼딩은 마르크스도 여기에 포함시킨다 — 클리프]에서는 가격은 사회적 생산의 무계획성이 표현되는 형식이고 가격 수준은 그 사회의 노동생산성에 좌우된다고 생각한다. 그러나 객관적인 가격 법칙은 경쟁을 통해서만 실현된다. 독점기업들이 경쟁을 없애 버리면 객관적인 가격 법칙이 실현될 수 있는 유일한 수단도 사라진다. 이제 가격은 객관적으로 결정되는 크기가 아니라 의지에 따라 의식적으로 그것을 결정하는 사람들의 계산 문제가 되고, 결괴기 이니라 전제, 객관적인 것이 아니라 주관적인 것, 당사자의 의식·의지와 무관한 필연적인 것이 아니라 자의적이고 우연적인 것으로 바뀐다. 독점적 합병은 마르크스의 집적·집중 이론을 확인해 주는 동시에 마르크스의 가치법칙을 무효화시키는 듯하다.[23]

다양한 상품들을 얼마나 생산해야 할지, 그리고 사회의 총노동시간을 다양한 경제 부문들로 어떻게 분배해야 할지를 결정하는 것도 불가능해진다. 그러나 위의 요인들이 자유경쟁 상황과 비교해서 독점 상황에서 어떤 **경향**을 보이게 될지는 추측할 수 있다. 균형 상황에서는 독점기업이 생산한 상품의 교환가치가 다른 상품들보다 상승하겠지만, 비독점기업의 상품보다 훨씬 적은 분량이 생산될 것이므로 사회의 총노동시간 가운데 독점 산업이 차지하는 비율은 더 적어질 것이다. 독점 상황에서는 상품들 사이의 교환 관계, 상품 생산량과 사회 전체의 노동시간 분배가 자유경쟁 상황 때와는 다른 모습을 보일 것이다. 가치법칙은 부분적으로 부정되겠지만 본질은 유지되면서 수정된 형태로 나타날 것이다. 완전 자유경쟁은 아니더라도 경쟁은 존재하고, 따라서 "사회적 생산과정에서 인간의 행위는 철저히 원자화되고, 따라서 생산에서 그들이 맺는 관계는 그들의 통제나 목적의식적 개별 행위와 무관한 물질적 성격을 띠게 된다"는 마르크스의 주장은[24] 여전히 옳다.

동일한 경제 부문 또는 서로 다른 부문에서 서로 다른 독점기업들 사이에 벌어지는 경쟁 때문에 상품들의 교환 관계는 그 상품들을 생산하는 데 걸린 노동시간이나 생산비 비율生産費 比率과 일정한 관련이 있게 된다. 비록 그 노동시간이나 생산비 비율과 정확히 일치하지는 않더라도 말이다. 사회 전체 안의 분업이 개인이나 집단(독점기업 같은)의 의식적 활동과 완전히 분리되지는 않지만, 이 분업은 완전한 자유경쟁 상황에서 이루어지는 분업과 달리 비교적 좁은 한계 안에서만 변한다. 독점기업들의 '계획'에도 불구하고 분업은 여전히 자의적이며, '양으로 보나 질로 보나' 한 공장 안에서 이루어지는 분업과 전혀 다르다. 독점자본주의는 가치법칙 자체에 바탕을 두면서도 그것을 부분 부정한다. 그러나 "규정規定은 부정否定이다." 가치법칙의 부분 부정은 완전한 부정과 맞닿아 있다.

국가독점자본주의와 가치법칙

국가가 상품 가격을 규제하고 국민경제 생산물의 상당 부분을 구매하며 원료를 할당하고 자본 투자를 조정해서 경제체제에 개입하면, 가치법칙은 어떻게 작용하는가?

레닌은 다음과 같이 말했다.

자본가들이 국가 방위를 위해 일할 때, 즉 국고國庫를 위해 일할 때, 그 것은 분명히 더는 '순수한' 자본주의는 아니며 특수한 형태의 국가 경 제다. 순수한 자본주의는 상품생산을 의미한다. 상품생산은 미지의 자유로운 시장을 위해 일하는 것을 의미한다. 그러나 방위를 위해 '일 하는' 자본가는 결코 시장을 위해 '일하는' 것이 아니다. 그는 정부의 주문을 받아 생산한다. 그것도 대부분의 경우는 국고에서 그에게 선지 급된 돈으로 그렇게 한다.[25]

그렇다면, 자본주의 기업들이 국가에 납품하는 상품은 가치법칙 의 적용을 받지 않는다는 얘기인가? 나치 독일에서는 국가가 국민 총생산의 절반 이상을 사들였고 원료를 직접 할당했으며, 각 경제 부문 간 자본 이동을 규제했고, 상품 가격을 정했고, 노동시장을 엄격히 관리했다. 그곳에서는 상품들 간의 교환 관계와 재화들의 상대적 생산량, 그리고 사회의 총노동시간을 각 산업에 배분하는 일이 맹목적이고 자연발생적인 시장 활동에 맡겨지지 않았다. 비록 나치 국가가 생산과 관련된 모든 결정을 내린 것은 아니지만 비교 적 중요한 결정권을 쥐고 있었던 것은 사실이다. 나치 경제에서 국 가는 소비재 생산량을 고정시켰다. 노동력 판매의 자유는 없었고, 사회의 총노동시간 분배를 좌우한 것은 시장의 자율성이 아니라 상 품을 주문하고 원료를 할당하며 자본 투자를 통제한 국가였다. 따 라서 독일 기업들이 **자율적으로** 활동할 수 있는 여지는 너무도 협 소했다.

힐퍼딩이 지적했듯이 "독일에서는 … 권력을 유지하고 강화하는 데 총력을 기울이는 국가가 생산과 축적의 성격을 결정한다. 가격은 조절 기능을 거의 잃고 단순한 분배 수단으로 전락한다. 경제와 경제주체들은 거의 국가에 종속돼 그 부하 노릇을 하게 된다."[*]

'국가자본주의'라는 용어는 자본주의 전시경제와, 자본주의 국가가 모든 생산수단의 저장고가 되는 단계 둘 다를 지칭할 수 있다. 예컨대, 부하린은 둘 다를 가리키는 개념으로 그 말을 사용했다. 나중에 보겠지만, a) 상품들 간의 교환 관계 b) 상대적 생산량 c) 사회 전체의 노동시간 분배에 미치는 영향에서 둘 사이에 근본적인 질적 차이는 없지만, 혼동을 피하려면 둘을 구분하는 것이 낫겠다. 따라서 앞으로 '국가자본주의'는 자본주의 국가가 생산수단의 저장고가 되는 단계를 가리킬 때만 사용하고, 자본주의 전시경제에는 '국가독점자본주의'라는 표현을 사용할 것이다.

국가독점자본주의는, 따지고 보면 맹목적인 경제력에 좌우되는 것이지 어떤 개인이나 집단의 목적의식적 의지나 결정에 지배되는 것은 아니다. 예컨대, 정부 주문은 입찰을 신청한 여러 기업의 상대적 능력(생산능력으로 나타난다)에 따라 할당된다. 따라서, 각 기업은 일정한 수준의 자본축적을 이루려고 노력해야 한다. 그래서 임금을 희생시켜 이윤을 늘릴 수밖에 없는 처지에 놓인다. 그리고 소비재보다 생산재에 대한 기업들의 수요가 상대적으로 늘어난다. 나치 독일에서 국민총생산을 다양한 사회 계급 사이에 분배하고 사

---

[*] R. Hilferding, "State Capitalism or Totalitarianism", *Left*, September 1947. (1940년에 저술)

회 전체의 노동시간을 소비재 생산과 자본재 생산으로 나눈 것은 정부의 자의적 결정이 아니라 경쟁 압력이었다. 독일이 맞서 싸운 연합국들과의 경제적·군사적 경쟁 압력도 동일한 결과를 낳았다.

따라서, 비록 경쟁과 가치법칙이 왜곡되기는 하지만, 국가독점자본주의에서도 따지고 보면 가치법칙이 모든 것을 결정한다.

마르크스의 가치법칙, 그리고 세계 자본주의와 따로 떼어놓고 본 소련 경제

소련에서 기업들 간의 관계는 얼핏 보면 전통적 자본주의 나라들의 기업 간 관계와 다를 바 없는 듯하다. 그러나 겉보기에만 그렇다. 사적 생산자들의 사회에서는 공장 내의 분업과 사회 전체의 분업이 다음과 같은 차이가 있다. 전자는 생산수단 소유권이 한 사람 또는 한 기업에 집중돼 있는 반면에 후자는 결정을 내리는 중심이 없고 '종잡을 수 없이 변동하는 평균치'가 고용과 생산량의 결정 기준이 된다는 점이다. 그러나 소련에서는 그러한 차이가 없다. 소련에서는 개별 기업과 경제 전체가 모두 계획적 생산 규제를 따라야 한다. 예컨대, 트랙터 공장 안의 분업과, 트랙터 공장과 그 공장에 원료를 공급하는 철강 공장 사이의 분업은 정도만 다를 뿐 근본적 차이가 없다. 소련 사회 안에서 이루어지는 분업은 한 공장 안의 분업과 근본적으로 같은 종류의 것이다.

생산물들은 형식상 교환을 통해 경제 각 부문에 분배된다. 그러나 모든 기업의 소유권이 국가에 있으므로, 진정한 의미의 상품 교환은 존재하지 않는다. "사적 개인들"이나[26] "사적 집단들"이[27] "저마다 자신의 이익을 위해 서로 독립적으로 생산하는 다양한 종류의 노동생산물만이 상품이 될 수 있다."

교환을 통해서만 서로 관계를 맺는 사적 생산자들의 사회에서 사회 전체의 분업을 조정하는 매개자 노릇을 하는 것은 교환가치의 화폐적 표현인 가격이다. 소련에서는 기업의 생산을 거의 대부분 통제하는 국가를 매개로 기업 간에 직접적 관계가 형성되며, 따라서 가격은 노동의 사회적 성격의 표현, 곧 생산의 조정자라는 특성을 상실한다.

전통적 자본주의 나라에서는 신발에 대한 수요가 공급을 초과하면, 신발 가격이 자동으로 다른 상품가격보다 올라간다. 그러면 신발 산업의 이윤은 증가하며, 따라서 자본과 노동이 신발 산업으로 몰리고 사회적 총노동시간에서 신발 생산에 지출되는 노동시간이 늘어난다. 가치법칙은 공급과 수요가 일치해서 가격과 가치가 맞아떨어지는 상황, 더 정확히 말하면 가격과 생산가격이 같아지는 상황을 만들어 내는 경향이 있다.*

그러나 소련에서는 신발에 대한 수요가 공급을 초과하면, 공식적으로든 암시장에서든 신발 가격은 올라가겠지만, 신발 생산은 증가하지 않을 것이며, 따라서 신발 생산에 지출되는 노동시간도 늘어나지 않을 것이다.

또 다른 예를 들어 보자. 전통적 자본주의 나라에서는 생산재 생산과 소비재 생산 사이의 비율이 가치법칙에 따라 결정된다. 신

---

* 가치와 생산가격의 관계는 매우 복잡한 문제로, 여기서는 다룰 수 없다(*Capital*, Vol. III, Part II를 보시오).

발 공급이 수요를 밑돌고 기계 공급이 수요를 초과하면 신발 가격은 오를 것이고 기계 가격은 떨어질 것이다. 그러면 균형이 회복될 때까지 자본과 노동이 경제의 한 부문에서 다른 부문으로 이동한다. 그러나 국가가 두 산업 부문을 모두 통제하는 소련에서는 소비재 생산의 이윤율이 높더라도 다른 부문의 자본과 노동을 끌어오지 못하며 그 역도 마찬가지다. 왜냐하면 각 생산 부문 간의 비율이 국내시장이라는 통제받지 않는 메커니즘을 바탕으로 결정되는 것이 아니기 때문이다.

두 생산 부문(생산재 생산과 소비재 생산) 사이의 관계는 축적과 소비 사이의 관계에 곧바로 좌우된다. 전통적 자본주의 나라에서는 경쟁 때문에 공장주들이 축적할 수밖에 없고 그래서 자본의 유기적 구성이 증가하는 반면에, 소련에서는 정부가 모든 공장을 소유하고 있으므로 경쟁이라는 요인이 존재하지 않는다. 따라서, 소련에서는 축적과 기술혁신이 경쟁 업체들의 공격에 맞서는 방어 수단으로서 추구되지 않는다.

앞에서 보았듯이, 소련에서는 가격이 생산과 사회 전체의 분업을 조정하는 매개자가 되지 못한다. 그것들을 조정하는 것은 국가다. 가격은 국가가 조정 활동에서 사용하는 하나의 무기일 뿐이다. 따라서 가격은 원동기motor가 아니라 전달 벨트transmission belt다.

그렇다고 해서 소련의 가격체계가 오로지 관료 집단의 변덕에 좌우되는 자의적인 것이라는 말은 아니다. 소련에서도 가격의 기초는 생산비다(한편으로는 대규모의 정부 보조금을 사용하고 다른 한편으로는 거래세를 부과하는 것은 이것과 모순되지 않는다). 그렇지만 소련의 가격체계와 전통적 자본주의에서 작용하는 유형의 가격체계는 근본적 차이가 있다. 후자는 자율적인 경제활동(독점보다는 자유경쟁 상황에서 훨씬 자유로운)을 뜻하는 반면에, 전자는 경제의 자체 동력이 전혀 없음을 나타낸다. 두 가격체계의 차이는 덜 복잡한 사회, 예컨대 고대 이집트의 파라오 사회와 비교해 보면 더욱 분명해질 것이다.

파라오는 노예들의 총노동시간(어느 사회에서든 이것이 실제 생산비를 나타낸다)을 사회의 필요에 맞추어 어떻게 배분할지를 계산해야 했다. 그의 분배 방법은 직접적인 것이었다. 일정 수의 노예들은 식량 생산에, 다른 노예들은 관개수로 건설에, 또 다른 노예들은 사치품 생산에, 그리고 나머지는 피라미드 축조 등에 투입됐다. 생산과정이 비교적 단순했으므로 노예 수가 계획대로 분배되고 있는지만 확인해도 별 문제가 없었다. 소련에서도 국가가 거의* 완벽한 총노동시간 분배 계획을 직접 수립하지만, 2000~3000년 전보다 생산과정이 엄청나게 복잡해졌으므로 경제를 계획대로 운영하려면 각 부문에 종사하는 노동자 수를 세는 것만으로는 부족하다. 기계 도입과 고용 노동자 수, 이런저런 종류의 기계 사용, 생산량, 사용되는 원료와 연료 등등 사이에 일정한 비율이 정해져야 한다. 그렇게 하려면 모든 비용과 생산물에 공통의 척도를 마련해야 한다. 가격이 바로 이러한 공통의 척도 구실을 한다. 가격체계가 없던 파라오

---

* '거의'라 함은 국가의 통제가 완전하지 않은 경우들이 일부 존재하기 때문이다. 콜호스원이 몇 평 안 되는 그의 사유지에서 하는 노동시간이 한 예다. 수공업자의 노동도 마찬가지다. 그러나 비록 이것들이 국가에 의해 의식적으로 계획되지는 않더라도 국가 통제에서 완전히 자유로운 것은 아니다. 가격, 과세, 특히 주요 생산 분야에 대한 국가계획을 통해 이러한 주변적 활동들도 국가가 원하는 통로들 속으로 끌려들어 온다.

시대의 분업과 가격체계가 있는 스탈린 치하 소련의 분업은 양적인 차이만 있다. 이것은 헨리 포드가 손익계산과 경영을 쉽게 하려고 자신의 모든 기업을 하나의 경영 단위로 합쳐서 운영하든 지금보다 더 작은 단위들로 나눠 놓든 간에 포드가 생산을 직접 통제하는 한 그 차이는 양적인 것에 불과한 것과 마찬가지다.

소련에는 상품의 필요조건들을 갖춘 것처럼 보이는 것이 하나 있다. 그것은 바로 노동력이다. 노동력이 상품이라면, 노동자들이 자신의 노동력과 교환하여 받는 소비재 또한 교환을 위해 생산된 상품인 셈이다. 그렇다면 고도로 발전된 상품유통 체계까지는 아니더라도 노동자들의 총소비에 비례하는 대규모 물물교환 체계가 있어야 한다. 그러나 마르크스는 "상품의 유통은 형식에서든 내용에서든 생산물의 직접 교환과 다르다"고 말했다.[28] 이어서 그는 다음과 같이 지적한다. 상품유통과 함께 "교환은 … 직접적 물물교환과 뗄 수 없는 관계에 있는 지역적·개인적 경계를 모두 허물어 버리고 사회적 노동생산물의 유통을 발전시킨다. … 그리고 자연발생적으로 성장하고 교환 행위자들의 통제를 전혀 받지 않는 사회관계 망을 전면적으로 발전시킨다."[29]

전통적 자본주의와 마찬가지로 소련에서도 노동력이 상품인지를 알려면 노동력이 상품이 되는 데 필요한 특수한 조건들이 무엇인지를 살펴봐야 한다. 마르크스는 두 가지 조건이 있다고 말했다. 첫째, 노동자는 노동력 이외의 생계수단이 전혀 없어서 노동력을 팔아야만 한다. 즉, 생산수단에서 '자유로워야' 한다. 둘째, 노동력의 유일한 소유자인 노동자는 자신의 노동력을 팔 수 있어야 한다. 즉, 노동자의 노동력 판매는 자유로워야 한다. 노동자가 자유로우면서도 동시에 속박돼 있다는 사실은 "자신을 주기적으로 판매하는 것에서, 자신의 주인을 바꾸는 것에서, 그리고 노동력의 시장가격이 변동하는 것에서" 나타난다.[30] 따라서 마르크스는 노동력이 상품이 되려면 다음과 같은 조건들이 필요하다고 말한다.

> 노동력 소유자는 일정한 시간 동안만 노동력을 팔아야 한다. 왜냐하면 노동력을 한꺼번에 몽땅 팔아 버리면, 그는 자신을 팔아 버리는 것이 되고, 그러면 자유인에서 노예로, 즉 상품 소유자에서 상품 자체로 전락하는 꼴이 되기 때문이다. 그는 끊임없이 자신의 노동력을 자신의 재산, 자신의 상품으로 여겨야 하는데, 그러려면 자신의 노동력을 일시적으로만 구매자의 처분에 맡겨야 한다. 그래야만 자기 노동력의 소유권을 포기하지 않을 수 있다.[31]

만일 고용주가 한 명밖에 없다면 "주인 바꾸기"는 불가능해지고 따라서 "자신을 주기적으로 파는 일"도 단지 형식적인 일이 되고 말 것이다. 판매자가 많고 구매자가 한 명일 때도 계약은 형식적인 것이 되고 만다(소련에서는 계약의 이러한 형식성조차 보이지 않는다는 사실은 상벌 제도와 '교정노동' 등에서 분명히 드러난다).

틀림없이 소련에서도 "노동력의 시장가격이 변동"하고, 아마 다른 나라들보다 더 심하게 변동할 것이다. 그러나 여기서도 내용은 형식과 모순된다. 이 문제는 약간 상세히 논의할 필요가 있다. 전통적 자본주의 경제에서는 노동력 판매자 사이에, 노동력 구매자 사이에, 그리고 판매자와 구매자 사이에 경쟁이 일어나고, 그 결과에 따라 노동력 가격은 혼란스럽게 결정된다. 축적률이 높으면 고용이 확대되는데, 정상적 조건에서 고용이 확대되면 명목임금이 상승한다. 그러면 소비재 수요가 증가하고, 그에 따라 소비재 생산도 당연히 증가하며 실질임금도 높아진다(자유경쟁이라는 정상적 조건에서는 이것이 발전의 참모습이다. 그러나 독점 상황에서는 이것이 다소 왜곡된다). 이렇게 실질임금이 상승하면 이윤율은 떨어지고, 그러면 축적률 또한 낮아진다. 이와 달리, 소련의 실질임금과 봉급 총액은 계획된 소비재 생산량에 따라 미리 정해진다. 계획을 수립하고 실행하는 과정에서 저지르는 잘못들 때문에 임금과 봉급으로 할당된 화폐량이 생산된 소비재의 전체 가격보다 더 커지는 일이 있을 것이다(대체로 그렇다). 국가가 그 차이를 메우지 않으면 기격이 오르겠지만 (공식시장에서든 암시장에서든) 실질임금은 오르지 않을 것이다. 실질임금이 오르게 하는 유일한 방법은 국가가 나서서 가격이 오르는 부문의 생산을 증가시키는 것이다. 그러나 소련 국가는 그렇게 하지 않는다(시간이 아무리 흘러도 실질임금이 더는 떨어지지 않는 어떤 한계점이 있다. 이것은 육체적 최저 한계점으로서, 소련뿐 아니라 그 밖의 다른 사회에도 적용된다. 노예노동에 기초한 사회이건 농노노동에 기초한 사회이건 임금노동에 기초한 사회이건 간에 말이다. 지금 논의 중인 문제와 관련해서는, 소련 노동자들에게 실질임금이 균등하게 분배되지 않는다는 사실은 실질임금 총액을 국가가 직접 결정한다는 사실보다 덜 중요하다).

소련 경제 내부의 관계들을 세계경제와의 연관을 고려하지 않고 살펴보면, 생산의 동력이자 조정자인 가치법칙이 소련에서는 발견되지 않는다는 결론을 내릴 수밖에 없다. 기업들 간의 관계를 지배하는 법칙은 고용주인 국가와 노동자 사이의 관계를 지배하는 법칙과 본질적으로 조금도 다르지 않게 될 것이다. 소련이 중앙의 직접 통제를 받는 하나의 거대한 공장이고 모든 노동자가 자신이 소비하는 재화를 직접 현물로 받는다면 말이다.

마르크스의 가치법칙, 그리고 세계 자본주의와 관련지어 본 소련 경제

마치 공장 소유주가 자신이 고용한 노동자들의 노동을 배치하듯이 스탈린 체제의 국가도 소련 사회의 총노동시간을 배치한다. 말하자면, 분업이 계획되는 셈이다. 그러나 소련 사회에서 총노동시간의 실질적 분배를 결정하는 것은 무엇인가? 만약 소련이 다른 나라들과 경쟁하지 않아도 된다면, 노동시간 분배는 완전히 자의적으로 이루어질 것이다. 그러나 사실 스탈린 체제의 국가가 내리는 결정은 세계경제나 국제 경쟁 같은 통제할 수 없는 요인들에 바탕을 두고 있다. 이러한 관점에서 볼 때, 소련 국가는 다른 기업들과 경쟁하는 자본주의 기업 소유주와 비슷한 처지에 있는 셈이다.

착취율, 즉 잉여가치와 임금 사이의 비율(S/V)은 소련 정부가 멋대로 결정할 수 있는 것이 아니라 세계 자본주의의 규정을 받는다. 기술혁신, 또는 마르크스의 용어를 빌리면, 불변자본과 가변자본 사이의 관계, 즉 기계·건물·원료 등과 임금 사이의 관계(C/V) 역시 세계 자본주의의 규정을 받는다. 따라서 소련 사회의 총노동시간이 생산수단 생산과 소비재 생산으로 나누어질 때도 세계 자본주의의 규정을 받는다. 따라서 소련을 세계경제라는 틀에서 바라보면 자본주의의 기본 특징, 즉 "사회적 분업의 무계획성과 작업장 안의 독재는 서로 맞물려 있는 상호조건"이라는 사실을 식별할 수 있다.

만약 소련이 세계시장에 자국 상품을 대량으로 공급하려 하거나 다른 나라들이 자국 상품을 소련 시장에 대량으로 공급하려 한다면, 소련 관료는 노동생산성과 연동해서 또는 노동생산성과 무관하게 임금을 깎거나(S/V의 증가), 기술을 혁신하거나(C/V의 증가), 소비재보다 생산재 생산을 늘려서 생산비를 낮춰야 할 것이다. 국제 경쟁이 보통의 상업적 경쟁이 아니라 군사적 압력의 형태를 취할 때도, 이와 동일한 경향들이 나타날 것이다.

지금까지 소련 경제는 너무 후진적이라 외국 시장에 자국 상품을 대규모로 공급하지 못했다(표 7-1 참조). 소련의 국내시장은 군사력으로만 파괴될 수 있는 대외무역의 국가독점에 의해 외국 상품의 대량 유입 가능성으로부터 보호받는다. 그래서 무역 전쟁은 지금까지 군사적 전쟁보다 중요성이 적었다.* 국제 경쟁이 주로 군사적 형태를 취하기 때문에 가치법칙은 자신의 대립물로 나타난다. 즉, 사용가치의 추구로 나타난다. 이 문제는 자세히 다룰 필요가 있다.

표 7-1_ 경상가격으로 따진 소련의 수입과 수출[32] (단위: 100만 루블)

연도	수출	수입	총거래액
1913	6,596.4	6.022.5	12,618.9
1924	1,476.1	1,138.8	2,614.9
1928	3,518.9	4,174.6	7,693.5
1930	4,539.3	4,637.5	9,176.8
1937	1,728.6	1,341.3	3,069.9

---

* 그래서 공업 생산이 몇 곱절 증가한 5개년계획 기간에 수입과 수출이 모두 두드러지게 감소했다.

서로 독립적인 생산자들의 사회에서 노동의 사회적 성격을 표현하는 방식이 오직 가치뿐이라면, 자본가가 경쟁자들보다 우위를 차지할 수 있는 방법은 자신이 소유한 총가치를 증가시키는 것이다. 가치는 화폐로 표현된다. 그래서 예컨대, 자본가가 신발 생산에 100만 파운드의 자본을 투자해 10만 파운드의 이윤을 얻든 무기 생산에 100만 파운드를 투자해 10만 파운드의 이윤을 얻든 그에게는 아무 차이가 없는 것이다. 그의 생산물이 모종의 사용가치가 있는 한, 그는 그것이 어떤 종류의 사용가치인지는 따지지 않는다. 자본순환의 공식, 즉 화폐 — 상품 — 화폐(M^1 — C — M^2)에서 C는 M^1과 M^2를 연결하는 매개로만 나타난다(자본가가 볼 때 모든 일이 순조롭게 이루어진다면 M^2는 M^1보다 클 것이다).

소련이 대외무역을 확대한다면, 세계시장에서 고가로 팔릴 수 있는 상품을 생산하려고 노력하는 한편 외국에서는 최대한 값싼 상품을 구입하려 할 것이다. 따라서 사적 자본가와 마찬가지로 무슨 사용가치인지를 따지지 않고 이런저런 사용가치를 생산해서, 자기 몫의 가치 총량을 증가시키고자 할 것이다(이 요인은 소련과 그 위성국들 사이의 무역에 큰 영향을 미친다).[33]

그러나 다른 나라들과의 경쟁이 주로 군사적인 것이기 때문에, 하나의 **소비자**로서 국가는 탱크와 비행기 같은 특수한 사용가치에 관심이 있다. 독립적 생산자들 사이의 경쟁은 가치로 표현되지만, 소련과 다른 나라들의 경쟁에서는 사용가치가 목표로 격상돼서, 경쟁 승리라는 최종 목표에 이바지한다. 사용가치는 목표인 동시에 수단인 것이다.

전통적 자본주의 나라에서도 덜 분명하게나마 이와 유사한 과정이 일어난다. 무기 제조업자가 자신의 자본을 무기 생산에 투자하느냐 버터 생산에 투자하느냐는 이윤만 보장된다면 그에게 전혀 중요하지 않다. 그러나 그가 속한 국가는 그가 생산한 사용가치에 관심이 많다. 국가와 자본가의 관계는 판매자와 구매자의 관계로서, 자본가는 가치에만 관심이 있지만 국가는 사용가치에 관심을 갖는다. 그러나 사실 이러한 교환 관계는 형식적인 것일 뿐이다. 국가는 군수품을 얻는 대가로 다른 상품을 제공하지 않는다. 국가는 전체 경제에서 거둔 세금과 차관으로 상품 가격을 치른다. 다시 말해서, 군비 부담이 경제 전체로 골고루 확대된다(이 점은 국가가 사기업들한테서 군수품을 사들이려고 세금을 징수하고 차관을 얻는 대신 직접 군수품을 생산할 때 더욱 분명해진다). '버터보다 총'이라는 구호는 자본주의 열강들의 경쟁이 국제 분업을 무너뜨리는 지경에 이르렀고, 구매와 판매를 통한 경쟁이 직접적인 군사적 경쟁으로 바뀌었다는 것을 뜻한다. 사용가치가 자본주의적 생산의 목적이 됐다.

이 점을 한층 분명하게 입증해 주는 증거는 전시와 평화시의 기술혁신 차이다. 물론 전시경제에서는 사실상 시장이 제한되지 않고 사업상의 경쟁을 위해 생산비를 절감할 필요도 없다. 그래서 제2차세계대전 때 독점과 카르텔이 평화시와 정반대의 부문에서 기술혁신을 이루었던 것이다.

소련 경제가 모종의 사용가치 생산을 지향하는 것은 사실이지만 그렇다고 해서 소련 경제가 사회주의 경제라는 말은 아니다. 물론 사회주의 경제는 사용가치(매우 다양한) 생산을 지향하는 경제다. 그러나 소련 경제와 사회주의 경제는 완전히 대립된다. 지금 소련에서 버터가 아니라 총을 대량 생산한 데서 비롯한 착취율 증가, 생산수단에 대한 노동자의 예속 심화는 인민에 대한 억압을 줄이기는커녕 더욱 강화시키고 있다.

따라서 가치법칙을 무계획적 세계시장이라는 오늘날의 구체적인 역사적 상황에 비춰 살펴보면 가치법칙이 소련 경제구조의 조정자임을 알 수 있다.

세계 국가자본주의가 있을 수 있나?

전 세계의 생산을 하나의 정부가 통제한다면, 다시 말해 스탈린 체제의 관료가 전 세계를 통일해서 지배할 수 있고 대중이 그러한 체제를 받아들여야 한다면, 그 결과 나타나는 경제는 가치법칙이나 가치법칙과 관련된 모든 법칙의 규정을 받지 않는 착취 체제일 것이다. 부하린은 세계 국가자본주의 문제를 검토한 끝에 — 물론 당시(1915년)에는 가설적 형태로 — 이러한 결론에 도달했다. 부하린은 《제국주의와 세계경제》에서 국민국가가 국민경제를 조직하게 되더라도 여전히 상품생산이 "세계시장에서 가장 중요할"것이고, 따라서 그 경제는 국가자본주의일 것이라고 설명했다. 그러나 전체 세계경제가 하나의 거대한 국가 트러스트로 조직된다면(그런데 부하린은 이것이 가능하다고 생각하지 않았다), "완전히 새롭고 독특한 경제 형태가 나타날 것이다. 이것은 더는 자본주의가 아닐 것이다. 왜냐하면 **상품**생산이 사라질 것이기 때문이다. **사회주의**는 더더욱 아닐 것이다. 왜냐하면 한 계급이 다른 계급을 지배하는 일이 계속될(심지어 강화될) 것이기 때문이다. 아마 그러한 경제구조는 노예시장이 없는 노예-주인 경제와 비슷할 것이다."[34]

(민족적·사회적 갈등 때문에 그러한 세계 제국이 실제로 존재할 가능성은 아마 없을 것이다.)

마르크스의 자본주의 공황론

여기서 자본주의 과잉생산 공황에 대한 마르크스의 분석을 다 다룰 수는 없고, 간단히 요약만하겠다.

자본주의 이전의 모든 생산양식과 달리 자본주의는 계속해서 자본을 축적해야 한다. 그러나 이 축적 과정은 체제 자체에서 생겨나는 상호 보완적이면서도 모순된 두 요의의 방해를 받는다. 하나는 이윤율 하락으로, 이 때문에 축적 증가의 원천이 감소한다. 다른 하나는 시장이 흡수할 수 없을 만큼 생산이 증가하는 것이다. 첫 번째 모순이 없다면 공황의 해결책으로 '과소소비론식' 해법(노동자들의 임금 인상)이 간단하고 훌륭한 방안일 것이다. 그리고 두 번째 모순이 없다면 파시즘이 임금을 계속 삭감해서 상당 기간 공황을 피할 수 있었을 것이다.

대중의 낮은 구매력이라는 자본주의의 두 번째 딜레마를 다루면서 마르크스는 다음과 같이 썼다.

총상품량(총생산물) ― 잉여가치를 나타내는 부분뿐 아니라 불변자본과 가변자본을 대체할 부분도 모두 포함하는 ― 은 판매돼야 한다. 그것이 판매되지 않거나 오직 일부만 판매되거나 생산가격 이하로만 판매된다면, 노동자는 여전히 착취당하지만 이 착취된 잉여가치는 자본가를 위해 모두 실현되지 않을 것이다. 그 잉여가치는 전혀 실현되지 않거나 일부만 실현될 것이고, 심지어 자본가의 자본 가운데 일부 또는 전체가 손실을 보게 될 것이다. 직접적 착취의 조건들과 이 착취의 실현 조건들은 동일하지 않다. 두 조건들은 시간과 공간에서 일치하지 않을 뿐 아니라 개념에서도 일치하지 않는다. 전자는 사회의 생산력에 의해서만 제한되며, 후자는 서로 다른 생산 분야 사이의 비례 관계와 사회의 소비능력에 의해서 제한된다. 그런데 이 후자는 절대적 생산능력이나 절대적 소비능력에 의해 규정되는 것이 아니라, 적대적 분배 관계(사회 대다수 사람들의 소비를 최저 수준으로 낮춰서 거의 변동이 없게 하는)에 기초한 소비능력에 의해 규정된다. 또, 사회의 소비능력은 축적 경향(자본을 확대해 잉여가치를 더 많이 생산하려는 욕구)에 의해 더욱 제한된다.[35]

그런 다음 마르크스는 다음과 같이 덧붙였다.

자본주의 생산양식 안에서 발달하는 엄청난(인구에 비해) 생산력, 그리고 그만큼 빠르게는 아니지만 인구보다는 훨씬 더 빨리 증가하는 자본 가치(자본의 물질적 실체뿐 아니라)는, 부의 증대에 비해 점점 더 협소해지는 토대(이 토대 위에서 그 엄청난 생산력이 작용한다)와 충돌하게 되고 이 증대하는 자본의 가치 증식 조건들과도 충돌하게 된다. 그래서 공황이 발생한다.[36]

다른 곳에서 마르크스는 이러한 생각을 다음과 같이 표현했다.

언제나 모든 현실적 공황의 궁극적 원인은, 자본주의적 생산은 생산력을 발달시키는 경향(이 경향은 마치 사회의 절대적 소비 능력만이 생산력 발달의 한계인 양 생산력을 발달시킨다)이 있는 반면 대중은 빈곤해서 소비가 제한된다는 데 있다.[37]

따지고 보면, 자본주의 공황의 원인은 사회 소득의 더 많은 부분이 점점 자본가 계급의 수중에 들어가고, 자본가 계급이 차지하는 소득 가운데 더 많은 부분이 소비수단 구매가 아니라 생산수단 구매에, 즉 자본축적에 투입되기 때문이다. 그러나 모든 생산수단은 **잠재적** 소비재이기 때문에(다시 말해, 일정한 시간이 지난 뒤 생산수단의 가치는 소비재에 포함된다), 국민소득 가운데 축적에 투입된 부분이 소비에 투입된 부분보다 상대적으로 증가하게 되면 과잉생산이 생겨날 수밖에 없다. 게다가 이것은 누적되는 과정이다. 축적증가는 합리화를 수반하고, 이것은 다시 착취율의 증가를 가져온다. 착취율이 커질수록 노동자의 임금이나 자본가의 수입보다 축적기금이 늘어난다. 축적이 축적을 키우는 것이다.

만약 "대중이 빈곤해서 소비가 제한된다"는 것이 자본주의 공황의 유일한 원인이라면, 노동자의 임금은 대체로 노동생산성 증가보다 **항상** 뒤처지므로 공황은 상시적인 것이 될 것이다. 그러면, 공황은 서로 다른 요소들의 일시적·파국적 방정식이 아니라 상시적 불황일 것이다.

그러나 딜레마의 다른 측면이 존재하는데, 그것은 바로 이윤율 저하다. 자본축적 과정은 자본의 유기적 구성 증가를 수반한다. 다시 말해서, 죽은 노동(기계류 등에 체화된)이 산 노동을 대체한다. 산 노동은 잉여가치를 생산하지만 죽은 노동은 그러지 못하므로 이윤율은 계속 떨어지는 경향이 있다. 또, 이윤율 저하는 자본가들 사이의 경쟁을 더 첨예하게 만든다. 자본가는 저마다 경쟁 상대를 희생시켜 자신의 총이윤을 늘리려고 노력해야 하기 때문이다. 이러한 악순환에서 빠져나올 길은 없다.

이윤율 저하 경향 자체는 경기회복, 호황, 공황, 불황 순으로 이어지는 경제변동의 원인이 아니다. 마르크스는 이윤율 저하 과정이 매우 완만하며,[38] 수많은 상쇄 요인의 영향을 받는다고 설명했다. 그렇지만 이윤율 하락은 경제변동의 배경을 이룬다. 경제변동의 직접적 원인은 축적과정에 따라 노동력 수요가 변동하는 데서 비롯한 임금률의 변화다. 마르크스는 "이윤율 하락은 과잉생산, 투기, 공황, 과잉자본, 그리고 과잉인구를 조장한다"고 썼다.[39] "자본주의 생산양식의 한계는 다음과 같은 점에서 나타난다. 노동생산력의 발달은 이윤율 저하에서 하나의 법칙을 만들어 내는데, 이 법칙은 어느 지점에 이르면 생산력의 발달 자체와 충돌하게 되고 따라서 공황을 통해 끊임없이 극복돼야 한다는 점이다."[40]

호황 기간에 고용 증가로 임금 수준이 오르는 것에 대해 마르크스는 다음과 같이 분명히 말했다. "노동계급이 자신의 생산물에서 받는 몫이 너무 작아서 [공황이 일어나므로] 노동자들의 몫을 늘려 주면, 즉 임금을 올려 주면 그러한 해악이 치유될 것"이라고 누군가가 말한다면 "다음과 같이 대꾸하는 것만으로도 충분한 답변이 될 것이다. 즉, '임금이 전반적으로 오르고, 소비를 위해 생산된 연간 생산물 가운데 노동계급이 실제로 얻는 몫이 늘어나는 바로 그 시기에 공황이 준비된다'고 말이다."[41]

마르크스는 고용 수준이 호황의 종식과 공황의 시작을 알리는 결정적으로 중요한 요인일 때 경제변동, 이윤율, 임금 수준, 고용 수준 사이의 관계를 다음과 같이 설명했다.

따라서 근대산업의 운동 형태는 모두 노동인구의 일부분을 끊임없이 실업자 또는 반실업자로 전환시키는 것에 의존한다. … 천체가 일단 특정한 운동에 들어가면 끊임없이 그 운동을 반복하는 것과 마찬가지로, 사회적 생산도 일단 확장과 수축이 번갈아 일어나는 이 운동에 들어가면 끊임없이 그 운동을 반복한다. 결과가 다시 원인이 되고, 그래서 자신의 조건을 끊임없이 재생산하는 그 과정 전체의 부침은 주기성의 형태를 취하게 된다.[42]

그의 분석에 따르면, 이윤율은 축적률을 결정하고 축적률은 고용 수준을 결정하며 고용 수준은 임금 수준을 결정하고 임금 수준은 다시 이윤율을 결정하는 식의 악순환이 반복된다. 높은 이윤율은 급속한 축적을 의미하고, 따라서 고용과 임금의 증가를 의미한다. 이 과정은 임금 상승이 이윤율에 악영향을 미쳐 축적이 급격히 감소하거나 아예 중지될 때까지 계속된다.

이윤율 주기와 축적 주기와 고용 주기는 고정자본(기계류·건물 등)의 수명 주기다.

따라서 자본주의 생산양식의 발전과 함께 고정자본의 가치량과 수명이 증대함에 따라 그만큼 산업의 수명과 각 산업에 투자된 산업자본의 수명도 몇 년씩(예컨대 평균 10년씩) 늘어난다. 고정자본의 발전은 한편으로는 이 수명을 연장하지만, 다른 한편으로는 (자본주의 생산양식의 발전과 함께 꾸준히 증가하는) 생산수단의 끊임없는 변혁을 통해 이 수명을 단축시키기도 한다. 자본주의 생산양식의 발전과 함께 생산수단도 변하고, 생산수단이 물리적으로 수명을 다하기 훨씬 전에 도덕적[무형의] 마모 때문에 끊임없이 대체할 필요성도 증대된다. 대공업의 핵심 부문들에서는 지금 이 수명의 평균 주기가 10년이라고 할 수 있다. 그러나 여기서 중요한 것은 정확한 수치가 아니다. 중요한 것은, 여러 번의 회전들로 이루어지는 장기간의(몇 년씩 걸리는) 순환(자본은 고정자본 부분에 의해 이 순환에 묶여 있다)을 통해 주기적 공황의 물질적 기초가 만들어진다는 것이다. 이 순환에서 경기는 침체, 회복, 과열, 공황의 시기를 잇따라 통과한다. 물론 자본이 투하되는 시기는 저마다 달라서 서로 일치하지 않는다. 그렇지만 공황은 언제나 새로운 대규모 투자의 출발점을 이룬다. 따라서 사회 전체의 시각에서 보면 공황은 대체로 다음 회전 순환을 위한 새로운 물질적 기초를 이룬다.[43]

이 이론은, 적대적 분배 양식과 이윤율 저하 경향에도 불구하고 과잉생산 공황이 상시적 공황이 되지 않고 경제가 주기적으로 운동하는 이유를 설명해 준다. 고정자본이 갱신되고 추가되는 동안에는 새로운 생산수단을 도입한다고 해서 곧장 완제품 공급이 증가하는 것은 아니다. 그러나 일정 기간, 예컨대 몇 년쯤 지나면 새로운 생산수단의 가치가 새로운 생산물(생산수단이든 소비재든)에 포함되기 시작한다. 이러한 가치 이전이 일어날 때는 새로운 자본 투자가 전혀 없거나 비교적 소규모 자본 투자만 이루어진다. 다시 말해, 몇 년 동안은 신규 산업에 대한 투자나 기존 산업을 확장하는 데 들어

간 투자가 완제품 생산량 증가분보다 훨씬 크다. 이러한 일은 호황기에 일어나며, 뒤이어 완제품 생산이 상당히 증가하고 이와 거의 동시에 축적률이 떨어지는 시기가 닥친다. 이것은 호황의 정점이며 다가오는 공황의 서곡이다. 그런 다음 공황이 실제로 닥치면 생산은 급격히 감소하고, 투자는 중단되거나 심지어 회수되기도 한다.

이와 관련해 반드시 고려해야 하는 요인이 또 하나 있다. 서로 다른 산업들 사이의 불비례 문제다. 이것은 자본주의적 생산의 무계획성의 직접적 결과일 수도 있다. 한 산업의 자본가들은 자신의 생산물에 대한 수요를 과대평가해서 생산능력을 과도하게 확대할 수 있다. 자본가들의 수가 많다 보니 그들은 상품을 생산한 뒤에야 비로소 공급이 수요를 초과했다는 사실을 시장을 통해 깨닫게 된다. 그러면 가격과 이윤이 하락하고 생산이 위축되고, 노동력과 원료, 다른 공장들이 생산한 기계에 대한 수요가 감소한다. 이러한 생산 위축이 다른 산업의 생산 확대로 반드시 메워지는 것은 아니다. 가장 먼저 과잉생산을 겪는 산업이 중요한 산업이라면, 일반적 공황이 일어날 것이다. "공황이(따라서 과잉생산도) 일반적 공황이 되려면 그 공황이 주요 거래 품목들을 휩쓰는 것만으로도 충분하다."[44]

이럴 경우, 서로 다른 산업들 사이의 불비례가 이윤율 하락과 대중 소비 감소의 원인이며, 이 세 가지 요인이 한데 어울려 공황을 부른다.

그러나 서로 다른 산업들 사이의 불비례는 이윤율 하락이나 대중의 과소소비의 원인일 수도 있고 반대로 결과일 수도 있다. 축적률이 이윤율에 좌우된다면, 이윤율은 생산수단 수요를 결정하고 생산재 수요와 소비재 수요 사이의 일정한 관계를 만들어 낸다. 이윤율 하락은 축적률도 하락시켜 곧바로 수요 패턴을 변화시킨다. 그러면 소비재 수요와 생산재 수요 사이의 균형 관계가 역전된다. 대중의 과소소비와 서로 다른 산업들 사이의 비례 또는 불비례 사이에도 이와 유사한 관계가 존재한다. "'사회의 소비력'과 서로 다른 생산 부문들 사이의 비례 관계는 개별적이고 독립적이며 서로 무관한 조건들이 결코 아니다. 오히려, 특정한 소비 상태는 비례 관계의 요소들 가운데 하나다."[45]

서로 다른 산업 부문 간의 불비례를 나타내는 징후 하나는 원료 생산과 수요 사이의 관계 변화다. 대체로 경기회복 초기에는 원료 공급이 수요를 초과하고, 그래서 원료 가격이 하락한다. 경제활동이 활발해지면 원료 가격이 오르고 따라서 생산비가 증가하는데, 이것은 이윤율에 악영향을 미친다.[46] 호황기에는 흔히 원료 가격이 완제품 가격보다 많이 오르고, 불황기에는 훨씬 더 급격하게 떨어진다. 원료 공급이 완제품 공급보다 덜 탄력적이기 때문이다.

이러한 불비례를 나타내는 또 다른 지표가 금리다. 금리는 경제 변동의 원인이라기보다는 결과지만, 그럼에도 중요한 반사적 영향을 미친다. 자본가 기업주들은 자기 기업에서 생산된 잉여가치를 모두 손에 넣는 것이 아니라 거기에서 임대료, 세금, 이자를 뺀 나머지만을 갖는다. 경기가 회복되기 시작할 때 신용 공급은 대체로 수요를 초과한다. 그래서 금리가 낮아지고, 이것은 다시 경기회복을 부추긴다. 호황기에 금리는 호황이 끝나기 직전까지 계속 낮아지다가 호황이 끝날 무렵 급격히 올라가고, 공황이 시작되자마자 최고로 올라간다. 그 뒤 금리는 다시 급격히 떨어진다.[47] 그래서 일반 이윤율 곡선과 경제순환 곡선은 대체로 일치하는 반면에, 금리 곡선은 경제순환 곡선을 가로지르며 훨씬 더 크게 오르락내리락 한다. 금리 변동은 한편으로는 경기회복을 훨씬 더 빠르게 해 주지만 다른 한편으로는 경제를 더 심각한 위기로 내몰기도 한다.

신용은 자본주의가 유례없이 빠른 속도로 발전할 수 있게 했지만, 자본주의 체제의 불안정성도 증가시킨다. 신용은 자본가들이 시장의 실상을 알지 못하게 하고, 그 때문에 자본가들은 계속 생산을 확장한다. 생산은 대금 결제가 모두 현금으로 이루어졌다면 중단됐을 지점을 넘어서까지 계속 확장된다. 이것은 공황의 시작을 지연시켜 결국 공황을 더 심각한 것으로 만든다.

공황을 일으키는 또 다른 요인은 산업자본가와 소비자를 시로 연결하는 중간상인이다. 그들의 활동 때문에, 소비자 판매가 생산만큼 증가하지 않더라도 생산이 어느 정도까지는 증가할 수 있다. 팔리지 않은 생산물은 상인들의 수중에 재고로 쌓이다가 공황이 닥치면 공황을 더욱 심화시킨다.

이것이 바로 마르크스의 자본주의 공황론이다.

국가자본주의와 공황 ― 문제 제기

분명히, 전통적 자본주의에 존재하는 과잉생산 공황의 원인들 가운데 어떤 것들은 국가자본주의 체제에서는 존재하지 않을 것이다. 예컨대, 중간상인은 국가자본주의에서는 존재하지 않을 뿐 아니라 자본가가 자신의 유통망을 통해 소비자에게 직접 상품을 판매하면 사기업에서도 제거될 수 있다. 그리고 모든 대금 결제를 현금으로 하면 신용은 더는 과잉생산 공황의 원인이 아닐 것이다. 또, 국가

자본주의에서 금리는 생산 속도 변화에 아무 영향도 미치지 못할 것이다. 국가가 모든 자본을 소유할 것이므로, 신용을 이용하는 것은 개별 자본가가 자신의 자본을 사용하는 것과 아무 차이도 없을 것이다. 게다가 서로 다른 경제 부문들 사이의 불균형이 공황의 일차적 요인으로 작용하지도 않을 것이다. 투자상의 계산 착오가 있더라도, 그리고 생산물 공급이 수요를 초과하더라도 국가가 생산과 소비를 계획한다는 바로 그 사실 때문에 어떤 심각한 불균형도 생기지 않을 것이다. 더구나, 국가가 모든 산업을 소유하므로, 가격이 누진적으로 하락하는 일이나 금리가 모든 산업에서 연쇄적으로 하락하는 사태는 없겠지만, 부분적 과잉생산의 영향이 경제 전체로 **직접** 확산될 것이다. 하지만 다음 생산순환이 시작되면 특정 상품의 생산이 감소하고 다시 균형이 회복될 것이다.

사실 이러한 요인들은 국가자본주의 경제가 자급자족적일 경우에만 작용하지 않을 것이다. 국가자본주의 경제가 세계시장을 겨냥해 생산하고 다른 나라들한테 신용을 얻으려 한다면, 그 요인들은 일정한 영향을 미칠 것이다.

그러나 전통적 자본주의가 직면하는 근본적 딜레마는 어떠한가? 잉여가치를 실현하면서 어떻게 높은 이윤율을 달성할 수 있을까? 자본에게 필요한 시장을 약화시키지 않으면서도 자본을 빨리 축적할 수 있는 방법은 무엇인가? 전통적 자본주의는 경제순환의 특정 국면(호황 국면)에서 이 문제를 일시적으로 해결한다. 즉, 높은 이윤율 때문에 급속한 축적, 다시 말해 소비재 생산보다 생산수단 생산이 크게 증가하는 일이 일어난다. 따라서 아주 많은 잉여가치가 생산수단을 생산하는 산업에서, 즉 생산 체제 자체에서 실현될 수 있다(이것만으로도 대중의 과소소비가 상시적 공황을 가져오지 않고 자본주의의 생산 확장을 결코 가로막을 수 없는 이유를 충분히 설명할 수 있다). 만약 자본주의가 호황을 일시적 국면에서 상시적 상태로 변화시킬 수 있다면 과잉생산은 사라질 것이다. 국가자본주의는 그렇게 할 수 있는가? 국가자본주의는 적대적 분배 방식, 즉 '대중의 빈곤과 제한된 소비'를 보존하면서도 높은 이윤율, 높은 축적률, 그리고 높은 생산수준을 보장할 수 있는가?

부하린의 국가자본주의 공황론

국가자본주의 경제의 과잉생산 공황 문제를 이론적으로 다룬 마르크스주의 경제학자는 부하린뿐이었다. 부하린은 로자 룩셈부르크의 축적 이론을 다루면서, 특히 국가자본주의에서* 확대재생산이 어떻게 이루어지는가 하는 문제를 제기하고 국가자본주의에서도 과잉생산 공황이 존재하는지를 논한다. 그는 다음과 같이 썼다.

국가자본주의 경제에서 축적이 가능한가? 물론 가능하다. 자본가들의 소비가 증가하므로 불변자본이 증가한다. 새로운 필요에 부응하는 새로운 생산 분야가 언제나 창출된다. 비록 제한적이지만 노동자의 소비도 증가한다. 대중의 이러한 '과소소비'에도 불구하고 공황은 발생하지

---

* 부하린은 국가자본주의를 다음과 같이 정의한다. "자본가 계급은 하나의 트러스트로 통합됐다. 그것은 조직된 경제지만, 계급들이라는 견지에서는 적대적인 경제다."[48]

않는다. 각종 생산 분야의 생산물들에 대한 수요뿐 아니라 소비자들의 수요, 즉 자본가와 노동자의 수요도 미리 정해지기 때문이다(자본의 관점에서 보면 이것은 생산의 '무계획성'이 아니라 합리적 계획이라 할 만하다). 생산재가 계획보다 많이 생산되면 초과분은 재고로 처리되고 다음 생산 기간에 재고에 맞춰 계획이 수정된다. 노동자들의 소비재가 계획보다 많이 생산되면 초과분을 노동자들에게 분배하거나 폐기 처분하면 된다. 사치품이 계획보다 많이 생산되더라도 '해결책'은 분명하다. 따라서 국가자본주의 경제에서 일반적 과잉생산 공황 따위는 있을 수 없다. 자본가들의 소비가 생산과 생산 계획의 동력이다. 결국 국가자본주의에서는 **특별히** 급속한 생산 발전은 존재하지 않는다(자본가들의 수도 매우 적다).[49]

"국가자본주의에서는 **특별히** 급속한 생산 발전은 존재하지 않는다"는 부하린의 말은 오해의 소지가 있다. 생산 발전은 '특별히 급속하지' 않을 뿐 아니라 '자유로운' 자본주의 경제의 엄청난 생산능력에 견줘 훨씬 느릴 것이다. 사실상 정체할 것이다.

마르크스가 정체, 즉 '휴면 상태'를 전 세계 자본가들의 수가 한 줌의 극소수로 감소하는 것과 관련지었다는 사실은 매우 흥미롭다. 그는 다음과 같이 썼다. "이윤율, 즉 자본의 증가 비율은 독립적 지위를 차지하려는 신생 자본 분파에게는 특히 중요하다. 그리고 이윤량 증대로 이윤율 저하를 보상하는 소수의 기존 대자본가들 수 중에서만 자본형성이 이루어지면, 생산의 활력은 사라져 버리고 말 것이다. 생산은 휴면 상태에 빠지는 것이다."[50]

투간-바라노프스키의 '해결책'

　현재의 적대적 분배 방식을 유지하면서도 생산을 계속 고도로 발전시키는 자본주의 생산양식은 있을 수 없는가?

　다음과 같이 모델을 구성한다면 가능할 수도 있다. 노동생산성이 증가할 때마다 생산수단 생산도 증가하는 반면, 소비재 생산은 인구 증가율과 자본가 계급의 소비 증가율을 앞지르지 못할 것이다. 기술 변화에 따라 노동자와 자본은 소비재 생산 부문에서 생산수단 생산 부문으로 이동할 것이다. 그래서 기계를 생산하기 위한 기계 생산에 투입되는 사람과 자본은 증가하는 반면, 소비재 생산은 사회의 생산능력이 증가하는 만큼 증가하지는 않을 것이다. 생산은 점점 더 우회생산이 될 것이고, 그와 함께 자본주의 시장도 마찬가지로 우회적이 될 것이다. 그 두 산업 부문 사이의 관계가 정확히 유지된다면 대중의 구매력이 아무리 낮아도 과잉생산 공황은 일어나지 않을 것이다.

　이것이 바로 러시아의 비非마르크스주의 경제학자 미하일 투간-바라노프스키의 주장이었다. 그는 다음과 같이 썼다.

　앞서 인용한 재생산 표식은 사회적 자본의 재생산과정을 제대로 이해하지 못하면 쉽게 반론에 부딪히는 하나의 원리, 즉 자본주의적 생산은 자신의 시장을 창출한다는 원리를 입증하기 위한 것이다. 사회적 생산을 확대할 수 있는 한(생산력이 이것을 충분히 받쳐 준다면), 사회적 생산이 균등하게 배분되면 이에 따라 수요도 증가할 것이다. 왜냐하면 그런 상황에서는 재화가 새로 생산될 때마다 다른 재화를 획득하려는 구매력도 새롭게 창출될 것이기 때문이다. 사회적 자본의 단순재생산과 확대재생산을 비교해서 얻는 가장 중요한 결론은, 자본주의 사회에서 상품에 대한 수요는 어떤 의미에서는 사회의 총소비량과 무관하다는 것이다. '상식적'으로는 터무니없는 것처럼 보일 수 있지만, 사회 전체의 상품 수요가 증가하는데도 사회의 총소비량은 감소할 수 있다.[51]

두 산업 부문의 성장률이 서로 어긋날 때만 공황이 일어날 수 있다. "만일 … 생산이 실제로 무한정 확대될 수 있다면 시장도 무한정 확대된다고 가정해야 한다. 왜냐하면 사회적 생산이 균등하게 배분된다면, 사회의 가용 생산력 말고는 시장의 확대를 제한하는 것은 아무것도 없기 때문이다."[52]

기술 진보는 노동수단, 즉 기계가 산 노동, 다시 말해 노동자보다 더 중요해진다는 사실로 나타난다. 생산수단이 생산과정과 상품시장에서 하는 구실이 갈수록 커지고 있다. 기계에 비해 노동자의 중요성은 갈수록 작아지고 있으며 생산수단의 생산적 소비가 창출하는 수요보다 노동자들의 소비가 창출하는 수요도 감소하고 있다. 자본주의 경제의 작동 방식 자체가 '메커니즘을 위한 메커니즘'의 성격을 띠어 가고 있으며, 이러한 메커니즘 속에서 인간의 소비는 자본의 재생산 과정과 순환에서 하나의 단순한 계기에 불과한 것으로 나타난다.[53]

다른 저작에서 투간-바라노프스키는 이런 생각을 다음과 같은 터무니없는 주장으로 바꾸어 피력했다.

만약 노동자들이 한 사람만 빼고 모두 기계로 대체된다면, 남아 있는 이 노동자 한 명이 엄청나게 많은 기계를 혼자 작동시키고 기계의 도움을 받아 새로운 기계들을 생산하고 자본가들의 소비재까지도 생산할 것이다. 노동계급이 사라지더라도, 자본의 증식 과정은 전혀 방해받지 않을 것이다. 자본가들은 많은 소비재를 받을 것이고, 한 해의 총생산물은 다음 해에 자본가들의 생산과 소비에 의해 실현되고 사용될 것이다. 자본가들이 자신의 소비를 제한하려 하더라도 아무 문제 없을 것이다. 이 경우에는 자본가들의 소비재 생산이 부분적으로 중단되고 사회적 생산물 가운데 훨씬 더 많은 부분이 생산수단으로 쓰여 생산 확대라는 목적에 기여할 것이다. 예컨대, 생산된 철과 석탄이 다시 철과 석탄의 생산 확대에 사용되는 식이다. 그해의 철과 석탄의 확대 생산은 전년에 생산된 생산물 증가분을 모두 소비한다. 이러한 과정은 광물이 바닥날 때까지 계속된다.[54]

투간-바라노프스키 자신이 강조했듯이, 분석의 요점은 "기계가 육체노동을 대체하면 노동자 수가 절대적으로 감소한다는 완전히 자의적이고 비현실적인 가정"이 아니라 "사회적 생산이 균등하게 배분된다면 사회적 소비가 감소하더라도 과잉생산물은 생기지 않을 것이라는 가정"에 있다.[55]

투간-바라노프스키의 '해결책'은 사적 자본주의에서는 적용될 수 없다. 왜냐하면 생산수단 부문과 소비재 부문이 서로 의존하고 그 두 부문 간의 교환이 통제되지 않기 때문이다.

자본주의에서는 사용가치의 생산과 가치의 생산이 둘 다 이루어진다. 전자의 목적은 인간의 필요를 만족시키는 것으로서, 특정 경제 형태와는 무관하다. 그러나 후자(가치의 생산)의 목적은 "축적", 마르크스의 표현을 빌리면 "사회적 부의 세계를 정복하고, 그[자본가 — 클리프]가 착취하는 사람들의 수를 늘리는 것이다."[56]

자본가가 사용가치만 가치의 담지자라고 생각하고 소비를 목적이 아닌 수단으로만 여기더라도, 수단은 매우 중요한 것이다. 왜냐하면 수단이 없으면 목적을 이룰 수 없기 때문이다. "소비는 새로운 생산 욕구를 창조해서 생산의 충동을 창조한다. … 욕구가 없으면 생산도 없다. 그러나 소비는 욕구를 재생산한다."[57]

축적이 소비에 의존한다는 것은 자본재 생산 부문이 소비재 생산 부문에 의존한다는 것을 뜻한다. 사적 자본주의에서 이 관계는 의식적 계획 없이도 성립된다. 소비재 공급이 소비재 수요를 초과하는 것보다 더 많이 자본재 공급이 자본재 수요를 초과하면 자본재 가격이 소비재 가격보다 하락한다. 따라서 생산재를 생산하는 산업의 이윤율은 하락하고 소비재를 생산하는 산업의 이윤율은 증가한다. 그래서 생산재 부문의 축적은 감소하고 소비재 부문의 축적률은 증가한다. 그러면 자본은 두 부문 사이의 균형이 회복될 때까지 생산재 부문에서 소비재 부문으로 이동할 것이다.

이러한 과정이 진행되려면, 상품 가격의 자유로운 운동, 한 부문에서 다른 부문으로 자본의 자유로운 이동, 생산재 부문의 고용 증가에 따른 임금 인상이 필요하다. 그리고 생산재 부문의 고용이 증가하면 소비재 산업의 생산물에 대한 수요도 증가한다.

이러한 요인들 때문에 사적 자본주의에서 투간-바라노프스키의 '해결책'은 적용할 수 없다. 그렇지만 자본가의 관점에서 보면, 그것은 일리가 있는 방법이다. 실제로 그의 '해결책'은 경제순환의 회복 국면과 호황 국면, 즉 축적이 소비보다 더 크게 증가하고 생산수단 생산이 소비재 생산보다 더 빠르게 증가하는 국면을 연장시키는 것이다. 몇 년 동안 축적은 경제의 균형을 깨뜨리지 않으면서도 소비를 훨씬 앞지를 수 있다. 이 사실, 그리고 이윤율·축적·고용 주기의 연결 고리가 고정자본 마모율이라는 사실은, 자본재 생산이 꾸준히 증가하는 동안 소비재 생산의 증가가 억제될 수 있다면 호황은 통상적인 10년 주기보다 더 오래 지속될 것임을 시사한다. 이것은 국가자본주의에서 가능한데, 왜냐하면 국가가 사회의 모든 자본을 소유하고 한 부문에서 다른 부문으로의 자본 이동을 통제할 수 있기 때문이다.

국가자본주의는 사적 자본주의에서 호황이 불황으로 바뀌게 하는 또 다른 요인을 제거하며, 따라서 투간-바라노프스키의 '해결책'이 일시적으로 효력을 발휘하게 한다. 사적 자본주의에서는 높은 이윤율은 급속한 축적, 높은 고용 수준, 그리고 고임금을 낳는다. 그러다가 임금이 이윤율을 갉아먹는 시점에 이르면 이윤율은 급격히 하락하고 그로 말미암아 축적·고용·임금 수준도 떨어진다. 노동자들이 자신의 노동력을 "자유롭게" 판매할 수 있기 때문에 "상대적 과잉인구는 노동의 수요·공급 법칙이 작용하는 배경이며, 이 법칙의 작용 범위를 자본의 착취욕과 지배욕에 꼭 들어맞는 범위 안으로 밀어넣는다."[58]

전체주의적 국가자본주의에서는, 사실상 과잉인구가 존재하지 않고 완전고용이 이루어지더라도 임금 수준은 상당히 오랫동안 "자본의 착취욕과 지배욕에 꼭 들어맞는 범위 안에" 국한된다.

따라서 투간-바라노프스키의 '해결책'은, 세계 자본주의와 비교해서 후진적이고 생산수단이 부족해서 경제의 주된 요구가 기계를 더 많이 생산하기 위한 기계 생산인 경우의 국가자본주의에서 실현 가능한 방법이다. 그런데 기계 생산이 국가자본주의 경제를 세계 수준으로 끌어올리는 데 성공하면, 이 국가자본주의 체제는 과잉생산에 봉착하게 될 것인가? 이 질문의 대답은 하나뿐이다. 그 경제는 사실상 정체하리라는 부하린의 대답이 그것이다.

얼핏 보면 국가자본주의와 과잉생산 공황의 관계에 대한 부하린의 설명은 투간-바라노프스키의 '해결책'과 정반대처럼 보인다. 투간-바라노프스키는 생산과 축적이 매우 빨리 증가하는 자본주의 체제를 이야기한다. 반면에 부하린은 생산과 축적이 매우 적은 규모로 이루어지는 체제를 이야기한다. 투간-바라노프스키는 축적이 소비와 무관하게 증가한다고 묘사하는 반면에, 부하린은 축적이 소비를 수반하고 소비에 의존한다고 묘사한다. 그러나 그들의 이론은 다음과 같은 공통점이 있다. 그들은 모두 자본주의의 기본모순이 축적과 소비의 모순이라고 지적한다. 투간-바라노프스키는 축적과 생산을 소비로부터 완전히 자유롭게 해 주면 이 모순을 해결할 수 있다고 암시하는 반면에, 부하린은 축적과 생산의 속도를 소비 속도에 맞춰서 모순을 해결할 수 있다고 주장한다. 투간-바라노프스키는 축적이 생산 증가에서 이익을 얻을 때만 생산은 증가할 수 있다고 말하는 반면에, 부하린은 빠른 축적이 불가능하므로 생산 속도를 늦춰야 한다고 주장한다. 투간-바라노프스키는 호황을 염두에 둔 반면에, 부하린은 공황을 염두에 두고 있다. 두 사람의 '해결책'은 모두 노동자들을 여전히 자본에 종속시킨다.

투간-바라노프스키의 '해결책'은 후진적 국가자본주의에서 실현 가능하다. 부하린의 설명은 생산수단이 포화 상태에 이른 국가자본주의에 적용된다. 이러한 자본주의는 공황에서 자유로워 보이지만,

실제로는 상시적 공황에 빠져 있는 경제다. 왜냐하면 생산이 수요를 앞질러 증가하지 않으면 생산은 수요의 **제약을 받기** 때문이다. 이러한 체제들은 모두 생산력과 자본주의적 생산·분배 관계 사이의 모순에서 비롯한 결과다.

그러나 이러한 '해결책들' 이외에 국가자본주의가 공황을 해소할 수 있는 방법이 또 하나 있다. 전쟁경제가 바로 그것이다.

파괴수단의 생산과 소비

마르크스가 보기에, 자본가들의 소비의 특징은 소비가 재생산 과정의 일부가 아니라는 점이었다. 생산수단의 '소비'(기계의 감가상각 등)는 새로운 생산수단이나 소비재를 창출하고 노동자들의 소비는 노동력을 재생산한다. 그러나 자본가들이 소비한 생산물은 새로운 생산순환에 기여하는 바가 전혀 없다. 그러나 이러한 성격에도 불구하고 새로운 자본과 새로운 축적의 가능성을 얻기 위한, 즉 "사회적 부의 세계를 정복하고, 착취하는 대중의 수를 늘리는" 수단인 소비 유형이 하나 있다. 그것은 바로 전쟁 물자 생산이다.

과잉생산 공황과 마찬가지로 전쟁경제도 자본주의의 필수 요소다. 전쟁경제는 자본주의 생산양식의 장애물이 자본주의 자체라는 사실을 극명하게 보여 준다. 게다가, 자본주의 전쟁은 축적을 중단시키고 자본을 파괴해서 축적이 다시 가능하게 할 뿐 아니라, 전쟁에 따른 파괴가 엄청나게 끔찍하다 보니 자본주의를 완전히 부정하고 야만주의로 후퇴하는 경향도 생겨난다.

그러나 표면적 유사성에도 불구하고 전쟁경제와 사회주의 경제는 완전히 대립된다. 사회주의 경제와 마찬가지로 전쟁경제에서도 국가는 경제를 통제하고 생산과 분배를 계획한다. 사회주의 경제와 마찬가지로 전쟁경제에서도 생산은 극대화된다. 그러나 분배 관계가 적대적이고 과거의 대규모 축적이 새로운 축적을 방해한다면, 생산 극대화는 대부분의 생산물이 교환되지 않는 경우에만, 즉 가치가 아니라 사용가치로 생산되는 경우에만 가능하다. 사회주의 경제에서 생산의 목표는 사용가치 창출이다. 전쟁경제의 주된 목표도 사용가치 생산이다. 그러나 사회주의 사회에서 사용가치는 대중에게 필요한 것들이지만, 전쟁경제에서는 사용가치가 총기류, 군사장비, 비축물이다. 즉, 대중의 이익에 반하는 사용가치들이다.

전쟁경제는 필연적으로 과잉생산 공황이 아니라 과소생산 위기를 불러일으킨다. 왜냐하면 재화에 대한 수요가 경제의 생산능력을 앞지르기 때문이다. 인플레이션은 규모가 크든 작든 언제나 과소생산 위기를 동반한다.

소련 국가자본주의에서 전쟁 준비와 전쟁이 하는 구실 덕분에 소련은 아직까지 부하린의 '해결책'을 모색하지 않아도 됐다. 경제가 파괴수단이 아니라 생산수단을 생산하기 위한 생산수단 생산을 목표로 삼고 있는 한, 그러한 경제는 투간-바라노프스키의 '해결책'을 따른다. 어떠한 경우에도 소비재 생산은 전쟁물자와 자본재 생산에 훨씬 뒤처진다.

오늘날의 세계 상황을 놓고 볼 때, 사회주의나 야만주의 둘 중 하나가 자본주의(전통적 자본주의든 국가자본주의든)의 고유한 모순에 대한 '해결책'을 불필요하게 만들기 전까지는 전쟁경제라는 '해결책'이 소련 관료의 유일한 방편일 것이다.

8장 │ 소련의 제국주의적 팽창

제국帝國들은 자본주의의 독점 단계 이전에도 존재했다. 아니, 자본주의 자체가 나타나기 전에도 존재했다. 그러나 제국주의의 동기와 결과는 시기마다 다르다. 따라서 이렇게 서로 다른 현상들을 제국주의라는 한 단어로 묘사하면 제국주의를 명료하게 이해하기보다는 혼란에 빠질 수 있다. 레닌은 제국주의라는 용어를 자본주의의 최고 단계, 즉 프롤레타리아 혁명이 일정에 오른 쇠퇴하는 자본주의라는 의미로 사용했다. 그러나 레닌이 말한 제국주의 시대의 제국들조차 그 성격은 서로 매우 다르다. 지노비예프는 "제국주의란 무엇인가?"라는 논문에서 다음과 같이 썼다.

이렇게 할[현대 제국주의가 실제로 무엇이냐를 정의할 — 클리프] 때 우리는 여러 유형의 제국주의들이 존재한다는 사실을 잊어서는 안 된다. 영국 제국주의는 독일 등의 제국주의와 다르다. 또 유럽식 제국주의가 있는가 하면, 아시아식 제국주의도 있고 미국식 제국주의도 있다. 백인종의 제국주의가 있는가 하면 황인종의 제국주의도 있다. 일본 제국주의는 프랑스 제국주의와 닮은 데가 전혀 없다. 그리고 러시아 제국주의는 아주 독특한 유형의 제국주의다. 왜냐하면 러시아 제국주의는 이례적인 후진성을 바탕으로 발전하고 있는 후진적 제국주의이기 때문이다(그러나 이제 더는 아시아식 제국주의라 할 수도 없다).[1]

레닌이 설명하듯이, 청년기 자본주의의 전형적 특징은 시장을 찾아나선 것이고 제국주의의 **전형적 특징**은 자본수출 대상 지역을 찾아나선 것이라면, 제정 러시아를 제국주의로 보는 것은 뭔가 앞뒤가 안 맞는 것처럼 느껴진다. 그러나 레닌과 트로츠키를 포함한 모든 마르크스주의자들은 제정 러시아를 제국주의라고 불렀다. 그리고 그들은 완전히 옳았다. 왜냐하면 제국주의 개념을 정의하는 데 기준이 되는 세계경제라는 맥락에서 보면, 그리고 제정 러시아와 고도로 발전한 국가들 사이의 일반적 관계를 떠올려 보면, 제정 러시아는 레닌주의적 의미에서 분명히 제국주의였기 때문이다.

레닌은 제국주의를 정의하면서, 다음과 같은 다섯 가지 특징을 들었다.

1. 생산과 자본의 집중이 고도로 발전해서 경제생활에서 결정적 구실을 하는 독점체가 창출된다.

2. 은행자본과 산업자본이 융합해 금융자본이 형성되고, '금융자본'을 바탕으로 '금융과두제'가 창출된다.

3. 상품수출과 명백히 구분되는 자본수출이 굉장히 중요해진다.

4. 세계를 자기들끼리 분할하는 국제적 자본주의 독점기업들이 형성된다.

5. 가장 강력한 자본주의 열강들끼리 전 세계 영토를 완전히 분할한다.[2]

국가자본주의는 하나의 일반적 국가독점으로 이루어져 있으므로 확실히 첫 번째 특징을 갖추고 있다. 두 번째 특징으로 말하면, 국가가 산업자본가이자 은행자본가이므로, 은행자본과 산업자본의 융합이 최고 단계에 도달했다고 할 수 있다. 네 번째 특징으로 말하면, 제국주의 열강들 사이의 경쟁 격화 때문에 국가가 국제 자본주의 독점기업들에 강력한 영향을 미친다(특히 독일과 일본이 그랬다). 국가자본주의 경제에서는 국제 자본주의 독점기업의 경제적 침입이 거의 배제된다는 것이 분명하다(물론 일부 조계租界들은 가능할 것이다). 세 번째 특징과 다섯 번째 특징, 즉 자본수출 문제나 세계의 영토 분할 문제와 소련 국가자본주의 사이의 관계는 좀더 자세한 설명이 필요하다.

일본 제국주의의 사례

스탈린 치하 소련을 제외하면 세계의 모든 나라 가운데 자본이 가장 집중된 나라는 일본이었다. 통계를 보면, '4대' 재벌이 일본의 모든 주식회사 자본의 60퍼센트를 지배했고, 미쓰이三井 혼자서 거의 25퍼센트를 지배했다. 1938년에는 6대 재벌이 은행, 신탁회사, 보험회사가 보유한 예치금의 57퍼센트를 소유했다(1929년에 그 비율은 45퍼센트였다).

(이것은 한 나라의 모든 자본이 하나의 트러스트 수중에 집중될 것이라는 이론적 가정을 배제하지 못하는 이유를 시사해 주는 지표다. 현실적으로 그러한 일이 일어나리라고 추측할 수 있는 근거는 전혀 없지만 말이다.)

일본의 자본집중 수준이 스탈린 치하 소련을 제외한 다른 어느 자본주의 나라보다 높지만, 일본의 생산력은 서방 제국의 생산력보다 훨씬 뒤처진다. 고도로 집중된 자본과 나라 전체의 심각한 후진성의 이러한 결합이야말로 다른 제국주의와 분명히 구별되는 일본 제국주의의 특수성이다. 또, 그것은 일본 제국주의가 많은 면에서 스탈린 체제의 제국주의와 매우 비슷한 이유이기도 하다. 따라서 일본 제국주의의 특징들을 간략하게나마 살펴보면 스탈린 체제 제국주의의 일부 측면들을 명확하게 이해하는 데 도움이 될 것이다.

20세기에 들어와 일본의 공업 생산은 대단히 빠르게 증가했다. 1913~28년의 성장 속도는 1860~1913년 영국의 성장 속도보다 약 3배 빨랐다. 즉, 일본은 해마다 전년 대비 평균 6퍼센트씩 생산이 증가했던 것이다. 1927~36년에 일본의 공업 생산은 거의 100퍼센트 증가했다. 그래서 슘페터는 다음과 같이 쓸 수 있었다.

신중하고 견문이 넓은 어떤 전문가가 1930년에 말했던 것과 달리, 일본은 평화시뿐 아니라 전시에도 매우 중요한 연료와 철이 부족하므로 주요 공업국이 될 수 없다는 말은 이제 더는 타당하지 않다. 일본은 주요 공업국이 됐다. 최근 일본의 중공업은 괄목할 만한 성장을 이루었다. 대공황 이전에는 섬유 산업과 식품 가공, 요업과 제지업이 일본의 주요 산업이었다. 그러나 금속·화학·기계·공작기계 부문이 1935년에는 공업 생산 총가치의 약 50퍼센트, 1937년에는 약 55퍼센트, 1938년에는 약 61퍼센트를 차지했다. 이것은 일본이 선박을 자체 생산하고 자국 항공기도 많이 생산했지만 자동차와 부품은 수입했다는 것을 뜻한다. 일본은 철강·비료·무기·탄약·기계 등을 대부분 더는 외부 세계에 의존하지 않았다. 비록 아직도 상당히 많은 원료를 해외 산지에서 수입해야 하지만 말이다. 1937년 이래 일본은 엔화 블럭과 태평양의 인근 지역들에서 원료 자원을 개발하려고 대대적인 노력을 기울여 왔다.[3]

1920년부터 1936년까지 일본의 선철 생산량은 4배, 철강 생산량은 8배, 전력 생산량은 5.5배로 증가했다. 공업 생산 증가는 주로 생산수단 부문에서 이루어졌다. 화학·금속·기계 공업의 생산 가치는 1926년 약 20억 엔에서 1937년 약 90억 엔으로 증가했다. 다시 말해서, 4.5배가 증가한 셈이다. 그리고 그 밖의 다른 모든 공업의 생산 가치는 약 51억 5000만 엔에서 74억 2000만 엔으로 증가했다. 거의 44퍼센트가 증가한 셈이다. 같은 기간에 물가가 40퍼센트쯤 상승했다는 사실을 감안하면, 생산수단 생산은 3배쯤 증가한 반면, 소비재 생산은 제자리 걸음을 했다고 할 수 있다.

이렇게 공업 생산이 급증하는 동안, 한편으로 일본의 전반적 후진성과 다른 한편으로 고도의 자본집중 덕분에 '과잉'자본도 생기지 않았고 이윤율도 높은 수준을 유지했다. 이렇게 높은 이윤율이 유지될 수 있었던 중요한 요인 또 하나는 대단히 낮은 임금 수준이었다. "1936년과 1937년에 평균 기업소득은 납입자본의 16퍼센트에서 20퍼센트로 상승했고, 평균배당률도 8퍼센트에서 9퍼센트로 증가했다."[4]

이러한 사실에 비춰 볼 때, 일본 제국주의가 자국 내의 '과잉'자본과 낮은 이윤율 때문에 해외에서 자본을 투자할 곳을 찾았다는 주장은 잘못된 견해일 것이다. 그러나 이윤율이 높아서 일본이 자본 과잉보다 자본 부족으로 애를 먹었다는 사실은 일본의 후진성의 표현일 뿐이다. 이러한 사정 때문에 일본은 매우 흥미로운 변증법적 발전 과정을 겪었다. 바로 그 후진성 때문에 일본은 엄청난 규모로 자본을 수출하고, 거대한 제국을 정복하게 됐다. 슈테른베르크는 다음과 같이 말했다.

> 대영제국과 프랑스가 제국을 건설했을 때, 두 나라는 모두 주도적 공업국이었다. 두 나라가 제국을 건설한 목적은 공업국의 지위를 강화하려는 것이 결코 아니었다. 그러나 일본의 상황은 사뭇 달랐다. 일본의 목적은 발전 속도를 높여서 다른 자본주의 나라들과의 공업 발전 수준 차이를 줄이고, 그래서 적어도 그들만큼 강해지려는, 가능하다면 그들보다 더 강해지려는 것이었다.[5]

제1차세계대전 이후 막대한 '과잉'자본으로 애를 먹었던 모든 선진국의 해외투자는 미국을 제외하면 증가하기보다는 오히려 감소했다. 미국을 포함해서 따져 보더라도 선진국들의 해외투자는 표 8-1이 보여 주듯이 1914년 수준을 넘지 않았다.[6]

표 8-1_ 해외에 투자된 자본 (단위: 1914년 이전 가치로 1억 프랑)

연도	영국	프랑스	독일	미국	합계
1862	3.6	–	–	–	3.6
1872	15	10(1869)	–	–	25
1882	22	15(1880)	?	–	37
1893	42	20(1890)	?	–	62
1902	62	27~37	12.5	2.6(1990)	104~114
1914	75~100	60	44.0	9.9(1912)	189~214
1930	94	31~40	4.9~6.1	81.0	211~220
1935	58	–	–	41.9	130~140*

따라서 1860년에서 1914년 사이에는 선진 자본주의 나라들의 해외투자가 거의 중단되지 않고 증가한 반면, 제국주의가 성숙할 대로 성숙한 1914년 이후에는 1914년 수준을 결코 넘어서지 못했고, 심지어 그 이하로 떨어지기도 했다는 것을 알 수 있다.

이와는 대조적으로 일본은 대규모로 자본을 수출했다. 일본은 특히 중일전쟁이 발발하기 전까지 유일한 주요 식민지였던 만주에 대규모 자본을 수출했다(표 8-2 참조).

표 8-2_ 일본의 만주 투자[7] (단위: 100만 엔)

연도	투자액	연도	투자액
1932	97.2	1937	348.3
1933	151.2	1938	439.5
1934	271.7	1939	1103.7
1935	378.6	1940~43	2340.0
1936	263.0		

---

* 1935년 프랑스와 독일의 해외투자를 300~400억 프랑으로 추산했다. 이것은 좀 과도한 수치일 수도 있다.

일본은 만주 5개년계획(1937~41년)을 수립할 당시 28억 엔의 투자를 계획했으나, 나중에 투자액을 60억 엔으로 늘려 잡았다. 그러나 자본과 숙련노동력이 부족했기 때문에 계획한 액수대로 투자할 수 없었다. 따라서 계획 기간에 실제로 투자된 액수는 목표의 절반 수준에 그칠 수밖에 없었다. 그래도 어쨌든 이 계획은 표 8-3이 보여 주듯이 엄청난 생산 증가를 이루었다.[8]

표 8-3_ 만주의 생산량

연도	석탄(100만 톤)	철광석(100만 톤)	선철(1000톤)	전력(100만 킬로와트시)
1932	7.1	0.7	368.2	593
1936	13.6	1.3	633.4	1351
1940	21.0	–	1,061.2	3,250
1944	30.0	5.3(1943년 수치)	1174.9	–

1935년부터 가동되기 시작한 철강산업은 겨우 몇 년 만에 연간 100만 톤 이상을 생산하게 됐다. 또한 기계 공장들도 가동돼 산업 설비 수요를 상당 부분 충족시키게 됐다. 1939년에는 노동자 10만 명을 고용할 계획으로 자동차산업을 가동하기 시작됐다. 대형 비행기 공장도 하나 건설됐고, 선박 건조도 시작됐다. 만주의 철도망도 1932년에서 1943년 사이에 거의 3배 증가했는데, 이것은 중국의 전체 철도망을 능가하는 것이었다.

다시 슈테른베르크의 말을 들어 보자.

일본 제국주의가 발전한 특정한 역사적 조건 때문에 일본은 제국 내의 공업 발전에 박차를 가해야 했던 반면, 유럽의 제국주의 열강들은 다른 역사적 조건들 때문에 자기 제국의 공업 발전을 방해하거나 지연시키게 됐다.

만주 침략부터 태평양전쟁 발발까지 10년 동안(1931~41년) 일본은 만주의 공업화를 무서운 속도로 추진했기 때문에, 만주 인구가 영국령 인도 인구의 10퍼센트에 불과했는데도 단 10년 동안 만주에서는 100년 동안 제국주의 통치를 받은 인도와 같은 수준의 공업 발전이 이루어졌다.[9]

만주의 공업화는 일본 기업들의 맹목적 활동에 그대로 맡겨진 것이 아니었다. 그것은 독점재벌들과 국가가 공동으로 운영하는 기업들에 의해 철저히 계획적으로 수행됐다. 급속한 공업화를 추진하려면 그러한 조직이 필요하다고 판단됐던 것이다.

소련 관료의 팽창 동기

소련 관료들의 특권은 부르주아지의 특권과 마찬가지로 끊임없는 축적에 달려 있다. 그러나 서구의 부르주아지와 달리, 이른바 '투간-바라노프스키 단계'에 있는 소련 국가자본주의는 자본의 '과잉', 즉 전통적인 자본주의 나라들에서 적대적 분배 방식 때문에 나타나는 축적 가능성 제약에 시달리거나 이윤율을 위협하는 임금 인상 문제를 겪지는 않는다. 이러한 점들을 감안할 때, 소련 국가자본주의는 서구 제국주의 나라들보다는 제2차세계대전에서 패배하기 전의 일본 제국주의에 더 가깝다. 소련은 거의 모든 생산수단이 국가 소유라는 점을 생각하면, 소련의 식민 지역들(즉, 소련 관료에게 억압받는 여러 민족들의 지역)의 공업 발전은 소련 자체의 전반적 공업 발전의 일부나 다름없다. 일본 국가는 만주를 "조국의 연장"으로 보았다. 스탈린 체제의 국가도 우크라이나, 캅카스, 루마니아, 불가리아 등을 그렇게 생각했다. 그리고 소련의 독점적인 경제적 지위 때문에 이 지역들에 대한 소련의 개발은 지금이나 앞으로나 만주에 대한 일본 제국주의의 개발보다 더 효과적일 것이다. 일본 제국주의가 만주 개발을 자국과 서구 열강들의 거리를 좁히기 위한 불가피한 조처로 간주했던 것과 꼭 마찬가지로, 스탈린 체제의 관료도 같은 이유에서 제국주의 정책을 추진할 수밖에 없었다.

또, 바로 그러한 후진성 때문에 소련은 자신이 지배하는 나라들에서 공업을 발전시키는 동시에, 기회만 있으면 그들의 자본을 약탈했다. 일본 제국주의는 중국에서 대규모 약탈을 자행했다. 독일로 말하자면, "독일이 정복한 지역에서 독일 기업들은 '평상적 거래'를 통해서가 아니라 정복자의 권한으로 토착 기업들의 자산을 인수했다."[10]

소련 스탈린 체제는 동유럽 나라들과 만주를 약탈했다. 소련은 그곳의 공장들을 자국으로 이전시키고, 나치 독일이 그랬듯이 속국들에게 매우 파멸적인 구상무역求償貿易 협정을 체결하는 방식으로 약탈을 자행했다.

따라서 일본과 독일의 고도로 집중된 독점자본주의와 소련의 국가자본주의는 무역과 약탈이 구별되지 않는다는, 자본의 시초 축적기에 나타나는 특징을 드러내고 있는 셈이다. "은과 설탕이 피로 얼룩지지 않은 채 유럽으로 들어온 적은 없었다"는 앨프리드 마셜의 말이 시초 축적기의 상황을 말해 주는 것이라면, 오늘날의 재산 약탈은 그보다 더 피로 얼룩져 있다. 약탈의 대상이 은과 설탕이 아니라 바로 생산수단이기 때문이다.

소련이 제국주의적 팽창의 길로 나아간 동기 또 하나는 몇몇 원료들이 부족했기 때문이다. 예컨대, 중동의 석유, 특히 이란 북부의 석유는 스탈린 체제 관료의 계획에서 매우 중대한 구실을 한다. 이것은 주로 소련 자체의 석유 개발 계획이 지지부진했기 때문이다. 예컨대, 제2차 5개년계획에서는 석유 생산량을 1932년의 2330만 톤에서 1937년에는 4750만 톤으로 늘린다는 목표를 세웠다. 그러나 실제로는 3050만 톤에 그쳤다. 1940년에도 계획은 5000만 톤 이상으로 책정됐지만 실적은 3500만 톤에도 못 미쳤다. 이렇게 몇 차례 생산이 계획대로 증대되지 못하자, 제4차 5개년계획에서는 1950년도 목표량을 3540만 톤으로 비교적 낮게 책정했다. 소련의 전체적인 생산 증대 계획을 살펴보면, 석유가 매우 중대한 장애 요인 가운데 하나가 될 것임을 분명히 알 수 있다. 스탈린 체제의 관료는 루마니아와 이란 북부를 점령해서 이 문제를 해결하려 했다 (그러나 이란 북부 점령은 성공하지 못했다).

소련의 팽창 동기가 되는 요인 또 하나는 새로운 노동력이 필요하다는 것이다. 고도로 발전한 나라들에서 자본수출은 임금 상승이 이윤율을 잠식하는 것에 대한 반작용이다. 그래서 자본은 값싼 노동력이 있는 곳으로 이동해서, 똑같은 자본량으로 착취할 수 있는 노동량을 늘린다. 나치 독일은 이와 다른 방법을 사용해서 같은 결과를 얻었다. 독일은 수백만 명의 노동자를 피정복국들, 특히 동유럽에서 자국으로 데려왔다. 그러나 소련의 노동자, 특히 집단수용소 노동자의 노동력보다 더 값싼 노동력은 유럽에서 찾아볼 수 없기 때문에, 소련이 값싼 노동력을 구할 필요성 때문에 새로운 지역들을 병합했다고 보기는 어렵다. 그렇다고 해서 소련의 병합 행위가 더 많은 노동력을 구할 필요성에 의해 촉발된 것이 아니라는 얘기는 아니다. 소련의 자본량이 인구에 비해 매우 작은 규모인데도 소련은 여전히 노동력 부족으로 애를 먹고 있다. 이것은 자본이 부족해서 노동력이 낭비되는 것이라고 설명할 수 있다. 즉, 노동력 부족 현상이 자본 부족 문제와 맞물려 있는 것이다. 그 결과 농업에서 집단 노동이 강요되고 노동생산성이 낮아진다. 노동생산성 증가를 방해하는 요인들(관료를 포함해서)은 모두 노동력 낭비 현상을 증대시킬 것이다. 따라서 소련 정부는 인구가 엄청나게 많은데도 낙태 금지, 독신자에게 벌금 부과, 다산多産 가족 포상 등 인구 증가를 위한 특별 조처들을 취해야 한다고 느낀다. 그래서 악순환이 벌어진다. 다시 말해, 자본 부족이 노동력 낭비를 부르고, 노동력 낭비는 충분한 자본축적을 방해하는 식의 악순환이 계속된다. 따라서 동유럽 나라들의 주민 1억 명을 소련으로 끌어들이는 것이 소련의 제국주의적 팽창의 중요한 동기이며, 이것은 선진 자본주의 나라들의 자본수출에 상응하는 것이다.

소련 스탈린 체제의 팽창 동기 또 하나는 전략적 고려다.

제국주의적 팽창의 기록 ─ 소련의 동유럽 장악

전통적 제국주의 국가들이 식민지를 착취한 방법은 세 가지였다. 첫째, 식민지의 생산물을 낮은 가격에 구입했다. 둘째, '본국' 생산물을 높은 가격에 판매했다. 셋째, '본국'의 자본가들이 식민지에 기업을 설립해서 '토착민'을 고용했다. 소련 국가자본주의도 이와 동일한 방법으로 식민지들을 착취했다.

소련이 위성국의 생산물을 아주 낮은 가격에 구입한다는 사실을 입증해 주는 통계자료는 무수히 많다. 몇 가지 예만 들어 보자. 1946년부터 시행된다는 조건으로 1945년 8월 16일 체결된 소련-폴란드 협정은 폴란드가 다음과 같은 양의 석탄을 특별 가격(톤당 2달러라고 한다)으로 소련에 인도해야 한다고 규정하고 있다. 즉, 1946년에는 800만 톤, 1947년부터 1950년까지는 매년 1300만 톤, 그 후에는 소련의 독일 점령이 계속되는 한 매년 1200만 톤을 소련에 인도해야 한다는 것이다. 또한 이 석탄 대금은 소련의 물품으로 지급되는 것이 아니라 소련이 독일에서 받는 배상금으로 지급하기로 돼 있다. 알다시피 폴란드는 이 거래에서 아무 이득도 얻지 못했다. 아무튼 소련은 세계시장에서 석탄 가격이 톤당 12~15달러일 때 1200만~1300만 톤의 석탄을 톤당 2달러에 구입해서, 톤당 10~14달러, 매년 1억 2000만~1억 8000만 달러의 순이익을 얻었다(이것은 영국 자본가들이 인도에 투자해서 얻는 연간 최대 이윤과 맞먹는 금액이다). 1949년 3월 31일자 유고슬라비아 일간지 〈보르바Borba〉를 보면, 유고슬라비아에서 철강 생산의 필수 원료로 쓰이는 몰리브덴 1톤의 생산비가 50만 디나르지만 스탈린과 티토의 밀월 기간에 몰리브덴이 소련에 톤당 4만 5000디나르에 판매됐다고 한다.

체코슬로바키아의 옛 바타 공장은 실제 생산비가 켤레당 300체코크라운인 구두를 170체코크라운으로 소련에 공급해야 했다(가죽은 소련이 공급했다). 특히 악명 높은 자본주의적 착취 사례는 불가리아와의 담배 무역이었다. 소련은 불가리아 담배를 0.5달러에

구입해서 서유럽 지역에서 1.5~2달러에 되팔았다.[11]

소련과 중국의 무역 관계도 사정은 마찬가지다. 중국의 수출에서 커다란 비중을 차지하는 돼지털과 동유桐油가 현재 서유럽 시장에서는 이 상품들의 주요 수출항인 상하이나 톈진에서보다 더 낮은 가격에 거래되고 있다. 서방 시장에서는 소련이 중국 상품의 유일한 판매 대행업자다. 그런데 소련이 그 물품들을 중국 내 가격보다 낮은 가격에 판매할 수 있다는(소련이 그러한 삼각무역에서 이익을 얻는다는 것은 분명하다) 사실은 소련이 물품 대금을 아주 적게 지급한다는 명백한 증거다. 특히 이것은 중국 당국이 서방과 직거래 관계를 맺어서 소련의 중개를 배제하려고 그토록 열심히 노력하는 이유가 무엇인지를 잘 보여 주는 사례다.

싸게 사서 이득을 보는 이야기는 이쯤에서 그만하고, 이번에는 소련 상품을 위성국들에 비싸게 파는 사례들을 살펴보자. 다음과 같은 뻔뻔스러운 사례들을 거론할 수 있을 것이다. 소련이 자국 상품의 대금으로 중국 측에 요구하는 가격은 홍콩에서 서방의 자본주의 판매상들이 요구하는 가격보다 훨씬 더 비싸다. 예컨대, 톈진에서는 소련산 4톤짜리 지스Zis 트럭이 5만 홍콩달러 상당의 가격에 판매되는 반면, 홍콩에서는 그와 비슷한 서방의 6톤짜리 트럭이 1만 5000홍콩달러에 판매된다. 톈진에서는 소련을 통해 수입되는 체코슬로바키아산 사카린이 파운드당 106.4홍콩달러 상당의 가격에 판매되는 반면, 홍콩에서는 같은 품질의 독일산 사카린이 파운드당 6.5홍콩달러에 판매된다.[12]

동유럽에서 소련 소유의 기업들이 차지하는 지위는 소련이 자행하는 자본주의적 착취의 세 번째 방법, 즉 외국자본이 소유한 기업에 고용된 '토착민'이 착취당하는 실상을 극명하게 보여 준다.

독일의 소련 점령 지구에서 소련 국가는 모든 산업의 약 3분의 1을 노골적으로 자기 재산으로 만들어 버렸다. 이것은 이른바 '소련 지주회사들'SAGs의 소유다. 이 소련지주회사들은 극히 중요하다. 거의 모든 대기업이 이 지주회사 소유다. 이 지주회사들은 1950년 현재 평균 2400명씩 노동자들을 고용하고 있다. 반면에, 이른바 독일 민주공화국[동독] 소유의 기업들인 LEB들은 겨우 139~146명, 사기업들은 약 10명씩 고용하고 있다.

소련지주회사들이 중공업 부문을 완전히 장악하고 있다는 사실까지 고려하면, 소련지주회사들의 중요성은 훨씬 더 분명해진다. 소련지주회사들에서 일하는 독일 노동자들이 생산하는 잉여가치는 소련 관료의 몫이다.

루마니아·헝가리·불가리아에는 합작기업들이 있는데, 소련의 지분은 50퍼센트에 불과하지만 실질적 통제권은 완전히 소련측에 있다. 예컨대, 그중 어떤 기업은 루마니아에서 가장 매장량이 풍부한 유전들을 장악하고 있고, 또 다른 기업들은 철강·엔지니어링·탄광·조선·무선통신·목재·화학제품·트랙터·건축자재·천연가스·금융·보험 등을 장악하고 있다. 따라서, 합작기업이 루마니아의 공업·운송·금융·보험의 절반 이상을 좌지우지하고 있는 셈이다. 헝가리와 불가리아에도 그러한 합작 기업들이 있지만, 그 중요성은 루마니아보다 훨씬 적은 편이다.

노동자들은 모두 '토착민'인데도 이 합작기업들이 기업 이윤의 절반을 차지한다는 사실, 이것이 바로 식민지적 착취의 명백한 증거가 아니고 무엇이겠는가?

차르 제국의 이상화

스탈린 체제의 관료는 제국 건설의 선구자들, 즉 차르 제국주의를 지지할 수밖에 없다. 러시아의 사회주의자들과 민주주의자들은 오래 전부터 제정 러시아를 '인민의 감옥'으로, 폴란드인·핀란드인·리투아니아인·에스토니아인·우크라이나인·그루지야인·아르메니아인·우즈베크인·카자흐인 등에 대한 차르의 제국주의적 억압을 대단히 반동적인 폭력으로 여겼다. 그러나 소련 스탈린 체제는 이러한 사실들을 다르게 가르치고 있다.

소련의 어느 잡지는 다음과 같이 설명한다. "러시아가 캅카스와 트란스캅카스를 병합한 것은 그곳 인민들의 사회경제적·문화적 발전과 민족의 생존을 위한 유일한 길이었다. … 러시아에 병합된 것은 그들 자신을 구원하고 그들의 고대 문화를 보존하고 경제적·문화적 발전을 이룰 수 있는 유일한 방법이었다."[13]

또 다른 잡지는 16세기부터 터키와 이란의 봉건 군주들이 캅카스의 여러 지역들을 점령하려고 오랫동안 격렬한 투쟁을 벌였는데 많은 캅카스 사람들은 자신들의 분산적 성격 때문에 외세의 공격을 막을 수 없어서 "러시아 국가의 구제와 중재를 바라면서 원조와 후원을 요청했다"고 썼다.[14] 16세기 중엽 시르카시아[캅카스산맥 북쪽의 흑해 연안 지역]의 왕족들이 이반 4세에게 호소하기를, 자신들에게 러시아 공민권을 하사해 주고 터키와 터키의 신하인 크리미아 칸의 습격과 약탈을 러시아가 막아 줄 것을 요청했다는 것이다. 트란스캅카스 인민들은 15세기 말경 러시아와 우호 관계를 맺었고, 이 관계는 터키와 이란의 군사적 위협이 증가하는 것과 정비례해서 강화됐다. 그리고

"러시아 군대가 종종 캅카스 인민들을 터키와 이란의 군사적 위협으로부터 구해 주었다." 이 얼마나 듣기 좋은 말들인가? 캅카스를 점령한 차르 군대가 캅카스를 군사적 위협에서 구해 주었다니 말이다.

또, 소련의 어떤 문학 잡지는 다음과 같이 주장했다.

18세기에 러시아가 카자흐를 병합한 것은 매우 진보적인 의미가 있었다. 이 역사적 행위는 경제적·정치적 원인과, 동방 무슬림 봉건 국가들의 끊임없는 습격 때문에 고통을 겪고 있던 카자흐 인민의 역사 발전 과정 자체에 의해 결정된 것이었다. 그 결과 카자흐에서 러시아의 경제와 문화가 강력한 영향을 끼칠 수 있는 조건들이 창출됐다. 그때 카자흐 인민이 선택한 역사적 결정은 현명하고 올바른 것이었다. 당시 러시아의 도움이 없었다면, 카자흐인들은 영국이 후원하는 중앙아시아의 여러 칸국들에게 속박을 받는 신세로 전락했을지도 모른다. 당시 영국 자본은 막대한 이윤을 얻기 위해 수단과 방법을 가리지 않고 카자흐 땅과 자원을 야금야금 먹어 치우고 있었다.[15]

이 잡지는 계속해서 다음과 같이 썼다.

[카자흐의 — 클리프] 모든 근로 인민들은 그들의 일상 경험을 통해 러시아라는 강력한 국가에서 산다는 것이 얼마나 이로운지를 잘 알고 있었다.[16]

카자흐 인민이 제정 러시아에 병합되는 것을 스스로 선택했다는 것이다! 그들이 '강력한 국가'에 귀속되기를 원했다는 것이다! 〈프

라우다〉는 "카자흐의 근로 인민들이 러시아에 병합되기를 간절히 원했다"고 강조했다.[17]

스탈린 사후에도 소련측 선전은 동일한 노선을 따르고 있다. 제정 러시아가 라트비아를 점령한 것을 두고는 다음과 같이 서술했다.

라트비아인의 선조들이 발트해 연안에 정착한 것은 수백 년 전의 일이었다. … 그때부터 지금까지 러시아인들은 라트비아인들의 좋은 이웃이었다. 독일기사단이 발트해를 정복해서 그곳 주민들을 노예화한 것은, 피에 굶주린 서방 침략자들의 약탈과 폭력으로 얼룩진 어두운 역사다. 자유를 사랑하는 라트비아인과 에스토니아인은 자신들의 자유와 독립을 수호할 만큼 강하지 못했다. 그러나 라트비아인의 선조들은 러시아인들과 아주 가까운 우호 관계에 있었기 때문에 러시아 왕족들에게 도움을 청해 자신들의 영토가 정복당하는 것을 피할 수 있었다.[18]

민족적 자유를 위한 투쟁 — '티토주의'

대러시아 제국주의의 억압이나 직접적 위협을 받는 민족들의 독립 투쟁이 갈수록 거세지고 있는데, 이 투쟁은 최근 '티토주의'라고 불리고 있다.

소련의 비러시아계 민족 가운데 가장 수가 많은 사람들은 우크라이나인들이다. 그들의 민족적 염원은 일련의 숙청으로 끊임없이 억압당했다. 1930년 우크라이나 학술원이 해체됐고, 학술원 회원들은 "민족주의적 일탈"을 저지른 혐의로 체포됐다. 1933년 우크라이나 공산당의 가장 특출한 지도자이자 중앙위원이고 정치국원인 스크리프니크가 체포를 피하려고 자살했다. 그와 동시에 우크라이나 인민위원회(우크라이나 정부)의 부의장 코스투빈스키와 농업인민위원 코브나르를 비롯한 고위 관리 수십 명이 민족주의자로 낙인찍혀 총살당했다. 1933년 모스크바 당국은 일탈의 심화를 방지한답시고 포스티셰프를 우크라이나로 파견해서 당과 정부를 개편하게 했다. 그는 독재적 권한을 부여받았다. 1933년에 개최된 우크라이나 공산당 12차 당대회에서 그는 다음과 같이 말했다.

우크라이나에서는 우리의 당 지도자들이, 심지어 스탈린 동지조차 특별한 증오의 대상이 되고 있습니다. 이 나라에서는 계급의 적들이 좋은 학교에 들어가서 소비에트의 통치에 맞서 어떻게 투쟁할 것인지를 배웠습니다. 우크라이나에서는 많은 반혁명 정당과 조직의 잔당들이 뿌리를 내렸습니다. 이제 하리코프[당시 우크라이나의 수도]는 온갖 종류의 민족주의 조직들과 그 밖의 반혁명 조직들에게 매력적인 중심지로 보이게 됐습니다. 그들은 모두 이곳에 몰려와서 자신들의 목적를 위해 우리 당조직을 이용하면서 우크라이나 전역에 거미줄처럼 그들의 조직을 확대시켰습니다. 동지들, 당 지역위원회들의 서기 20명이 추수 계획 달성이 불가능하다고 감히 주장했을 때를 상기하시기 바랍니다.[19]

포스티셰프는 우크라이나 공산당원의 4분의 1 이상을 축출했다. 그로부터 3년 뒤에는 그 자신도 비슷한 운명을 겪게 됐다. 그는 당에서 축출되자마자 체포됐다. 그의 후임자 코시오르도 모스크바에서 파견된 자였다. 그리고 코시오르 역시 비슷한 과정을 거쳐 체포됐다. 1937년에는 우크라이나 인민위원회 의장 류브첸코가 체포를 모면하려고 자살했다. 인민위원인 페트로프스키와 예이체도 숙청됐다. 류브첸코의 후임자는 의장으로 지명된 지 두 달 후에 "민족주의적 일탈"을 저지른 혐의로 체포됐다. 그의 후임자 역시 그로부터 몇 달 뒤 숙청됐다. 1937년 4월 당시 우크라이나 공산당 정치국에는 13명의 정치국원이 있었다. 그러나 1938년 6월 무렵 여전히 정치국원으로 남아 있는 사람은 하나도 없었다.

다른 공화국들의 역사도 비슷했다. 벨라루스 공화국에서 10년 동안 인민위원회 의장이었던 골로데드는 1937년 트로츠키주의자라는 혐의로 체포됐다. 후임자인 체르뱌코프도 몇 달 후 체포를 피하려고 자살했다. 그는 17년 동안 벨라루스 중앙집행위원회 의장(즉, 벨라루스 공화국 대통령)을 지냈다.

타지크 공화국에서는 1934년 중앙집행위원회 의장이 민족주의자라는 혐의로 숙청됐다. 후임자도 3년 동안 의장직에 있다가 비슷한 운명을 맞이했다.

표 8-4는 1930년대의 대숙청 시기에 '민족주의자' 혐의로 숙청된 여러 공화국 지도자들의 간단한 명단이다.

이상은 희생자들의 극히 일부일 뿐이다. 1937~38년의 대숙청 기간에 30개 공화국 정부 지도자들의 전체 또는 대다수가 숙청됐다. 그들의 주된 혐의 내용은 소연방 탈퇴를 도모했다는 것이었다.

소련의 민족 정책이 여러 민족들 사이에 조화롭고 우호적인 관계를 만들어 내지 못하고 있음을 입증해 주는 가장 강력한 증거는 몇몇 민족 공화국들의 해체다.

제2차세계대전 발발 1년 전 소련과 일본 사이의 긴장이 만주 국경에서 고조됐을 때, 국경 근처에서 거주하던 조선 민족 **전체**가 카자흐와 우즈베크 지역으로 강제 이주됐다.

표 8-4_ 1930년대에 숙청된 공화국 지도자들

대통령	공화국
페트로프스키(Petrovsky)	우크라이나 공화국
체르뱌코프(Chervyakov)	벨라루스 공화국
쿵(Kung)	볼가 독일 공화국
루프트(Luft)	볼가 독일 공화국
길리크(Gyllig)	카렐리아 공화국
아르쿠포프(Arkupov)	카렐리이 공화국
호지바예프(Khodzibaev)	타지크 공화국
쇼테무르(Shoetemur)	타지크 공화국
마크숨(Maksum)	다게스탄 공화국
사무르스키(Samursky)	다게스탄 공화국
로르드키파니제(Lordkipanidze)	아자르 공화국
총리	**공화국**
류브첸코(Lyubchenko)	우크라이나 공화국
본다렌코(Bondarenko)	우크라이나 공화국
추바르(Chubar)	우크라이나 공화국
골로데드(Goloded)	벨라루스 공화국
벨쉬(Welsch)	볼가 독일 공화국
라힘바예프(Rakhimbayev)	타지크 공화국
라히노프(Rakhinov)	타지크 공화국
므갈로비시빌리(Mgalobishvili)	그루지야 공화국
호자예프(Khodjaev)	우즈베크 공화국
아브두라흐마노프(Abdurakhmanov)	키르기스 공화국
오바카벨라시빌리(Obakabelashvili)	트란스캅카스 공화국

1941년 8월 28일 볼가 독일 공화국 민족 전체가 우랄 산맥 동쪽으로 강제 이주됐다. 볼가 독일 공화국은 소련에서 가장 오래된 민족 공화국들 가운데 하나였다. 일찍이 1918년 10월 19일 볼가 독일 노동자 코뮌이 건설됐고, 1923년 12월 19일에는 볼가 독일 사회주의 소비에트 자치공화국으로 재편됐다. 볼가 독일 소비에트 공화국은 거의 완전한 집산화를 이룩한 최초의 공화국들 가운데 하나였다. 코민테른의 기관지 〈국제 통신*International Press Correspondence*〉 1936년 4월 18일자는 다음과 같이 썼다.

볼가 독일 소비에트 공화국은 사회주의의 승리에 따른 당연한 결과로서 문화적·민족적 진보가 이루어졌음을 보여 주는 살아 있는 증거이자, 프롤레타리아에 대해 파시스트 적들이 유포하는 거짓 비방을 반박하는 생생한 증거다.

볼가 독일 소비에트 공화국 주민들이 자신의 삶의 터전에서 쫓겨나기 겨우 2년 전, 〈모스크바 뉴스*Moscow News*〉에는 "볼가 독일 공화국, 소련 민족 정책의 생생한 사례"라는 제목의 기사가 실렸다. 이렇게 볼가 독일 공화국 주민들은 소비에트 정부를 한결같이 지지한 것 때문에 오랫동안 칭송받았는데도, 소련 정부는 그 공화국을 해체한다는 포고령을 내렸다. 그 포고령에는 다음과 같은 설명이 곁들여져 있었다.

군 당국이 수집한 믿을 만한 정보를 보면, 볼가 독일 공화국 주민들 중에는 독일의 지시만 떨어지면 볼가 지역에서 폭동을 일으킬 태세가 돼 있는 변절자들과 스파이들이 수천, 수만 명이나 있다고 한다. [볼가 지역에 거주하는 ― 클리프] 독일인들 가운데 어느 누구도 이렇게 엄청나게 많은 변절자들과 스파이들이 존재한다는 사실을 당국에 보고한 적이 없다. 따라서 우리는 볼가 독일 공화국 주민들이 소비에트 인민과 소비에트 권력의 적들을 감싸 주고 있다고 생각할 수밖에 없다.

예전에 독일의 점령지였던 소련의 여러 지역들에 위치한 몇몇 공화국도 해체됐다. 이러한 사실은 언론에서 전혀 언급조차 되지 않았다. 이렇게 몇몇 공화국이 아무도 모르게 사라져 버렸다는 사실은 1945년 10월 17일 〈프라우다〉가 다가오는 총선을 위해 선거구 명단을 발표했을 때 비로소 사람들에게 알려졌다. 크리미아 타타르 소비에트 자치공화국, 칼무크 소비에트 자치공화국, 체체노-인구시 소비에트 자치공화국 등은 폐지됐고, 그곳의 비非러시아계 주민들은 강제 이주됐다. 또, 카바르디니아-발카르 자치공화국은 발카르인들이 축출된 뒤 카바르디니아 공화국으로 개칭됐다.

우크라이나 정부 수반인 흐루쇼프는 1946년 8월 우크라이나 공산당 지도자 절반 가량이 지난 18개월 동안 축출됐다고 발표했다. 3000만 명이나 되는 우크라이나인들을 쫓아내고 그들의 '공화국'을 해체시킨다는 것은 대러시아의 관료로서도 너무 엄청난 일이었을 것이다.

제2차세계대전 이후 소련 제국주의에 맞서는 민족적 투쟁은 동유럽에서 새로 추가된 소련 식민지들로 확산됐다. 이러한 민족 투쟁 가운데 가장 유명한 사례는 크렘린에 맞선 유고슬라비아의 성공적 반란이었다. 유럽의 다른 '인민민주주의' 국가들도 '티토주의'를 받아들이면서 소련의 지배에 맞서 민족 저항운동을 전개했으나, 주로 소련 군대의 압력 때문에 성공을 거두지는 못했다. 이러한 민족 저항운동이 광범하게 확산됐다는 분명한 증거는 '인민민주주의' 국가들의 공산당 지도자들이 대부분 크렘린에 의해 "티토주의자"라고 비난받았다는 사실이다. '인민민주주의' 국가들이 수립된 직후 당 서기장직을 맡았던 여섯 명 가운데 네 명이 티토주의를 추종했다는 비난을 받았는데, 유고슬라비아 공산당 서기장 티토, 불가리아 공산당 서기장 코스토프(처형됨), 폴란드 공산당 서기장 고무우카 (체포됨), 체코슬로바키아 공산당 서기장 슬란스키(처형됨)가 바로 그들이다. 또, 외무장관 여섯 명 가운데 네 명이 티토주의를 추종하는 범죄를 저질렀다는 비난을 받았는데, 유고슬라비아의 카르델, 루마니아의 안나 파우케르(체포됨), 체코슬로바키아의 클레멘티스(처형됨), 헝가리의 러이크(처형됨)가 바로 그들이다. 당시 티토주의자라는 비난을 받고 체포되거나 처형된 사람들은 훨씬 더 많다.[20]

소련 제국주의에 항거하는 민족 독립 투쟁은 소련 제국주의가 존재하는 한 틀림없이 계속될 것이다. 민족 독립 투쟁은 스탈린 체제의 운명을 결정할 가장 중요한 요인들 가운데 하나일 것이다.

9장 | 소련의 계급투쟁

스탈린주의 시대라는 말 자체가 어불성설이다

관료가 지배계급의 지위로 상승했다는 것은 스탈린 체제 관료의 역사적 사명(러시아에서 자본주의를 확립하는 것)이 국제적 수준에서는 이미 끝난 과제였지만 일국적 수준에서는 아직 그렇지 않았다는 사실을 보여 준다. 그와 동시에 관료는 "[자본주의 사회 안으로] 침투하는 사회주의 사회"의 요소인 계획에 의존해서(관료는 자신들의 자본가적 사명, 즉 자본축적에 계획을 적용하고 있다), 서방의 부르주아지가 약 200년 동안 거쳐 온 역사적 경로를 단 몇십 년 만에 통과하고 있다. 과거의 관계들을 강화하려고 미래 사회의 요소들에 의존하기 때문에, 관료는 바로 그 관계들을 급속히 약화시킨다. 그래서 1917년 당시보다 훨씬 더 굳건한 역사적 기초 위에서 새롭고 영광스러운 프롤레타리아 혁명을 준비하고 있는 셈이다.

소련 관료는 지배계급 노릇을 하기 시작할 때부터 이미 부패하고 노쇠한 자본주의의 전체주의적 특징들을 도입했다. 소련 관료는 이미 자신의 본질이 미래가 없는 역사적 돌연변이임을 입증하고 있는 셈이다. 그들은 자신이 관료주의에 대항하는 노동자들의 수호자처럼 보이게 하려고 대대적인 반反관료 선전 캠페인을 벌여야 한다. 관료는 양심이 무척 켕길 수밖에 없다. 왜냐하면 관료는 역사적 정통성이 없는 찬탈자이기 때문이다.

자본주의적 국가 소유는 대중의 분노를 불러일으킨다. 따라서 관료가 하나의 계급으로 형성되기 시작했을 때부터, 관료는 위험에 빠져 있었던 셈이다. 16~19세기의 자본가들은 전 인류의 대표를 자처하며 영광스러운 미래를 상상할 수 있었던 반면에, 오늘날 그런 자본가의 역사적 기능을 수행하는 스탈린 체제 관료는 자신들의 뿌리가 일시적이고 잠정적인 국내외 상황의 사슬에 있음을 느낄 수밖에 없다. 관료의 전체주의는 여기서 비롯하는 것이다.

관료 체제가 관료들 자신을 공격하는 공포정치는 합성물 같은 관료의 지위가 불안정하다는 것을 보여 준다. 전통적 자본주의에서는 자본가들 사이의 경쟁이 각자 최대한 효율적으로 활동하는 것을 보장해 준다. 사회주의 경제에서는 사회의식, 사회적 이익의 보호, 사람들 간의 조화로운 관계 등이 효율성의 바탕이 된다. 그러나 스탈린 체제의 관료는 조화로운 인간 관계의 결여, 계급적·개인적 적대감, 한없는 이기심(소련 사회에 만연한)의 원인이자 결과다. 따라서 소련에는 계획적인 사회주의 경제(즉, 생산자들 자신을 위한 생산자 통제)의 동기가 존재하지 않고, 그래서 생산의 효율성이 보장될 수 없다. 그리고 다른 한편으로, 사적 자본주의에서는 개별 기업의 효율성과 기업 경영자의 소득 사이에 직접적 연관성이 존재하는 반면 소련에서는 이것 역시 존재하지 않는다. 따라서 효율성을 보장하기 위해 관료 국가가 사용할 수 있는 중요한 방법 하나가 개별 관료들을 직접 겨냥한 공포정치다.

관료들 개개인을 겨냥한 관료 집단의 공포정치는 그 밖에 또 다른 기능이 있다. 실리가는 다음과 같이 썼다.

소련에서 인민의 분노를 진정시키는 이 독창적 방법[공포정치의 숙청 — 클리프]을 보니, 옛날 몽고 황제가 북경에서 제국을 통치하던 모습을 기록한 마르코 폴로의 견문록이 떠올랐다. 당시 중국에서는 황제가 10년이나 15년에 한 번씩 백성들이 제일 싫어하는 대신 한 명을 군중에게 넘겨주는 관행이 있었는데, 그러고 나면 황제는 그 다음 10~15년 동안 백성들을 조용히 억누를 수 있었다. 내가 소련에서 경험한 것을 떠올릴 때마다 이 몽고 황제가 자꾸 생각났다.[1]

스탈린 체제의 관료와 대중 사이에는 역사상 유례없이 깊은 심연이 가로놓여 있기 때문에, 희생양을 찾아내 숙청하는 일은 관료에게 극히 중요한 의미가 있다.

그러나 관료가 몰락하는 계급의 특징을 모두 간직한 채 태어났다 하더라도, 생산력이 발전하고 노동계급이 늘어날 때마다 관료의 지위가 직·간접으로 약해질 것이라고 말하는 것은 너무 지나친 단순화일 것이다. 왜냐하면 현실은 그보다 훨씬 더 복잡하기 때문이다.

공업화와 '집산화'가
노동자와 관료의 세력 관계에 미친 영향

소련의 노동자 수는 제1차 5개년계획 기간에 매우 빠르게 증가했다. 1928년에 제조업과 광업에 종사하는 사람들이 300만 명이었는데 1932년에는 그 수가 800만 명으로 늘어나 160퍼센트 증가했다. 이렇게 노동계급의 압도적 다수는 농촌에서 새롭게 유입된, 숙련되지 않은 사람들이었지 사회적 생산과정에서 교육받고 조직된 사람들이 아니었다.

그와 동시에, 공업이 빠르게 발전하고 그에 따라 기술자, 숙련노동자, 관리자 등이 심각하게 부족해지자 많은 고참급 노동자들에게 관료가 될 수 있는 길이 활짝 열렸다. 그리고 당연히 그 노동자의 경험과 지식이 많으면 많을수록 그가 관료 체제의 상부로 올라갈 가능성도 더욱 컸다.

이 두 요인, 즉 미숙련 신참자들로 말미암아 노동계급이 희석되고 노동계급에서 전투적 분자들이 빠져나간 것은 수십 년 전 역사적 환경이 다른 미국에서 그랬듯이 독립적 노동자 운동이 발전하는 데 큰 장애가 됐다.

5개년계획이 여러 차례 계속되는 동안 소련의 노동자 운동은 미국 노동자 운동이 경험했던 것보다 훨씬 더 큰 어려움을 겪었다. 보안경찰의 무시무시한 탄압, 오랜 초인적 노력 끝에 지쳐버린 대중, 당시 소련 노동자 운동이 취약했던 원인이자 결과인 이데올로기적 혼란 외에 또 하나의 요소가 있는데, 그것은 관료가 피억압 대중 속에서 엘리트층을 창출해 내고 있다는 것이다. 이것이야말로 억압자가 대중을 억압할 때 사용할 수 있는 가장 효과적인 무기들 가운데 하나다.

아무리 화력이 좋은 대포도 배고픔을 이길 수는 없다는 나폴레옹의 말이 완전히 옳은 것은 아니다. 배고픔은 어떤 상황에서는 폭동이 아니라 복종을 낳기 때문이다. 스탈린 체제의 관료가 공업화에 박차를 가한 초기 몇 년의 상황이 바로 그랬다.

빅토르 세르주는 다음과 같이 말했다.

그들[소련 관료 — 클리프]의 정책은 엄청난 빈곤을 낳을 것이다. 그러나 바로 이 빈곤 때문에 사람들은 아주 사소한 물질적 혜택이라도 귀중하게 여길 것이다. 그러한 전반적 빈곤 상태에서는 어떤 노동자에게 최소한의 식량과 최소한의 거처만 제공해도 그는 자기도 특권을 누리고 있다고 생각할 것이다. … 이런 식으로 기업에, 당세포에, 촌락에 하급 관료층이 광범하게 형성될 것이고, 그 결과 새로운 형태의 상하 관계가 나타날 것이다. 그래서 하급자들은 상급자들 주위로 몰려들어 너도나도 열심히 봉사하겠다고 나설 것이므로, 결국 빈곤이 그 빈곤을 만들어 낸 사람들을 강화시킬 것이다.[2]

전체주의적 경찰 기구의 억압

소련에서 경찰 기구가 독립적 노동자 조직의 등장을 막기 위해 벌이는 탄압 활동은 과장이 불가능할 만큼 지독하다. 노동계급은 원자화돼 있으며, 모종의 독립적 조직을 만들려 하거나 대중의 욕구를 표현하려는 어떠한 시도도 잔인하게 탄압받는다. 노동자들은 국가가 지도하고 통제하는 단체에 가입할 수밖에 없는데, 그런 단체에는 국가가 심어 놓은 첩자들이 우글거린다. 관료는 선전과 공포정치를 교묘하게 결합해서 선전을 독점하고, 거짓말을 끝도 없이 퍼뜨리며 대중의 정신을 유린하고, 대중을 관제 시위와 집회에 동원해서 대중이 스스로 비하하게 하고 압제자들을 찬양하는 노래를 부르게 한다. 관료가 사용하는 이 모든 무기들 때문에, 노동자들을 교육하고 조직하기가 극히 어렵다. 경험 많고 훈련이 잘된 독일 프롤레타리아조차 폭압적 나치 기구를 그들 자신의 힘으로 분쇄하는 데 몇 년, 아니 몇십 년이 걸렸을 것이라는 증거가 도처에 널려 있다. 나치 독일이 최대의 군사적 패배를 당했을 때조차 후방에서는 노동자들의 대중 반란이 전혀 일어나지 않았다.

(이와 관련해서는 나치가 '독일 민족의 단결'을 저해하는 간극을 메우는 데서 일리야 예렌부르크[소련의 작가·언론인]의 국수주의적 선전이 한몫했다는 사실을 간과해서는 안 된다.)

소련의 신생 프롤레타리아의 압도 다수는 겨우 몇 년 전에 농촌에서 도시로 유입된 사람들이기 때문에, 제정 치하에서 노동조합이 합법적이었고 여러 노동자 정당이 저마다 합법적 신문을 갖고 있었다는 사실을 아는 사람들은 그들 가운데 10퍼센트도 채 안 될 것이다. 따라서 소련의 신생 프롤레타리아는 스탈린 지배 하에서 조직과 사회주의 이념의 기초를 익히기가 지극히 어려울 것이다.

소련의 군사적 승리

소련에서 관료의 지배력을 강화시킨 또 하나의 요인은 소련의 군사적 승리다. 이 군사적 승리에는 여러 요인이 작용했다. 첫째, 대중을 완벽하게 탄압한 덕분에 스탈린은 서방 나라들보다 더욱 쉽게 국민소득의 대부분을 전쟁 목적에 동원할 수 있었다. 예컨대, 그는 수많은 노동자들을 동부로 이주시켜 토굴에서 살게 해서, '소련 공업을 대피시키는 기적'을 이룰 수 있었다. 둘째, 경찰 탄압 덕분에 후방을 조용히 진정시킬 수 있었는데, 이것은 소련이 민주적 자본주의 국가들에 대해 누렸던 또 하나의 '이점'이었다. 위의 두 요인은 프랑스와 영국에 대해 독일이 절대적 우위를 누릴 수 있게 해 준 것이기도 했다. 독일의 이 절대적 우위는 오직 미국의 산업 기구(생산력이 독일의 네 배나 되는)와 소련 산업 기구의 협력으로만 무너뜨릴 수 있었다. 소련의 군사적 승리는 대체로 후방의 '인정', 노동 대중의 의기소침과 절망의 결과인 동시에, 또 스탈린 정권의 안정에도 크게 기여했다. 이것은 비유해서 말하자면 나치 독일이 자르, 오스트리아, 수데텐란트, 체코슬로바키아, 폴란드, 프랑스에서 거둔 군사적 승리가 독일 대중의 심리에 영향을 미친 중요한 요인이었던 것과 마찬가지다.

관료 체제는 자기 무덤 파는 자를 창출한다

소련에서 공업화와 '집산화'의 처음 결과는 관료의 지위 강화였다. 그러나 몇 년 뒤 정반대 과정이 나타나기 시작했다. 즉, 이제는 생산력 진보가 한걸음 한걸음 이루어질 때마다 관료의 지위는 훼손됐다.

제1차 5개년계획 기간에 제조업과 광업에 고용된 노동자 수는 300만 명에서 800만 명으로 늘어나 160퍼센트 증가했다. 제2차

5개년계획 기간에, 그 수는 다시 800만 명에서 1010만 명으로 늘어나 25퍼센트 증가했다. 그리고 제3차 5개년계획에서는 1942년의 노동자 수를 1190만 명으로 잡아 16.7퍼센트 증가를 계획했다. 이와 같이 '대숙청' 기간에 많은 노동자들이 숙청됐는데도, 생산과정에 오랫동안 참여한 숙련노동자들의 수는 꾸준히 증가하고 있다.

그와 동시에, 고등교육을 받기가 점점 더 어려워지면서 관료 대열에 낄 수 있는 가능성이 점점 더 희박해지고, 노동자들 가운데 최상급 분자들이 관료로 충원되는 일도 점점 더 줄어들고 있다.

프롤레타리아로 편입되는 미숙련 신참자들의 수가 줄어들고, 또 프롤레타리아에서 빠져나가는 숙련 고참자들의 수도 줄어들어서 생기는 프롤레타리아의 결정화結晶化 과정은 매우 중대한 의미가 있다.

소련 관료의 역사적 임무는 노동생산성을 증대시키는 것이다. 그런데 노동생산성을 증대시키려고 노력하는 과정에서 관료는 심각한 모순에 빠진다. 영양·주거·교육 상태가 나쁜 노동자들은 현대적 생산에 기여할 수 없으므로, 노동생산성을 일정 수준 이상으로 증대시키려면 대중의 생활수준을 향상시켜야 한다. 소련 관료는 대중의 생활수준이라는 문제를 대할 때, 농부들이 자기 말에게 먹이를 줄 때와 똑같은 태도를 취한다. 즉, "일을 더 하게 하려면 먹이를 얼마나 더 줘야 적당할까"라는 식이다. 그러나 노동자들에게는 두 손만 있는 것이 아니라 머리도 있다. 대중의 생활수준과 문화수준이 향상된다는 것은 그들의 자신감과 식욕이 커진다는 것을 의미한다. 또한 그것은 대중이 민주적 권리와 생명·신체의 안전이 보장되지 않는 것에 대해, 그리고 그러한 부담을 계속 강요하는 관료 체제에 대해 점점 더 참지 못하게 된다는 것을 의미한다. 반면, 대중의 생활수준을 향상시키지 않는다는 것은 현재의 낮은 노동생산성을 그대로 유지한다는 것을 의미하는데, 그것은 현재의 국제 상황에서 소련 관료에게 치명적 타격을 가할 것이고, 또한 절망에 빠진 대중이 머지않아 반란을 일으키게 만드는 길이 될 것이다.

소련 관료는 역사상 유례없는 최고의 집중도로 노동계급을 증대시키고 있다. 따라서 관료가 집중된 임금노동과 집중된 자본 사이의 심연을 메우려고 아무리 노력하더라도, 또한 '사회주의적 소유'라는 구호 아래 그 심연을 아무리 숨기려 해도, 관료는 머지않아 자신들과 격렬하게 충돌할 세력을 만들어 내고 있는 셈이다.

공업화와 '집산화'가 시작된 지 겨우 몇 년 만에 노동계급이 아직 어리고 비교적 미숙한데도, 스탈린이 완전히 전체주의적으로 통치하고 역사상 유례없는 대규모 범행을 날조할 수밖에 없었다는 사실은 소련의 계급투쟁이 얼마나 빠르게 발전하고 있는지를 잘 보여주는 증거다.

스탈린 정권의 선전 효과 저하

정권의 선전 효과가 떨어지고 있고 인민대중의 삶의 실상 때문에 그 선전이 거짓임이 드러나고 있다는 사실은, 도저히 다른 방식으로는 설명될 수 없는 두 가지 현상으로 나타난다. 하나는 소련군 전쟁 포로들이 대규모로 나치 군대에 자원입대했다는 사실이고, 다른 하나는 많은 소련군 전쟁 포로가 소련으로 귀환하지 않았다는 사실이다.

전쟁 기간에 소련 국적을 가진 사람 50만 명 이상이 독일 점령지에서 나치군의 동방부대에 복무했다.[3] 독일군에 포로로 잡힌 소련 군 장성 50여 명 가운데 약 10명이 히틀러와 손잡고 스탈린에 대항했다.[4] 그러나 다른 국적의 전쟁 포로들은 소련군 전쟁 포로처럼 기꺼이 나치에 협력하지는 않았다.

전쟁이 끝난 뒤에도 소련 국적을 가진 많은 사람들이 고국으로 돌아가지 않았다. 이 '비非귀환자들'의 대다수가 나치군에 입대한 사람들이 아니라는 사실은, 나치군에 입대한 사람들은 미국·영국·프랑스뿐 아니라 소련군에 의해서도 강제로 송환됐다는 사실에 비추어 명백하다 할 것이다. 몇 가지 분명한 이유들 때문에 정확한 계산은 어렵지만, 이 비귀환자들의 수는 상당히 많다. 소련의 공식 발표를 보면, 전후 소련으로 귀환하지 않은 소련 시민의 수는 40만 명이었다(귀환자들의 수는 550만 명).[5] 소련 시민들처럼 고국 귀환을 탐탁지 않게 여기면서 난민수용소의 위험과 어려움을 선호한 다른 국적의 사람들은 없었다. 이러한 사실은 소련의 현실을 그대로 반영하는 것으로서, 스탈린 정권의 선전 효과의 한계를 보여 주는 지표다.

반체제 세력의 사회적 목표

소련 내에서 스탈린 체제에 반대하는 세력들은 비록 조직돼 있지도 않고 자신들의 견해를 분명히 표현하지도 못하지만, 관료적 국가자본주의 체제 전복과 거의 비슷한 목표를 달성하려고 의식적 또는 반半의식적, 심지어 무의식적 노력을 기울인다. 그들의 생각을 추론해 보면 다음과 같이 정리할 수 있다. '국가 소유의 계획경제에서 무계획적인 사적 소유 경제로 되돌아가는 것은 생각할 수도 없는 일이다. 그리고 이것은 주요 자산의 소유권을 법적으로 또는 역사적으로 주장할 수 있는 사람들이 없기 때문이기도 하다. 대규모 국유 산업을 사유화하는 것은 기술적으로도 경제적으로도 퇴보일 것이다. 따라서 인민대중에게 스탈린의 전체주의를 전복하는 것이 실질적 의미가 있으려면, 정치적 민주주의를 통해 사회 전체의 부를 진정한 사회적 자산으로 전환시켜 사회주의적 민주주의를 확립해야 할 것이다.' 이것은 관료적 국가자본주의의 객관적 자료들에 기초해서 반스탈린주의 진영의 강령이라고 할 만한 내용을 추론한 것이다. 제2차세계대전 기간에 나타났던 조직적 반스탈린주의 운동 두 가지, 즉 블라소프Vlasov 운동과 우크라이나부흥군UPA의 실제 강령은 이러한 추론의 타당성을 뒷받침해 준다.

소련군 장성 출신으로 블라소프 사령관의 주요 보좌관 중 한 명인 말리시킨 장군은 이렇게 말했다.

우리의 입장은 … 볼셰비즘 시기에 전 인민의 피와 땀으로 건설된 모든 산업이 국가state의 재산, 즉 국유재산이 돼야 한다는 것입니다. … 그러나 사람들이 산업의 국유화를 선호하고, 산업의 국유화가 인민에게 이익이 되더라도, 국가는 사적 부문의 주도적 참여에 반대하지 않을 것입니다. … 사유화가 가능한 부문이 농업 분야와 공업 분야에만 국한되지는 않을 것입니다. … 경제생활의 여타 부문들에서도, 예컨대 상업과 수공업에서도 우리는 사적 부문이 주도적으로 참여해야 한다고 생각합니다. … 그러나 우리는 백군운동White Movement에 참여했던 모든 사람들에게 다음의 사실을 분명히 경고할 수밖에 없습니다. 즉,

소련에서 귀족과 대지주가 부활해야 한다고, 출신과 신분과 부에 따른 특권이 되살아나야 한다고, 낡아 빠진 정부 형태가 재건돼야 한다고 믿는 사람들은 모두 우리 편이 아니라는 것입니다.[6]

블라소프 운동의 지도자들이 진지했느냐 아니냐는 지금 여기서 따질 바가 아니다. 그들이 대규모 산업의 국유화를 지지하는 입장을 취했다는(그것도 나치 독일에서) 사실 자체가, 오로지 그러한 입장만이 그들이 끌어모으려 했던 소련군 전쟁 포로들에게 호소력이 있었다는 증거인 것이다.

UPA도 비슷한 입장을 취했다. UPA는 독일군과 소련군에 모두 대항해 게릴라전을 전개하면서 소비에트 우크라이나에서 지하 투쟁을 계속한 집단이었다. 1943년 그들은 볼리냐어로 된 출판물에서 "우크라이나가 독립국가가 될 때만 10월혁명의 위대한 구호들이 진정으로 실현될 수 있다"는 것을 자신들의 첫 번째 표어로 내세웠다.[7] UPA는 우크라이나 국가에 새로운 사회질서를 수립하기 위한 자신의 강령을 다음과 같이 제시했다.

(1) 산업·금융·무역은 국가 소유나 협동조합적·사회적 소유로 한다.
(2) 토지를 국유화하고 인민의 희망에 따라 집단적으로 또는 개별적으로 경작한다.
(3) 자본주의로 되돌아가는 것은 무조건 퇴보다.[8]

UPA의 또 다른 출판물은 다음과 같이 밝히고 있다.

계급투쟁이 완전히 사라지게 하려면 계급을 만들어 내는 근본 원인을 없애야 한다. 즉, 자본주의 나라들에서는 생산수단의 사적 소유 제도를, 소련에서는 스탈린의 당이 정권을 독점하는 독재적 전체주의 체제를 철폐해야 한다.[9]

또 거기에는 다음과 같이 쓰여 있다.

소련 사회는 … 사회주의 사회가 아니다. 왜냐하면 소련 사회에는 착취 계급과 피착취 계급이 존재하기 때문이다. 소련 노동자들은 자본주의도 스탈린 체제의 사이비 사회주의도 원하지 않는다. 그들은 진정으로 계급 없는 사회, 진정한 인민민주주의를 원하고, 자유롭고 독립적인 국가들에서 자유롭게 생활하기를 갈구한다. 오늘날 소련 사회는 다른 어떤 사회보다도 더욱 사회혁명의 기운으로 충만해 있다. 소련에서 사회혁명은 피억압 소수민족들의 민족 혁명으로 강화될 것이다.[10]

결론

자본주의적 민주주의 나라들에서는 프롤레타리아의 계급투쟁이 먼저 부분적이고 '평화적'이고 조직되고 '계획된' 경제투쟁 형태를 취한다. 심지어 제정 러시아와 식민지 나라들에서도 대체로 그랬다. 그러나 스탈린 치하 소련에서는 경찰의 혹독한 탄압 때문에 그러한 투쟁들이 배제된다. 소련에서는 자본주의 나라들의 군대에서 병사들이 끊임없이 군법이라는 채찍에 시달리듯이, 지배자들에 맞선 대중의 저항이 구체화되는 미세한 과정이 직접적으로 분명하게 드러나

지는 않는다. 여러 조건이 도저히 참을 수 없게 되고 **결정적 승리가** 가능하다는 것이 대중에게 명백하게 보일 때만, 그들은 전투에 참여할 수 있을 것이다. 오늘날 소련의 대중이 파업을 일으키는 것은 제정 러시아 병사들이 반란을 일으키는 것보다 훨씬 더 어려운 일이다. 차르 시대의 병사들은 인민대중이 폭동을 일으키는 것을 자기 눈으로 보고 나서야 비로소 반란을 일으켰다. 노동자들의 바리케이드가 병사들에게 인민의 힘에 대한 확신을 심어 주고 병사들로 하여금 장교의 명령을 거역하도록 부추겼던 것이다. 그러나 오늘날 소련에서는 인민 가운데 어떠한 집단도 차르 군대보다 더 세밀한 감시를 받고 있다. 대중의 가슴 속 깊이 간직돼 있는 분노와 적개심이 쌓일 대로 쌓여 폭발 직전의 상태가 될 때만, 대중은 마침내 반란을 일으킬 것이다(서방에서 프롤레타리아 혁명이 일어나면 이러한 과정이 훨씬 더 빨라질 수 있다는 것은 분명하다). 스탈린 치하 소련에서 계급투쟁은 **필연적으로** 수많은 사람들의 거대한 자발적 투쟁으로 그 모습을 드러낼 것이 틀림없다. 그때까지는 겉보기에 불길이 꺼져 있는 휴화산처럼 보일 것이다. 그때까지는 보안경찰의 전능한 마수 때문에, 혁명적 정당이 대중 속으로 파고들어가 집단적 행동을 조직하기가 불가능할 것이다. 그러나 자연발생적 혁명이 일어나 스탈린 체제 관료의 강철 군화를 분쇄하면, 모든 종류의 노동계급 정당과 단체, 노동계급 운동의 다양한 경향들이 자유롭게 활동할 수 있는 여지가 생길 것이다. 그것은 승리한 프롤레타리아 혁명의 제1장이 될 것이다. 그리고 그 마지막 장은 오직 자주적으로 동원되고 사회주의의 목표와 그 목표 달성 방법을 알고 있는, 그리고 혁명적 마르크스주의 정당의 지도를 받는 대중만이 쓸 수 있을 것이다.

스탈린에서 고르바초프까지

이 책의 초판[1]은 스탈린주의가 가장 강성했을 때, 그러니까 동유럽이 소련에 점령된 후, 그리고 티토와 스탈린이 분열하기 전에 발행됐다.

1953년 3월 스탈린이 사망했다. 그리고 몇 개월이 채 지나지 않아 그가 세운 체계에 거대한 균열이 나타나기 시작했다. 스탈린의 부관들 사이에서 곧 치열한 암투가 벌어졌다. 맨 처음에는 악명 높은 경찰 총수 베리아의 강력한 지지를 받는 말렌코프가 스탈린의 권력을 이어받는 듯했다. 그런데 갑자기 베리아가 처형되면서, 흐루쇼프가 말렌코프를 제치고 지도부에서 우위를 차지하게 됐다.

이러한 암투는 갑작스럽고 급격한 정책 변화를 동반했다. 스탈린 시대에 매우 중요한 구실을 하던 공포정치 기구가 갑자기 공격당했다. 가장 최근에 발견된 음모(이른바 '의사들의 음모')가 조작 사건이라고 비난받았고, 그래서 용의자 체포를 지시한 것으로 지목된 사람들 자신이 체포됐다. 그 뒤 3년에 걸쳐서, 강제수용소에 수감돼 있던 사람들의 90퍼센트가 풀려났다.

소련의 신임 지도부는 그동안 거대한 '실책'이 있었음을 공개적으로 인정했다. 처음 3년 동안 신임 지도부는 이러한 실책들을 베리아와 국가기구에 '침투'한 '반사회주의 스파이놈들' 탓으로 돌리면서 그들에게 엄청난 비난을 퍼부어 댔다. 그러나 1956년이 되자, 흐루쇼프는 소련공산당 제20차 당대회에서 스탈린 자신을 직접 비난했다(그 내용은 당시에는 공개되지 않았다). 그리고 1962년에 모스크바에 있는 레닌의 묘소에서 스탈린의 시체가 이장되면서 스탈린에 대한 비난이 조금씩 공개됐다.

스탈린 제국의 수뇌부에서 의견 충돌이 나타나기 시작하자, 아래로부터의 불만도 갑작스럽게 터져 나왔다. 강제수용소에 수감돼 있던 노동자들은 정권이 자신들의 사건을 다시 심리해 줄 때까지 그저 기다리지만은 않았다. 1953년 7월에 가장 규모가 크고 악명 높은 수용소에 있던 재소자들이 파업에 들어갔고 120명의 파업 지도자들이 총살당했다. 동베를린에서는 건설 노동자들이 작업 기준 강화 조처에 파업으로 응수했고, 이것을 계기로 동독의 전체 노동자들이 거의 무장봉기 수준까지 나아갔다. 1956년 6월 폴란드 포즈난 노동자들의 파업도 이와 비슷한 양상으로 발전했다. 그해 10월에는 헝가리 전역의 노동자들이 그 뒤를 따랐다.

이러한 반란들은 최악의 유혈 사태 속에서 진압됐다. 그러나 그러한 반란들은 많은 사회주의자들이 여전히 소련에 대해 품고 있던 환상을 산산조각 냈고, 또 동유럽 국가들을 반란 같은 것은 도저히 상상조차 할 수 없는 생명력 없는 획일체로 바라보던 시각에 도 전을 제기했다.

국제적으로 대부분의 좌파는, 소련이 서방과는 다르며 서방보다 본질적으로 우월하다는 생각을 당연한 것으로 여겼다. 1960년까지 만 해도 영국의 노동당 정치인 리처드 크로스먼 — 냉전 시대의 관 점이 들어 있는《실패한 신The God That Failed》을 편집했다 — 은 서방 자본주의보다 소련의 '계획경제'가 우월하기 때문에 서방 국가들도 사회주의 쪽으로 나아갈 것이라고 주장했다. 좀 더 좌파적인 제4인 터내셔널FI의 지도적 이론가 에르네스트 만델은 1956년에 다음과 같이 주장했다.[2]

> 소련은 과거의 진보가 미래의 가능성을 짓누르는 일 없이, 수십 년 동 안 계획이 거듭됨에 따라, 거의 균등한 경제성장 리듬을 유지하고 있 다. … 경제성장 속도를 둔화시키는 자본주의 경제 발전 법칙이 모두 사라졌기 때문이다.[3]

이러한 생각을 바탕으로 만델은 헝가리의 노동자 반란보다는 폴 란드의 고무우카가 위로부터 시도한 체제 개혁이 낫다는 견해를 표 명했다.[4] 또, 트로츠키 전기 작가인 아이작 도이처도 그러한 생각에 따라 헝가리 혁명 진압을 지지했다.

동유럽 국가 지도자들의 개혁 의지에 대한 그러한 기대는 1956년 이후 널리 퍼졌다. 1964년 흐루쇼프가 실각하면서 이러한 희망은 산산조각 나고 말았지만, 1968년 상반기 체코슬로바키아의 둡체크 시기에는 그러한 기대가 잠시 되살아나기도 했다. 고르바초프의 글라스노스트(유화정책)와 페레스트로이카(경제 구조조정 정책) 덕분에 지금 또다시 그러한 기대가 되살아나고 있다.

흐루쇼프 시대

토니 클리프는 1950년과 1957년에 동유럽과[5] 중국을[6] 다룬 저작들을 발표해 스탈린 체제에 대한 분석을 확대해 나갔다. 1950년대 말과 1960년대 초에는 소련에 대한 자신의 분석을 심화시켜 흐루쇼프 시대의 개혁들을 해명하고 그 개혁들의 내재적 한계를 지적했다.

이미 1947년에 클리프는 위기를 심화시키고 급기야 노동자 반란이 일어나게 만드는 소련의 핵심 모순을 지적했다. 관료의 임무는 노동생산성 수준을 높여 소련을 공업화하는 것이다. 관료는 극도로 낮은 생활수준을 강제함으로써 노동생산성을 일정 수준까지는 올릴 수 있었다. 그러나 클리프가 썼듯이 어느 시점이 지나면 "영양·주거·교육 상태가 나쁜 노동자는 현대적 생산에 기여할 수 없으므로 노동생산성을 높이려면 대중의 생활수준을 높이지 않으면 안 된다." 생활수준을 향상시키지 못했기 때문에 벌써부터 생산성 증가율이 하락하고 "생산 발전의 기복"이 나타나고 있는 듯하다고 클리프는 주장했다.[7]

그러나 소련 경제에 대한 믿을 만한 정보가 부족하고 소련을 국가자본주의로 보는 이론이 생소했기 때문에 클리프의 주장은 이 책에서 제대로 발전할 수 없었다. 국가자본주의 경제공황이 취하는 형태에 대한 그의 주장(이 책의 7장 뒷부분)이 그랬던 것처럼 말이다. 1950년대 말에 이르러서는 훨씬 더 많은 정보를 입수할 수 있게 됐다. 여전히 공식 통계, 신문 보도, 지도부 연설 등의 자료 더미에서 정보를 발굴해 내는 데 엄청난 노력이 들었지만 말이다.

클리프가 해낸 이 작업은 먼저 일련의 논문들과[8] 짧은 소책자로[9] 그리고 나중에 《소련: 마르크스주의적 분석》이라는 제목으로 출간된, 이 책의 1964년 개정판에 140쪽 분량으로 실렸다.

추가된 자료는 특히 흐루쇼프 시기와 관련된 것으로서 후속판들에는 포함되지 않았는데, 왜냐하면 후속판들이 출간된 시기에 이르러서는 이미 그 자료가 매우 낡은 것이 돼 버렸기 때문이다. 그러나 클리프가 거기서 제시한 논점들 가운데 많은 것은 요약해서 살펴볼 만한 가치가 있다.

클리프의 주된 논지는, 흐루쇼프가 스탈린한테서 물려받은 경제는 위기 요인들로 말미암아 점점 더 많은 어려움을 겪고 있었다는 것이었다. 그래서 흐루쇼프는 개혁 조처들을 밀고 나갔는데, 그러지 않으면 혁명이 터질 위험이 있었기 때문이다.

새로운 실패나 곤경이 나타날 때마다 스탈린이 취한 방법은 탄압과 공포정치를 강화하는 것이었다. 그러나 이 경직된 방법은 점점 더 비인간적 성격을 띠어 갔을 뿐 아니라 점점 더 비효율적인 것이 돼 갔다. 채찍을 다시 휘두를 때마다 사람들의 저항은 비록 침묵 속에서나마 점점 더 완강해져 갔던 것이다.

그리고 스탈린의 이 경직된 압제는 농업과 공업의 모든 현대적 발전을 가로막는 장애가 됐다.

소련의 위기는 경제적 토대에만 국한된 것이 아니었다. 문화적·이데올로기적·정치적 상부구조마저 위기에 빠졌다. 소련의 위기는 소련 국내 상황뿐 아니라, 소련과 동유럽 위성국들 사이의 관계 그리고 국제 공산주의 운동에도 영향을 끼쳤다.

그러고 나서 클리프는 다시 이 위기의 영역 하나하나를 자세히 설명했다.

농업 위기

스탈린이 농촌에 남긴 유산은 사반세기 동안 계속 정체의 늪에서 허우적거린 농업이었다. 1949~53년에 인구는 1910~14년에 비해 약 30퍼센트 증가한 반면, 곡물 생산은 겨우 12.8퍼센트 증가했다. 소련 농업의 노동생산성은 미국 농업의 5분의 1에도 미치지 못했다.

이러한 정체 현상은 몇 가지 이유로 체제에 명백한 위협이 됐다. 첫째, 농촌에서 잠재적 실업인구가 크게 축소되자, 농업의 노동생산성을 높이지 않고는 전과 같은 규모로 노동력을 공업 쪽으로 흡수하는 것이 불가능해졌다. 둘째, 농업에서 산출된 주요 자원을 공업 발전을 위해 일정 수준 이상으로 전용하는 것이 불가능해졌다.

스탈린의 '시초 축적' 방법은 가속기가 아니라 제동장치가 돼 경제 전체의 성장률을 둔화시켰다.[10]

흐루쇼프는 이 농업 위기를 두 가지 방법, 즉 '회유와 위협'으로 해결해 보려 했다. 회유정책은 농업 생산자들에게 지급하는 가격을 인상하고, 농업에 대한 국가투자를 늘리고, 집단농장에 자체 생산 계획을 수립할 수 있는 재량권을 더 많이 주고, 농민의 자경지 생산에 대한 규제를 완화해 주는 개혁 조처 등이었다. 그러나 그러한 개혁에는 수많은 어려움이 따랐다.

약 25년 동안의 스탈린 치하에서 사람들은 일할 의욕이 꺾인 상태다. … 한동안(또는 그보다 좀 더 오래) 농업에 더 많은 자원이 투입되고, 농업 종사자들에게 더 많은 소비재가 돌아가고, 국가가 농산물에 지급하는 가격이 약간 더 높아진다는 사실은 농민의 의욕을 북돋기보다는 오히려 의욕을 저하시킬 가능성이 높다. 가격이 오르더라도, 일할 의욕은 감소할 수 있다. 오로지 장기간에 걸친 대대적 인센티브 정책만이 과거를 극복하고 농업 종사자들이 열의 있게 일하도록 자극할 수 있다. 그러나 불행히도 흐루쇼프한테는 잉여 자본도 시간적 여유도 없다. 그리고 엄청난 군비 지출을 강요하는 국제적 상황과 경제의 관료적 운영 때문에 자본과 시간을 얻는 것 자체가 불가능한 상태다(농업 위기는 관료적 경제 운영의 가장 중요한 측면들 가운데 하나였다).[11]

소련 지도자들이, 더 큰 인센티브를 부여하고자 하는 자신들의 노력과 모순된다는 것을 뻔히 알면서도 중앙 통제 강화라는 위협책에 거듭 의존할 수밖에 없게 된 것은, 바로 이러한 사정 때문이었다. 따라서 농민에게 자경지 문제에 대해 더 큰 자유를 주는 조처에는 이 자경지에 대한 지독한 착취가 뒤따랐다. 그리고 집단농장에 자율성을 부여하는 조처에는 고도로 중앙집권적인 국영 농장을 건설하자는 캠페인이 뒤따랐다. 이러한 회유책이나 위협책 모두 별다른 성과를 거두지 못했기 때문에 지도부는 1950년대 중반의 처녀지 개간 캠페인, 옥수수 캠페인 등과 같이 소련 농업이 하룻밤 사이에 미국을 따라잡아야 한다는 대대적 캠페인을 방방곡곡에서 강력하게 벌여 나갔다.

그러나 농업 위기에서 벗어날 길은 없었다. 곡물 생산량이

1956~60년에 40퍼센트 증가해야 했으나 실제로는 2.7퍼센트만이 증가했고 그 뒤로는 아예 정체 상태에 빠져들었기 때문에 1963년 소련은 수백만 톤의 곡물을 외국에서 수입해야 했다. 1960년의 육류 생산은 본래 목표량의 3분의 1 정도에 불과했다.

클리프는 흐루쇼프에 대해 이렇게 썼다. "그는 농업 위기의 해결을 주요 공약의 하나로 내세웠다. 따라서 그가 약속을 제대로 지키지 못하면 몰락할지도 모른다."[12] 그로부터 몇 달 뒤 흐루쇼프는 별다른 성과도 거두지 못한 그의 "어리석은 계획들"에 대해 불평을 늘어놓는 다른 정치국원들에 의해 권좌에서 축출당하고 말았다.

공업 위기

공업은 농업과 달리 스탈린 시대 내내 엄청나게 성장했다. 그리고 흐루쇼프 집권기에도 계속 성장했다. 그러나 성장률은 떨어졌다. 1930년대에는 서방 세계보다 더 빠른 증가 추세를 보였던 생산성이 이제는 소련 관료의 주요 경쟁자인 미국보다 크게 낮은 수준으로 떨어졌다. 클리프는 이렇게 지적했다.

1957년 말 소련의 공업 노동자 수는 미국보다 12퍼센트가 많았다. … 그런데 심지어 소련의 추계를 봐도 1956년 소련의 연간 공업 생산량은 미국의 절반 수준이었다.[13]

농업 위기 때문에, 더는 낮은 수준의 공업 생산성을 공업 노동자 수의 대규모 증가로 보완할 수 없었다. 따라서 소련 관료는 소련 경제 내의 급증하는 낭비와 생산 품질 저하에 점점 더 주의를 기울여야 했다.

클리프는 낭비의 여러 원인을 다음과 같이 열거했다. 기업이 다른 곳에서 더 싸게 생산할 수 있는 물품을 내부에서 생산하도록 만든 칸막이 구조(구획주의),[14] 관리자들과 노동자들의 공급품 사재기,[15] 관리자들의 기술혁신 기피 경향,[16] 질이 떨어지더라도 양을 늘리고 보는 풍조,[17] 정비 소홀,[18] 산더미 같은 서류 작업과 난맥상의 확산,[19] 서로 다른 공장의 효율성을 비교 평가하기 위해 관리자들이 요구한 효율적이고 합리적인 가격기구를 확립하지 못한 것.[20] 클리프는 다음과 같이 결론 내렸다.

'계획경제'라는 말을 모든 구성 요소가 단일한 리듬에 따라 조정되고 조절되며, 갈등이 최소화되고, 무엇보다 예측을 바탕으로 경제적 결정이 내려지는 경제로 이해한다면, 소련 경제는 결코 계획경제가 아니다. 정부 자체의 결정과 활동으로 말미암아 경제에 생겨난 간극을 메우기 위해 진정한 계획이 아니라 엄격한 정부 지령 방식이 발전했다. 따라서 소련 경제는 계획경제라기보다는 관료적 지령 경제라고 부르는 편이 더 정확할 것이다.[21]

클리프 이전이나 이후에도 소련 공업의 비효율성에 대한 지적은 많이 있었다. 소련 체제가 서방 체제보다 질적으로 열등하다고 주장하는 사람들은 우파든 좌파든 비효율성에 대한 경험적 '증거'를 제시해 왔다. 그런데 클리프의 설명의 특징은 낭비와 비효율성을 강조하기보다는 오히려 낭비와 비효율성을 소련 체제의 국가자본주의적 성격에서 파생되는 것으로 본다는 점이다.

다양한 종류의 낭비가 나타난 직접적 원인은 계획 수립자들이 생산 목표를, 쉽게 달성할 수 있는 수준보다 높게 책정한 탓이었다. 이러한 압력으로부터 자신들을 보호하기 위해 관리자들은 자재와 노동력을 사재기해 뒀다. 그리고 노동자들은 관리자들의 압력이 갑자기 증대될 경우에 대비해 되도록 비생산적으로 일했다. 이러한 일이 경제 전반에서 일어나고 있다는 것을 인식한 계획 당국자들은 이번에는 의도적으로 더욱 높은 목표량을 부과했다. 클리프는 이런 상황을 다음과 같이 묘사했다.

소련 경제에 만연해 있는 이런 혼란과 낭비의 근본 원인은 무엇일까? 높은 생산 목표량과 공급 부족, 이 두 요인이 호두까기의 두 집게처럼 관리자들의 숨통을 조이기 때문에 관리자들은 생산능력을 속이고 숨기며 생산에 필요한 장비와 공급 물품량을 부풀려 말하고 안전 제일 주의로 움직이면서 전반적으로 보수적으로 행동하게 된다.

그 결과 낭비와 공급 부족 현상이 나타나고 관리자들에 대한 위로부터의 압력이 증대된다. 그래서 관리자들은 또다시 속여야 한다. 이렇게 악순환이 계속된다.

높은 목표량과 공급 부족은 번거로운 관료주의를 낳는다. 그리하여 다시 악순환이 벌어진다.

높은 목표량과 공급 부족 때문에 관리자들은 우선순위를 정할 수밖에 없다. 그러나 이러한 우선순위 시스템과 '캠페인' 방식은 양적 측정 기준이 분명하지 않기 때문에 낭비를 낳고, 그래서 우선순위 결정에 더욱 의존하도록 만든다. 그리하여 다시 악순환이 벌어진다.

이러한 상황을 해결하려고 다양한 통제 시스템이 도입되는데, 그러한 통제 시스템 자체가 낭비적인 데다가 체계적으로 조율되지 않아서 오히려 낭비가 심해진다. 그래서 더욱 많은 통제, 산더미처럼 쌓이는 서류, 엄청나게 많은 관료가 필요하게 된다. 그리하여 다시 악순환이 벌어진다.

과도한 계획 목표와 공급 부족 사이의 모순에서 비롯하는 악순환은 부실한 가격 메커니즘의 효과에서도 거의 비슷하게 나타난다. 그리하여 예컨대 부실한 가격 메커니즘 때문에 칸막이 현상과 우선순위 캠페인과 잡다한 통제가 나타난다. 그리고 이 때문에 가격 메커니즘의 결점이 더욱 증폭된다. 그리하여 다시 악순환이 벌어진다.[22]

클리프가 말한 '악순환'은 1964년 이래 동유럽 경제학자들도 무수히 언급한 문제다.[23] 그들 가운데 일부는 과도하게 높은 목표(가끔은 '과잉투자'라는 말로 표현된다), 보급품 부족(가끔은 '인플레이션 장벽'이라는 말로 표현된다), 공급 물품 사재기, 경제의 칸막이 구조 사이의 상호 연관성에 대해 언급했다. 또 그들 가운데 몇몇은 어떤 측면에서는 클리프보다 더욱 멀리 나아가, 이 상이한 요인들이 맞물려 서방 자본주의에서 나타나는 고전적 호황·불황 유형과 어느 정도 유사한 투자와 생산의 사이클을 어떻게 만들어 내는지를 설명하려 하기도 했다.[24] 그러나 그들은 모두 클리프가 지적한 매우 중대한 점 하나를 잊고 있다. 즉, 명백히 불합리하게 보이는 비효율과 낭비의 악순환이 소련 지배 관료들의 관점에서 볼 때는 합리적 출발점 노릇을 하고 있다는 사실이다. '과잉투자'는 관료적으로 운영되는 경제가 세계 체제 속에 편입돼 생겨난 결과다.

생산 목표량을 낮추는 데 가장 큰 장애는 세계적 패권 경쟁으로 인한 거대한 군비 지출이다.[25]

소련 체제는 오늘날 소련 체제의 낭비를 강조하는 많은 사람들의 판단과는 달리 단순한 대실패로 여겨서는 안 된다.

그러나 소련의 국민경제를 좀먹는 부실 경영 때문에 매우 실질적인, 아니 엄청난 성과를 거두는 것이 불가능하다고 생각해서는 안 된다. 실제로는 관료의 부실 경영과 소련 공업의 대약진 사이에는 긴밀한 변증법적 통일이 존재한다. 소련의 낙후한 생산력, 생산력의 급속한 성장을 향한 거대한 드라이브(이와 관련된 일련의 요인들 전체와 함께), 그리고 무엇보다 자본축적에 대한 소비의 종속만이 관료적 국가자본주의의 출현을 설명해 줄 수 있다.

인민대중의 희생과 노력 덕분에 소련은 관료의 부실 경영과 낭비가 있었는데도 공업 열강의 지위에 오를 수 있었다.

그러나 국가자본주의는 조화로운 사회주의 사회만이 해방시킬 수 있는 가장 중요한 생산력, 즉 노동계급의 발전에 방해가 돼 가고 있다.[26]

낮은 생산성의 얼마만큼이 상부의 부실 경영과 실책의 결과이고 얼마만큼이 노동자들이 아래로부터 저항한 결과인지는 추정하기 어렵다. 당연히 두 측면은 서로 분리될 성질의 것이 아니다. 자본주의 일반, 특히 그 변종인 관료적 국가자본주의는 인간의 욕구 충족보다 비용 절감과 효율성 증대에 더 관심이 많다. 따라서 관료적 국가자본주의 체제의 합리성은 기본적으로 비합리적이다. 왜냐하면 관료적 국가자본주의는 노동자를, 자기 자신의 욕망에 따라 스스로 삶을 만들어 나가는 주체가 아니라 '객체', 즉 조종 대상으로 소외시키고 있기 때문이다. 노동자들이 생산을 사보타주하는 이유가 바로 이것이다.[27]

농업과 마찬가지로 공업에서도 스탈린의 후계자들은 이러한 문제를 회유책으로 해결하고자 노력했으나, 그것이 성공할 수 없음을 깨닫고 다시 적어도 부분적 위협책으로 돌아서게 됐다.

스탈린 사후 대규모 강제노동수용소들이 해체되자, 노동자들이 결근하거나 지각하면 법정형을 받도록 하던 법률들도 뒤이어 폐지됐다. 클리프는 이러한 변화들을 서방 자본주의의 발전 과정에서 일어났던 변화들과 비교한다. 즉, 산업혁명의 초기 단계에는 사람들이 공장의 규율을 받아들이도록 하기 위해 모든 종류의 강제 조처(유랑자 규제 법률과 노역장 체제)가 사용됐다. 그러나 일단 새로운 자본주의 체제가 뿌리내리자, 그러한 강제 조치는 오히려 노동생산성의 향상을 방해하는 경향을 보였고, 그 결과 순전히 '경제적' 형태의 강제 조치로 바뀌었다.[28]

그러나 노동자들을 꾀어서 생산성을 높이는 데 사용할 수 있는 회유책에도 한계가 있기 마련이었다. 1953년과 1954년, 스탈린 사후 첫 총리인 말렌코프는 생산재 생산을 줄이고 소비재 생산을 늘리겠다고 약속했다. 그러나 경공업과의 밀월 기간은 금방 끝나고 말았다. 국제적인 경제적·군사적 경쟁의 틀 속에서 소비는 축적에 종속될 수밖에 없었다. 1954년 초가을에 흐루쇼프, 불가닌(당시 국방장관), 셰필로프가 소비자들의 '어리광'에 반대하는 공세를 개시했다. 그리고 다시 중공업에 더 큰 비중을 두는 정책으로 돌아서고자 했다. 1955년 1월 흐루쇼프는 이렇게 선언했다.

당이 해결하기 위해 노력을 기울여야 하는 가장 중요한 과제는 옛날이나 지금이나 소련의 국력을 강화하는 것이며, 따라서 중요한 과제는 중공업의 가속적 발전이다.

이로부터 2주일 뒤 말렌코프는 총리직에서 물러나야 했다. 국가의 공업 투자에서 경공업과 식품공업이 차지하는 비율은 1930년대의 5개년계획 기간에는 16~17퍼센트였고, 1940년대 후반에는 12.3퍼센트였으나, 1950년대에는 훨씬 더 낮아졌고 1960년대 초에는 약 9퍼센트까지 떨어졌다.[29]

농업 위기를 해결하지 않고는, 또 소비재 산업에 대한 대대적 투자 확대 없이는, 흐루쇼프 시대에 노동자들의 생활수준을 향상시키는 데 한계가 있었다. 1963년이 되자,

절대적 견지에서 소비재 생산이 증대했다. 그러나 대체로 결과는 제1차 5개년계획의 목표에도 미치지 못하는 경우가 많았다. … 많은 변화가 있었지만 소련의 생활수준은 서방보다 여전히 훨씬 낮고, 1928년 당시(계획 이전 시기) 소련의 생활수준보다 약간 높을 뿐이다.[30]

흐루쇼프 집권 말기에 이르면 노동자들의 처지가 스탈린 때보다 훨씬 더 좋아졌다고 하지만(1930년대 중반의 생활수준은 1928년 수준의 5분의 3 정도였다), 노동자들의 생활수준 향상이 노동생산성을 크게 높이는 데는 결코 충분치 않았다. 클리프는 소련 노동자에 대한 장을 이렇게 끝맺었다.

오늘날 소련 지도자들에게 가장 커다란 걱정거리는 노동자들의 생산성을 어떻게 발전시킬 것인가 하는 점이다. 노동자들의 태도가 사회를 생각하는 눈치가 전혀 아니기 때문이다.

지도자들은 노동자들을 관료 기구의 톱니로 바꾸기 위해 노력하고 있는데 이것이 관료에게 가장 필요한 것, 즉 노동자들의 생산성과 창의력을 사멸시키고 있다. 합리화되고 강화된 착취가 노동생산성 향상에 매우 심각한 장애 요인을 만들어 낸다.

노동계급의 숙련도와 통합의 수준이 높아질수록 노동계급은 소외와 착취에 더욱 거세게 저항할 뿐 아니라 착취자들과 압제자들을 점점 더 경멸할 것이다. 노동자들은 전문 경영인들인 관료들을 더는 존경하지 않는다. 어떤 지배계급도 인민의 경멸을 받으면서 오랫동안 지배를 유지할 수는 없다.[31]

'상부구조'의 변화

흐루쇼프 시대에 대한 클리프의 진단은 경제에만 국한된 것이 아니었다. 그는 계속해서 경제적 필요의 변화가 사회의 정치적 '상부구조'에 어떻게 반영되는지를 보여 줬다.

스탈린 이후 시대의 가장 두드러진 특징은 공포정치가 완화됐다는 것이다. 강제노동수용소가 대부분 폐쇄됐고, 대규모 숙청 역시 과거지사가 됐다. 법치의 주요 요소가 복원됐고, 그에 따라 경찰은 사법적 판결 없이 사람을 구금하고 처형하는 권한을 잃게 됐다.

클리프가 보기에 이러한 변화는 주로 대규모 강제 노동에 기초한 '시초 축적'에서 자유로운 노동에 기초한 '성숙한 국가자본주의'

로 이행한 결과였다. 그러나 이러한 변화는 관료들의 개인적 욕구와
도 맞아떨어지는 것이었다.

소련 지배계급은 스스로를 위해 완화를 원한다. 지배계급의 구성원들
은 자신들의 특권을 즐기며 살기를 원한다. 스탈린 체제의 역설 가운
데 하나는 사회적 특권을 지닌 관료들조차 체제와 하나가 되지 못했
다는 것이다. MVD(KGB의 옛 이름)가 너무 자주 고위층 관료들에게
까지 손을 뻗쳤기 때문이다. 1938~40년에 전문 기술자의 약 24퍼센
트가 투옥되거나 처형된 것으로 추산됐다. 관료는 이제 자신의 지배
를 정상화하려 했다.[32]

그러나 경제 분야의 '회유책'에 한계가 있었던 것과 꼭 마찬가지
로 경찰의 권한을 축소하는 데도 한계가 있었다. KGB는 여전히 국
가권력의 핵심이었다. 지배계급의 권력에 심각한 의문을 제기하거
나 파업과 시위를 주도하는 사람들을 누구든 처벌할 수 있는 무
수한 법률들의 효력이 그대로 유지되고 있었다. "소비에트의 법률
과 사회주의적 행동 규범을 위반하는 사람들"을 처리하기 위해 "인
민 법정"이 설치됐다. 이것은 관료의 국유재산 독점권에 도전하거나
관료를 위해 일해야 하는 사회 구성원의 의무를 방기하는 활동, 즉
"국유·공유 장비나 운송 수단을 불법으로 도용하거나 … 사회적
으로 유용한 노동을 기피하고 기생 생활을 하거나 … 밀렵을 하거
나 … 동물을 가지고 농작물에 피해를 주거나 … 사사로이 부당이
득을 취하거나 … 술에 취해 행패를 부리거나 … 욕설을 하는 등의
행위"가[33] 여기저기서 일어나고 있었음을 뜻한다.

클리프는 재화의 일반적 부족 상태, 경제에서 "관료의 전횡과 행정명령"에 대처할 수 있는 능력 부재, 그리고 "국가가 모든 생산수단의 저장고이자 교육적·문화적 조직의 중심"이라는 사실, 따라서 "체제의 어떤 측면에 대한 비판이든 모든 비판"의 초점이 된다는 사실 때문에 국가권력의 전횡이 더는 축소될 수 없다고 생각했다.

이와 같이 국가자본주의는 사적 자본주의와 달리 자체의 본질상 그저 형식적 민주주의라 할지라도 광범한 정치적 민주주의의 가능성을 배제한다. 국가가 생산수단의 저장고인 곳에서는 정치적 민주주의가 경제적 민주주의와 분리될 수 없기 때문이다.[34]

이렇게 정치 개혁에 한계가 있을 수밖에 없었던 까닭은 권력 자체가 계속 소수의 관료 계급에게 있었기 때문이다.

권력의 독점은 스탈린 시대와 마찬가지로 흐루쇼프 집권기에도 소련공산당의 특권이었다. 소련공산당의 사회적 구성 역시 별로 변하지 않았다. 그리고 관료들의 고위 당직 독점은 흐루쇼프 시대가 스탈린 시대보다 훨씬 더 심한 편이다. … 당원 가운데 일반 노동자와 집단농장의 농민이 차지하는 비율은 20~25퍼센트 정도일 뿐이다. 그리고 고위직으로 갈수록 노동자와 농민 출신은 점점 더 줄어든다.[35]

개혁을 밀고 나가려는 흐루쇼프의 시도와 일정 수준 이상으로는 그렇게 할 수 없는 그의 처지 사이의 긴장은 소련 내 여러 민족들 사이의 관계에서 분명히 표출된다.

스탈린의 죽음은 러시아화化 캠페인의 최고조기에 발생했다. ··· 따라서 스탈린의 후계자들은 이러한 정책을 계속 밀고 나가야 할지 아니면 소수민족에게 모종의 양보 조치를 취해야 할지 결정을 내려야 했다.[36]

처음에는 양보 조치를 취할 듯한 눈치였다.

자신들의 경계적·문화적 진보를 추구해야 한다는 소련 내 비러시아계 민족들의 자기 확신 때문에 민족적 억압에 대한 저항은 갈수록 증대할 것임이 틀림없다. ··· 경제 운영에서 스탈린의 지나친 중앙집권화가 후퇴한 곳에서는 ··· 사람들이 스탈린의 거칠고 극단적인 소수민족 정책에 분노를 터뜨리기 시작했다.

스탈린이 죽자, 즉시 변화를 요구하는 사람들이 나타나기 시작했다.

클리프는 여러 공화국의 당 지도자들 가운데 과거에 스탈린의 민족 정책에 지나칠 정도로 열렬히 동조했다는 이유로 좌천된 몇몇 사람과 과거에 '부르주아적 민족주의'에 물들었다는 혐의로 곤욕을 치렀다가 복권된 몇몇 사람을 거명했다. 흐루쇼프는 제20차 당대회 연설에서 모든 소수민족에 대한 스탈린의 강제 이주 조치를 노골적으로 비난했다. 그 뒤 곧 몇몇 소수민족은 원래 살던 곳으로 돌아왔다(그러나 크림반도의 타타르인과 볼가 강 유역의 독일인은 그러지 못했다).

그러나 "민족 정책의 주요 노선은 실제로는 크게 바뀌지 않았다. ··· 1959년 새로 임명된 아시아계 공화국들의 정부 각료 118명 가운데 38명이 유럽인이었다." 게다가 그들은 대개 국가안전보위부나 경제계획 부처, 각료 회의 의장이나 부의장 등과 같이 핵심적 지위들을 차지했다. 제정 러시아 시대의 병합이 계속 미화됐고, "민족 공화국들의 학교에서조차 러시아어가 토착 민족어를 계속 밀어내고 있다."

비러시아계가 소련 인구의 약 절반인데도, 1958년 현재 비러시아어 신문의 발행 부수는 총 발행 부수의 단 18퍼센트에 불과했다.[37]

이러한 추세에 저항하는 사람들은 스탈린 시대처럼 축출돼 처형되지는 않았지만 그들의 앞길은 그것으로 막혀 버렸다. 여러 민족 공화국에서 '반민족주의' 캠페인이 계속됐으며, 이에 따라 광범한 해직과 좌천 사태가 잇따랐다.

소련 지도부는 소련의 국경 안팎에서 '민족'문제에 직면했다. 스탈린 시대에 모스크바는 세계의 3분의 1에 달하는 지역을 지배했고, 그 밖의 곳에서도 대다수 전투적 노동자들의 강력한 지지를 받는 국제 공산주의 운동의 중심지였다. 이것은 스탈린에게 이중으로 도움이 됐다. 즉, 외국의 공산당들은 소련과 서방 열강들의 외교 분쟁에서 소련 지지 세력으로 이용될 수 있었다. 또한 소련에 대한 외국 공산당들의 찬양은 소련 내부의 노동자와 농민을 계속 통제하는 데 유리한 이데올로기적 무기로 이용될 수 있었다. 스탈린의 방법이 옳다는 것을 입증하는 데 다른 나라 노동자들이 그것을 찬양하고 있다는 사실보다 더 나은 증거가 어디 있겠는가?

그러나 소련이 다른 공산당들을 통제할 수 있었던 것은 소련이 유일한 독자적 공산당 정권이라는 사실 덕분이었다.

오랫동안 … 국제 공산주의 운동은 … 거듭 좌절을 겪었다. 독일에서 1919년 혁명이 패배하고 히틀러가 권력을 장악했고, 중국에서 1925~27년 혁명이 패배했고, 스페인 내전에서 공화파가 패배했고, 프랑스에서 인민전선 정부가 붕괴하는 등 실패의 연속이었다. 권력을 유지하고 있는 공산당은 오직 소련공산당뿐이었다.

자연이나 사회의 불가항력에 직면했을 때, 더 나은 세상을 약속하는 종교라는 아편을 받아들이는 것이 약한 인간들의 모습이라면, 스탈린주의는 분명 그렇게 오랜 고통과 무력감의 세월 속에서 국제 노동운동의 아편 노릇을 했다.[38]

그런데 제2차세계대전이 끝나고 사태가 급변했다. 먼저 유고슬라비아와 알바니아에서, 그다음에는 훨씬 더 중요한 의미가 있는 중국에서, 그다음에는 쿠바와 베트남에서 소련에 의존하지 않는 공산당이 권력을 장악했다. 클리프는 몇몇 책과 논문에서[39] 이 국가들이 소련과 똑같은 국가자본주의적 축적 논리에 따라 움직이고 있다는 것을 밝혔다. 그러나 바로 그 논리 때문에 그 국가들은 소련 지배자들과 격렬한 갈등을 겪을 수밖에 없었다.

1948년에 티토가 스탈린과 관계를 단절했다. 스탈린이 소련의 자본축적을 위해 유고슬라비아의 독자적인 민족적 국가자본주의 건설을 방해하는 정책들을 강요하려 했기 때문이다. 그로부터 12년 뒤 흐루쇼프는 그보다 훨씬 더 중요한 분열, 즉 거대한 중화인민공화국의 지도자들과 결별하는 사태에 직면하게 됐다.

클리프는 중소 분열의 근본 원인이 두 나라 지배계급의 경제적 필요의 차이에 있다고 판단했다. 소련은 생산성 면에서 미국을 따라잡기 위해 노심초사하고 있었다. 그리고 그러려면 이미 어느 정도 발전한 공업에 투자를 집중하면서 남은 자원을 몽땅 생활수준을 향상시키는 데 사용해야 했다. 그러나 중국은 그와 대조적으로 새로운 공업의 토대를 마련하기 위해 절실히 투자가 필요했고, 따라서 필요하다면 극히 원시적인 방법까지 동원해야 할 판이었다. 그래서 생활수준은 될 수 있는 대로 낮은 수준으로 유지할 필요가 있었다. 중국과 소련은 서로 다른 이해관계 때문에 자원 배분을 둘러싸고 갈수록 격렬하게 대립했다. 그리고 이러한 두 나라의 경제적 분화는 이데올로기적 분화를 낳았다. 시초 축적 단계에서 성숙한 국가자본주의로 이행하려던 소련 지도부는 자신들의 정책이 생활수준에 직접 도움이 된다는 것을 자랑할 수 있는 이데올로기가 필요했다. 따라서 소련 지도부는 끊임없는 희생과 무자비한 동원을 요구하는 스탈린주의 이데올로기에 차갑게 등을 돌릴 필요가 있었다. 반면, 아직 시초 축적 단계에 있었던 중국으로서는 스탈린주의 이데올로기가 그 어느 때보다 절실했다.

중국으로서는 부유한 파트너에게 얻는 것이 갈수록 줄어드는데도 그들과 같은 진영에 속해 있다는 것 자체가 손해다. 그러나 장기적으로는, 잘 훈련된 마오쩌둥 진영의 사기를 떨어뜨려 재앙적 영향을 미칠 수 있다.[40]

클리프는 소련과 중국의 분열이 일시적 현상이 아니라 영구적 현상이라고 결론지었다. 따라서 "모스크바와 베이징 사이의 갈등이 어떤 방향으로 발전하더라도, 한 가지 사실, 즉 획일적인 국제 공산

주의 운동이 붕괴했다는 사실은 분명하다".[41]

이것은 오늘날에는 그리 대단하게 생각되지 않을 수 있는 결론이다. 그러나 1960년대 초에는 극소수만이 그러한 견해를 표명했다. 서방의 우파와 좌파 모두 대체로 소련과 중국이 결국 빠른 시일 안에 분쟁을 끝내고 관계를 정상화할 것이라고 생각했다. 아이작 도이처는 두 나라가 공통점이 아주 많기 때문에 분열이 그리 오래가지 않을 것이라고 말했는데, 이것은 대다수 사회주의자들의 견해를 대변한 말이었다.[42]

브레즈네프 시대

니키타 흐루쇼프는 1964년 가을 소련공산당 정치국에 의해 권좌에서 축출됐고 야인의 몸으로 세상을 떠났다. 그의 후계자 레오니트 브레즈네프는 흐루쇼프의 두 배인 18년 동안 지배하다가 재임 중에 사망했다. 그러나 그의 몸이 식기가 무섭게 소련 언론들은 브레즈네프 시대를 '정체'stagnation의 시대라고 비난했다.

브레즈네프가 1964년에 권력을 장악할 수 있었던 것은 흐루쇼프의 잇따른 개혁과 반反개혁이 이렇다 할 경제적 성과를 내지 못한 채 상당수의 관료들을 곤란에 빠뜨렸기 때문이다. 그래서 브레즈네프는 이해관계가 서로 다른 관료들을 더 이상의 "어리석은 계획"에 반대해 자기 주위로 쉽게 결집시킬 수 있었다. 브레즈네프는 그들 사이에서 책략을 부려 권력을 자신에게 집중시켰고 당 서기국을 장악하고 국가 원수가 되어 부동의 위치에 설 수 있었다.

그러나 그 역시 성공의 대가를 치러야 했다. 자신의 권력 장악을

도와준 모든 사람들을 회유해야 했던 것이다. 그리고 그것은 현직 관료들을 직무 수행의 충실도를 따지지 않고 그대로 두는 것을 뜻했다. 스탈린 시대의 특징이 대대적인 피의 숙청이었던 반면, 흐루쇼프 시대의 특징은 대대적인 무혈 숙청이었다. 브레즈네프 시대에는 둘 다 없었다. 브레즈네프 시대는 관료의 안정성이 오랫동안 지속돼서 많은 고위 관료들이 죽을 때까지 직위를 유지했다. 1953년 스탈린이 죽었을 때는 정치국원들의 평균 연령이 55세, 중앙위원회 서기들의 평균 연령이 52세였다. 그러나 브레즈네프가 죽었을 때는 정치국원들과 중앙위원회 서기들의 평균 연령이 각각 70세와 67세로 높아져 있었다.

처음에는 개혁을 계속하려는 형식적 노력이라도 했다. 브레즈네프의 첫 총리인 코시긴은 공장 관리자들의 성공 여부를 그저 생산량으로만 측정하는 것이 아니라 수익성의 견지에서 측정하는 새로운 평가 제도를 도입하려 했다. 1967년에 노동력을 줄이면서도 생산량을 증가시키는 데 성공한 셰키노 화학 콤비나트의 성공 사례는 다른 기업들이 본받아야 할 모범 사례로 강조됐다. 그러나 새로운 개혁 조치들은 곧 흐지부지됐다. 체제를 부분적으로 땜질한다고 해서 기대만큼 성과가 나타나는 것도 아니었고, 자신들의 이해관계를 잠식당한 관료들의 저항이 땜질 이상의 조치를 방해했기 때문이다.

첫 10여 년 동안에는 흐루쇼프를 그렇게도 괴롭혔던 문제들이 간단히 무시될 수 있을 것처럼 보였다. 소련의 경제성장률은 떨어지고 있었지만 그래도 대부분의 서방 국가들보다는 아직 높았다. 소련의 광대함과 그에 따른 상당한 광물자원 덕분에 경제의 모든 부문에 존재하는 취약성을 무시할 수 있었다. 농업과 소비재에 대한 투자가 군비경쟁의 압력 때문에 지연되고 있었지만, 여전히 생산량을 늘리고 생활수준을 높이는 것이 가능했다. 흐루쇼프 시대의 연평균 곡물 수확량은 1억 2440만 톤이었으나, 브레즈네프 시대의 처음 10년 동안은 연평균 곡물 수확량이 1억 7670만 톤이었다.[43] 1965년에는 소련의 가구 가운데 24퍼센트만이 텔레비전을 갖고 있었고, 59퍼센트만이 라디오를, 11퍼센트만이 냉장고를, 21퍼센트만이 세탁기를 갖고 있었다. 1984년에 이르면 그 수치는 각각 85퍼센트, 96퍼센트, 91퍼센트, 70퍼센트로 상승했다.[44]

사정이 이렇게 나아지는 동안에는, 흐루쇼프를 그렇게도 괴롭혔던 온갖 문제들이 무시될 수 있을 것처럼 보였다. 그러나 1970년대 말에 들어서자 잠복해 있던 문제들이 다시 불거지기 시작했다. 경제성장률이 갑자기 떨어지기 시작했다. 1976~80년의 5개년계획은 1920년대 이래 가장 낮은 성장 목표를 정했다. 그런데도 결국 달성되지 못했다. 흐루쇼프 시대의 마지막 5년 동안 연평균 성장률이 5퍼센트였고 브레즈네프 시대의 처음 5년 동안 연평균 성장률이 5.2퍼센트였던 것에 반해, 1976~80년의 연평균 성장률은 고작 2.7퍼센트였다.(이것은 미국의 추계다.[45] 소련의 공식 발표는 이보다 조금 더 높지만 같은 추세를 보여 준다.)

정체 추세는 특히 몇몇 산업에서 아주 뚜렷하게 드러났다. 1980년에 전기와 석유 생산 증가율은 5년 전의 약 3분의 2 수준으로 떨어지고 있었다. 그리고 석탄, 철강, 선반 기계 생산은 실제로 약간 감소하기까지 했다.[46] 엎친 데 덮친 격으로, 1978년에는 괜찮은 편이었던 곡물 수확이 1979년과 1980년에는 형편없이 줄어들었으며 1981년에는 지독한 흉작을 기록했다.

오늘날 소련 지도부는 이렇게 얘기한다.

1970년대의 경제 발전 과정에서 나타난 해로운 경향들은 1980년대 초에 완화되기보다는 오히려 더욱 첨예해졌다. 1980년대의 처음 2년 동안 성장률은 계속 하락했다. 경제 운영의 질적 지표들도 악화됐다. 1982년의 공업 성장률은 그 전 5개년계획 기간의 평균치를 밑도는 33.4퍼센트였다.[47]

브레즈네프 세대에 속하는 노쇠한 관료들의 반응은 경기 침체에서 파생된 모든 문제를 회피하려 애쓰는 것이었다. 그들은 낡아빠진 방식을 고집했고, 정치적 영향력을 이용해 자신들의 작은 제국들을 지키려 했다. 소련의 지도층은 당시의 사정을 이렇게 얘기한다.

중앙과 지방을 불문하고 많은 지도자들이 계속해서 낡은 방법으로 행동하려 했고 새로운 상황에 맞게 일할 태세가 돼 있지 않음이 드러났다. 규율과 질서가 엉망으로 망가졌다. 엄격함과 책임감이 약해졌다. 그래서 계획을 하향 조정하는 잘못된 관행이 널리 퍼지게 됐다.[48]

스탈린 시대와 흐루쇼프 시대의 각급 관료들은 자신들의 업적에 대해서 일종의 자부심을 가질 수 있었을 것이다. 그들은 스탈린을 두려워하면서 살았을 것이고, 흐루쇼프의 급작스러운 정책 변화에 불만을 품었을 것이다. 그러나 적어도 자신들의 집단적 통제 아래 경제가 성장하고 그와 함께 자신들의 개인적 신망이 커지는 것을 경험했다. 그들은 "공산주의의 가차없는 전진"(마르크스와 레닌이 설파한 인간 해방이라는 의미가 아니라 소련의 국가자본가 권력의 성장이라는 의미에서)을 믿었을 것이다.

브레즈네프 시대로 들어서자 자부심은 냉소로 바뀌었고, 냉소는 곧잘 노골적 부정부패로 이어졌다. 최상층인 브레즈네프 자신의 가족부터가 부정부패에 연루됐다. 브레즈네프의 딸은 다이아몬드 도난 사건에 연루됐다는 혐의를 받았으며, KGB 부의장인 브레즈네프의 처남은 그녀의 죄를 덮어 줬다는 혐의를 받았다.[49] 관료제의 조금 아래쪽에서는 민족 공화국들의 수많은 지도자들이 범법자와 다름없는 분자들을 감싸 주며 자신들의 기반을 다졌다. 브레즈네프가 사망하자 카자흐스탄, 우즈베키스탄, 그루지야, 아르메니아의 지도부에 대해 이런 종류의 비난이 쏟아졌다.

관료들의 냉소 못지않게 기층 대중의 소외도 계속됐다. 알코올 중독이 급격히 늘어났다. 공장 제품의 품질은 개선되지 않았다. 공업 생산성은 미국의 55퍼센트 수준에 머물렀으며,[50] 임금 인상 속도보다 약간 빠른 수준에서 완만하게 상승했다.[51]

고르바초프 시대

브레즈네프가 사망하자, 유리 안드로포프가 당권을 장악했다. KGB 의장 출신인 그는 보수적 태도를 취할 것으로 예상됐다. 그러나 전체주의 국가에서는 인민대중의 실제 분위기를 가장 잘 아는 사람들이 비밀경찰일 때가 많다. 비밀경찰은 다른 사람들이 실제로 말하는 내용을 보고해 주는 정보망을 갖고 있는 반면, 집권당 당원들은 상부 인사들이 듣고 싶어 하는 내용만을 보고한다. 따라서 안드로포프는 그러한 냉소와 부정부패, 인민의 깊은 소외감을 잘 알고 있었다. 또, 1956년에 헝가리 주재 소련 대사를 지내면서 그러한 요인들이 얼마나 빨리 인민의 반란에 불을 붙이는지를 배웠다. 이러한 교훈은 1980년 폴란드 연대노조의 급작스러운 부상에 의해 심화됐다. 그는 흐루쇼프가 30년 전에 그랬듯이 개혁을 실시함으로써 관료 지배에 대한 그러한 위험을 완화하려 했다.

안드로포프는 14개월 만에 사망했다. 보수적인 브레즈네프파 세력이 여전히 강력했기 때문에 그들 가운데 한 사람인 늙은 체르넨코가 손쉽게 권력을 장악했다. 그러나 안드로포프가 어느 정도는 세력균형을 바꿔 놓은 상태였다. 체르넨코 역시 집권 13개월 만에 사망하자, 미하일 고르바초프가 서기장에 임명됐다.

그러는 동안에도 경기 침체는 계속됐다. 철강에서 비료까지 모든 종류의 재화 생산이 1년 전보다 감소했다. 새 지도자는 브레즈네프 시대를 거슬러 올라가 흐루쇼프의 축출과 함께 오랫동안 매장됐던 개혁과 변화를 다시 이야기하지 않을 수 없었다.

고르바초프는 페레스트로이카(경제 구조조정 정책)와 글라스노스트(유화정책)라는 슬로건을 만들어 냈다. 그는 '평화혁명'의 필요성을 역설했다. 또 개혁 지향적 경제학자들로 하여금 공업과 농업의 조직화에서 저질러진 실책들을 강조하도록 부추겼다. 그는 부패한 지방 지도자들과 무능한 관리자들을 교체해야 한다고 역설했다.

이와 같은 경제 개혁 논의는 자연히 정치 개혁 논의로 이어졌다. 저명한 반체제 물리학자인 사하로프에 대해서도 유화 조치가 취해졌다. 그래서 사하로프는 고리키 시市에서 보내던 유배 생활을 마치고 모스크바로 되돌아오게 됐다. 스탈린 비판 운동도 다시금 전개됐고 스탈린이 처형한 볼셰비키 지도자들, 특히 부하린에 대한 복권 조치가 단행됐다. 공인되지 않고 있던 독립적 토론 단체들에 대해서도 관용 조치가 취해졌다. 선거 제도에서도 경우에 따라 복수 후보를 인정하는 변화가 이뤄졌다. 당내 선거에서 비밀투표를 허용하자는 논의도 있었다. 공장 관리자들을 노동자들이 직접 선출하도록 하겠다는 공약까지 발표됐다.

이 모든 변화로 인해 30년 전 도이처 같은 사람들이 흐루쇼프에게 신뢰를 보냈듯이 많은 좌파 인사들이 고르바초프의 개혁 열정을 지지하게 됐다. 그러나 흐루쇼프와 마찬가지로 고르바초프도 자신의 일부 발언 속에 내포돼 있던 급진적 개혁을 내던져 버렸다. 고르바초프의 경제 개혁은 흐루쇼프의 그것과 마찬가지로 회유책과 위협책이 교묘하게 섞인 것이었다.

고르바초프는 1930년대와 1940년대의 스타하노프 운동을 본받아야 한다고 열변을 토했다.[52] 그는 하바롭스크에서 열린 어느 집회에서 이렇게 말했다. "지금 주로 필요한 것은, 그리고 지금 여러분에게 이야기하고 요구하고 싶은 것은 첫째도 일, 둘째도 일, 셋째도 일입니다!"[53] 경제적 비효율에 대처하기 위해 그가 취한 첫 주요 조치는 술로 근심 걱정을 잊으려는 노동자들의 행동을 중지시키는 것이었다. 고르바초프는 주류 판매를 제한하면서 주류 가격을 30퍼센트 인상하는 법령을 발표했다. 정말이지, 많은 노동자들은 회유책보다는 위협책을 절감했다. 기업 수준에서 개혁 조치가 적용되자 임금이 삭감됐다. 그 결과 체호프에서 전차 운행이 중단되는 등 파업 사태가 잇따랐다.[54] 그리고 카마 강 트럭 공장에서 시위가 발생했는데, 〈이즈베스티야〉는 이것을 "격렬한 시위"라고 표현했다.[55] 고르바초프 자신도 노동자들의 상여금을 하락시키는 품질관리 조치 때문에 여러 곳에서 "작업 중단 사태"가 있었음을 인정했다.[56]

글라스노스트 약속 또한 서방 선진국 수준의 매우 제한적인 민주주의조차 이뤄 내지 못했다. 1987년 선거에서 처음으로 경선이 실시됐는데, 고작 5퍼센트의 선거구에서만 이뤄졌다. 그리고 그때조차 상이한 정책을 내놓고 겨루는 공개적 유세는 없었다.

관리자 선출 규정을 보면 노동자들이 실질적 통제권을 갖지 못함을 분명히 알 수 있다. 후보자 명단에 누구를 올려놓을지를 노동자들 스스로 결정하지 못한다. 또, 선출된 후보는 기업을 담당하는 '최고 기관'의 승인을 받아야 한다.[57] 노동자들만이 아니라 (관리자, 감독관, 십장을 포함한) 모든 고용인이 투표권을 갖는다. 마지막으로, 이제까지 치러진 선거에서 노동자들은 (라트비아의 RAF 자동차 공장 노동자들이 불평했듯이) 개별 후보를 지지하거나 반대하는 운동을 벌일 수 없었다.[58] 이러한 상황이라면 기업 내에서 유세를 벌일 수 있는 유일한 집단인 당세포가 얼마나 효과적으로 당선자 결정을 좌지우지할 수 있는지를 쉽게 알 수 있다. 통계를 보면, 지역 당세포의 중요 직책을 맡고 있는 사람들 가운데 16.7퍼센트만이 노동자들이다.[59]

이른바 관리자 선거와 아울러 선거를 통해 기업협의회가 구성됐다. 그러나 선거 규정을 보면 이것이 진정한 노동자 민주주의의 본보기가 아니라는 것을 분명히 알 수 있다. 기업협의회의 "주요 권한 분야"가 노동자들의 실적을 감독하고 기업의 생산성을 높이는 것이기 때문이다.

기업협의회는 노동 대중의 창의력을 계발하고 노동자 한 사람 한 사람이 공동의 대의에 헌신하도록 하는 데 관심을 집중하며, 작업 성과를 높이고 … 기업이 상당한 경제적 수입을 올릴 수 있게 해 줄 조치들을 실행한다.[60]

첫 선거운동에서 후보자들은 거의 예외 없이 자신의 능률과 생산성 향상 실적을 내세웠고 "사회주의적 합법성과 도덕규범"을 준수하겠다고 천명했다.[61] 이러한 단체라면 참된 공장평의회라기보다는 품질관리 단체에 훨씬 더 가깝다!

조금이라도 의심스럽거든 새 법의 제6조를 보라. 제6조는 당 조직이 "집단적 자주 관리 조직의 활동을 지도한다"고 명백히 밝히고 있다.

이렇게 개혁을 말하면서 실제로는 위로부터의 통제가 이뤄지는 현상은 소수민족 문제에서도 마찬가지다. 소련 인구의 절반 이상을 차지하는 많은 피억압 민족 집단들은 글라스노스트를, 70년 만에 처음으로 자신들이 겪고 있는 차별 대우에 대해 발언할 수 있게 됐다는 의미로 받아들였다. 1987년 발트 해 연안 공화국들과 크림반도의 타타르인들이 시위를 벌였다. 1988년 2월에는 아르메니아의 수도에서 100만 명이 참여한 시위가 벌어졌다. 그러나 고르바초프 정부는 지역의 자발성에 의존하지 않고 오히려 모스크바의 중앙집권적 지도를 강조하는 것으로 대응했다. 1986년 말, 아시아의 카자흐스탄 공화국에서는 부정부패 혐의가 있는 현지 출신 지도자 대신에 러시아인이 제1서기로 임명됐다. 그러자 수많은 카자흐스탄인들이 알마아타로 몰려들어 경찰과 충돌하며 항의 시위를 벌였다.

고르바초프 정권은 발트 해 연안 공화국들과 타타르인들의 저항을 무시했다. 아르메니아의 시위 군중 대표들을 만났을 때, 고르바초프는 그들의 불만이 해소되려면 몇 년 더 기다려야 할 것이라고 말했다. 30년 전 흐루쇼프와 마찬가지로, 고르바초프의 개혁 약속도 소련의 공업을 더 효율적으로 만들고자 하는 그의 욕구와 충돌하는 것이며, 소련의 공업을 더 효율적으로 만든다는 것은 자원 관리를 지방이 아니라 중앙에서 담당한다는 것을 뜻한다.

또, 흐루쇼프 때와 마찬가지로, 고르바초프 통치 기간의 특징은 변덕스러운 정책 변화라 할 수 있다. 1984~86년에 그는 계속 개혁을 거론했지만, 그것은 주로 과거에 브레즈네프를 지지했던 사람들을 자기 사람들로 교체하는 인사 문제에 집중된 것이었다. 그래서 1987년의 처음 열 달 동안 그는 일련의 연설과 자신의 저서 《페레스트로이카》에서 급진적 변화를 촉구했지만 그해 10월 돌연 옛 방식으로 복귀했다.

개혁 운동에 앞장선 사람은 최근 모스크바 당 조직의 지도자로 임명된 보리스 옐친이었다. 그는 중앙위원회 10월 전체 회의 기조연설에서 페레스트로이카를 방해하는 자들을 거세게 공격한 듯하다.(우리는 그 연설의 구체적 내용을 모른다. 글라스노스트 정책이 아직은 그 정도까지 개방적이지 못하기 때문이다.)

연설이 끝나자, 위원석에서 적어도 26명이나 되는 연사들이 등단해 옐친을 공격했다. 그리고 회의는 "그의 발언이 정치적으로 오류임을 규정하는" 결의안을 만장일치로 통과시켰다. 외신은 그러한 논쟁이 벌어졌다는 소식을 전했지만, 소련 인민은 그러한 사실을 몰랐다. 인민은 그로부터 3주 뒤에 모스크바 시당 임시 회의에서 옐친 해임이 결정됐을 때에야 비로소 그러한 사실을 공식적으로 알게 됐다.

회의의 분위기를 결정한 사람은 고르바초프 자신이었다. 고르바초프는 옐친이 "각광받는 인물이 되는 것을 과도하게 바라고 선호한 나머지 처음부터 요란한 연설과 공약을 남발했다"고 주장했다. 이러한 표현은 1920년대 말과 1930년대 초("제국주의의 스파이들"이라는 비난을 사용하기 전)에 스탈린이 정적들에게 쓴 표현과 그리 다르지 않은 것이었다. 여기에 대한 옐친 자신의 대응을 살펴보면, 개방적 논쟁이 보장돼야 하는 지도부 내에서조차 글라스노스트의 폭이 얼마나 협소한지를 알 수 있다. 옐친은 스탈린 시대에나 있을 법한 과장된 신앙고백으로 응답했다.

> 이 비판을 반박할 수 없음을 인정해야겠습니다. … 저는 모스크바 당 조직에 누를 끼쳤습니다. 저는 시당 위원회에, 정치국에, 또 우리 조직과 우리 나라, 그리고 전 세계에서 높은 신망을 받고 있는 미하일 고르바초프 동지에게 누를 끼쳤습니다.[62]

옐친 사건은 결코 우발적으로 일어난 일이 아니었다. 그것은 글라스노스트 정책에 모종의 변화가 일어났음을 뜻하는 것이었다. 이 점은 고르바초프 자신의 태도 변화에서도 나타난다. 옐친 사건이 일어나기 전인 1987년 여름, 고르바초프는 《페레스트로이카》를 썼고 거기에서 급진적 개혁을 요구했다. 중앙위원회에서 옐친이 공격받은 뒤, 고르바초프는 10월혁명 70주년 기념 연설을 했다. 그의 연설은 페레스트로이카와 글라스노스트의 가속화를 촉구할 것으로 널리 기대됐다. 그러나 그의 연설은 오히려 페레스트로이카에 대한 저항의 위험뿐 아니라 "지나치게 빠른 변화"의 "위험"도 강조하는 것이었다.

이러한 급작스러운 정책 변화는 결코 우연이 아니다. 소련 경제의 정체 현상은 개혁 압력을 낳고 있다. 그러나 개혁 압력은 관료 자체 내부의 대대적 방해에 봉착해 있다. 이것은 수많은 관료 개개인이 옛 방식에 젖어 있기 때문이기도 하지만, 관료들이 모두 내부의 격렬한 논쟁으로 말미암아 무수한 인민대중이 독립적 행동에 나설 기회를 얻을까 봐 두려워하기 때문이다.

1953년의 동독 봉기, 1956년 6월의 [폴란드] 포즈난 봉기, 1956년 10~11월의 헝가리 혁명, 1968년 체코 사태의 발단이 된 것이 바로 그러한 관료 내부의 분열이었다.[63] 각각의 경우 처음에는 관료 내부의 상이한 분파들 사이의 논쟁에 불과했던 것이 억압 기구를 부분적으로 마비시키자 학생과 지식인 그리고 결국은 노동자들까지 행동에 나서게 된 것이다.

글라스노스트에 대한 논쟁의 부산물로서 이미 그러한 움직임을 보여 주는 조짐들이 나타났다. 1986년 알마아타에서는 시위대와 경찰이 충돌했으며, 1987년 발트 해 연안 국가들에서는 민족주의를 내세우는 시위들이 벌어졌고, 1988년 2월 말에는 아르메니아에서 대규모 시위가 있었다. 소련 영토 바깥, 즉 소련의 영향권 안에 있는 동유럽에서도 사태가 완전히 통제할 수 없는 지경으로까지 발전할 조짐이 보이기 시작했는데, 헝가리에서는 파업과 시위가 연이어 일어났고, 루마니아의 브라쇼브에서는 봉기에 가까운 사태가 벌어졌고, 폴란드와 체코슬로바키아에서는 연이어 불만이 터져 나왔다.

게다가 개혁에 반대하는 사람들은 한 가지 매우 강력한 주장을 펴고 있는데, 즉 경제 개혁이 경제문제를 해결한다는 보장이 결코 없다는 것이다. 동유럽의 두 나라, 즉 헝가리와 유고슬라비아에서는 이른바 '시장 사회주의'를 향한 대대적 개혁이 단행됐다. 한동안 이러한 개혁은 서방 언론의 격찬을 받았다. 그러나 오늘날 헝가리와 유고슬라비아 경제는 소련 경제보다 나은 것이 거의 없다. 두 나라 모두 공업의 정체, 높은 수준의 인플레이션, 거액의 외채로 몸살을 앓고 있다. 그래서 노동자들에게 임금 삭감과 실업을 강요하고 있는데, 그 결과 불만이 가중돼 유고슬라비아에서는 1987년에 대규모 파업 사태가 전개되기도 했다.

문제는 개혁 조치를 취하더라도 소련의 경제적 실패의 근본 원인을 제거할 수 없다는 점이다. 40년 전에 클리프가 주장했듯이, 실패의 원인은 소련의 지배 관료들이 경제 전체를 서방(그리고 오늘날에는 중국)과의 군사적·경제적 경쟁에 종속시키고 있기 때문이다. 이것은 자원만으로는 유지될 수 없는 높은 수준의 축적을 요구한다. 그리고 그 결과 인민대중(노동자와 집단농장의 농민)은 자신들의 노동에서 깊이 소외돼 생산품의 품질 따위는 전혀 신경쓰지 않게 된다.

경제 개혁가들이 관심을 기울이는 문제들(낭비, 많은 불량품, 노동자들의 자기 일에 대한 관심 부족, 중단된 대형 프로젝트들)은 모두 서방 자본주의의 거대 기업들에도 존재하는 문제들이다. 소련에서 체르노빌 핵 발전소 참화가 일어났듯이 미국에서는 스리마일 섬 사고가 터졌고 그보다 앞선 1957년에는 영국에서 윈드스케일 사고가 발생했다. 소련의 공업에 낭비가 만연해 있듯이 서유럽과 북미

도처에는 가동이 중단된 현대식 철강 공장들과 화학 공장들이 산재해 있다.

소련은 조야한 생산품 때문에 애를 먹고 있을 것이다. 그러나 서방의 공업도 대체로 비슷한 실정이다(예컨대 1960년대와 1970년대 초에 조립식 건축이 유행해서 불과 15년 후면 못 쓰게 될 수십만 채의 아파트와 단독주택을 건설한 영국 같은 나라의 경험을 상기해 보라). 소련 관료들이 아무런 의심도 품지 않는 대중에게 저질 상품을 팔아넘기고 있다면, 탈리도마이드*와 오프렌** 같은 마약류를 들이밀고, 여성에게 달컨 실드***를 쓰라고 강요하고, 사람들에게 영국해협 횡단 카페리인 '헤럴드 오브 프리 엔터프라이즈'호****를 타도록 유혹한 서방의 세일즈맨들도 마찬가지였다. 그래도 시장경제는 이런 대기업들을 처벌하기는커녕 엄청난 이윤을 가져다줬다.

현대 서방 자본주의 사회에서는 자금 사정이 좋지 않은 기업조차 곧장 파산하는 경우는 거의 없다. 미국의 크라이슬러, 서독의 아에게AEG, 캐나다와 영국의 매시퍼거슨처럼 국가가 개입해서 구제해 주기 때문이다. 현대 자본주의 기업은 규모가 너무 커서 영국의 대처 정부와 미국의 레이건 정부 같은 가장 시장 지향적인 정부들조차

---

* 1950년대 말부터 유럽과 일본의 임산부들에게 널리 판매된 입덧 방지용 수면제. 기형아 출산을 일으키는 것으로 드러나 1961년에 판매가 금지됐다 — 옮긴이.

** 한때 관절염을 치료하는 기적의 신약으로 불렸으나 영국에서 61명이 죽고 3600여 가지 부작용이 드러난 뒤 판매가 금지됐다 — 옮긴이.

*** 1971년부터 미국에서 널리 판매된 자궁 내 피임 기구. 부패성 유산과 골반 감염증 등 사고가 잇따라 판매가 중지됐다 — 옮긴이.

**** 1987년 벨기에를 떠나 영국으로 항해하다 침몰해 193명의 선원과 승객이 사망했다 — 옮긴이.

모든 것을 자유 시장의 작동에 맡겨 둘 수는 없다. 그랬다가는 피해가 너무 클 것이기 때문이다. 그래서 기업 내의 비효율성(어떤 경제학자는 이것을 'X-비효율성'이라고 불렀다)을 조사해 본 결과, 많은 기업들이 생산성을 현재의 갑절로 늘릴 수 있는 것으로 나타났다.[64]

소련 경제의 규모는 주요 경쟁국인 미국의 절반 수준이다. 따라서 소련은 미국보다 더 작은 생산 단위로 움직일 여유가 없다. 그래서 생산의 집중도가 그만큼 더 높고, 비효율성과 낭비가 개별 기업에 미치는 영향도 그만큼 더 크다. 사정이 이러하기 때문에, 확실히 소련 지배자들은 시장을 이용해 주요 기업들을 정리하는 것만으로는 이러한 문제들에 대처할 수 없다. 그로 인한 피해가 미국보다 훨씬 더 심각할 것이기 때문이다.

따라서 오늘날 소련 지도부는 심각한 딜레마에 처해 있는 셈이다. 그들은 이제 더는 상황을 그대로 내버려 둘 처지가 아니다. 그들은 경기 침체 때문에 1980년 폴란드에서 연대노조를 탄생시킨 것과 같은 대중 봉기가 갑자기 일어날 수도 있다는 두려움에 빠져 있다. 또, 개혁을 일관되게 밀고 나가는 것을 두려워하고 있고, 개혁이 실효를 거둘지 어떨지도 알지 못한다. 소련 지도부는 이 정책에서 저 정책으로 그리고 또다시 옛 정책으로 오락가락하는 모습을 보이고 있는데, 이 때문에 관료 자체 내부에서 격렬한 대립이 벌어지게 된다. 사태가 이렇게 진행되면 관료가 자신들의 의지를 인민에게 관철하기가 갈수록 어려워질 수 있다. 바로 그러한 요인들이 1953년 동독 사태, 1956년 헝가리 사태, 1968년 체코슬로바키아 사태를 만들어 냈다.

1859년에 마르크스는 기존의 "생산관계가 생산력의 발전 형태에서 … 족쇄로 전화하는 시기에 사회혁명의 시대가 시작된다"고 썼다. 스탈린 체제의 관료가 확립해 놓은 생산관계가 그러한 족쇄로 전화했음은 매우 분명하다. 따라서 소련은 새로운 '사회혁명의 시대'를 맞이했다고 할 수 있다.

마르크스는 "법률적·정치적·종교적·미학적·철학적 형태, 즉 인간이 갈등을 느끼게 되고 그 갈등을 해소하기 위해 끝까지 싸우게 되는 이데올로기적 형태"를 "자연과학의 엄밀성을 가지고 판단"하는 것은 불가능하다고 경고했다. 분명히 우리는 소련에서 새로운 시대가 어떠한 속도로 발전해 나갈지, 또 그 속에서 어떠한 정치적·이데올로기적 형태가 형성될지를 예측할 수 없다. 그러나 우리가 지금 확신을 가지고 말할 수 있는 것은 현재 소련 관료가 대단히 심각한 위기에 직면해 있다는 사실이다. 이 위기는 이미 1920년대 이래 지속적으로 거대한 민족주의 시위들을 불러일으켰으며, 끊임없이 개혁 논쟁을 확산시켰다. 또한 여기에 노동계급의 투쟁이 뒤따를 것이다. 그러나 노동자들이 이 위기에 자신들의 해결책을 적용하고자 한다면, 먼저 이 체제가 어디에서 비롯했으며 체제의 동학이 무엇인지를 분명히 이해할 필요가 있을 것이다. 40년 전에 토니 클리프가 발전시킨 국가자본주의 이론을 통해서만 그러한 문제들을 이해할 수 있다.

소련을 '변질된 노동자 국가'로 본 트로츠키의 정의에 대한 비판적 검토

토니 클리프

스탈린 체제에 대한 트로츠키의 분석은 볼셰비즘에서 출발해, 마르크스주의와 스탈린주의를, 또 10월 사회주의 혁명과 관료주의적 반혁명을 대비시킨다. 필자는 트로츠키의 사도使徒이며 스탈린주의를 평가할 때 스탈린주의가 마르크스-레닌주의와 어떠한 관계에 있느냐는 관점에서 접근하는 것이 매우 중요하다고 믿기 때문에 스탈린 체제에 대한 트로츠키의 분석을 비판적으로 평가하는 데 대단히 커다란 주의를 기울일 필요가 있다고 생각한다.

노동자들이 통제하지 못하는 국가를
노동자 국가라고 할 수 있는가?

트로츠키의 저작들을 살펴보면 노동자 국가에 대한 서로 모순되는 두 가지 정의를 발견하게 된다. 첫 번째 정의에 따르면, 노동자 국가냐 아니냐의 준거는 프롤레타리아가 제한적이나마 국가권력을 직간접으로 통제할 수 있는지, 즉 프롤레타리아가 혁명이 아니라 개혁을 통해서도 관료 지배 체제를 제거할 수 있는지 아닌지다. 1931년에 트로츠키는 다음과 같이 썼다.

> 현재의 소련 국가를 노동자 국가로 인정하는 것은 부르주아지가 무장 봉기로만 권력을 장악할 수 있다는 뜻일 뿐 아니라, 프롤레타리아가 새로운 혁명 없이 개혁만으로도 관료들을 굴복시키고 당을 회생시켜 프롤레타리아 독재를 개선할 수 있다는 뜻이기도 하다.[1]

트로츠키는 민주집중파라는 반대파 그룹의 성원인 보로다이에게 보낸 편지에서 이러한 생각을 훨씬 더 분명하게 표현한다. 이 편지에는 날짜가 적혀 있지 않지만, 모든 정황 증거를 고려할 때 1928년 말에 쓴 것이라 할 수 있다. 트로츠키는 이렇게 쓴다.

"정부기구와 소비에트 권력이 변질됐다는 것이 사실인가? 이것이 두 번째 질문입니다." 당신은 이렇게 쓰고 있습니다.
소련에서 정부기구가 당기구보다 훨씬 더 심각하게 변질됐다는 것은 의심할 나위가 없습니다. 그런데도 결정권은 당에 있습니다. 다시 말해, 현재 결정권이 당기구에 있다는 말입니다. 따라서 똑같은 문제에 대한 질문, 즉 노동계급의 지원을 받는 당의 프롤레타리아적 핵심이 국가기구와 융합된 당기구의 독재에 맞서 승리할 수 있는가 하는 질문이 제기됩니다. 그것이 불가능하다고 예단하는 사람은 새로운 기초 위에서 새로운 당을 창건할 필요성을 이야기하고 있을 뿐 아니라, 제2의 프롤레타리아 혁명의 필요성도 이야기하고 있는 것입니다.[2]

같은 편지의 뒷부분에서는 이렇게 이야기한다.

지금 당이 시체와 마찬가지 상태라면, 새로운 기초 위에서 새로운 당을 창건해야 하고 노동계급에게 그 필요성을 공개적으로 주장해야 합니다. 만약 테르미도르 반동이 완성되고 프롤레타리아 독재가 폐지된다면, 제2의 프롤레타리아 혁명 깃발을 올려야 합니다. 우리가 지지하는 개혁 노선이 가망 없는 것으로 판명되면, 우리는 그 길로 나아가야 합니다.[3]

[그러나] 트로츠키의 두 번째 정의는 그 준거가 기본적으로 다르다. 국가기구가 대중의 통제를 받지 않더라도, 또 관료주의를 불식할 수 있는 유일한 방법이 혁명이더라도 생산수단이 국유화돼 있다면 그 국가는 여전히 프롤레타리아가 지배계급인 노동자 국가라는 것이다. 따라서《배반당한 혁명》에서 트로츠키는 이렇게 쓴다.

토지 국유화와 산업 생산수단·운송수단·교환수단의 국유화는 대외 무역 독점권과 함께 소련 사회구조의 기초를 이룬다. 프롤레타리아 혁

명으로 확립된 이 관계들을 통해 우리는 소련의 성격을 기본적으로 프롤레타리아 국가로 정의한다.⁴

여기에서 다음과 같은 세 가지 결론이 도출될 것이다.

첫째, 노동자 국가에 대한 트로츠키의 두 번째 정의는 첫 번째 정의를 부정한다.

둘째, 두 번째 정의가 옳은 것이라면,《공산당 선언》에 나오는 "프롤레타리아는 그 정치적 지배권을 사용해 점차 부르주아지의 자본을 모두 빼앗아 모든 생산수단을 국가의 수중에 집중시킬 것이다"라는 말은 틀린 이야기가 된다. 또 "혁명에서 노동계급이 취한 첫 조처는 프롤레타리아를 지배계급의 지위로 끌어올리는 것이다"라는 말도 틀린 이야기가 된다. 더욱이, 파리코뮌도 볼셰비키 독재도 모두 노동자 국가의 사례가 아니라는 말이 된다. 전자는 생산수단을 전혀 국유화하지 않았고, 후자는 얼마 동안 그러지 않았기 때문이다.

셋째, 국가가 생산수단의 소유자라도 노동자들이 국가를 통제하지 못한다면, 노동자들은 생산수단을 소유하고 있지 않다는, 즉 노동자들이 지배계급이 아니라는 뜻이 된다. 첫 번째 정의는 이 사실을 인정한다. 두 번째 정의는 이 사실을 회피하지만 논박하지는 못한다.

소련을 노동자 국가로 보는 정의와
마르크스주의 국가론

소련이 변질된 노동자 국가라는 가정은 필연적으로 마르크스주의 국가 개념과 정면충돌하는 결론들로 이어진다. 트로츠키가 말하는 이른바 정치혁명과 사회적 반혁명의 구실을 분석해 보면, 이 점이 그대로 입증될 것이다.

《배반당한 혁명》에서 트로츠키는 이렇게 말한다.

소련의 현재 성격을 더 잘 이해하기 위해 소련의 미래에 대해 두 가지 상이한 가정을 해 보자.

첫째, 소련의 관료 체제가, 구舊볼셰비즘의 속성을 모두 갖췄을 뿐 아니라 지금의 세계적 경험까지 소화한 혁명 정당에 의해 전복되는 경우를 생각해 보자. 이 혁명 정당은 노동조합과 소비에트에서 민주주의를 회복하는 일부터 시작할 것이다. 혁명 정당은 소비에트 내 정당 활동의 자유를 회복할 능력이 있고 또 그렇게 해야 할 것이다. 혁명 정당은 대중과 함께 그 선두에 서서 국가기구에 대한 가차없는 숙정肅正을 단행할 것이다. 등급과 서훈敍勳, 모든 종류의 특권을 폐지할 것이며, 경제와 국가기구의 유지에 꼭 필요한 경우 외에는 임금의 불평등을 철폐할 것이다. 젊은이들에게 독립적으로 사고하고 탐구하고 비판하고 성장할 수 있는 자유로운 기회를 부여할 것이다. 또, 노동자·농민 대중의 이익과 의지에 따라 국민소득의 분배도 크게 변화시킬 것이다. 그러나 소유관계에 관한 한, 이 새로운 권력은 혁명적 조치에 의존할 필요는 없을 것이다. 계획경제의 실험을 계속하면서 그것을 더욱 발전시킬 것이다. 정치혁명이 끝나면, 즉 관료 집단을 제거한 뒤에는 프롤레타리아는 대단히 중요한 일련의 개혁 조처를 경제 분야에서 단행해야 하는데, 그렇다고 이것이 또 다른 사회혁명을 수행한다는 뜻은 아니다. …

두 번째 가정은 부르주아 정당이 소련의 지배계급을 타도하는 경우다.

이 경우, 부르주아 정당은 현직 관료, 관리자, 기술자, 감독, 당 서기 속에서, 그러니까 한마디로 특권 상층부 속에서 적지 않은 충복들을 발견할 것이다. 물론 이 경우에도 국가기구의 일대 숙정이 필요하겠지만, 이 복구된 부르주아 권력은 아마도 혁명 정당의 경우보다 훨씬 더 적은 사람들만을 숙정할 것이다. 이 새로운 권력의 주요 과제는 생산수단의 사적 소유를 회복하는 일일 것이다. … 소련 관료가 부르주아적 복고를 준비하는 쪽으로 멀찌감치 나아갔음에도 이 새로운 정권은 소유 형태와 산업 생산방식 문제에서 개혁이 아닌 사회혁명을 추진해야 할 것이다.[5]

자, 그러면 위의 이야기를 검토해 보자. 부르주아 **정치혁명** 기간, 예컨대 1830년과 1848년의 프랑스 혁명기에 정부 형태가 다소 바뀐 것은 사실이다. 그러나 **국가의 형태는 그대로**였다. 즉, "군대와 감옥 등의 특수한 기관"은 인민과 괴리돼 자본가 계급에게 계속 봉사했다.

독일에서 히틀러가 승리하자 국가기구가 대대적으로 숙정됐다는 것은 분명하다. 그러나 전체로서 국가기구 자체는 분쇄되지 않았으며, 기본적으로 예전 상태를 그대로 유지했다. 노동자 국가는 그 어떠한 국가보다도 내용과 형식의 연관성이 훨씬 더 강하다. 따라서 심지어 노동자 국가에서도 정치혁명이 일어날 수 있다고 가정하더라도, 한 가지 사실은 명백하다. 즉, 프롤레타리아 정치혁명이 일어난 뒤에도 그 전과 동일한 노동자 국가기구가 계속 존재해야 한다는 것이다. 만약 소련이 노동자 국가라면, 설사 혁명적 노동자 당이 권력을 장악해서 국가기구를 대대적으로 숙정하더라도, 그 당은 기존의 국가기구를 이용할 수 있고 또 이용할 것임이 틀림없다. 반면, 부르주아지가 권력을 장악하면 그들은 기존의 국가기구를 이용할 수 없으므로 그것을 분쇄하고 그 폐허 위에서 또 다른 국가기구를 건설해야 할 것이다.

과연 소련의 상황이 이러한가? 문제를 올바로 제기한다는 것은, 그 자체로 해답의 반을 얻은 것이나 다름없다. 혁명 정당이 내무부MVD도 관료도 상비군도 이용하지 않을 것임은 아주 분명하다. 혁명 정당은 기존 국가를 분쇄하고 그것을 소비에트와 시민군 등으로 대체해야 할 것이다.

이에 반해 부르주아지가 정권을 장악할 경우, 그들은 내무부와 정규군 등을 이용할 수 있음이 분명하다. 트로츠키는 부분적으로 혁명 정당이 "노동조합과 소비에트에서 민주주의를 회복하는 일부터 시작할 것"이라고 말함으로써 마르크스주의 국가론을 소련의 정치혁명과 사회적 반혁명에 적용하는 것을 회피했다. 그러나 실제로 오늘날 소련에는 민주주의를 회복할 노동조합도 소비에트도 존재하지 않는다. 문제는 국가기구를 개혁하는 것이 아니라 그것을 분쇄하고 새로운 국가를 건설하는 것이다.

우리의 가정이 프롤레타리아가 권력을 장악하자마자 부르주아지와 달리 기존의 국가기구를 분쇄해야 한다는 것이든 프롤레타리아도 부르주아지도 기존의 국가기구를 이용할 수 없다는 것이든 간에 ("국가기구 숙정"은 국가기구를 질적으로 변형시키는 철저한 변화를 반드시 수반해야 한다), 우리는 이 두 가정 모두에서 소련이 노동자 국가가 아니라는 결론에 도달하게 된다. 프롤레타리아와 부르주아지가 동일한 국가기구를 지배 도구로 이용할 수 있다고 가정하는 것 자체가 마르크스, 엥겔스, 레닌, 트로츠키가 표명한 혁명적 국가 개념을 부인하는 것이나 다름없기 때문이다.

생산관계에서 떼어 내 고찰한 소유 형태
— 형이상학적 추상

마르크스주의자라면 누구나 생산관계에서 떼어 내 고찰한 사유재산 개념은 그 자체가 초역사적 추상이라는 것을 인정한다. 우리는 역사를 통해 노예제의 사유재산, 봉건제의 사유재산, 자본주의의 사유재산이 존재했으며, 이 모두가 기본적으로 서로 다르다는 것을 알고 있다. 마르크스는 사유재산을 생산관계와 무관하게 규정하려는 프루동의 시도를 비웃었다. 생산수단을 자본으로 전화하는 것이 생산관계의 총합이기 때문이다. 마르크스는 이렇게 말했다.

> 역사의 각 시기마다 소유는 완전히 다른 사회관계에서 상이하게 발전해 왔다. 따라서 부르주아적 소유를 규정한다는 것은 부르주아적 생산의 모든 사회관계를 해명하는 것이나 다름없다. 소유를 독립적 관계, 독립적 범주 — 추상적 영구 개념 — 로 규정하려는 시도는 형이상학적·법률적 환상일 뿐이다.[6]

자본주의 생산과정에서 인간들 사이의 관계를 표현하는 모든 범주, 즉 가치·가격·임금 등의 개념은 부르주아적 사적 소유의 구성 부분이다. 자본주의적 사적 소유의 역사적 성격을 규정하고 그것을 다른 종류의 사적 소유와 구분 짓는 것은 자본주의 체제의 운동 법칙이다. 생산관계에서 소유 형태를 추상시킨 프루동은 "이 경제적 관계 전체[자본주의적 생산관계 — 클리프]를 '소유'라는 일반적 법률 개념 속에 휩쓸어 넣었다." 따라서 "프루동은 브리소가 1789년 이전에 쓴 비슷한 저작에서 했던 말, 즉 '소유는 도둑질'이라는 대답 이상으로 나아갈 수 없었다."[7]

한 가지 형태의 사적 소유와 다른 형태의 사적 소유가 역사적 성격이 서로 다를 수 있으며, 서로 다른 형태의 사적 소유가 서로 다른 계급의 기반이 될 수 있다는 사실을 마르크스는 분명하게 밝힌 바 있다. 그러나 국가 소유에 대해서도 같은 이야기가 적용될 수 있는지는 그리 분명하지 않다. 왜냐하면 지금까지 알려진 인류 역사는 대부분 사적 소유에 바탕을 둔 계급투쟁의 역사였기 때문이다. 사적 소유를 바탕으로 하지 않는 계급분화의 사례는 그리 많지 않으며 대체로 잘 알려져 있지도 않다. 그럼에도 그러한 계급분화가 존재한 것은 틀림없는 사실이다. 그 첫 번째 예로 우리는 유럽사의 한 장, 즉 중세의 가톨릭 교회를 들 수 있을 것이다.

가톨릭 교회는 대토지를 소유했고 그 토지에서 수많은 농민이 일했다. 교회와 농민 사이의 관계는 봉건 영지 소유자와 그 예속 농민 사이에 존재했던 봉건적 관계와 다름없었다. 교회 자체가 봉건적이었던 것이다. 그와 동시에 주교와 추기경은 그 누구도 봉건 재산에 대한 소유권이 없었다. 교회의 재산이 사유재산이 아닌데도 그 성격은 봉건적이었던 교회 재산의 계급적 성격을 규정한 것이 바로 생산관계다.

가톨릭 교회가 단지 전체 봉건 체제의 한 부속물에 불과했기 때문에 그것이 봉건적 성격을 띠었다고 말할 수 있을지도 모른다. 그러나 이런 주장은 무의미하다. 우리가 지금 원하는 것은 가톨릭 교회가 어떻게 부상해서 거대한 땅덩이를 자기 수중에 집중시키고 그 경작자인 농민과 봉건적 관계를 맺게 됐는지에 대한 설명이 아니기 때문이다. 우리가 지금 원하는 것은 단지, 동일한 생산관계가 상이한 소유 형태에서도 나타날 수 있다는 사실, 즉 사적 소유 형태에서도 나타날 수 있고 제도적 소유 형태에서도 나타날 수 있다는 사실을 밝히는 것일 뿐이다.

동양의 역사에서 우리는 사적 소유가 아닌 국가 소유에 기초하면서도 계급분화가 철저했던 경제체제의 예를 다양하게 끌어낼 수 있다. 파라오 시대의 이집트, 무슬림 시대의 이집트, 이라크, 페르시아, 인도 등에서 그러한 체제가 존재했다. 국가가 토지를 소유한 것은 주로 이 국가들에서 농업이 관개시설에 전적으로 의존했고 관개시설의 건설과 관리는 국가의 활동 영역이었기 때문이다. 다음의 예는 본론과 무관해 보이지만 이 문제에 시사하는 바가 대단히 많을 것이다.

아랍 봉건제 — 국가 소유에 기초한 계급사회

그러면 맘루크* 왕조가 지배하던 아랍 봉건제의 주요 특징을 살펴보자. 여기에서는 강력한 봉건 국가에 대한 농민의 종속이 중세 유럽의 경우보다 훨씬 더 심했다. 그러나 지배계급에 속한 개개인에게는 개인적 소유권이 전혀 없었다. 술탄이 유일한 지주로서 여러

* 중세 이슬람 국가에서 노예 출신으로 지배계급에 편입된 자들 — 옮긴이.

지역의 지대 수취권을 여러 귀족mulṭazim에게 나눠 주곤 했다. 유럽에서는 봉건영주가 대대로 세습되는 일정 영지의 소유자였지만, 아랍에서는 봉건영주가 영속적 자기 영지를 갖지 못한 상태에서 집단적으로 토지를 통제하며 지대 수취권을 갖는 계급의 성원이었다. 시리아와 팔레스타인에서는 이 봉건영주들이 지대를 수취하는 지역이 해마다 달라지기도 했다. 이집트에서는 평생 동안 일정 지역에서 지대를 수취할 수 있는 권한을 부여받았고, 그 상속인들은 후임자 지명에서 우선적 권리를 가졌다. 유럽의 봉건영주는 제일가는 봉건영주에 불과한 왕에 대해 비교적 독립적인 권력자였지만, 아랍에서는 오로지 봉건 집단 자체가 중요한 요인이었다. 아랍의 귀족 개개인은 미약한 존재였는데, 그들의 지위가 국가에 의해 좌우됐기 때문이다. 국가에 대한 봉건영주의 미약함은 봉토가 할당되는 방식을 보면 명백히 드러난다. 술탄은 족장emir과 기사에게 봉토를 분배했는데, 그 지위에 따라 크기와 토질이 달랐다. 따라서 아랍의 귀족은 수입의 차이에 따라 여러 집단으로 나뉘었고, 그들의 수입 격차는 상당히 큰 편이었다(예컨대, '백부장'百夫長은 매년 8만~20만 디나르를 받았으며, '오십부장'伍十夫長은 2만 3000에서 3만 디나르, '십부장'十夫長은 9000디나르 이하, '오부장'伍夫長은 3000디나르 등등이었다). 전유專有 형태는 유럽 봉건영주의 형태보다는 국가관리의 전유 형태에 훨씬 더 가까웠다. 이렇게 귀족들이 국가에 크게 의존한 결과, 아랍에서는 이상한 현상이 되풀이됐다. 때때로 봉건 계층 전체가 완전히 '숙청'되고 그 자리에 다른 사람들이 들어선 것이다. 아랍의 영주들은 술탄의 해방 노예 출신 무사인 맘루크들로 대체됐다. 이들은 아랍계가 아니어서 아랍어를 사용하지 않고 터키어를 사용했다. 13세기와 14세기에 그들은 대부분 볼가 강 하류 연안을 중심으로 한 몽골계 국가인 킵차크한국Golden Horde 출신이었고, 15세기와 16세기에는 주로 캅카스 출신이었다. 술탄이 캅카스에서 모병하는 것에 차르가 저항하기 시작하면서, 발칸계(알바니아인과 보스니아인 등)가 주도권을 잡았다.

토지의 국가 소유 때문에 사유재산에 기초한 봉건제가 생겨날 수 없었을 뿐 아니라 개인주의 성향의 사회집단도 전혀 생겨날 수 없었다. 도시는 군사 주둔지였다. 대다수 직인들도 독립적이지 않았다. 길드Hirfeh가 발전했지만 그때조차 도시에서 중요한 위치를 전혀 차지하지 못했으며 중요한 독립적 세력으로 성장하지 못했다. 정부가 길드의 우두머리 가운데 많은 사람들을 관리로 지명함과 동시에 길드를 정부 조직으로 전화시켜 복속시켰기 때문이다.

주요 생산수단인 토지는 개인이 아니라 국가에 귀속됐고, 아랍의 귀족과 맘루크는 법률적 발판을 마련하지 못해서 상속권을 확보하지 못했다. 그러나 그렇다고 해서 농민 대중의 지위가 향상된 것도 아니었다. 하층민 출신의 맘루크가 이렇다 할 변화를 가져온 것도 아니었다. 아랍의 지배계급은 도시에 집중돼 있어서 농민에게 강력한 군사력을 휘두를 수 있었고 그와 함께 그들의 욕구도 증대됐다. 이 점에서도 그들은 중세 유럽의 봉건영주와 달랐다. 일반적으로 유럽의 농노가 봉건영주에게 지대로 납부한 생산물은 판매를 위한 것이 아니었다. 따라서 농노는 봉건영주에게 영주와 그 일가의 일상생활에 필요한 것보다 더 많은 양을 납부할 필요가 없었다. "그(봉건영주)의 위胃의 크기가 농민에 대한 착취를 제한했다"(마르크스). 아랍의 봉건세력은 취향이 달랐다. 그리고 그들의 관점은 칼리프

술리만이 자신의 사자(使者)에게 농민에 대해 한 다음과 같은 말 속에 가장 잘 요약돼 있는 듯하다. "젖통이 다 바닥날 때까지 젖을 짜내고, 마지막 피 한 방울까지 다 흘리게 하라."

아랍의 생산양식과 착취 형태 그리고 생산수단과 직접생산자의 관계는 중세 유럽과 동일했다. 지배계급의 소득원 또한 마찬가지였다. 둘 사이의 유일한 차이는 전유 양식, 즉 착취할 권리의 법률적 표현에 있었다.[8]

소련 관료 — 분배 과정에서 나타나는 헌병?

트로츠키는 스탈린 체제의 국가가 대중을 강압하는 것은 다음과 같은 원인 때문이라고 썼다.

현재의 이행기 구조는 아직도 사회적 모순으로 가득 차 있기 때문이다. 그리고 이 모순은 모든 사람이 가장 민감하게 느끼는 소비 부문에서 대단히 심각하고 이것이 언제든지 생산 부문으로 번질 위험이 있다.[9]

따라서

사회에 소비 물품이 부족하다는 사실, 그로 인해 만인에 대한 만인의 투쟁이 일어난다는 사실이 관료 지배의 기초가 된다. 상점에 물품이 충분하면 구매자들이 오고 싶을 때 와서 물품을 구입하면 그만이다. 그러나 상점에 물품이 별로 없을 때는 구매자들이 줄을 서서 기다리지 않으면 안 된다. 그리고 그 줄이 점점 더 길어지면 질서 유지를 위해 경찰관을 세워야 할 필요가 생긴다. 이것이 바로 소련 관료 권력의 출발점이다. 누가 어떤 것을 얻고 누가 기다려야 하는지를 소련 관료들은 '알고 있다.'[10]

관료가 분배 과정에서만 '헌병'으로 나타난다는 것이 옳은 말일까? 아니면 전체 재생산 과정에서도 그러한 모습으로 나타나는가? 이 경우, 전자는 단지 후자의 종속적 부분이 아닌가? 이것은 이론적으로나 정치적으로 대단히 중요한 문제다.

이 문제에 대한 답변을 시도하기 전에, 마르크스와 엥겔스가 생산관계와 분배의 연관성을 어떻게 봤는지를 먼저 살펴보자. 마르크스는 다음과 같이 썼다.

개인에게 분배는 생산 영역에서 그가 차지하는 위치를 결정하고 따라서 생산에 선행하는 사회적 법칙처럼 보이는 것이 당연하다. 처음에 개인에게는 자본도 없고 토지도 없다. 개인은 태어나면서부터 사회적 분배 과정에 의해 임금노동을 하도록 지정된다. 그러나 이렇게 임금노동에 지정되는 상황 자체가 자본과 토지가 독립적 생산요소로 존재한다는 사실의 결과다.

사회 전체의 관점에서 봐도, 분배는 생산에 선행하고 생산을 결정하는 것처럼 보인다. 말하자면 경제 이전의 사실처럼 보인다. 정복민은 자신들끼리 토지를 나눠 가짐으로써 토지 소유의 분배와 형태를 확정하고 생산의 성격을 결정한다. 또는 피정복민을 노예로 만들어 노예노동을 생산의 기초로 삼는다. 또는 어떤 민족이 혁명에 의해 대토지를 작은 땅뙈기로 분할하고 새롭게 분배해서 생산에 새로운 성격을 부여할 수도 있다. 또는 법률을 통해 몇몇 대가문에 영구적 토지 소유권을 부여하거나 어떤 노동을 세습적 특권으로 분배해 주기도 한다. 그래서 특권과 계급이 고착된다.

이 모두가 역사적 소산인데, 이 모든 경우에 생산이 분배를 조직하고 결정하는 것이 아니라 생산이 분배에 의해 조직되고 결정되는 것처럼 보인다.

아주 피상적인 분배 개념으로 생각할 때는, 분배란 것이 생산물의 분배처럼 생각되고 따라서 생산과 거리가 멀고 생산에서 독립된 것처럼 생각된다. 그러나 분배는 생산물의 분배를 뜻하기 전에 먼저 생산수단의 분배를 뜻한다. 둘째, 동일한 사실의 또 다른 표현이지만 사회 구성원들에게 여러 종류의 생산 활동을 분배해 주는 것(개개인을 특정 생산 조건에 종속시키는 것)을 뜻한다. 생산물의 분배는 분명 이러한 분배의 결과이며, 이 분배는 생산과정에 밀접하게 연관돼서 생산의 구조 자체를 결정한다.[11]

마르크스의 이 글은 그의 모든 저작에서 그 요점이 재차 삼차 반복되는 부분으로서, 스탈린 체제의 관료가 경제적으로 어떤 위치에 있는지를 분석할 때 출발점으로 삼기에 충분할 것이다.

그러면 이 문제들을 소련 관료와 연관시켜 질문해 보자.

관료가 사람들에 대한 소비재 분배만을 관리하는가? 아니면 생산과정의 분배까지도 관리하는가? 관료가 분배의 통제만 독점하는가? 아니면 생산수단의 통제도 독점하는가? 관료가 소비재만을 배급하는가? 아니면 축적과 소비에 대해, 생산재 생산과 소비재 생산에 대해 사회 전체의 노동시간도 배분하는가? 관료가 소비재 부족 상태를 재생산하는 것은 아닌가? 그래서 모종의 분배 관계도 재생산하는 것은 아닌가? 소련의 지배적 생산관계가 생산관계의 일부인 분배 관계도 결정하는 것은 아닌가?

사회혁명인가 정치혁명인가?

소련 관료에 맞선 노동계급의 혁명이 사회혁명이 아니라는 트로츠키의 주장에 동의한다면, 마르크스주의 사회 이론과 정면으로 충돌하게 될 것이다.

마르크스는 미국의 남북전쟁을 사회혁명으로 규정했다. 그것은 노예가 해방돼 임금 소득자로 바뀐 사회혁명이었다. 한 사회 계급이 사라지면서 다른 계급으로 바뀐 것이다. 그런데 왜 스탈린의 관료 체제가 전복되고 강제노동수용소에 있는 무수한 노예가 해방되는 것이 사회혁명이 아니라 단지 정치혁명이란 말인가? 봉건 토지를 농민의 손에 넘기면서 농노를 자유농민으로 바꿔 놓은 토지혁명은 사회혁명이었다. 그런데 왜 국가의 약탈적 '강제 인도[引渡]'를 중지시키고 집단농장을 농민의 토지로 전화시켜 소유하고 통제하게 만드는 것은 사회혁명이 아니란 말인가?

정치혁명이란 정부의 변화와 함께 개인과 집단과 지배층이 변하기는 하지만 동일 계급이 계속 권력을 유지한다는 것을 의미한다. 그렇다면 관료와 노동자가, NKVD의 간수와 그 죄수가 같은 계급에 속한다는 말인가? 생산과정에서 그들의 위치가 그렇게 적대적이고 생산수단에 대한 그들의 태도가 동일하지 않을 뿐 아니라 실제로도 날카롭게 충돌하는데, 어떻게 그런 일이 일어날 수 있겠는가?

노동자와 관료가 같은 계급에 속한다는 논리를 받아들인다면, 소련에서는 한 계급 내의 투쟁은 존재하지만 계급들 간의 투쟁은 존재하지 않는다고, 즉 계급투쟁이 없다고 결론 내리지 않으면 안 된다. 소련에 계급투쟁이 없다는 스탈린의 주장을 트로츠키가 비판하는 마당에 이 무슨 어불성설이란 말인가?

트로츠키의 마지막 저서

소련의 노동계급이 단 얼마간이라도 권력을 장악했던 유일한 노동계급이었고 매우 복잡한 경제적·정치적 상황에서 예측할 수 없는 형태로 패배했기 때문에, 트로츠키처럼 뛰어난 분석력을 가진 사람조차 스탈린 체제에 대한 자신의 기본적 분석을 때때로 재검토해야 했다는 것은 결코 우연이 아니다. 물론 강조점에서만 그랬다는 이야기지만, 변질된 노동자 국가론을 받아들이는 것이 좌익반대파의 가입 조건이었던 때와 트로츠키가 제4인터내셔널에서 反방어주의자들*을 배제하자는 제안을 더는 고집하지 않게 된(비록 그들의 견해를 받아들인 것은 아니었지만) 때 사이에 트로츠키의 견해는 엄청난 변화를 겪은 것이다. 1939년 말과 1940년에 샤트먼과 벌인 논쟁에서 트로츠키가, 자신은 샤트먼과 버넘을 비판하는 소수파가 되는 한이 있더라도 분열에 맞서 통일된 당[미국 사회주의노동자당] 내에서 자신의 견해를 관철시키기 위해 계속 투쟁하겠다고 말

---

* anti-defencists. 제국주의 전쟁에서 소련을 방어해야 한다는 견해에 반대한 사람들 — 옮긴이.

한 것은 결코 우연이 아니었다.[12]

트로츠키가 소련 관료를 지배계급으로 새롭게 평가하는 방향으로 분명히 나아간 것은 그의 마지막 저서 《스탈린》에서였다. 스탈린 체제 관료의 권력 장악에 담긴 사회적 성격을 설명하면서 그는 이렇게 말했다.

테르미도르 반동의 본질은 그 성격상 사회적이었고, 현재도 사회적이며, 또 앞으로도 사회적일 수밖에 없다. 그것은 새로운 특권층의 형성, 경제적 지배계급을 위한 새로운 기반 창출을 뜻했다. 이것을 바란 부류는 두 그룹이었는데, 하나는 프티부르주아지였고, 또 하나는 관료 자체였다. 이들은 프롤레타리아 전위의 저항을 분쇄하기 위해 서로 어깨를 맞대고 협력했다. 이 과제가 달성되자 그들 사이에 격렬한 투쟁이 일어났다. 관료는 자신이 프롤레타리아와 단절되고 고립되는 것을 겁내게 됐다. 관료 혼자서는 NEP를 기반으로 지금까지 성장해 왔고 또 앞으로도 계속 성장해 나갈 **쿨락**과 프티부르주아지를 분쇄할 수 없었다. 관료는 프롤레타리아의 협조가 필요했다. 그래서 관료는 잉여생산물과 권력을 놓고 프티부르주아지와 투쟁하는 자신의 노력을, 자본주의의 부활 시도에 반대하는 프롤레타리아의 투쟁처럼 보이게 하려고 타협적 자세를 취하게 됐다.[13]

관료가 짐짓 자본주의의 부활에 반대하는 투쟁을 벌이는 척하면서 실제로는 오로지 쿨락을 분쇄해 "새로운 특권층의 형성, 경제적 지배계급을 위한 새로운 기반 창출"을 위해서만 프롤레타리아를 이용했다는 것이 트로츠키의 이야기다. 또 경제적 지배계급의 구실을 하고 싶어 한 집단의 하나가 관료라는 것이 그의 주장이다. 특히 관료와 쿨락의 투쟁에 대한 이러한 분석을 트로츠키의 계급투쟁 개념과 연관시켜 보면, 이 발언이 매우 중요하다는 사실을 알 수 있다. 그는 이렇게 덧붙인다.

계급투쟁이란 잉여생산물을 차지하기 위한 투쟁이다. 잉여생산물을 소유하는 사람이 상황의 지배자로서 부와 국가를 소유하며, 교회와 법원과 과학과 예술을 좌우할 수 있다.[14]

트로츠키의 마지막 결론에 따르면 관료와 쿨락 사이의 투쟁은 "잉여생산물을 차지하기 위한 투쟁"이었다.

소련에서 내부의 힘이 사적 자본주의를 부활시킬 수 없다면, 소련의 계급적 성격은 무엇인가?

트로츠키가 소련에서 사회적 반혁명이 일어날 위험을 지적했을 때, 그것은 사적 소유에 기초한 자본주의의 부활을 뜻하는 것이었다. 트로츠키는 스탈린의 보나파르트 체제가 국내의 서로 투쟁하는 두 세력, 즉 국유제와 계획경제를 지지하는 노동계급과 사유제를 위해 노력하는 부르주아 집단 사이에서 줄타기를 하고 있다고 봤다. 그는 이렇게 썼다.

관료는 프롤레타리아를 두려워하는 한에서만 국가 소유를 계속 보존한다. 이 조건부 두려움을 부추기는 것은 불법 상태로 존재하는 볼셰비키-레닌주의자들의 당인데, 이들이 바로 테르미도르 관료 집단의 부르주아적 반동에 가장 의식적으로 대항하는 사회주의 세력이기 때문이다. 의식적 정치 세력으로서 관료는 혁명을 배반했다. 그러나 다행히도 승리한 혁명은 단지 강령과 깃발, 정치제도만이 아니라 사회관계의 체계이기도 하다. 혁명을 배반하는 것으로는 충분하지 않다. 관료는 혁명을 전복하지 않으면 안 된다.[15]

이 설명은 소유 형태의 법률적 추상화를 대단히 분명하게 드러내며 따라서 그 분석의 내적 모순 역시 매우 분명하게 드러낸다. 소련의 프롤레타리아는 생산수단 통제권을 유지할 만큼 강력하지 못했다. 그래서 관료에게 통제권을 빼앗겼다. 그러나 프롤레타리아는 이 관계가 법으로 공포되는 것을 막을 만큼은 강력하다! 프롤레타리아는 극히 적대적인 생산물 분배를 저지할 만큼, 관료가 노동자들의 생활수준을 무자비하게 저하시키고 아주 기본적인 권리들을 무시하지 못하게 할 만큼, 무수한 사람들을 시베리아로 보내 강제 노동시키는 것을 저지할 만큼 강력하지는 못했다. 그러나 현재의 소유 형태를 수호할 만큼은 강력하다! 마치 생산관계에 기초한 관계 외에 사람과 재산 사이에 다른 어떤 관계가 존재한다는 듯한 투다.

더욱이 프롤레타리아에 대한 두려움이 소련에서 사적 자본주의의 부활을 저지할 유일한 요인이라면, 즉 트로츠키의 이야기대로 관료가 의식적 복고주의자들이라면, 스탈린 체제의 안정성은 뒤집어진 피라미드와 같다는 그의 진술은 올바른 것으로 입증됐을 것이며, 전쟁 동안 국유 경제가 겪을 운명에 대한 그의 예측은 현실이 됐을 것이다. 그는 자신의 견해를 이렇게 요약했다.

전쟁의 열기 속에서 소련의 농업과 수공업이 개인주의적 방향으로 급
격히 전환되고, 외국자본과 '연합국' 자본이 유입되고, 대외무역의 정
부 독점이 깨지고, 기업에 대한 정부 통제가 약화되고, 기업과 노동자
가 충돌하는 사태를 예상할 수 있다. 정치 분야에서는 이러한 과정이
소유관계의 변화를 수반하는 보나파르트 체제의 완성을 의미할 수도
있다. 다시 말해서 장기전으로 인해 **국제 노동계급이 수동화하면**, 소
련 사회의 내부 모순 때문에 **부르주아 보나파르트 체제 반혁명**이 일
어날 수 있을 뿐 아니라 그럴 필요성까지 있게 될 것이다.[16]

제2차세계대전을 경험하기 전이었으므로, 제국주의 강대국에 점
령되지 않고도 소련에서 사적 자본주의가 부활할 수 있다는 생각
은 틀렸지만 이해할 만했다. 그러나 소련의 중앙집권적 국유 경제가
독일의 전쟁 기구에 승리를 거두자, 그런 가능성에 대한 논의는 완
전히 잠잠해졌다.

그러나 외부의 힘에 의해 사적 자본주의가 부활할 수도 있다는
사실, 또는 소련 주민의 대부분을 절멸시키는 참혹한 전쟁이 일어
나 소련을 사적 자본주의보다 훨씬 더 낮은 수준의 역사 발전 상태
로 후퇴시킬 수 있다는 사실은 배제되지 않는다.

트로츠키가 소련을 이행기 사회로 규정했을 때, 소련이 자체의
내재적 법칙에 의해 사회주의의 승리로 나아가거나 아니면 사적 자
본주의로 복귀할 것이 틀림없다는 그의 강조는 올바른 것이었다.
후자의 경우가 제외된다면, 다음과 같은 세 가지 가능성 가운데 하
나가 남게 된다.

1. 소련 내부의 힘이 한 방향, 즉 공산주의를 향해서만 나아간다.

이 관점은 스탈린주의자들의 주장인데, 브루노 알 역시 이러한 견해다(《세계의 관료주의화La Bureaucratisation du Monde》, 파리, 1939년).

2. 소련 사회는 자본주의도 사회주의도 아니다. 따라서 생산력이 끊임없이 발전하더라도 소련 사회는 공산주의로 나아가지는 않을 것이다. 또 대중에 대한 착취가 완화되지 않은 채 계속되더라도 소련 사회는 자본주의로 나아가지도 않을 것이다. 이것이 바로 '경영자 혁명'Managerial Revolution 이론이고 샤트먼이 1943년에 정식화한 관료적 집산주의 이론이다.

3. 소련 사회는 갈림길 — 국가자본주의냐 사회주의냐 — 에 선 이행기 사회이거나, 아니면 이미 국가자본주의다.

내부의 힘이 사적 자본주의를 복원할 가능성을 부정하면서도 스탈린주의와 관료적 집산주의(브루노 알과 샤트먼의 정식화), 그리고 버넘의 견해를 거부한다면, 남는 것은 세 번째 대안뿐이다.

국가자본주의에서든 노동자 국가에서든 국가는 생산수단의 저장고다. 두 체제의 차이는 소유 형태의 차이가 아니다. 그러므로 트로츠키가 소련의 계급적 성격을 규정할 때 근거로 제시한 생산수단의 국가 소유는 적절한 준거가 되지 못한다.

소련을 노동자 국가로 보는 정의와 '신민주주의 체제'

'신민주주의 체제'*의 출현은 소련을 노동자 국가로 보는 정의를 시험대에 올렸다. 국가 소유와 계획경제와 대외무역 독점이 한 나라

---

* new democracies. '인민민주주의 체제'라고도 한다 — 옮긴이.

를 노동자 국가로 규정하는 근거라면, 소련뿐 아니라 '신민주주의 체제'도 노동자 국가다. 이것은 '신민주주의 체제'에서도 프롤레타리아 혁명이 일어났다는 것을 의미하는데, 사실 이 혁명들은 스탈린주의자들이 국민 화합, 부르주아지와의 연립정부, 수많은 독일 노동자와 그 가족을 추방시킨 국수주의를 바탕으로 주도한 것이다. 이 정책들은 그저 프롤레타리아 혁명의 수레바퀴에 기름칠만 했을 뿐이다.

그렇다면 국제 사회주의의 장래는 어떠한가? 그 역사적 정당성은 무엇인가? 스탈린주의 정당들은 국제 사회주의자들보다 국가기구, 대중조직, 자금 등등의 모든 점에서 유리한 위치에 있다. 그들이 갖지 못한 유일한 이점은 국제주의적 계급 이데올로기다. 그런데 이 이데올로기 없이 프롤레타리아 혁명을 이룩하는 것이 가능하다면 무엇 때문에 노동자들이 스탈린주의에서 멀어져야 하겠는가?

만일 동유럽 나라들에서 혁명적 프롤레타리아의 지도 없이 사회혁명이 일어났다면, 우리는 미래의 사회혁명에서도 과거의 사회혁명에서처럼 프롤레타리아 대중이 투쟁은 하지만 지도는 하지 않을 것이라고 결론 내리지 않으면 안 된다.

'신민주주의 체제'가 노동자 국가라는 생각은, 원칙적으로 프롤레타리아 혁명도 부르주아 전쟁과 마찬가지로 인민을 기만하는 짓이라는 이야기를 받아들이는 것을 뜻한다.

'신민주주의 체제'가 노동자 국가라면 스탈린은 프롤레타리아 혁명을 실현한 셈이다. 그것도 아주 신속하게 말이다. 1억 4000만 인구가 사는 나라에서 최초의 노동자 국가가 확립되기까지 파리코뮌 이후 47년이 지났다. 그런데 다수의 나라들이 추가로 노동자 국가가 되는 데는 40년도 채 지나지 않은 셈이다. 서양에서는 폴란드, 유고슬라비아, 헝가리, 루마니아, 불가리아, 체코슬로바키아에서 7500만 명이 새로 추가됐다(여기에는 발트 해 연안 국가들, 동부 폴란드, 베사라비아를 포함시키지 않았는데, 소련에 합병된 이 나라들에는 2000만 명이 살고 있었다). 동양에서는 6억 명이 살고 있는 중국이 더해졌다. 이 나라들이 노동자 국가라면 마르크스주의는 도대체 무엇이며 제4인터내셔널은 왜 있어야 하는가?

'신민주주의 체제'가 노동자 국가라면, 마르크스와 엥겔스가 사회주의 혁명은 "자기 의식적인 역사"라고 말한 것은 틀렸음이 입증된 셈이다. 엥겔스의 다음과 같은 진술도 마찬가지다.

> 오직 이때[사회주의 혁명 — 클리프]부터 인간은 완전히 의식적으로 자신의 역사를 만들어 갈 것이다. 오직 이때부터 인간이 추구하는 사회적 대의가 인간이 원하는 효과를 두드러지게 그리고 점점 더 크게 낼 것이다. 이것은 인간이 필연의 왕국에서 자유의 왕국으로 도약하는 것이다.[17]

혁명에서 프롤레타리아 의식이 차지하는 지위에 관해 모든 마르크스주의 교사들이 쓴 것을 다음과 같이 요약한 로자 룩셈부르크도 엉터리 같은 얘기를 한 것이 된다.

> 소수의 이익을 위해 벌어진 과거의 모든 계급투쟁에서, 마르크스의 말을 빌리면 "모든 발전이 대다수 인민대중의 이익을 거슬러서 이뤄진" 과거의 모든 계급투쟁에서 행동의 필수 조건은 인민대중이 투쟁의 진정한 목적, 투쟁의 구체적 내용과 그 한계 등을 몰랐다는 것이다. 사실 이러한 모순이야말로 대중은 고분고분한 추종자 구실을 하는 반면 '계

몽된' 부르주아지는 '지도적 구실'을 할 수 있었던 역사적 토대였다. 그러나 마르크스가 일찍이 1845년에 썼듯이, "역사적 행동이 심화할수록 그 행동에 참여하는 대중의 수도 증가하기 마련이다!" 프롤레타리아의 계급투쟁은 오늘날까지 모든 역사적 행동들 가운데 '가장 심화한' 것이고, 하층 인민 전체를 포괄하며, 사회가 계급들로 나뉜 이후 대중의 진정한 이익에 부합하는 최초의 운동이다. 이 때문에 대중이 자신들의 과제와 그 과제를 수행하는 방법에 눈을 뜨는 것이 사회주의적 행동에 필수불가결한 역사적 조건이다. 마치 과거에는 대중의 무지가 지배계급의 행동을 위한 조건이었던 것처럼 말이다.[18]

소련의 전쟁 승리는
소련이 노동자 국가라는 증거인가?

트로츠키가 소련이 변질된 노동자 국가라는 자신의 분석을 좇아 관료가 전쟁을 버텨 내지 못할 것이라고 예측한 반면, 오늘날 많은 정설 트로츠키주의자들은 바로 이 전쟁 승리에서 소련이 노동자 국가라는 결론을 끌어낸다. 그러나 이러한 사후적事後的 주장은 비판을 견뎌 낼 수 없다.

이 주장은 두 부분으로 나눌 수 있다. 첫째, 전쟁에서 대중이 보인 열정은 그들이 자신들을 얽어 매는 사슬 말고도 무언가 잃을 것이 있다는 것, 즉 그들이 지배계급이라는 것을 입증한다는 주장이다. 둘째, 소련의 군사력과 경제력은 소련 체제가 자본주의보다 역사적으로 우월하다는 것을 입증한다는 주장이다.

첫 번째 주장은 1941~43년 제4인터내셔널의 출판물에 널리 나타난 논리로, 사건이 진행됨에 따라 완전히 허구임이 드러났다. 독일군 또한 승리의 희망이 모두 사라진 뒤에도 [연합군이] 베를린 코앞에 올 때까지 사력을 다해 싸웠다. 독일 병사들도 자신들을 얽어매는 사슬 외에 무언가 잃을 것이 있었을까? 독일 노동계급도 지배계급이었다는 말인가?

두 번째 주장에서, 대규모 산업이 소규모 산업보다 엄청난 이점이 있다는 것은 의심할 바 없는 사실이다. 실제로 이것은 미국의 생산이 영국보다 우월한 배경을 상당 부분 설명해 준다. 물론 둘 다 같은 사회체제에 바탕을 두고 있지만 말이다. 더 새롭고 기술적인 면에서 더 현대적인 소련 공업은 미국 공업보다 훨씬 더 큰 규모로 건설됐다. 게다가 사적 자본주의 나라들에 만연한 중복과 조정 결여를 소련에서는 생산수단의 국가 소유 덕분에 피할 수 있었다. 다른 국가들이 전쟁에서 누릴 수 없었던 또 하나 이점은 소련 노동자들에게 민주적 권리가 전혀 없었다는 점이다. 나치 독일처럼 소련도 조직적 저항을 두려워할 필요 없이 버터 대신에 대포를 생산하고 수많은 노동자를 우랄산맥 서쪽에서 이주시켜 지하 방공호에 수용할 수 있었다. 경제를 통제하고 노동자들을 지배한 국가, 바로 이것이 소련의 군사·산업 생산의 강점이다. 전진해 오는 적군 앞에서 모래 위의 성처럼 허물어진 부르주아 민주주의 나라 프랑스보다 나치 독일이 군사적으로 우월했던 사실을 설명해 주는 것이 바로 이러한 요인이다. 한때 '세계의 공장'이었던 영국조차 오직 영국해협이라는 방어막, 서쪽으로부터 미국의 지원, 동쪽으로부터 독일에 대한 소련의 위협 덕분에 침략을 면할 수 있었다.

전쟁 초기 독일의 군사적 승리는 독일이 자본주의 체제가 아니라 새롭고 우월한 사회체제라는 생각을 유포시켰다. 버넘이 이렇게 생각한 대표적 인물이었다.

소련의 군사적 승리 자체가 소련이 새로운 사회체제임을 입증한다는 생각은 나치 독일이 그러하다는 생각과 마찬가지로 근거 없는 얘기다.

왜 트로츠키는 소련이 노동자 국가라는 이론을 버리지 못했는가?

흔히 과거의 틀로 미래를 보는 경향이 있다. 오랫동안 착취에 맞서 싸운 사회주의자들에게 주된 적은 사유재산 소유자(부르주아지)였다. 레닌과 트로츠키 등 볼셰비키 지도자들이 러시아 노동자 국가가 계속 고립된다면 결국 파멸할 것이라고 말했을 때, 그들이 내다본 파멸이란 사유재산의 복귀라는 특정 형태를 취하는 것이었다. 반면에 국가 소유는 노동 인민의 투쟁의 결실로 이해됐다. 여기서 단지 한 걸음만 더 나아가면 다음과 같은 결론, 즉 소련에 국가 소유가 존재한다면 그것은 관료가 "노동계급을 두려워하기" 때문이고, 반대로 관료가 자신의 특권(상속권을 포함해)을 늘리려고 애쓴다면 그것은 사적 소유를 복원하려고 애쓰는 것이라는 결론에 이르게 된다. 주로 과거의 **경험** 때문에 트로츠키는 반동의 승리가 항상 애초 출발점으로의 복귀로 나타나지는 않는다는 사실을 제대로 이해할 수 없었다. 반동의 승리는 나선형으로, 즉 혁명 이전의 과거와 혁명기의 과거 두 요소가 결합되면서 후자가 전자에 종속되는 후퇴의 결과로 나타날 수도 있다. 그래서 옛 자본주의 계급사회의 요소들이 새로운 '사회주의적' 형태로 출현할 수 있는 것이다. 이것은 결합 발전의 법칙 — 트로츠키 자신이 그토록 많이 발전시킨 법칙 — 을 또 한 번 확증해 준다.

요약하자면, 트로츠키는 스탈린 체제를 이해하는 데 다른 어느 마르크스주의자보다 더 크게 기여했지만, 그의 분석에는 한 가지 중대한 한계가 있었다고 말할 수 있다. 형식을 내용에 종속시키는 마르크스주의와 근본적으로 모순되는 형식주의formalism에 대한 보수적 집착이 그것이었다.

관료 집산주의 이론 비판[*]

알렉스 캘리니코스

스탈린주의 국가들은 근본적으로 사회주의도 아니고 자본주의도 아닌 새로운 계급사회라는 사상의 주창자 가운데 가장 유명한 사람은 아마 미국 사회주의자 맥스 샤트먼Max Shachtman일 것이다. 미국 트로츠키주의 운동의 창시자들 중 한 명인 샤트먼은 1939~40년에 이른바 '러시아 문제'를 둘러싸고 트로츠키와 정설 트로츠키주의자들, 특히 제임스 캐넌James P Cannon과 결별했다. 제4인터내셔널 미국 지부인 사회주의노동자당SWP을 탈당해서 노동자당WP을 결성한 샤트먼과 샤트먼 지지자들은, 트로츠키의 주장과

---

[*] Alex Callinicos, 'State in Debate', *International Socialism* no, 73, December 1996.

달리 소련은 변질된 노동자 국가가 아니라 새로운 착취적 생산양식, 즉 관료 집산주의의 첫번째 사례라고 주장했다.[1]

비록 1940년의 분열이 트로츠키주의 운동, 특히 미국 트로츠키주의 운동에 매우 심각한 충격을 준 것은 사실이지만, 양측의 이론적 차이는 자세히 살펴보면 생각보다 크지 않다는 것을 알 수 있다. 정설 트로츠키주의의 변질된 노동자 국가 이론이든 이를 비판한 관료 집산주의 이론이든 스탈린 체제들의 동역학을 만족스럽게 설명하지 못하기는 마찬가지다. 따라서 두 이론은 모두 서로 모순된 다양한 정치적 태도들을 옹호할 수 있다.

이런 사실들을 깨닫기 힘들게 만드는 요인 하나는 관료 집산주의 이론의 주요 문헌들을 구하기가 어렵다는 점이다. 예컨대, 샤트먼의 저술들은 주로 그의 글 모음집인 《관료 혁명Bureaucratic Revolution》에서 찾아볼 수 있는데, 이 책은 오래 전에 절판됐다. 게다가 저자가 처음 글을 썼을 때와는 달라진 나중의 정치적 견해를 반영하려고 이렇게 저렇게 삭제·수정된 글들이 많다.[2]

1930년대와 1940년대에 쓰인 이 모음집을 어니스트 하브컨Ernest Haberkern과 아서 리포Arthur Lipow가 다시 편집·출간한 것은 부분적으로 이런 상황을 바로잡으려는 것이었다.

그러나 이 모음집의 가장 중요한 정치적 목표는 관료 집산주의 이론(이 책의 편집자들도 받아들이는)과 샤트먼을 분리시키는 것이다. 여기에는 적어도 두 가지 이유가 있다. 첫째, 하브컨과 리포가 주로 강조하는 이유인데, 관료 집산주의 이론은 다양한 버전이 있다는 것이다. 둘째 이유는 첫째 이유만큼 명시적이지는 않지만 그에 못지않게 중요한데, 그것은 샤트먼이 트로츠키와 결별한 뒤 밟았던 정치적

궤적과 관료 집산주의 이론 사이의 연계를 차단하는 것이다.

1940년에 샤트먼과 트로츠키·캐넌이 갈라설 때 그들의 차이가 무엇이었든 간에 당시 샤트먼이 헌신적인 혁명적 사회주의자였다는 것은 분명하다. 그리고 제2차세계대전 기간에 샤트먼은 노동자당이 미국 노동계급 사이에 뿌리를 내릴 수 있도록 매우 열의있게 노력했다. 그러나 1945년 이후 이런 노력이 실패로 돌아가고(특히 자본주의가 전후 장기 호황 국면으로 들어가고) 냉전이 시작되면서 세계가 양대 진영으로 분할되자 샤트먼은 결정적으로 우경화하기 시작했다.[3]

서방의 자유주의적 자본주의와 동방의 관료 집산주의 간의 세계적 투쟁에서 샤트먼은 전자를 선택했다. 피터 드러커는 샤트먼의 정치적 삶을 다룬 세심하고 학술적인 전기에서 어떻게 샤트먼이 이긴 여정에서 점차 미국 제국주의를 무조건 지지하게 됐는지를 아주 자세히 설명한다. 즉, 한국전쟁 때 미국의 파괴적 공격을 반대했던 샤트먼이 1961년 미국 중앙정보국CIA의 쿠바 피그스만 침공을 비난하지 않더니 베트남 전쟁 때는 결국 미국을 지지하는 지경에 이르렀고, 1972년 죽을 무렵에는 냉전을 지지하는 사회민주주의자가 돼 있었다.[4] 비록 샤트먼을 지지했던 많은 사람들이 이런 우경화 때문에 그와 결별했지만, 샤트먼의 우경화가 관료 집산주의 이론의 논리적 귀결인가 아닌가 하는 문제가 제기된 것은 당연하다. 샤트먼을 비판한 사람들은 그렇다고 주장했다.[5] 그러나 하브컨과 리포는 이 문제를 정면으로 다루지 않는다. 그들의 주된 관심사는 관료 집산주의 이론은 두 가지 버전이 있다는 사실, 즉 샤트먼 자신의 이론과 조지프 카터Joseph Carter가 발전시킨 또 다른 이론이 있다는 사실을 규명하는 것이다.[6]

두 이론은 모두 소련의 계급적 성격을 둘러싸고 미국 사회주의노동자당 내에서 벌어진 논쟁에서 나타났다. 트로츠키는 《배반당한 혁명》(1936)에서 소련 노동계급은 스탈린 체제의 관료들에게 정치적으로 수탈당하고 있지만 그래도 소련이 여전히 노동자 국가인 이유는 생산수단과 대외무역이 국가의 수중에 있기 때문이라고 주장했다. 따라서 관료는 모순된 지위에 있는데, 한편으로는 '카스트'로서 생산수단을 사유재산으로 소유하고 싶은 염원과 다른 한편으로는 국가가 통제하는 경제에 대한 객관적 의존 사이에서 오락가락한다는 것이었다. 트로츠키가 내린 결론은, 혁명가들은 노멘클라투라[소련 특권층]를 정치적으로 타도하고 소비에트 민주주의를 복원하려고 노력해야 하지만 소련과 서방 제국주의 열강들이 충돌할 때는 소련을 무조건 방어해야 한다는 것이었다.

이런 분석은 즉시 카터와 제임스 버넘James Burnham의 비판을 받았다. 버넘은 "국유화된 경제가 노동자 국가의 유일하고 충분한 기준이나 조건은 아니다"고 주장했다. 노동계급이 사회를 지배할 수 있는 방법은 국가를 통제하는 것뿐이다. 그러므로 노동계급을 정치적으로 수탈한다는 것은 경제적으로도 수탈한다는 것을 뜻한다. 따라서 "소련은 지금 부르주아 국가도 아니고 노동자 국가도 아니다."카터는 소련 사회의 성격을 규정하려고 '관료 집산주의'라는 용어를 만들어 냈다. 1937~38년의 논쟁 당시 샤트먼은 트로츠키의 소련 체제 분석을 옹호했다.[8]

샤트먼이 견해를 바꿔서 버넘과 카터 쪽으로 넘어가게 된 계기는 1939년 8월 스탈린과 히틀러의 불가침 조약 체결이었던 듯하다. 이제 샤트먼은 소련의 관료 집단이 새로운 지배계급으로서 확고한 입지를 구축했고, 나치 독일과 손잡고 폴란드를 분할함으로써 '스탈린 주의적 제국주의' 팽창 정책을 추진하고 있다고 주장했다. 따라서 소련을 무조건 방어하라는 트로츠키의 구호는 더는 적용될 수 없고, 소련을 다시 사회주의의 길로 되돌려 놓으려면 철저한 사회혁명이 필요하다는 것이었다.[9]

여기서 분명히 해 둘 것은, 적어도 관료 집산주의 개념이 처음 정식화될 때는 그 기본 취지가 부정적인 것이었다는 점이다. 즉, 관료 집산주의 개념은 주로 폭로하는 구실을 했고, 스탈린 체제의 성격을 실증적으로 분석하는 것이라기보다는 변질된 노동자 국가 이론의 모순들을 해결하려는 것이었다. 그러나 머지않아 관료 집산주의 개념을 더 광범한 이론으로 발전시키려는 노력들이 이어졌다. 그래서 버넘은 마르크스주의 자체와 결별한 채, 스탈린 체제와 파시즘이 모두 새로운 '관리자 사회'라고 결론지었다. 마르크스의 말과 달리, 자본주의를 대체할 운명을 타고난 것은 계급 없는 공산주의 사회가 아니라 이 위계적인 착취 사회라는 것이었다.[10] 그 후 버넘은 급속히 우경화해서, 냉전기에는 격렬한 반공주의자가 됐다. 나는 1960년대 중반에 버넘이 로디지아(오늘날의 짐바브웨)를 방문해서는 당시 로디지아의 백인 정착민 정권을 전 세계 공산주의자들의 음모에 맞선 투쟁의 수호자라고 치켜세우며 지지와 연대를 표명하던 모습이 생각난다.[11]

그러나 샤트먼은 처음에 그런 우경화에 저항했다. 그는 "집산주의를 향한 억제할 수 없는 경향"이 존재한다는 것을 인정하면서도 "그런 경향이 보편적 '관료 집산주의' 형태로 실현될 것이라고 믿을 만한 적절한 근거는 존재하지 않는다"고 주장했다.[12] 1940년의 분열

직후 샤트먼은 트로츠키주의 운동 내의 한 경향으로서 계속 활동하려 했다. 드러커는 샤트먼의 해석을 두고 "트로츠키의 분석 중에서 최상의 것은 보존하고 그 한계는 극복하려는 노력"이었다고 설명했다.[13] 이것은 상당히 너그러운 표현이다. 왜냐하면 샤트먼의 이론은 새로운 내용이 별로 없었고 대부분 트로츠키의 이론에 빚지고 있었기 때문이다. 다음과 같은 유사점을 떠올려 보자. 트로츠키와 마찬가지로 샤트먼도 자본주의 생산관계가 지배적이기 위한 필수 조건은 생산수단의 사적 소유라고 보았으므로 소련의 스탈린 체제가 국가자본주의일 가능성을 선험적으로 배제했다.

둘째, 트로츠키와 마찬가지로 샤트먼도 스탈린 체제에는 반동적 특징뿐 아니라 진보적 특징도 있다고 보았다. 샤트먼은 소유형태와 소유관계를 구분했다(트로츠키는 이 차이를 무시했다고 샤트먼은 주장했다). 소유형태는 사회적 생산의 역사에서 매우 광범한 '시대들'을 구분하는 특징이다. 소유관계는 특정 사회의 계급적 성격(마르크스가 말한 생산양식)을 결정한다. 10월혁명은 사적 소유형태의 종식과 '집단적 소유'의 시작을 알리는 사건이었다. "소비에트 국가(심지어 스탈린 체제의 국가도 포함해서)와 그 밖의 모든 전前집산주의 국가들의 근본적 차이는 … 새로운 시대를 알리는 역사적 중요성이 있다. … 소련의 경제적 진보는 프롤레타리아 혁명으로 확립된 새로운 집산주의적 소유형태와 계획을 바탕으로 이룩된 것이었다."[14]

그러나 관료적 소유관계 때문에 스탈린 체제의 노멘클라투라는 집단적 소유형태를 찬탈하고 새로운 계급 착취 형태를 제도화했다. 그렇지만 노동계급은 미래의 사회주의 혁명에서 관료 집단을 타도하더라도 소유형태는 건드리지 않을 것이다. "서로 다른 사회 계급들이 재산의 사적 소유[원문 그대로다! ─ 캘리니코스]에 의존할 수 있듯이, 사회를 지배하는 복수의 계급(구체적으로는 노동계급과 관료 집단)이 집단적 소유에 의존하는 것도 가능하다."[15]

셋째, 이런 소유형태와 소유관계의 모순 때문에 샤트먼은 트로츠키와 마찬가지로 스탈린 체제를 "후진국의 혁명이 자본주의에 둘러싸인 상황에서 … 현대 사회의 일반 법칙"이 "예외적·일시적으로 굴절된 특수한 사례"로 보았다. 트로츠키는 스탈린 체제가 제2차세계대전에서 살아남을 수 없을 것이라고 확신했으므로 소련이 새로운 계급사회라는 생각을 거부했다.[16] 샤트먼은 트로츠키의 전제, 즉 스탈린 체제는 전쟁에서 살아남을 가능성이 없는 취약한 역사적 일탈이라는 견해를 계속 받아들였다.[17]

마지막으로, 트로츠키는 소련을 무조건 방어해야 한다고 주장한 반면, 샤트먼은 조건부 방어를 주장했다. 스탈린 체제가 자본주의보다 "역사적으로 우월"하기 때문이다.[18] 따라서 혁명가들은 소련의 제국주의적 팽창 전쟁에는 반대해야 하지만, "현재 전쟁의 성격이 제국주의 진영 간의 투쟁에서 제국주의자들이 소련을 분쇄하려는 투쟁으로 바뀐다면 세계혁명의 이익을 위해 국제 프롤레타리아는 소련을 방어해야 한다."[19]

따라서 샤트먼이 주장한 최초의 관료 집산주의 이론은 트로츠키의 스탈린 체제 분석에서 나타난 특징들(트로츠키의 분석을 정치적 사건들에 취약하게 만든)을 많이 물려받았다. 그와 동시에 샤트먼의 이론은 트로츠키의 분석에 또 다른 모순을 추가했는데, 그것은 바로 이 "뒤늦게 출현한" "일시적이고" "시대착오적인 체제"가

"새로운 착취 사회"이기도 하다는 것이었다. 당연히 트로츠키의 이론과 마찬가지로 샤트먼의 이론도 제2차세계대전의 결과에 취약하다는 것이 입증됐다. 소련의 관료 체제는 제2차세계대전을 겪으며 몰락하기는커녕 오히려 세계적 강대국으로 떠올랐으니 말이다.[20]

샤트먼의 이론은 처음부터 비판을 받았다. 특히, 카터는 샤트먼의 이론이 트로츠키의 이론과 비슷하다고 지적하고, 일관된 관료 집산주의 분석이라면 스탈린 체제를 서방 자본주의와 마찬가지로 반동적인 체제로 취급해야 한다고 주장했다.[21] 1941년 6월 나치 독일이 소련을 침공하자 미국 노동자당의 일부 당원들은 샤트먼의 일반적 분석을 따라서 노동자당이 소련의 승리를 호소해야 한다고 주장했다.[22] 그러나 샤트먼 자신은 특정 상황에서는 그런 주장이 옳을 수 있다는 추상적 가능성을 배제하지 않으면서도 이 경우에는 소련이 서방 제국주의 열강들의 '부하'로 전락했다는 터무니없는 근거를 대며 당원들의 주장을 받아들이지 않았다.[23]

그런 주장은 제2차세계대전의 결과, 특히 스탈린 체제가 동유럽으로 확산된 현실의 검증을 견뎌낼 수 없었다. 샤트먼 지지자들이 볼 때, 체코슬로바키아에서 스탈린주의자들이 정권을 장악한 것 같은 사건들은 "역사적으로 운이 다한 자본주의의 후계자 구실을 자처하는 관료 집산주의 제국의 출현"(핼 드레이퍼의 표현이다)을 뜻했다. 따라서 "노동계급 혁명가들은 두 개의 적, 즉 스탈린 체제에 반대하는 자본주의와 자본주의에 반대하는 스탈린 체제라는 두 적과 맞닥뜨린 셈이다."[24]

이런 사건들 때문에 샤트먼의 초기 이론은 옹호될 수 없었다. 드러커는 1940년대에 "그[샤트먼]는 자신의 관료 집산주의 이론을 하나씩 포기하고 카터의 이론을 받아들였다. 그래서 1948년 무렵에는 그와 카터의 차이가 사라지고 말았다"고 말했다.[25] 그러나 샤트먼은 스탈린 체제의 경제적 동역학을 새롭게 분석하지 않았다. 토니 클리프가 날카롭게 지적했듯이 "그 이론에 끊임없이 등장하는 요소는 두 가지뿐이다. 첫째는 어떤 구체적 상황에서도 소련의 스탈린 체제를 방어해서는 안 된다는 … 결론, 둘째는 스탈린 체제의 이름은 관료 집산주의라는 결론이 바로 그것이다."[26]

하브컨과 리포는 분명히 샤트먼의 이론보다 카터의 이론이 더 우월하다고 생각하고, 샤트먼이 1948년 이후 사실상 자신의 이론을 폐기했다고 강력하게 비판한다.[27] 그러나 도대체 어떤 점에서 카터의 관료 집산주의 이론이 스탈린 체제를 분석한 설명으로서 샤트먼의 이론보다 더 낫다는 것인가? 카터의 이론이 더 일관된다는 것은 분명하다. 집산주의적 소유형태와 관료적 소유관계라는 혼란스런 구분을 폐기하기 때문이다. 그러나 카터의 이론이 분명한 생산양식으로서 관료 집산주의 이론의 기초를 제공하는가? 카터의 스탈린 체제 분석은 다음과 같이 요약할 수 있다.

따라서 소련의 스탈린 체제는 새로운 경제적 착취 체제, 즉 관료 집산주의에 바탕을 둔 반동적 국가다. 지배계급은 관료 집단이다. 그들은 국가를 통제해서, 생산수단과 교환수단을 집단적으로 소유하고 통제하고 관리한다. 경제의 기본적 원동력은 관료 집단의 수입收入을 늘리고 그들의 권력과 지위를 강화하기 위해 노동자들한테서 점점 더 많은 잉여노동을 뽑아내는 것이다. 경제는 국가의 전체주의적 계획과 공포정치를 통해서 조직되고 운영된다. (경제적 필요뿐 아니라) 국가의 강요 때문에도 노동자들은 공장과 들판에서 일을 할 수밖에 없다. 강제 노동은 오늘날 소련 생산관계의 고유한 특징이다.[28]

그러나 이러한 스탈린 체제 분석은 샤트먼의 이론과 마찬가지로 관료 집산주의 이론에 대한 클리프의 고전적 비판에 취약하다. 첫째, 그것은 관료 집산주의의 원동력을 설명해 주지 못한다. 트로츠키와 샤트먼뿐 아니라 카터도 스탈린 체제에서 생산의 동력은 관료 집단의 소비라고 보았다. 이것은 1920년대부터 1960년대까지 소련의 생산력이 엄청나게 발전한 것을 설명할 수 없는 요인이다. 둘째, 카터는 1930년대에 스탈린의 공포정치가 절정에 달했을 때조차 강제 노동이 했던 구실을 엄청나게 과장한다. 셋째, 샤트먼과 마찬가지로 카터도 관료 집산주의가 자본주의보다 더 진보적인가 아니면 덜 진보적인가 하는 문제를 판단할 때 기껏해야 모호한 근거를 제시할 뿐이다.[29]

이 마지막 요점이 정치적으로는 가장 중요하다. 카터가 제2차세계대전을 제국주의 열강들 간의 전쟁으로 분명히 규정하고 혁명가들은 어느 편의 승리도 지지해서는 안 된다고 주장한 것은 사실이다. 그러나 이 올바른 결론이 실제로 카터의 이론에서 도출된 것인지는 분명하지 않다. 주로 강제 노동에 의존하는 경제는(카터와 샤트먼은 모두 스탈린 체제가 강제 노동에 의존한다고 주장했다) 주로 임금노동에 의존하는 자본주의 경제보다 덜 진보적이다. 왜냐하면, 무엇보다 강제 노동에 의존하는 경제는 자본주의처럼 효과적으로 생산력을 발전시킬 수 없기 때문이다. 실제로 카터는 스탈린 체제가 '초창기의 부르주아 사회'처럼 생산력을 발전시킬 수 없다는 점을 입증하려 했다.[30] 마찬가지로, 오늘날 가장 정교한 관료 집산주의 이론의 주창자인 로버트 브레너도 스탈린주의 국가들은 노동생산성을 향상시키는 기술혁신을 통해 생산력을 집약적으로 발전시킬 수 없었다는 점에서 사실상 전前자본주의 사회들과 비슷했다고 주장한다.[31]

그런 분석에서 도출할 수 있는 결론은, 스탈린 체제는 서방 자본주의보다 더 후진적인 생산양식이라는 것이다. 따라서 둘이 서로 충돌하면 더 진보적인 쪽을 지지하는 것이 분명히 혁명가들의 의무다. 따라서 샤트먼이 1962년에 쓴 글에서 '사회주의냐 야만이냐'라는 고전 마르크스주의자들의 예측을 인용한 후 "스탈린 체제는 새로운 야만"이라고 주장한 것은 완전히 일관된 견해였다.[32] 하브컨과 리포는 카터의 이론에 나타난 논리를 제대로 평가하지 않는다. 그들은 관료 집산주의가 "현대 문명의 일보 후퇴"를 뜻한다는 견해를 카터의 작품으로 돌리는 한편, 샤트먼은 냉전에서 "미국 제국주의를 차악次惡으로 여겨" 지지했다고 강력하게 비판한다.[33] 그러나 스탈린 체제가 정말로 "일보 후퇴"였다면 미국 자본주의는 "현대 문명"의 가장 강력한 버전이므로 정말로 "차악"이 아니었을까?

그런 혼란은 사실, 이 엉성하게 편집된 글 모음집에서 흔히 찾아볼 수 있는 것들인데, 특히 하브컨과 리포의 머리말에서 두드러지게 나타난다.[34] 여기서 그들은 최근 관료 집산주의가 동유럽 혁명과 소련 붕괴 때문에 약간 좌절을 겪은 듯하다는 사실과 씨름한다. 좌절까지는 아닌가? 이 세계사적 사건들에 대한 하브컨과 리포의 분석은 아무리 좋게 말해도, 이해하기 힘든 주장들이다.

한편으로 그들은 다음과 같이 말한다. "지난 10년 동안, 심지어 고르바초프가 몰락하고 베를린 장벽이 무너지기 전에도 이미 드러난 사실은, 전체주의 국가의 계획이 경제적으로 자본주의보다 더 퇴행적이라는 것이다."[35] 이 말은 영원한 진리인가? 만약 그렇다면, 어떻게 스탈린 체제는 1930년대 소련에서 공업화에 성공할 수 있었을까? 그리고 왜 노멘클라투라는 40년 이상의 냉전 기간에 서방 자본주의와 호각지세를 이룰 수 있었을까? 또는 스탈린 체제가, 예컨대 1950년대 중반이 아니라 1980년대 말에 붕괴한 것은 순전히 역사적 우연일 뿐인가?

다른 한편으로, 하브컨과 리포는 자유 시장이 승리하기는커녕 "기업과 국가계획의 경계선이 흐려지고 있는 새로운 경제적 착취 체제"가 그 모습을 드러내고 있다고 주장한다. "자본주의 체제의 '관료 집산화'"는 일국적 현상이 아니라 국제통화기금IMF 같은 국제 기구 형태로 나타나는 세계적 현상이라는 것이다. "국제적 경제협력이라는 훌륭한 목표는 자본주의의 관료화에 종속됐다. 그것은 기업들 자체가 대규모 관료 조직화하는 형태로 나타나고, 관료 조직화한 기업들은 그 기업을 사실상 통제하는 자들 말고는 어느 누구에게도 책임지지 않는다."[36]

하브컨과 리포가 1990년대는 자유방임주의가 승리한 시대가 아니라고 강조한 것은 옳다. 세계시장을 점차 지배한 것은 관료 조직화한 거대 기업들이다. 그러나 이것은 관료 집산주의 이론과 어떤 연관이 있는가? 카터와 그 동조자들은 스탈린 체제의 경제가 "일국적으로 제한된 경제 … 거대한 국가 트러스트"라고 옳게 주장한다.[37] 스탈린주의 국가들의 실패 원인은 점차 세계적으로 통합된 체제에서 일국적으로 조직된 경제들이 경쟁 능력을 상실했기 때문이라는 사실은 굳이 요즘 유행하는 세계화 개념을 순진하게 신봉하지 않더라도 얼마든지 알 수 있다.[38] 오늘날 자본주의가 아무리 관료적이고 통제받지 않는 조직 형태들로 이루어져 있더라도, 그런 조직 형태들이 국제적으로 확장된 시대와 자본주의가 일국적으로 조직된(20세기 전반기의 특징이다) 시대는 상당히 차이가 있다. 문제를 대충 얼버무린 채 '관료화'라는 말을 주문처럼 되뇌기만 해서는 이런 변화들을 진지하게 분석할 수 없다.

그러나 이 글 모음집에서 도출할 수 있는 가장 중요한 결론은 아마 관료 집산주의 이론과 정설 트로츠키주의의 변질된 노동자 국가 이론이 서로 비슷하다는 점일 것이다. 둘을 비교해 보면 어느 쪽이 더 낫다고 말할 수 없다. 둘 다 스탈린 체제라는 사회체제의 동역학(마르크스가 운동 법칙이라고 말한 것)을 분명히 설명해 주지 못한다. 이렇게 둘 다 내용이 없다 보니 관료 집산주의자들과 정설 트로츠키주의자들 모두 정치적 오락가락이 걷잡을 수 없을 정도였다.

버넘과 샤트먼은 그들이 아직 혁명가였을 때 "스탈린 혐오 또는 저속한 반스탈린주의"라고 묘사한[39] 상태로 스스로 퇴보했다. 그러나 트로츠키는 1940년 6월 마지막으로 미국 사회주의노동자당 지도부를 만났을 때 그들이 노동조합 관료들 중에서 루스벨트를 지지하는 '진보적' 분파와 손잡고 공산당에 대항하면서 '진보적' 노조 관료들에게 적응하고 있을 뿐 아니라 "스탈린주의자들도 노동자 운동의 정당한 일부"라는 점을 이해하지 못하고 있다고 비판했다.[40] 제임스 캐넌이나 패럴 돕스 같은 초정설파 트로츠키주의자들은 변질된 노동자 국가 이론을 고수했지만 그들 역시 스탈린 혐오를 피하지 못했다.

마찬가지로, 1974~75년의 포르투갈 혁명 때 미국 사회주의노동자당은 사실상 나토와 제2인터내셔널과 같은 편에 서서, 포르투갈 사회당이 리스본의 노동자들과 병사들을 억압하는 반동적 조처들을 지지했다. 당시 사회주의노동자당이 이런 태도를 정당화한 근거는, 옛 독재 정권을 전복한 군대운동MFA이 관료적 방식으로 변화를 추구하고 있다는 점이었다. 한편, 미국에서 샤트먼 지지자들의 가장 중요한 조직이었던 국제사회주의자들IS이 무비판적으로 지지한 포르투갈의 일부 극좌파들은 군대가 위로부터 모종의 혁명을 강요해야 한다는 몽상을 품고 있던 군대운동 급진파의 꽁무니를 좇고 있었다.[41]

이렇다 할 구체적 내용이 전혀 없는 이론은 어떤 정치적 결론과도 양립할 수 있다. 그래서 오늘날 미국에서 관료 집산주의자들과 정설 트로츠키주의자들이 솔리대리티Solidarity라는 다多경향 조직 안에서 기꺼이 공존할 수 있는 것이다. 그들의 스탈린 체제 분석이 사뭇 다른데도 말이다.

관료 집산주의 개념은 딱지label일 뿐이다. 이 모음집의 제목, 즉 "자본주의도 아니고 사회주의도 아니다"에서 드러나듯이 주로 부정否定에 의해 규정되는 관료 집산주의 개념이 실제로 무엇을 가리키는지는 이 책을 읽기 시작할 때와 마찬가지로 다 읽고 나서도 결코 알 수 없다. 가장 진지하고 체계적인 관료 집산주의 이론(처음에는 카터가 정식화하고 나중에 샤트먼이 받아들인)은 반동적인 정치적 결론으로 이어진다. 하브컨과 리포는 이런 결론에 반대하지만, 그들이 내놓은 대안은 온통 뒤죽박죽이다. 아마 그들은 관료 집산주의 이론을 광고하려고 책을 펴냈겠지만, 그런 의도와 반대로 오히려 관료 집산주의 이론이 폐기돼야 하는 강력한 근거를 제공했을 뿐이다.

임금노동과 국가자본주의
— 빈즈와 헤인스에 대한 응답[*]

알렉스 캘리니코스

들어가며

《인터내셔널 소셜리즘》 최근 호에서[1] 피터 빈즈와 마이크 헤인스
(이하 '빈즈-헤인스')가 동방 블록에 대한 '예외주의적' 분석들을 비
판한 글은 다른 면에서는 탁월하지만, "임금노동이 자본에 필수적
인 것은 아니다"는 명제를 두 사람이 받아들이는 바람에 심각한 결
함을 안게 됐다. 이 명제를 그들이 받아들이는 이유는 "마르크스

---

[*] Alex Callinicos, 'Wage Labour and State Capitalism: a reply to Peter
Binns and Mike Haynes', *International Socialism* no. 12, Spring 1981, pp.
97~118

가 말한 의미의 임금노동"은 소련에 존재하지 않는다는 신념 때문인 듯하다. 빈즈-헤인스는 또, 소련이 국가자본주의라고 생각하므로 그들이 일관성을 견지하려면 임금노동과 자본주의 생산양식 사이의 본질적 연관도 부정할 수밖에 없다.

당장 보더라도 이러한 단정은 마르크스의 가장 명시적인 진술들과 정면으로 배치된다. 예컨대, "자본은 임금노동을 전제한다. 임금노동은 자본을 전제한다. 둘은 서로를 제약한다. 둘은 서로를 낳는다."[2] 이 문제에 관한 고전 마르크스주의적 견해는 《인터내셔널 소셜리즘》 그 다음 호에서 던컨 핼러스가 쓴 매우 설득력 있고 권위 있는 글에서 재천명됐다.[3] 여기서 나는 단지 이 견해를 지지하는 몇몇 세부적인 논거들을 제공하고자 하며, 빈즈-헤인스의 논거들이 다수의 심각한 혼동(이 혼동을 인정하면, 역사 발전 일반과 특수하게는 자본주의에 대한 마르크스의 설명을 훼손하게 될 것이다)을 내포하고 있음을 보여 주려 한다. 또한 나는 던컨 핼러스를 지지하고, 빈즈-헤인스와 '예외주의자들' 모두에 반대하여 소련을 비롯한 국가자본주의 나라들에서도 잉여노동은 다름아닌 '임금 형태'로 직접생산자에게서 착출된다고 주장할 것이다.

임금노동과 자본

왜 임금노동이 자본주의 생산양식의 구성적(Constituitive; 없어서는 안 되는 본질적) 특징인지를 이해하기 위해서 먼저 이 사회적 생산 형태[자본주의 생산양식]의 두 측면을 살펴보자. 첫째, 자본주의 생산양식은 일반화한 상품생산 체제라는 측면이다. 이것은 완전경쟁이 존재하는지 아닌지와 무관하다. 즉, 각각의 생산 분야가 다수의 경쟁 기업이나 개별 생산자(그 중 누구도 그 분야를 지배하지 못한다)로 분할돼 있는 19세기 영국 자본주의와 매우 비슷한 상황이 존재하는지 아닌지와는 아무 상관이 없다는 것이다. 빈즈-헤인스가 '단순 상품' 가치 형태와 '자본주의' 가치 형태를 구별할 때 그러듯이, 일반화한 상품생산 체제를 '완전경쟁'과 같은 것으로 보게 되면 자본주의 생산양식의 본질적 특징과 자본주의 발전의 특정한 역사적 단계를 혼동하게 된다.

일반화한 상품생산 체제는 생산에 대한 전반적인 사회적 통제가 전혀 존재하지 않으며 경제가 다수의 경쟁하는 생산 단위로 분할돼 있는 체제다. 그 경제가 특정 나라인가 세계 전체인가, 또는 생산 단위가 가족 기업인가 국가자본인가 하는 문제는 여기서 중요하지 않다. 왜냐하면 일반화한 상품생산의 규정적 요소는 경제의 분할, 즉 생산자들이 오직 경쟁에 의해서만 서로 연관을 맺는 식으로 경제가 분열돼 있다는 점이기 때문이다. 이러한 상황 때문에 추상적인 사회적 노동과 구체적 유용 노동 사이의 구별이 생겨난다. 그러한 경제에서 수행된 노동이 사회적 인정을 받는 이유, 즉 어떤 사회적 필요를 충족시키는 것으로 승인되는 이유는 그 노동생산물의 특정한 효용 때문이 아니라 그것이 **사회적** 노동의 한 단위(그 노동의 특수한 질과 숙련도에 관계없이)이기 때문이다. 구체적인 사적 노동이 추상적인 사회적 노동으로 환원되는 것은 경쟁을 통해서인데, 이 경쟁 때문에 개별 생산 단위들은 그 산업에서 적어도 평균치에 가까운 조건에서 생산해야 한다는 압력을 받는다. 평균 이하의 열악한 조건에서 생산하는 단위들의 노동시간은 그 산업의 사회적 필요노동시간(정상적 상황에서는 평균적 생산 조건을 기준으로 정해진다)보다 더 작은 것으로 간주된다.

사적 노동이 사회적 필요노동시간의 단위들로 균등해지는 과정이 바로 내가 강조하려는 자본주의 생산양식의 두 번째 특징을 낳는 메커니즘이다. 경쟁 때문에 개별 생산 단위들은 끊임없는 기술혁신으로 노동과정을 변혁할 수밖에 없다. 이 점은 개별 생산 단위들이 곧 **자본들**이라는 사실을 인정하면 분명해진다. 자본은 직접생산자의 노동력을 구매해야만 존재할 수 있으며, 노동력을 판 직접생산자는 자신의 임금을 보전補塡하는 데 필요한 시간보다 더 오래 노동하도록, 따라서 고용주를 위해 잉여가치를 생산하도록 강제된다. 경쟁 때문에 개별 자본은 잉여가치를 축적할 수밖에 없다. 즉, 생산을 확대하고 개선하는 데 잉여가치를 재투자할 수밖에 없다. 그러지 못하는 자본, 그래서 경쟁자들의 기술혁신을 따라잡는 데 실패하는 자본은 가치 이하로 판매할 수밖에 없고 결국 업계에서 내몰리거나 성공한 경쟁자들에게 인수될 것이다. 이런 식으로 산업 내 개별 자본은 경쟁자들의 노동생산성 수준을 따라잡거나 추월해야 하는 압력을 항상 받게 된다. 이러한 경쟁 메커니즘에 의해 평균적 생산 조건은 각 개별 자본에게 표준이 되고, 상이한 생산 단위들에서 수행된 사적 노동들은 동질적인 사회적 필요노동 단위들로 환원된다. 그 결과, 마르크스가 그토록 강조한 자본주의 생산양식 고유의 경향, 즉 경쟁 때문에 개별 자본들은 노동생산성을 개선해서 경쟁자들을 물리치려고 새로운 방법들을 모색할 수밖에 없고 그래서 생산력을 끊임없이 혁신하는 경향이 나타난다.

바로 이런 이유들, 즉 자본주의의 경쟁적이고 역동적인 성격 때문에 자본주의 생산양식은 다른 생산양식들과 달리, 단순히 노동일을 연장하는 방식(절대적 잉여가치)이 아니라 생산성을 개선해서 노동력 재생산 비용을 낮추는 방식(상대적 잉여가치)으로 착취율을 끌어올릴 수 있다. 상대적 잉여가치 생산은 노동과정의 변혁과 결부돼 있다. 노동과정의 변혁은 임금재의 가치를 떨어뜨려서든, 또는 자본으로 하여금 재화를 그 개별적 가치(재화의 생산비)보다는 높고 그 사회적 가치(동종 상품의 평균생산비)보다는 낮게 판매할 수 있게 해서든, 노동력 가치를 보전하는 데 투여되는 노동시간을 단축시킨다. 상대적 잉여가치 생산은 또한 자본주의 생산양식의 고유한 운동 법칙과도 결부돼 있다. 기술혁신은 노동생산성을 향상시키면서 또한 (다른 조건이 같다면) 자본의 유기적 구성과 산업예비군의 규모도 증가시킨다. 이윤율 저하 경향과 자본주의 경제의 경기변동(이윤율 저하 경향을 상쇄하고 자본을 재조직하는 호황과 불황의 순환)을 불러일으키는 기저에는 바로 이 기술혁신이 자리하고 있다.[4]

내가 주장하려는 요지는, 자본주의 생산양식의 독특한 특징(경쟁, 기술혁신, 상대적 잉여가치 생산, 이것들로부터 비롯하는 자본주의 경제의 고유한 동역학)은 임금노동의 존재와 뗄 수 없이 연결돼 있다는 것이다. 임금노동은 직접생산자와 생산수단의 분리를 수반한다고 말하는 것으로는 충분치 않다(어떤 의미에서 그러한 분리는 모든 계급사회의 특징이다). 임금노동을 바탕으로 한 생산양식이 다른 두 (계급적) 생산양식(노예제와 봉건제)과 구별되는 점은, 임금 형태를 통한 잉여노동 착출이 일차적으로 물리적 강제보다는 경제적 강제에 의존한다는 것이다. 임금노동자는 자신의 노동력 외에는 아무것도 소유하고 있는 것이 없다. 굶주리지 않으려면 임금노동자는 이 유일한 소유물을 자본가에게 주고 그 대가로 임금(반드시 화폐일 필요는 없고, 현물일 수도 있다[5])을 받는다. 나아가 임금 형태는 임금률의 직업별·지역별 편차를 통해 노동력이 자본의 필요에 따라 경제 전체에 재분배되는 메커니즘을 제공한다. 더욱이, 그것은 작업의 진척도와 질을, 따라서 착취율을 규제하는(성과급, 상여금 제도, 벌금 등의 형태로) 수단 구실도 한다.

노예제나 봉건제와 비교해 보라. 노예는 자신의 노동력조차도 소유하지 못한다. 노예는 생산수단의 지위(로마인들의 표현처럼, '말하는 도구')로 전락한다. 노예 소유주의 강제 권한은 원리상 무제한이다(로마제국에서 몇 가지 제약이 있기는 했다). 봉건제에서는 직접생산자가 노동과정을 상당히 통제했지만, 지주는 자신의 법적 토지 소유권(그가 속한 계급이 독점한 무력으로 뒷받침되고 효력을 갖게 되는)으로 농민들을 강제해서 노동시간의 일부를 지대(부역이든 사용가치든 화폐든 형태야 어떻든 간에)로 바치게 할 수 있었다. 빈즈-헤인스가 인용하는 전거 중 하나로서 올란도 패터슨Orlando Patterson의 논문에서 제기된 논점인, 경제적 강제와 물리적 강제의 차이는[6] 상대적인 것이다. 자본가들의 생산수단 독점은 또 다른 독점(강제 수단의 독점, 즉 엥겔스가 말한 "무장한 인간들의 특수한 기관")에 의존하지만, 한편으로 생산과정 내에서 노동자들은 마르크스가 말한 자본의 "독재"에 매여 있다. 그렇지만 자본이 노동력을 구매할 수 있는 것은 이러한 [물리적] 강제를 통해서가 아니라 "경제적 관계라는 보이지 않는 강제", 즉 일할 것인가 굶주릴 것인가의 선택을 통해서다.[7]

임금노동과 다른 잉여노동 전유 양식들(노예제와 봉건제)의 차이를 강조하는 것은 어떤 의의가 있는가? 임금노동은 일차적으로 경제적 강제에 의존하기 때문에 앞에서 말한 자본주의 생산양식의 두 가지 특징과 양립 가능한 유일한 형태라는 점이다. 노예제는 경쟁이 개별 기업에 강요하는 끊임없는 노동과정 변혁에 적합한 노동력을 자본에 제공하지 못한다는 점을 마르크스 자신이 《자본론》에서 보여 준다. 그는 "자유로운 노동자의 노동은 노예의 노동보다 더 집약적이고 더 지속적이고 더 유연하며 더 능숙하다"고 주장한다. 그 이유는 "노예는 오직 외적 두려움인 채찍 아래서만 일할 뿐, 자신의 생존을 위해 일하지는 않"기 때문이다.[8] 임금 형태, 그리고 그로 인해 가능해지는 임금률의 차등 때문에 노동의 양·질과 노동자의 소비수준 사이에 직접적 관계가 형성되고, 그래서 노동자는 일을 더 열심히, 더 잘하는 데 직접적 이해관계를 갖게 된다. 반면에, "노예제에서는 노동력 구매에 투자된 화폐자본은 고정자본의 화폐 형태 구실을 하는데, 이것은 노예가 생존하는 동안 조금씩만 보전된다."[9] 따라서, 게으른 노예가 굶어 죽도록 놔두는 노예주는 귀중한 투자 재산을 잃어버리는 셈이다. 그러므로 노예주는 자기 노예들이 얼마나 열심히 일하든지 간에 그들이 살아 있게 하는 데 이해관계가 있다(물론 노예 가격이 낮다면 좀 더 급속한 "고정자본 회전",[10] 즉 노예들을 죽도록 일하게 할 수도 있겠지만 말이다).

그래서 마르크스는 다음과 같이 결론짓는다.

노예의 최소 임금은 그의 노동과 무관한 고정불변의 양처럼 보인다. 그러나 자유 노동자의 노동력 가치와 그것에 상응하는 평균임금은 미리 정해진 것도, 그의 노동과 무관한 것도, 오로지 그의 신체적 필요에 따라 결정되는 것도 아닌 것처럼 보인다. 계급 전체의 평균임금은 모든 상품의 가치처럼 거의 불변이지만, 이와 달리 개별 노동자의 평균임금은 이러한 최소 임금보다 낮을 수도 있고 높을 수도 있다. 노동의 가격은 때에 따라 노동력의 가치 이하로 떨어지기도 하고 그 이상으로 올라가기도 한다. 더욱이, 노동자의 개인적 특성을 반영하는 편차의 여지(좁은 한계 안에서)가 있기 때문에, 부분적으로는 상이한 직종들 사이에, 부분적으로는 같은 직종 안에서 임금이 노동자의 근면이나 숙련도나 체력에 따라, 그리고 어느 정도는 그의 개인적 실적에 따라 차이가 나게 된다. 이와 같이 임금의 수준은 오로지 노동자의 노동 결과물과 그 노동의 개별적 질에 따라 차이가 난다.[11]

임금노동만이 자본주의 생산양식의 특징인 생산력 혁신과 부합한다는 이러한 논거는 미국의 마르크스주의 역사가 로버트 브레너가 봉건제에서 자본주의로의 이행을 연구한 글에서 일반화한 바 있다.

지배계급이 직접생산자에게 무력을 써서 노동을 조직하는 곳에서는 직접생산자가 생산과정에 이해관계가 없기 때문에 협업을 위해 노동을 끌어모으는 것의 효과가 떨어진다. 여기서는 직접생산자가 시장을 통하지 않고 직접 생계 수단을 이용할 수 있다는(생산자가 자신의 경작지를 보유하는 농노제에서처럼 직접적 의미에서든 아니면 노예 소유자가 자기 소유물인 노예에게 생계 수단을 공급하는 노예제에서처럼 간접적 의미에서든) 사실 때문에 무력은, 점점 더 복잡해지고 다양해

지는 도구들을 사용하는 노동의 질이나 적합성에 제한적인 영향을 미칠 뿐이다.[12]

브레너의 주장은 뒤에서 다시 살펴보겠다. 브레너의 주장을 지지한 기 부아Guy Bois는 봉건제를 다룬 중요한 마르크스주의 저작을 펴낸 바 있는데, 그는 소농 생산이 우세해지자 지주의 지대 수입이 장기적으로 하락했고 이에 대해 지주는 탄압을 강화하는 것으로 대응했다고 주장했다.[13] 봉건제에 고유한 잉여노동 전유 양식(지대의 착출은 지주가 폭력을 독점하기 때문에 강제로 실행될 수 있다)은 자본주의 생산양식에서처럼 기술혁신을 통해 노동비용을 줄일 가능성, 즉 상대적 잉여가치에 비견될 만한 메커니즘을 통해 착취율을 높일 가능성을 배제했다. 왜냐하면 그런 기술혁신이 가능하려면 농노가 생산수단을 보유할 권리를 완전히 없애야 했을 것이기 때문이다.

노동과정의 끊임없는 변혁은 앞에서 개략적으로 서술한 자본주의 생산양식의 특징, 즉 경쟁 때문에 상이한 구체적 노동들이 추상적인 사회적 노동으로 환원된다는 특징과 긴밀하게 연관돼 있다. 기술혁신은 낡은 산업의 파괴와 새로운 산업의 창조를 수반한다. 노동은 더는 고정된 활동들(농업, 광업, 소규모 수공업)이 아니라 고도로 분화된 특정 노동들의 복합체가 된다. 이 노동들은 경쟁에 의해 함께 묶이고 기술 변화의 영향을 받아 끊임없이 변한다. 이러한 상황은 하나의 생산 분야에서 다른 생산 분야로, 한 유형의 작업에서 다른 유형의 작업으로 이전될 수 있는 노동자를 요구한다. 이러한 구실에 적합한 유일한 존재가 바로 임금노동자다. 마르크스는 다음과 같이 썼다.

자유 노동자는 원리상 더 높은 보수를 받을 수만 있다면 자신의 노동 능력과 활동을 최대한 다양하게 변화시킬 의지와 각오가 돼 있는 존재다(농촌의 잉여 인구가 도시로 끊임없이 유입되는 데서 볼 수 있듯이). 노동자가 설사 이렇게 다재다능한 변화에 다소 무능함이 입증되더라도 그는 여전히 다음 세대는 그럴 수 있을 것으로 여기며, 다음 세대 노동자들은 새로운 산업 분야나 성장하는 산업 분야에 광범하게 분포될 수 있고 또 적응할 수 있다.[14]

노동시장이라는 메커니즘을 통해 노동력은 자본의 필요가 바뀌는 대로 경제 전체에 배분된다. 즉, 임금률의 편차는 상이한 부문들과 영역들에서 노동자의 수요·공급상의 변화를 나타내며, 기술 변화로 생겨난 실업자 집단은 산업예비군의 일부가 돼, "중요한 분야에 엄청나게 많은 인간들을 갑자기 투입하면서도 다른 분야의 생산 규모에 전혀 피해를 주지 않을 수 있게" 해 준다.[15]

임금노동자의 적응성은 임금노동자가 자신의 노동력 외에는 아무것도 소유하지 않는다는 사실에서 비롯한다. 노동자는 생산수단을 이용할 권리가 없으므로 자신의 노동력을 자본에 팔 수밖에 없으며, 임금 구조는 노동자의 능력이 자본주의 경제의 매우 복잡한 필요에 잘 적응하게 만든다. 농노제나 노예제는 모두 제한된 생산 활동들과만 양립할 수 있었다. 따라서 노예노동의 대규모 사용, 즉 플랜테이션 노예제는 비숙련 노동을 광범하게 사용하는 것이 필요할 뿐 아니라 수익성도 있는(저렴한 노예 가격 덕분에) 산업들에만 적절했다. 노예제에 관한 마르크스의 연구를 상당히 모방한 막스 베버의 노예제 연구 결과를 보면, 로마 공화정 후기와 제정 초기(기원전 200년에서 기원후 200년까지)에 이탈리아 남부의 대규모 노예 라티푼디움(대농장)은 로마의 정복 전쟁 덕택에 값싼 노예를 손쉽게 구할 수 있어서 가능했고, 포도주와 올리브 같은 환금작물의 생산에 국한됐다. 주요 곡물은 수입되든지 아니면 소작농들이 생산했는데, 왜냐하면 "특히 로마의 줄row 재배 방식에는 매우 조심스런 노동이 필요했기" 때문이다. 고대의 공업에서 많은 노예들을 끌어모아 놓은 것은 단지 재산을 배치하는 특정한 방식이었을 뿐이다. 생산의 조직과 기술은 아무런 영향도 받지 않았고, 노예들의 상태는 이전과 다르지 않았으며, 소규모 장인들은 부자에게는 임대료 수입의 원천이었고 대상인에게는 원료 가공자 구실을 했다.[16]

이 점은 노예들이 농업보다 공업에서 더 빈번히 이용됐던 기원전 4~5세기의 아테네에서 잘 드러난다. 흔히 노예들은 자신의 작업장을 경영하며 주인에게 임대료만 바치면 됐는데, 이것은 가내노예보다 공업 농노나 심지어 자유 수공업자와 더 비슷한 조건이었다. 같은 시기에 라우리온 은광에서 노예가 대규모로 사용된 것은 아테네가 벌인 전쟁들로 값싼 노예가 대량 공급됐음을 반영한 것이었다.[17] 남북전쟁 이전 미국 남부의 노예경제를 지탱한 것도 비슷한 조건(노예의 손쉬운 공급, 영국 공장에 목면을 공급하는 데 비숙련 노동이 필요한 상황)이었다. 이 점은 뒤에서 다시 살펴보겠다.

노예처럼 봉건 농노 역시 임금노동자와 달리 다재다능하게 변할 수 없다. 기 부아는 봉건제에서 노동과정의 기술적 토대가 협소했다고 강조한다. 즉, 가족경제를 바탕으로 하고 주로 농사일(그 성격이 수백 년 동안 거의 변하지 않은)에 국한된 소농 생산이 우세했다는 것이다.[18]

더욱이, 농민을 토지에 붙들어 매는 형식적 법률 요건이 존재하지 않는 경우에조차, 농민은 생산수단을 이용할 수 있으므로(비록 그런 이용 기회가 지주의 법적 소유권이나 그 소유권에서 파생된 권리들, 그런 권리들을 뒷받침하는 강제력의 제약을 받더라도) 토지를 떠날 생각은 하지 않는다. 물론 농민의 경작지나 지대의 크기가 그와 그의 가족을 부양하는 것을 불가능하게 하지 않는다면 말이다. 바로 이런 이유에서 마르크스는 자본축적의 전제 조건이 생산수단과 노동자의 분리라고 주장했던 것이다(물론 땅을 약간 소유한 농민이 사실상 임금노동자 구실을 하는 다양한 과도적 형태들이 존재했다). 따라서 오직 임금노동일 때에만 "노동은 … 이 또는 저 노동이 아니고 순수하고 단순한 노동, 추상적 노동이다. 즉, 노동의 특정한 구체적 성격에는 전혀 관심이 없는, 그러나 모든 구체적 노동을 가리지 않고 해낼 수 있는 노동이다."[19] 노예제와 농노제는 모두 특정 유형의 작업과 결부돼 있고, 따라서 자본주의 생산양식에서 노동력이 갖춰야 하는 적응성이 없다.

내가 강조한 자본주의 생산양식의 특징들, 즉 경쟁 압력 때문에 구체적 노동이 추상적 노동으로 환원되고 생산력이 끊임없이 혁신되는 것은 자본의 운동 법칙과 긴밀한 연관이 있다. 앞서 보았듯이, 경쟁이 강요하는 기술혁신은 자본의 유기적 구성을 상승시키고, 따라서 이윤율 저하 경향과 호황·불황 순환 현상을 낳는다. 따라서 내 논지는, 임금노동은 일부 자본주의 사회구성체들의 우연적 특징이 아니라 자본주의의 동역학 자체에 본질적인 것이라는 주장이다. 그러면 이제 이와 반대되는 주장들을 몇 가지 살펴보자.

생산과 유통

빈즈-헤인스는 다음과 같이 말한다. "임금노동은 개념적으로 분명히 구별되는 두 요소를 결합시킨 현상이다. 즉, 잉여의 생산과 이 잉여의 valorisation은* 잉여가치 형태로 이루어진다." 이 두 가지 과정은 "논리적으로뿐 아니라, 시간과 공간에서도 분리된다"고 그들은 주장한다. 이러한 주장을 뒷받침하는 근거로 그들은 "19세기 미국 노예제와 18세기 러시아 농노제"를 예로 들면서, "마르크스는 이 둘이 모두 (부분적으로 또는 전적으로) 자본주의 생산 체제, 즉 잉여가치 생산 체제임을 의심하지 않았다"고 주장한다.

이러한 주장에는 꽤 특이한 점들이 있다. 그 중 하나는 "Verwertung"이라는 독일어의 영역어로서 펠리칸판 《자본론》에 도입된 "valorisation"이라는 다소 괴이한 용어를 사용한다는 것이다. 이 용어는 기존의 번역서보다 탁월한 펠리칸판 《자본론》의 옮긴이인 벤 포크스Ben Fowkes가 남긴 '옥에 티'라 할 수 있다. 무어Moore와 에이블링Aveling은 "Verwertung"을 "[가치의] 자기 증식self-expansion"이라는 더 좋은 용어로 옮긴 바 있다. 번역이야 어떻든 간에 마르크스가 "Verwertung"이라는 말을 써서 지칭하고자 한 내용은, 자본이 노동력을 사용해서 생산하는 가치는 노동력 자체의 가치를 보전하는 데 필요한 것보다 크기 때문에 이 과정에서 잉여가치가 창조되고 자본은 이윤을 얻는다는 것이다. 이것이 자본의 자기 증식의 비

---

* 《자본론》 영어판에 나오는 'valorisation'이라는 단어는 원래 '가치 증식'으로 번역되는데, 빈즈-헤인스의 글에서는 다른 의미, 아마 '가치화化'라는 의미로 사용된 듯해서 원어를 그대로 뒀다 — 옮긴이.

밀, 즉 겉보기에는 일정 액수의 화폐가 더 큰 액수의 화폐로(M이 M'로) 바뀌는 '신비한' 과정이다. 그것은 자본주의 생산양식에서 직접 생산자가 잉여노동을 착취당하는 구체적 형태다.

그런데 우리의 관점에서 볼 때 중요한 것은, Verwertung이 생산 과정의 특징이라는 점이다. 마르크스는 자본주의 생산과정을 노동 과정(사용가치 생산)과 가치증식 과정(가치와 잉여가치 생산)의 통일이라고 거듭거듭 말했다.[20] 생산과정은 《자본론》 제1권의 주제이며, 마르크스는 자본의 가치 증식이 상품의 유통에 선행하는 것임을 곳곳에서 분명히 밝힌다. 가치와 잉여가치는 생산과정에서 창조되는 것이며, 유통과정에서는 단지 실현될 뿐이다. 그러나 빈즈-헤인스는 valorisation이 "질적으로 서로 다른 다양한 노동 활동이 공통의 실체로, 즉 노동시간으로 환원되는 과정"이라고 주장한다. valorisation은 마르크스가 말한 "사적 노동이 추상적인 사회적 노동으로 균등해지는 과정"이라는 것이다.

이것은 단순한 용어법상의 차이 이상의 것이다. 빈즈-헤인스의 새로운 용어법은 그들의 견해 전체를 특징짓는 중심 이동, 즉 생산 영역에서 유통 영역으로의 이동을 반영한다. 왜냐하면 다양한 사적 노동의 균등화는 경쟁 과정에서 이루어지기 때문이다. 사적 자본주의나 의사擬似 사적 자본주의를 보면, 상품의 사용가치를 생산하는 데 들어간 사적 노동들이 그만큼의 추상적인 사회적 노동으로 승인되는 것은 바로 시장에서의 상품 교환을 통해서임을 알 수 있다. 따라서 균등화는 **유통**과정과 관련된 것이다. 물론 이 과정은 마르크스가 자본주의 생산과정을 분석할 때 그 분석에 전제돼 있다. 즉, 경제가 경쟁하는 상이한 생산 단위들로 분할돼 있을 때만 그러한 단위들 내에서의 생산이 가치 생산이 된다는 것이다. 《자본론》이 상품과 화폐에 대한 논의로 시작하는 것은 바로 이 때문이다. 그렇지만 마르크스는 두 가지 이유 때문에 생산이 유통보다 선차적이라고 보았다. 첫째, 상품은 팔리기 전에 먼저 생산돼야 하고 상품의 교환 비율은 그 상품의 생산 조건에 따라 결정된다는 점이다. 둘째, 사적 노동들의 균등화는 앞서 살펴본 이유들 때문에 잉여노동의 특수한 전유 양식, 즉 임금노동을 필연적으로 요구한다는 점이다.

빈즈-헤인스는 생산이 아니라 유통을 중심으로 'valorisation'을 정의하다 보니, 사실상 경쟁적 세계경제에 포함된 사회구성체는 모두 자본주의라고 주장하게 된다. 이런 주장은 잉여 착출 방식과 생산양식 사이의 연관이 우연적이라는 생각을 전제한다. 물론 빈즈-헤인스가 명시적으로 그렇게 주장하지는 않는다. 인도의 마르크스주의자인 자이루스 바나지Jairus Banaji의 논문은 그렇게 주장한다고 해석될 수 있지만, 사실 그 논문은 특정한 잉여 착출 범주들과 생산양식을 동일시하는 너무 협소한 관점, 예컨대 노예제가 존재하는 곳에는 틀림없이 노예제 생산양식이 존재한다는 식의 관점을 비판한다. 바나지의 주장인즉 생산양식의 성격을 좌우하는 것은 구체적 동역학, 즉 그 생산양식에 고유한 운동 법칙이며, 하나의 특정한 생산양식과 양립 가능한 역사적으로 가변적인 여러 노동조직 형태들은 이러한 운동 법칙에 비추어 이해해야 한다는 것이다.[21] 이러한 주장은 나 자신의 논지, 즉 자본주의 생산양식에 고유한 운동 법칙과 임금노동 사이에는 우연적 연관이 아니라 필연적 연관이 존재한다는 내 주장과 완전히 일치한다.

이 점을 입증하기 위해, 세계시장에 편입됐지만 자본주의 특유의 운동 법칙이 발전하지는 않은 사례를 살펴보자. 재판再版농노제 시기(1500~1800년)의 동유럽이 그러한 경우인데, 당시 멀리 떨어진 서유럽에서 곡물시장이 출현한 것에 자극받은 러시아와 폴란드의 지주들은 농민들한테 농노제를 강요했다. 그러나 비톨드 쿨라Witold Kula와 몇몇 경제사가들이 입증했듯이, 서유럽 시장을 겨냥한 곡물 생산은 폴란드에서 자본주의 고유의 동역학 발전으로 이어지지 않았다. 시장생산은 생산 총량에서 매우 작은 몫을 점했을 뿐이며, 여전히 생산은 대부분 자연 조건에 좌우됐고 가격 변동에 둔감했다. 그리고 지주들의 계산은 수익을 늘리고 화폐 비용을 최소화하는 데 집중됐기 때문에, 기술혁신은 거의 이루어지지 않았다. 장기적 추세(공납 비율의 하락과 노동생산성의 저하)는 기부아가 분석한 중세 말기 노르망디에서 나타난 추세와 다를 바 없었다.[22]

브레너는 세계시장에 대한 동유럽 경제의 반응에는 봉건적 생산관계의 우세가 반영돼 있다고 설명한다.

영주는 시장을 통하지 않고 자신의 생활수단을 얻을 수 있는 직접적인 통로(영주의 직영지에서 농노가 생산하는 생산물)가 있었으므로 재생산에 필요한 재화를 시장에서 구매할 필요가 없었다. 영주가 생존하고 재생산할 수 있는 능력은 그들이 '시장에서 자신의 자리를 지키는' 능력과 무관했다. … 그 결과, 어떤 기업인도 설령 그가 잠재적으로 동원할 수 있는 생산방법이 아무리 우월하더라도, 체제의 내부에서든 외부에서든 경쟁을 통해 영주를 몰아낼 수는 없었다.[23]

경쟁 압력이 없는 상황에서 폴란드는 자본주의 생산양식의 고유한 법칙(축적, 자본의 유기적 구성 상승, 이윤율 저하 경향, 경제 위기)에 얽매이지 않았다.

빈즈-헤인스가 말한 자본주의는 단지 경쟁 체제의 일원을 의미할 뿐이라는 사실은 그들이 "19세기 말까지의 미국 남부, 라틴아메리카, 카리브해 지역의 노예사회들"은 "자본주의의 특정 형태들"이라고 주장할 때 분명히 드러난다. 빈즈-헤인스는 자신들의 주장을 뒷받침하고자 두 가지 전거를 든다. 첫째는 마르크스에게서 인용한 다음과 같은 문장이다. "우리가 미국의 플랜테이션 농장주들을 자본가라고 부를 뿐 아니라, 그들이 실제로 자본가라는 사실 … "그러나 이 문장은 마르크스가 "고대의 **자본**, 로마와 그리스의 자본가들 운운하는 모든 문헌학자들"을 신랄하게 비판하는 《정치경제학 비판 요강》(그룬트리세)의 한 구절을 문맥에서 떼어내 인용한 것이다. 마르크스는 이어서 다음과 같이 말한다.

이것은 그리스와 로마에서 노동이 자유로웠다는 것을 달리 표현하는 방식일 뿐인데, 아마 이 신사 양반들도 그렇게 강변하고 싶어하지는 않을 것이다. 우리가 지금 미국의 플랜테이션 농장주들을 자본가라고 부를 뿐 아니라 그들이 실제로 자본가라는 사실은, 그들이 자유노동에 기초한 세계시장 내의 변칙적 존재라는 점에 근거한 것이다.[24]

첫째로 주목해야 할 것은 마르크스가 생각한 자본과 '자유'노동(즉, 임금노동)의 관계다. 즉, 하나를 지칭하는 것이 다른 하나를 지칭하는 것이라고 할 만큼 둘은 서로 긴밀하게 연결돼 있다(임금노동은 자본주의 생산양식의 우연적 요소가 아니라 본질적 특성이다)는 점이다. 둘째, 미국 남부의 노예 소유 농장주들은 "자유노동에 기초한 세계시장 내"에서 그들이 차지하는 변칙적 위치 때문에 자본가라는 점이다. 이 변칙성은 뒤에서 다시 살펴보겠다.

먼저 빈즈-헤인스의 다른 전거인 올란도 패터슨의 논문 "인류 역사와 노예제"를 살펴보자. 빈즈-헤인스는 그 논문을 두고 "'노예제 생산양식'이라는 개념, 노예제가 우세했던 미국 남부는 자본주의가 아니라는 생각 둘 다를 멋지게 논파한" 글이라고 말한다. 사실, 패터슨의 논문은 장점이 거의 없는데, 생산관계보다는 의식의 차원에서 작동하는 "노예제의 내적 변증법"을 사회학적으로 분석하는 데 치중하기 때문이다. 따라서 그가 노예제 생산양식 개념을 거부하는 것은 전혀 놀랄 일이 아니다(오히려 빈즈-헤인스 같은 마르크스주의자들이 이 점에서 그를 좇는다는 것이 정말 놀라운 일이다). 패터슨은 한결음 더 나아가 자본주의의 "양대 변종"(노예 자본주의와 자유노동 자본주의)이 존재한다고 단언하기까지 한다.

노동이 자유로운 상품이라는 생각은 정통 마르크스주의 용어로 말하면, 자본주의 체제의 신비화의 일부다. … 따라서 노예 소유주와 자본가 사이의 유일한 차이는 전자가 자신이 착취하는 노동자들에게 덜 위선적이거나 아니면 덜 자기 기만적이라는 점이다. 노예 자본주의라는 변종은 옷을 걸치지 않은 자본주의일 뿐이다.[25]

이 구절에서 보이는 뒤죽박죽의 한심한 논리는 무시하고('노동'이 '자유로운 상품'이라는 말은 허튼소리일 뿐이다. 마르크스가 주장했듯이, 매매되는 것은 [노동이 아니라] 노동력이다), 여기서 우리가 주목해야 할 것은 패터슨이 자신이 말한 자본주의의 두 '변종' 사이에 차이가 있다는 것을 결과적으로 인정한다는 점이다. 그러나 그의 주장은 잉여노동을 전유하는 각각의 구체적 방식들을 뭉뚱그려서 서로 구별되지 않는 착취로 용해시키는 결과를 가져온다. 빈즈-헤인스가 이 문제에서 그와 다른 점은 단지 제3의 '변종', 즉 농노자본주의를 추가한다는 것뿐이다. 도대체 무엇이 이 상이한 잉여노동 착출 형태들을 자본주의의 변종들로 되게 하는가? 각각의 경우에 생산수단 소유자가 생산을 투자(향후의 화폐소득, 즉 이윤을 노리고 하는 투자)로 간주한다는 사실을 제외하고는 아무것도 없다. 말할 것도 없이, 이것은 막스 베버가 정의한 자본주의 개념이다. "소유물이 상업의 대상이 되고, 개인들이 시장경제 속에서 이윤 추구 사업을 위해 그 소유물을 활용하는 데서 우리는 자본주의를 만나게 된다."[26] 여기서 자본주의는 유통의 차원에서 파악된다. 베버는 다음과 같이 주장했다. "이윤 추구 활동의 '자본주의적' 지향"은 근대 서구의 "합리적인 자본주의 기업"뿐 아니라, 중상주의와 고리대금업 그리고 베버가 "정치적 자본주의"라고 부른 것(예컨대, 로마 공화정 후기의 조세 청부업)과도 양립할 수 있다.[27]

앞서 보았듯이, 마르크스는 '자본주의'라는 용어를 이와 같이 화폐소득을 추구하는 모든 일에 마구잡이로 확대·적용하는 것에 강력하게 반대했다. 그는 자신이 말한 의미의 자본주의를 상인 자본이나 고리대 자본과 주의 깊게 구별했다. 그는 이러한 종류의 자본을 두고 "자본주의 생산양식보다 오래 전에 선행한, 그리고 아주 다양한 경제적 사회구성체들에서 발견되는 자본의 태고적太古的 형태들"이라고 불렀다. 이러한 자본 형태들이 출현할 수 있었던 것은, "화폐와 상품 유통은 완전히 상이한 생산 영역들(그러나 그 내적 구조는 여전히 주로 사용가치 생산에 맞추어져 있는 생산 영역들) 사이를 매개할 수 있기 때문이다." 그래서 고리대금업은 "생산양식을 변화시키지 않고, 오히려 기생충처럼 그 생산양식에 찰싹 달라붙어 그것의 피를 빤다."[28] 마르크스가 보기에, 자본주의 생산양식을 구별해 주는 것은 바로 생산의 "내적 구조"이며, 그가 다른 곳에서 명확히 했듯이, 이러한 생산의 내적 구조는 생산수단의 구체적 분배 형태(자본의 수중으로 생산수단의 집중과 노동력의 상품으로의 전화)에 의해 짜여진다.[29] 이러한 조건이 없는 데서는 재판농노제 하의 폴란드에서 그랬듯이, 상이한 경제들이 화폐 관계와 상품 관계로 서로 엮이게 되더라도, 반드시 이 경제들의 내적 동역학(즉, 운동 법칙)이 근본적으로 바뀌는 것은 아니다.

이 점은 미국 남부와 카리브해 지역의 노예제를 살펴보면 분명히 알 수 있다. 플랜테이션은 사실상 처음부터 상품생산 기업이었다. 그러나 노예경제를 지배하는 고유한 운동 법칙은 자본주의 생산양식의 운동 법칙과는 판이한 것이었다. 바나지는 다음과 같은 용어들로 노예 플랜테이션의 성격을 설명한다.

이 특수한 형태의 기업이 … 고전적 형태의 자본주의 기업과 다른 점은 주로 축적의 집약도가 더 낮다는 사실, 그리고 축적이 여기서는 불변하는 자본구성과, 따라서 노동생산성의 정체나 하락과 양립할 수 있다는 사실이다. 여기서 착취율의 증가는 필요노동을 잉여노동으로 돌리는 데에, 즉 상대적 잉여가치 생산에 달려 있는 것이 아니라, 노동강도의 강화나 육체적 인내의 한계점까지 노동일을 연장하는 것에 달려 있다. 가치의 자기 증식은 각 기업으로 하여금 원가를 최대한 낮추도록 강제하는 완전히 자율적인 지배력 구실을 하는 것이 아니라, 순전히 상대적이고 간헐적인 존재가 되어 봉건제에서 유력했던 소비와 과시 습관의 기능만 하는 데 그친다.[30]

노예 플랜테이션은 오직 유통의 관점에서 볼 때만 자본주의적인 것으로, 즉 자본 투자로, 일정한 화폐액을 증식하는 수단으로, 그리고 상품을 생산하는 기업으로 여길 수 있다. 그러나 플랜테이션 생산의 내적 구조 때문에 플랜테이션은 자본주의 기업으로서 기능할 수 없었다.

이러한 주장은 노예노동과 자유노동 간의 상대적 효율성 문제나 노예 플랜테이션이 얼마나 상업적 기준에 따라 운영됐는가 하는 문제와는 아무 관련이 없음을 강조하고자 한다. 서인도제도와 미국 남부에서 설탕과 면화를 생산하는 데는 비숙련 노동을 대규모로 사용해야 했다. 소규모 농민 생산은 이러한 상황에 맞지 않았으며, 다른 조건들(특히 토지 독점의 부재)도 임금노동자를 사용하는 데 유리하지 않았다. 이러한 상황에서 아프리카 노예의 사용은 경제적으로 완전히 '합리적'이었다.[31] 이와 비슷하게, 고전학자들은 로마인들이 노예노동을 사용하는 것이 차지농들에게 토지를 임대하거나 임금노동자를 고용하는 것보다 더 수익성이 있었다고 주장한다.[32] 고정된 기술 수준을 전제할 때, 노예노동의 효율성은 대규모 비숙련 노동인구가 필요한 제한된 범위의 농사일에서만 자유노동의 효율성에 맞먹거나 그것을 능가할 수 있다. 그러나 자본주의 생산양식은 기술 수준의 끊임없는 변혁을 요구한다. 노예제는 직접생산자가 생산성을 증대시키도록 유인(인센티브)을 제공할 수 있는 메커니즘이 없기 때문에 매우 특수한 조건에서만 자본주의와 양립할 수 있다. 그런 조건은 19세기 전반에 미국 남부에서 충족됐는데, 당시 영국 산업자본주의의 성장으로 말미암아 미국 흑인 노예가 채집한 면화의 수출 시장이 창출돼 급성장했던 것이다. 미국 북부 주州들에서 산업·금융 부르주아지(그들의 이해관계는 전국적 시장을 창출하고 그 시장에서 영국의 산업·금융 자본가들을 몰아내는 것이었다)가 출현하자 노예 주들과 자유 주들 사이의 충돌은 피할 수 없게 됐다. 미국 자본주의의 성장은 남부에 영국 자본주의의 근거지가 섬처럼 존재하는 상황과 양립할 수 없었던 것이다.

따라서 단순히 화폐와 상품 유통이 확대되고, 그로 말미암아 상이한 사회구성체들이 단일한 세계경제에 포함된다고 해서 그것이 필연적으로 전자본주의적 계급 구조를 용해하는 용매溶媒 구실을 하는 것은 아니다. 그것의 효과는 복합적일 것이며, 상당 정도 이들 구조의 성격과 그것이 체현하고 있는 사회 변혁의 가능성에 달려 있다. 빈즈-헤인스는 자본주의 사회관계를 경쟁적 세계체제에 편입되는 것으로 단순화시켜 버림으로써 마르크스의 생산양식 개념에 고유한 것들을 모두 해체한다. 이 개념은 특정한 잉여노동 전유 양식에서 그 성격이 도출되는 사회관계들의 복합체를 지칭한다. 그리고 잉여노동 전유 양식 자체는 직접생산자와 생산수단이 결합되거나 분리되는 방식, 그 결과로 나타나는 특정한 운동 법칙에 따라 결정된다. 빈즈-헤인스가 보기에 잉여 착출 방식들의 차이는 상이한 잉여노동 전유 양식들이 사회구성체들에 부여하는 고유한 동역학의 차이라기보다는 상대적 효율성의 차이(빈즈-헤인스는 "노예노동과 농노노동"을 "잉여가치의 비실용적이고 비효율적인 원천"이라고 말한다)일 뿐이다.

이것은 모리스 돕의 《자본주의 발전 연구》로 촉발된 마르크스주의 역사가들 사이의 논쟁에서 폴 스위지 같은 사람들이 취한 태도와 뚜렷이 유사한 것이다.[33] 스위지 등은 교역의 팽창이 봉건제에서 자본주의로 이행하는 데 필요한 하나의 조건이 아니라 원동력이라고 주장했다. 로버트 브레너가 지적했듯이, 그들은 "새로운 계급적 생산관계의 출현을 상업의 발달로 흡수시켜 버린다. 명시적으로든 암묵적으로든 그들은 계급 관계의 변화를 지속적인 상업화의 필연적 결과로 여긴다. … 따라서 자유 임금노동의 출현은 생산 단위 내에서 기술적·경제적 적응이 이루어진 결과로 이해된다. 자유 임금노동이라는 계급 제도의 출현은 잉여를 극대화하고 시장에서 경쟁하기 위해 생산을 재조직하는 (사실상 자본주의적인) 생산 단위들의 개별적 행위들의 부산물이라는 것이다. … 교환의 성장, 그리고 상업적 압력 때문에 생산력을 발전시켜야 하는 기술적·경제적 차원의 시급한 필요가 본질적인 것으로 간주되는 반면, 자본주의적 사회관계의 성장은 형식에 불과한 것으로 격하된다."[34]

임금노동과 소련

이러한 주장의 설득력을 완전히 이해하려면, 소련에 대한 빈즈-헤인스의 논의를 살펴봐야 한다. 지금까지 나는 그들 논지의 이론적 전제를 비판하는 데 집중했다. 그래서 임금노동은 자본주의 생산양식의 본질적 특징이며 임금노동이 존재하지 않는 사회구성체들(그러나 빈즈-헤인스는 자본주의라고 주장하는 사회구성체들)은 실제로 자본주의가 아니라는 것을 보여 주는 데 일단 주력했다. 이 모든 것이 다소 신학적으로 보일지도 모르겠지만, 개념들을 제대로 사용할 수 있으려면 그 개념들의 의미와 지위, 기능을 분명히 규정해야 한다는 점을 잊지 말자. 빈즈-헤인스가 혼란에 빠진 것은 사실에 관한 오류에서 비롯하기보다는 마르크스 《자본론》의 가장 중요한 한 측면을 이해하지 못한 데서 비롯한다. 그러나 지금까지 내가 주장한 논지들에 동의하면서도 여전히 임금노동은 소련에 존재하지 않는다는 빈즈-헤인스의 주장을 받아들여, 소련은 자본주의가 아니라고 결론짓는 사람들이 있을지 모르겠다. 이것은 개운치 못한 결론이며, 따라서 나는 임금노동이 소련에 실재로 존재함을 보여 주려 할 것이다.

이와 반대되는 빈즈-헤인스의 논지는 다음 세 문장에 있다.

사실상 소련에는 하나의 고용주만 있을 뿐이다. 그것은 국가다. 따라서 노동력이 사고팔리더라도 노동력은 상품이 되지 않는다. 그러므로 그것은 마르크스가 말한 의미의 임금노동이 아니다.

사고팔리지만 상품은 아닌 사용가치라는 괴이한 이야기는 일단 접어 두자. 빈즈-헤인스는 같은 취지로 다음과 같이 주장한 토니 클리프의 글을 인용할 수도 있었을 텐데, 그렇게 하지 않는다.

노동자가 자유로우면서도 동시에 속박돼 있다는 사실은 "자신을 주기적으로 판매하는 것에서, 자신의 주인을 바꾸는 것에서, 그리고 노동력의 시장가격이 변동하는 것에서" 나타난다. 노동자의 자유는 그가 노동력을 주기적으로 판매한다는 데서, 즉 고용계약의 기간이 제한된다는 사실에서 나타난다. 그러나 "만일 고용주가 한 명밖에 없다면, '주인 바꾸기'는 불가능해지고 따라서 '자신을 주기적으로 파는 일'도 단지 형식적인 일이 되고 말 것이다. 판매자가 많고 구매자가 한 명일 때도 계약은 형식적인 것이 되고 만다."[35]

이러한 논지는 마르크스의 주장, 즉 "노예는 특정 노예주의 소유물이다. 반면에, 노동자는 자본가에게 자신을 팔아야 하지만, 특정 자본가에게 팔지는 않는다. 따라서 일정 한계 내에서 노동자는 자신이 원하는 누구에게도 자신을 팔 수 있다. 그리고 자기 주인을 바꿀 수도 있다"는[36] 말로 뒷받침되는 듯하다. 그래서 클리프(와 빈즈-헤인스)의 주장대로라면, 소련 노동자는 노동자(임금노동자라는 마르크스가 말한 의미에서)가 아니고 주인 선택권이 전혀 없는 노예나 농노에 더 가까운 존재처럼 보인다.

여기서 몇 가지 답변해야 할 논점을 찾아볼 수 있겠다. 첫째, 어떤 선진 자본주의 나라에서도 노동력의 이동률이 실제로 무제한적인 곳은 없다. 많은 노동자들이 평생 동안 같은 일자리에 고착돼 있고, 나라들 간에 노동자의 이동은 엄격히 제한되고 규제된다. 더욱이 전시에는 모든 자본주의 국가들이 노동의 이동을 강력하게 통제하는 것이 대체적인 경향이다. 예컨대, 1940~45년에 영국에서 어니스트 베빈Ernest Bevin이 노동부 장관으로서 독재적 권력을 휘둘렀지만 그렇다고 해서 당시의 영국이 자본주의가 아닌 체제로 바뀌지 않았음은 물론이다.[37]

둘째, 우리는 앞서 논의한 임금노동의 특징들(그 원천이 경제적 강제에 있다는 점, 그리고 다재다능하게 변화할 수 있는 가능성)이 소련에서 발견되는지 아닌지를 자문해 봐야 한다. 대답은 발견된다는 것이다. 엄격한 의미의 강제 노동이 소련에서 지배적인 착취 형태가 된 적은 한 번도 없었다(수용소군도의 절정기에도 그렇지 않았다). 조레스 메드베데프Zhores Medvedev는 오늘날 노동수용소의 총 인원이 150만~200만 명(정말이지 상당한 숫자지만, 비율상으로는 무시할 만하다)이라고 추산했다.[38] 주민 가운데 이동의 자유가 가장 제한됐던 콜호스 노동자는 이제 국내 통행증을 받고 있고, 따라서 그들의 이동은 크게 증대할 가능성이 많고, 농촌에서 도시로 청년층이 꾸준히 유입되는 것에서 드러나듯이, 그것은 단순한 법적 허가 이상의 의미가 있다. 서방에서처럼 소련 지배계급은 사람들이 일하도록 설득하려고 물리적 강제가 아닌 경제적 강제에 의지하고, 노동자들에게 더 열심히, 더 효율적으로 일하도록 인센티브를 제공하려고 복잡한 성과급 제도를 고안해 냈다. 임금률의 상당한 편차는 각 산업 내에서, 산업 간에 나타날 뿐 아니라 지역별로도 나타나고, 노동력 가격의 차이는 노동자들을 노동력이 희소한 지역과 부문으로 유인하는 수단으로 사용된다. 알렉 노브는 다음과 같이 설명한다.

시베리아에 대규모 투자를 한다는 결정이 (올바르게) 내려졌다. 또 연료와 원료의 필수적 공급을 보장한다는 결정이 내려졌다. 사람이 거주하기 힘든 이 오지에 투자하려면 막대한 비용이 든다는 것은 분명하다. 또 노동자들에게 높은 임금과 각종 편의 시설을 제공해야 한다. 그러지 않으면 노동자들은 시베리아로 가지 않거나 가더라도 그곳에 머무르려 하지 않을 것이다(강제노동은 더는 경제적으로 중요하지 않다).[39]

더욱이 노동자들의 이직률은 주요 서방 자본주의 나라들보다 소련에서 더 높다. 그래서 청년 노동자들의 20퍼센트는 취업 첫해에 직업을 바꾸었다.[40]

모든 증거를 보면, 소련에 고도로 발달된 노동력 시장이 존재한다는 것을 알 수 있다. 아마, 빈즈-헤인스의 답변은 30여 년 전의 클리프처럼, "소련의 경우에도 … 내용은 형식과 모순된다"는[41] 주장일 것이다. 이 진술을 정당화하는 클리프의 논거는 다소 모호하다. 서방에서는 노동력 수요가 증대하면 화폐임금과 (생산이 받쳐 줄 때는) 실질임금이 상승하는 반면, 소련에서는 화폐임금만 상승한다는 것이다. 왜냐하면 소비재의 총생산을 국가가 미리 정하기 때문이라는 것이다. 그러나 첫째, 소비재는 국영 공장과 농장에서만 공급되는 것이 아니라 암시장과 농민들의 사적 경작지에서도 공급되며, 따라서 화폐임금 상승은 국가 계획에 관계없이 실질임금 상승으로 이어질 수 있다. 둘째, 마르크스는 임금의 변동폭이 노동력 재생산 비용에 의해(하한선), 그리고 이윤율에 의해(상한선) 정해진다고 보았다. 소련 관료층의 소비재 생산 계획은 자의적 선택의 결과가 아니다. 그것은 궁극적으로 이 한계에 의해 결정되는 것이다.

이런 주장을 모두 인정하더라도 노동력의 유일한 고용주가 국가뿐이라는 사실은 바뀌지 않는다고 빈즈-헤인스는 주장할지도 모른다. 그러나 자본들 간의 경쟁이 없다면, 어떻게 노동이 자유로울 수 있는가? 그래서 나는 《소련은 과연 사회주의였는가》에서 가치법칙을 논하는 매우 중요한 7장에 제시된 클리프의 일반적 방법이 잘못 됐다고 생각한다. 7장에서 클리프는 논지의 목적상 소련을 단일한 생산 단위로 취급한다.

소련 경제 내부의 관계들을 세계경제와의 연관을 고려하지 않고 살펴 보면, 생산의 동력이자 조정자인 가치법칙이 소련에서는 발견되지 않 는다는 결론을 내릴 수밖에 없다. 기업들 간의 관계를 지배하는 법칙 은 고용주인 국가와 노동자 사이의 관계를 지배하는 법칙과 본질적으 로 조금도 다르지 않게 될 것이다. 소련이 중앙의 직접 통제를 받는 하나의 거대한 공장이고 모든 노동자가 자신이 소비하는 재화를 직접 현물로 받는다면 말이다.[42]

이러한 주장은, 자본주의 생산양식의 운동 법칙을 개별 생산 단 위에 강제하는 자본 간 경쟁이 소련의 경우에는 서방과의 군사적 경쟁 형태를 취한다는 클리프 자신의 논증을 향한 일보 전진이다. 그런 식으로 그것은 전적으로 정당화된다.

그러나 소련이 "하나의 거대한 공장"이라는 가정은 우리가 임금 노동의 문제를 논의하게 될 때 무너진다. 왜냐하면 소련은 공장이 아니기 때문이다. 그것은 국민경제, 즉 상이한 생산 활동들이 접합 된articulated 체제이며, 따라서 각 생산 부문들 사이에 노동력을 분 배하는 문제에 직면하게 된다. 그런데 이 문제를 처리하는 방법으 로서 강압을 사용하는 것, 즉 그냥 지령을 내려서 노동자들에게 각 각 일자리를 배분하는 것이 원리상으로는 가능하다. 만일 이 방법 이 소련에서 노동력을 분배하는 제도적 기초라면(전시 영국의 경우처럼 일시적 방편이 아니라), 노동자들은 사실 임금노동자가 아니라 국가 노예일 것이다. 그렇다면 소련 지배계급의 문제는 노예주의 문제일 것이다. 즉, 미국을 따라잡는 데 필요한 노동생산성 증대는 오직 노예들의 이기심에 호소해서만(생산성이 높아지면 더 많이 소비할 수 있다는 식으로) 달성할 수 있을 것이다. 그러나 그런 상황에서는 시간이 지나면 노동자들의 자율성과 자기 주장이 증대할 것이다.[43]

흐루쇼프 치하에서 일어난 전환, 즉 노동자 운동을 전면 금지하고 1000만 명 이상의 노예노동자를 이용하던 상황에서 강제 노동이 별로 중요하지 않게 된 오늘날의 상황으로의 전환은 오직 이 글에서 제시한 관점에서만 이해될 수 있다. 스탈린이 만들어 낸 강압적 노동 통제로는 서방을 따라잡는 데 필요한 생산성 수준을 확보할 수 없었다. 빈즈-헤인스의 관점(소련의 '잉여 생산'은 모든 구체적 착취 형태와 완전히 다르다고만 보는)에서 보면, 솔제니친이 묘사한 콜리마 수용소 노동자, 즉 수용소 병사들의 감시를 받으며 영하 30도의 혹한 속에서 하루 12시간 동안 나무를 베는 노동자와, 1978년에 육류 부족에 항의하는 비공인 파업을 벌여 정치국원을 출두하게 하고 신선한 육류를 대량 반입하게 만든 레닌그라드의 키로프 금속 공업단지에서 일하는 노동자 사이에는 아무 차이도 없게 된다.

스탈린 사후에 강제 노동이 감소한 것에 대한 클리프의 설명(1964년에 출간된, 소련 체제를 분석한 그의 책 제2판에 제시된 설명)은 임금노동이 국가자본주의에서 존재할 수 없다는 그의 주장을 무너뜨린다.

강제 노동은 자멸적인 것이 됐다. 서방에서는 노동자들이 매뉴팩처 시스템 속으로 '길들여져 흡수된' 후에 강제는 '자유'에 자리를 내주었다. … 이렇게 강제 '임금'노동에서 '자유'노동으로 이행하는 오랜 역사적 과정이 역동적인 소련 국가자본주의에서는 한 세대로 압축됐다. … 법적 처벌이 완화된 주된 이유는 두 가지다. 첫째, 생산이 더 복잡해질수록 강제의 효과는 떨어진다. 강제는 노동자가 불법을 저지르는 것을 막을 수는 있지만, 그가 원하지 않는 것을 하게 할 수는 없다. 처벌의 위협은 노동자가 꾀병을 부리거나 결근하는 것을 막을 수는 있지만, 실제로 일은 하지 않으면서 바쁜 척하거나 기계 설비를 파손하고 제품을 훔치는 것을 막을 수는 없다. 둘째, 현재의 소련 노동계급(현대적이고 최신식인)은 지속적이고 엄격한 규율에 옛 세대만큼 순응적이지 않고, 따라서 과도한 압력은 자멸적일 수 있다. 이제 주된 문제는 규율을 유지하는 것이 아니라, 생산과정에서 노동자들의 이니셔티브를 끌어내고 자발적인 협동을 확보하는 것이다.[44]

이러한 설명을 보면, 노동이 자본에 '형식적'으로 포섭되는 것과 '실질적'으로 포섭되는 것을 구별한 마르크스가 분석이 떠오른다. 전자는 자본주의 발전의 초기 단계에 조응하고, 절대적 잉여가치 생산, 즉 변하지 않는 기술 수준을 바탕으로 노동일을 연장하는 것이다. 그러나 노동과정의 변혁을 바탕으로 한 상대적 잉여가치 생산과 함께 **"자본주의 고유의 생산 형태가 존재하게 된다. … 그런 연후에야 비로소 노동은 자본에 실질적으로 포섭된다."**[45] 따라서 스탈린 시기는 소련 국가자본주의의 '영웅적' 시기로 볼 수 있을 것이다. 즉, 강제노동법의 제정, 독립 농민층의 파괴, 노동력 가치 이하로 임금 삭감. 노동인구의 급증을 바탕으로 한 국가자본에 노동이 형식적으로 포섭되는 시기, 총괄적으로 말하면 높은 수준의 강제가 자본축적의 필수 전제였던 단계인 것이다. 스탈린 사후의 시기는 국가자본에 노동이 실질적으로 포섭되는 이행기, 즉 국가의 노동 통제가 이완되고, 실질임금이 증가하고, 노예노동 인구가 급격히 감소하고, 노동자의 규모 증대에서 노동자의 생산성 향상으로 강조점이 이동한 시기였다.

어쨌든, 우리가 소련 사회의 현실을 들여다보면, 소련에서도 노동력이 상품이라는 것은 의문의 여지가 없다. 기업들은 노동자를 놓고 경쟁하며, 자기 기업에서 일하도록 설득하려고 온갖 종류의 불법 상여금을 제시한다. 노동자들의 선택 폭은 상당히 넓다. 그들은 특정 공장에서 일하도록 강요받지 않는다. 이 점에서 소련 자본주의와 서방 자본주의 사이에는 실질적 차이가 전혀 없다. 소련 노동자가 스스로 조직할 권리나 그 밖의 민주적 자유권을 전혀 누리지 못한다는 것은 사실이다. 그러나 칠레나 한국의 노동자들도 그 점은 마찬가지다. 소련에 사실상 완전고용이 존재한다(비록 중국과 유고슬라비아 같은 다른 국가자본주의 나라들에서는 그렇지 않지만)고 해서 사정이 달라지는 것은 아니다. 마르크스의 산업예비군 개념은 실업자 이상의 것을 포함하고 있다. 제3세계가 서방 자본주의를 위한 값싼 노동력의 저수지 구실을 했던(특히 서방에서 완전고용이 이루어졌던 1950년대와 1960년대에) 것처럼, 유럽러시아의 농업 인구는 소련 국가자본주의 초기의 50년 동안 비슷한 구실을 했다. 공업을 위한 노동력의 원천이었던 농촌 인구가 고갈되는 반면 농장의 낮은 생산성 때문에 노동자를 농업으로 이전해야 할 필요성이 생기자 아시아 쪽 소련의 급증하는 인구가 경제적으로 중요해졌다. 그들이 유럽러시아에서 '외국인 노동자'gastarbeiter가 될 가능성이 많았기 때문이다. 또, 노동력이 부족해지자 소련 경제학자들은 노동자들이 그나마 몇 안 되는 권리 중 하나인 취업권도 박탈당할 수 있다고 협박하고 나섰다.

결론

이러한 고찰을 통해 우리가 내릴 수 있는 결론은, 임금노동은 자본주의에 필수적이라는 것, 그리고 임금노동은 소련에 존재한다는 것이다. 내가 이 주장을 이렇게 장황하게 펼친 이유는 정치적 함의가 있기 때문이다. 빈즈-헤인스의 논문에는 두 가지 결정적인 사항이 빠져 있다. 계급투쟁과 프롤레타리아가 그것이다.

먼저 계급투쟁을 보자. 마르크스는 '자본 일반'과 '다수 자본들'을 구별한다. 그는 《자본론》 제1권, 그리고 제2권의 처음 두 편에서 '자본 일반'을 분석한다. 이러한 분석은 직접적 생산과정, 즉 자본이 잉여가치를 착출해서 자기 증식하는 과정에 초점을 맞춘다. '다수 자본들'은 《자본론》 제3권의 대상이다. 제3권은 자본들 간의 모순, 즉 경쟁 과정을 다룬다. 두 차원 모두 자본주의 생산양식을 이해하는 데 필수적이다. 흔한 오류(독일 '자본논리'학파와 그 추종자들이 좋은 예인데)는 '다수 자본들'을 '자본 일반'으로 환원하는 것이다. 다른 자본들과의 경쟁 압력이 없으면 자본주의 생산양식의 고유한 운동법칙(특히, 잉여가치의 착출과 축적)은 작동하지 않을 것이다. 빈즈-헤인스는 그 반대의 오류를 범했다. 즉, 그들은 '자본 일반'을

'다수 자본들'로 환원한 것이다. 경쟁 과정 자체는 자본주의 생산관계를 낳는 데 충분치 않다.

나는 그런 방법은 생산이 아닌 유통의 관점에서 자본주의를 파악하는 관점이라고 지적했다. 이와는 대조적으로 잉여 착출 방식상의 차이에 초점을 맞추는 마르크스의 방법은 사회의 핵심부에서 일어나는 모순, 착취, 갈등, 투쟁을 부각시켜 준다. 계급투쟁은 구체적 착취 형태라는 토대 위에서 일어난다. 빈즈-헤인스의 논리는 소련이 국가자본주의 나라로 변모하는 데는 국제 경쟁의 압력만으로도 충분하다는 것이다. 그들은 10월혁명의 성과가 대부분 파괴되고 소련의 노동자와 농민이 수탈당하는 결과를 낳은 격렬한 계급투쟁을 지적하지만, 그들의 자본주의 모델에는 이러한 투쟁이 들어설 여지가 전혀 없는 것처럼 보인다. 이런 의미에서 그들의 주장은 직접생산자를 수탈하고 자본축적의 토대를 놓는 데 필요한 생산관계와 계급투쟁을 고찰하지 않은 채 상품 유통의 확대라는 관점에서 봉건제로부터 자본주의로의 이행을 설명한다고 브레너에게 비판받은 논자들을 상기시킨다.

두 번째 문제, 즉 프롤레타리아에 관해서는 어떠한가? 마르크스가 말한 노동계급은 임금노동자들이고, 자기 노동력을 팔아야만 하는 사람들이다. 그러나 임금노동이 소련에 존재하지 않는다면, 소련의 직접생산자를 노동자라고 할 수 있을까? 오히려 '주식회사 소련'이라는 거대한 플랜테이션에서 노역하는 국가 노예로 부르는 것이 더 낫지 않을까? 빈즈-헤인스는 "노동계급이 존재하지 않는다고 말할 수 있는" 사회들까지 마르크스의 범주를 적용해 분석하려는 사람들을 비웃지만, 이는 애석하게도 잘못된 것이다. 왜냐하면 그들 자신의 논리는 사실상 소련이 바로 그런 사회라고 말하는 것이기 때문이다.

거듭 말하거니와 이것은 단순히 용어법상의 문제가 아니다. 왜냐하면 노예사회의 계급투쟁 양상은 자본주의와는 뚜렷이 다르기 때문이다. 마르크스가 거듭 강조했듯이, 자본주의는 노동과정을 사회화하면서 생산을 통제할 수 있는 힘(능력)을 지닌 '집합적 노동자'를 창출한다. 이것은 오직 임금노동의 기초 위에서만(앞서 지적한 이유들 때문에) 가능하다. 오직 임금노동만이 노동과정의 사회화에 필요한 다재다능하고 숙련된 노동자를 공급할 수 있다. 임금노동 없는 자본주의는 프롤레타리아 없는 자본주의다.

결론적으로, 우리가 다뤄야 할 문제 하나는 자본주의 생산양식의 운동 법칙이 국가자본주의에서는 어떤 구체적 형태를 취하면서 작동하느냐 하는 것이다. 마르크스의《자본론》분석은 일반적으로 적용될 수 있지만, 개별 국민경제 내에서 자본 간 경쟁이 압도적인 상황을 당연시하는 관점에서 서술돼 있다. 국가자본주의의 특수성은 마르크스의 분석을 확대·수정할 것을 요구한다. 힐퍼딩이 어떻게 노동가치설이 독점가격의 형성과 증권시장의 변동을 지배하는가를 증명한 것처럼 말이다. 클리프는 국가자본주의의 세밀한 구조에 대한 분석을 발전시킬 틀을 제공했지만, 그러한 분석 자체는 아직 이루어야 할 과제로 남아 있다. 따라서, 빈즈-헤인스가 국가자본주의 이론을 발전시키려고 노력한 것은 반가운 일이다. 비록 그들 자신의 혼동 때문에 안타깝게도 잘못된 길로 나아갔지만 말이다.[46]

가치법칙과 소련*

데렉 하울

영국 사회주의노동자당SWP의 관료적 국가자본주의 이론은 흔히 소련과 서방 자본주의의 차이를 설명하려고 개발된 이론으로 잘못 이해돼 왔다. 오히려, 토니 클리프는 스탈린 체제가 동유럽으로 확산되는 것을 보고 국가자본주의론을 발전시켰고, 스탈린 체제의 확산이 자본주의 전복을 뜻하는 것이라면 의식적 프롤레타리아만이 노동자 국가를 건설할 수 있다는 마르크스주의자들의 주장은 틀린 셈이 된다고 주장했다. 그는 마르크스주의적 방법을 사용해서 동방과 서방의 피상적 차이를 추상하고 기본적 유사성을 탐구했다.[1] 국

---

* Derek Howl, 'The law of value and the USSR', *International Socialism* 2:49, Winter 1990, p. 89~113.

가자본주의론을 비판하는 많은 사람들은 이 점을 놓치고 있다. 중요한 것은 소련과 동유럽의 성격을 어떻게 규정해야 하는가, 그리고 마르크스가 《자본론》에서 제시한 개념들을 어떻게 적용해야 하는가 하는 문제다.

우리는 자본주의 생산양식 자체의 변화를 이론적으로 이해할 필요가 있다. 특히, 자본의 집적과 집중이 국가의 경제적 구실 증대와 맞물려 발전한 것이 우리의 분석에 어떤 함의가 있는지를 이해해야 한다. 이 두 경향은 관료적 국가자본주의 나라들에서 가장 극단적인 형태를 취한다. 그러나 국가자본주의 나라들과 '서방' 자본주의의 차이는 질적인 것이라기보다 양적인 것이다.

자본주의에서는 사회의 다양한 과업들에 노동을 배분하는 종합적인 계획이나 조정이 존재하지 않는다. 오히려 자본가들이 노동자의 생산물을 판매해서 얼마나 이윤을 얻을지를 계산한 결과에 따라 노동자의 고용 여부가 결정된다. 이러한 과정에서는 화폐가 가치를 나타낼 수 있는 능력, 즉 '보편적 등가물'이 될 수 있는 능력이 중요하다. 가격은 생산에 소비된 노동에 따라 정해진다.[2] 자신들이 고용한 노동자들의 노동생산성을 증가시킬 수 있는 자본가들은 시장의 가격경쟁에서 유리해진다. 서로 다른 생산자들 사이의 사회적 관계는 그들이 생산하는 상품들이 시장에서 비교되는 것으로 나타난다. 사람들 사이의 사회관계는 사물들 사이의 관계 형태를 취한다. 마르크스는 이 점을 《자본론》에서 다음과 같이 말했다.

생산자들은 자신의 노동생산물을 교환할 때에야 비로소 사회적 관계

를 맺게 되므로 그들 노동의 구체적인 사회적 성격은 교환을 통해서만 나타난다.[3]

마르크스가 보기에 시장에서의 교환 과정은 생산에 투입된 노동이 사회적으로 승인됐음을 나타내며, 이 교환 과정을 통해 재화는 상품으로 바뀐다. 상품이 교환되는 가격은 그 상품을 생산하는 데 사회적으로 필요한 노동시간에 따라 정해지기 때문에, 노동가치 이론을 자세히 이해하면 자본주의의 '가장 깊숙한' 비밀을 알 수 있다.

60년 동안 이러한 시장 메커니즘은 소련 안에서 작동하지 않았다. 가격은 상품의 노동가치에 따라 정해지지도 않았고, 수요와 공급에 따라 가격이 변하지도 않았다. 화폐는 기업들 사이의 자원 배분을 결정하지 않았다(화폐가 개인들 사이의 소비재 배분을 결정하는 메커니즘인데도 말이다).[4] 진정한 의미의 가격이 존재하지 않다 보니 '이윤'은 서방에서와 달리 그 사회적 내용이 없는 인공적 구성물에 불과했다. 서로 다른 생산자들 사이의 관계는 그들이 생산한 생산물의 교환을 통해서만 표현되는 것은 아니다. 진정한 계획은 아닐지라도 중앙집권적 관리가 존재한다는 것은 노동생산물이 교환되기 전에 노동이 사회적 총노동과 관계를 맺는다는 것을 뜻한다. 노동자들을 각각의 작업장에 배치하는 것, 재화가 교환되는 비율, 이윤 창출 등은 시장의 신호에 따라 결정되지 않는다. 오히려 그것들은 관료들이 내린 결정의 결과다. 그렇다면 어떻게 소련이 자본주의일 수 있을까?

중요한 것은 《자본론》을 어떻게 자본주의에 적용할 것인가 하는 문제다. 관료적 국가자본주의 이론은 우리에게 소련의 내부 조직과

《자본론》의 범주들 사이의 차이를 부정하라고 요구하지 않는다. 이미 1948년에 토니 클리프는 다음과 같이 썼다.

> 소련 경제 내부의 관계들을 세계경제와의 연관을 고려하지 않고 살펴보면, 생산의 동력이자 조정자인 가치법칙이 소련에서는 발견되지 않는다는 결론을 내릴 수밖에 없다.[5]

토니 클리프는 소련을 '따로 떼어놓고' 보느냐 아니면 세계경제와 관련지어 보느냐가 핵심 문제라고 여긴다. 우리의 전통은 언제나 세계경제를 국민경제들의 단순한 총합이 아니라 하나의 독자적인 실체라고 강조해 왔다.

국가자본주의론은 소련의 중심적 경제 과정을 서방의 경제 과정과 동일한 것으로 취급한다. 왜냐하면 우리는 체제의 "운동 논리", 즉 **동역학**을 탐구하기 때문에, 소련과 서방 자본주의의 외관상의 차이들은 중요하더라도 핵심적으로 중요하지는 않다. 《자본론》을 읽어 보면, 소련의 많은 것들이 마르크스가 묘사한 자본주의와 맞지 않음을 명확히 알 수 있다. 마찬가지로, 현대 '서방' 자본주의 역시 마르크스가 묘사한 자본주의 모습과 '들어맞지' 않는다. 그래서 부르주아 경제학자들은 마르크스의 주장은 시대에 뒤떨어진 것이라고 주장한다. 이것은 마르크스의 과학적 추상 방법을 이해하지 못한 결과다. 《자본론》 제1권의 풍부한 실증적 증거는 **묘사**가 아니라 자본주의의 내적 과정의 현상 형태다. 이러한 과정이야말로 마르크스가 분석한 대상이다. 마르크스가 말했듯이 "자본의 일반적·필연적 경향들은 현상 형태와 구별돼야 한다."

가치법칙

자본주의의 주된 동역학은 경쟁적 축적이 자본 단위들에게 외적 강제 법칙으로 강요된다는 것이다. 이러한 경쟁 압력은 노동생산성을 증대하려는 지속적인 노력을 낳는다. 노동생산성의 증가는 상품을 생산하는 데 사회적으로 필요한 노동시간이 줄어든다는 것을 뜻한다. '사회적으로 필요하다'는 말은 생산된 상품이 시장 수요의 측면에서 '필요하다'는 뜻이고, 덜 효율적인 생산자의 추가 노동은 가치를 창출하지 못한다는 뜻이다. 가치는 상품이 시장에서 팔릴 때만 실현된다. '가치법칙'은 노동이 서로 다른 활동들 사이에 배분되고 비효율적 생산자들이 불리해지는 과정을 반영한다.

자본은 다수 자본들로만 존재할 수 있다. 계급이라는 개념이 계급들 사이의 대립을 내포하는 것과 마찬가지로 자본 개념도 다른 자본과의 관계를 내포한다. 이러한 관계를 이해할 때만 자본주의의 동역학을 파악할 수 있다. 이러한 이해는 자본을 화폐 뭉치나 기계류라고 정태적으로 정의하는 부르주아 경제학자들의 이해와 다른 것이다.

자본가들의 개인적 결정을 하나의 법칙으로 설명할 수 있는 것은 **외부적** 경쟁 압력 때문이다.

경쟁 때문에 모든 개별 자본가는 자본주의 생산의 내재적 법칙을 외적 강제 법칙으로 느낄 수밖에 없다. 경쟁 때문에 자본가는 자본을 유지하기 위해 끊임없이 자본을 확대할 수밖에 없는데 그가 자본을 확대할 수 있는 방법은 누진적 축적뿐이다.[6]

축적하지 않는 자본가는 경쟁에서 밀려나 파산하든지 아니면 성공한 다른 경쟁 자본가에게 자본을 빼앗기기 십상이다. 이러한 축적 경향은 심리적인 것이 아니라 자본주의의 핵심적 과정의 표현이다. 축적 욕구는 노동자들의 소비 욕구든 자본가들의 사치재 소비든 축적 이외의 모든 것을 부차적인 것으로 만든다.[7] 가장 중요한 것은 새로운 생산수단을 생산해서 노동생산성을 증가시키는 것이다.

축적하라, 축적하라! 이것이 모세와 예언자들의 계시다! … 따라서 저축하라, 저축하라. 즉, 되도록 많은 잉여가치 또는 잉여생산물을 자본으로 재전환하라! 축적을 위한 축적, 생산을 위한 생산.[8]

이것은 자본주의의 동역학, 즉 자본주의가 "생산도구를 끊임없이 혁신할 수 있는" 능력, "과거의 모든 세대들이 갖고 있던 것보다 더 거대하고 많은 생산력"을 창출할 수 있는 능력을 설명해 준다.[9] 자본주의는 생산력 발전을 통해서 인간의 노동생산성을 증가시키는 체제다. 자본주의적 경쟁은 자본 단위들이 생산의 효율성을 서로 비교하는 과정이다. 자본주의에서 생산성은 과거의 어떤 생산양식에서 그랬던 것보다 훨씬 더 중요하다.

노동생산성이 경쟁에서 핵심적인 것인데도, 경쟁은 직접생산자들과 무관하게 이루어진다. 사람들 사이의 관계는 그들의 노동생산물 사이의 관계에 종속된다. 마르크스는 다음과 같이 말했다. 상품은

총노동과 생산자들 사이의 사회적 관계가 사물들 간의 사회관계처럼 보이게 한다. 즉, 생산자들과 무관한 관계처럼 보이게 만든다.[10]

경쟁 과정에서는 상품을 생산하는 데 드는 노동이 적을수록, 그 상품은 더 쌀 것이다. 다시 말해서 이것은 노동생산성이 증가한다는 뜻이다. 시장에서 성공하느냐 못하느냐는 상품생산에 들어간 노동을 줄이는 것에 달려 있다. 여기에서 중요한 것은 투입된 노동의 구체적 형태(재봉 노동, 선반 작동, 운전 노동)를 추상한 전체 산 노동의 일부로서의 노동량이다. 상품의 가치를 결정하는 것은 '추상적 노동'의 양, 즉 총노동의 일부로서의 노동이다.

자본주의적 경쟁의 결과

소련으로 넘어가기 전에 서방 자본주의의 발전이 어떻게 가치법칙의 작용을 변화시켰는지 살펴보는 것도 의미 있는 일이다. 자본주의는 단지 소련의 현실과 비교하기 위한 '이념형'이 아니다.

경쟁적 축적의 동역학에는 자본의 집적과 집중 경향이 내재해 있다. 어떤 자본가가 축적에 성공하면 그는 미래에 더 많은 축적을 할 수 있게 된다. 따라서 대자본은 점점 더 커진다. 바로 이것이 자본의 집적이다. 또, 대자본은 자신의 경쟁 자본들이 성공하지 못하면 그들을 집어삼킬 수 있게 된다. 그러면 자본의 수가 줄어든다. 이것이 자본의 집중이다. 100여 년 전에 마르크스가 파악했듯이, 자본의 집적과 집중 덕분에 최근의 거대한 자본주의 기업들이 생겨날 수 있었다. 이 때문에 가격 경쟁의 작동 방식이 변했다. 자본이 시장에서 차지하는 비중이 클수록 그 자본이 가격에 미치는 영향력도 커진다. 사실 독점기업이 가격을 올릴 수 있는 능력은 최근 자본주의가 인플레이션으로 나아가는 구조적 경향의 한 요인이다.

힐퍼딩은 자본 집중의 함의를 다음과 같이 주장했다.

이제 가격은 객관적으로 결정되는 크기가 아니라 의지에 따라 의식적으로 그것을 결정하는 사람들의 계산 문제가 되고, 결과가 아니라 전제, 객관적인 것이 아니라 주관적인 것, 당사자의 의식·의지와 무관한 필연적인 것이 아니라 자의적이고 우연적인 것으로 바뀐다. 독점적 합병은 마르크스의 집적·집중 이론을 확인해 주는 동시에 마르크스의 가치법칙을 무효화시키는 듯하다.[11]

그러나 대자본가들의 가격 통제력이 아무리 커지더라두 가치법칙을 없애지는 못한다. 가치법칙의 작용은 자본의 집적과 집중 때문에 **변형될** 뿐이다. 독점 자본가조차 시장의 압력에 종속되지만, 크리스 하먼이 지적했듯이, 그들은 시장의 영향력을 완화시킬 수 있다.[12] 의식적 의사결정이 하는 구실이 커져도 가치법칙의 작용은 변형된다.

계획과 경쟁은 서로 반대되는 경향이 아니다. 거대 자본주의 기업 내에서는 시장가격이나 시장경쟁을 찾아볼 수 없지만 관리'가격'이나 계획은 볼 수 있다. 가장 크고 가장 강력한 기업들은 경쟁에 직면해도 내부 조직 재편을 미룰 수 있고, 그래서 낭비와 비효율성을 오랫동안 참아낼 수 있다. 또한 그들은 책략을 써서 일국 정부의 정책이 자신들에게 유리하도록 영향을 미칠 수 있다.

자본 규모의 증가는 국가의 성장과 나란히 진행됐다. 자본의 집적과 집중의 발전은 국가가 국민경제에 직접 개입하면서 최고 형태에 도달했다. 부하린은 궁극적인 국가독점화를 예견했다.

마침내 모든 생산 부문에서 경쟁이 멈추는 때가 온다. 그러나 잉여가치를 분할하기 위한 전쟁은 … 격렬해진다. … 자본의 집중 과정이 급속히 진행된다. 복합기업이나 은행 신디케이트가 '일국의' 모든 생산을 통합해, 기업들로 이루어진 기업 형태를 띠면서 국가자본주의 트러스트가 형성된다. 경쟁은 우리가 생각할 수 있는 최고이자 최후의 발전 상태에 도달한다. 경쟁은 '국민'경제의 영역 내에서는 최소한으로 줄어들지만 국민국가 사이에서는 엄청나게 격렬해진다.[13]

이러한 경향들을 매우 분명하게 이해한 것이 부하린의 장점이었다. 그의 약점은 그가 설명한 경향들의 한계를 인식하지 못했다는 것이다. '경향들' 자체는 초역사적으로 작동하지 않는다. 그것들은 현실의 역사적 조건들 속에서 작용한다. 중요한 것은 '국가자본주의 트러스트'의 발전이 계급 관계나 사적 자본의 힘 등에 달려 있다는 것이다. 완전한 국가자본주의가 자본주의의 이런 경향들의 '자동적' 결과는 아니다. 어디서나 과거의 사회조직과 단절하는 과정이 필요했다. 소련에서는 스탈린이 혁명을 패배시켰고, 동유럽에서는 적군의 탱크가 혁명을 대신했다.[14]

그러나 세계 모든 나라의 국가는 이런저런 방식으로 '국민'경제에 개입한다. 독점화와 마찬가지로 국가 개입도 '가치법칙'의 작용을 변형시킨다. 수익성 없는 자본은 파산할 수밖에 없다는 얘기는 이제 사실이 아니다. 경제 위기가 나타나는 형태는 정부의 재정·통화 정책 때문에 바뀔 수 있다. 케인스주의는 자본주의의 모순을 제거할 수 없었지만, 그 모순이 나타나는 형태를 바꿀 수 있는 국가의 능력에 바탕을 둔 것이었다. 특히 전시에 국가는 생산을 직접 통제했으며, 해외무역도 통제하고 노동자들을 지휘·감독하기도 했다. 가치법칙은 변형됐지만, 자본주의는 결코 폐지되지 않았다.[15]

스탈린과 축적

토니 클리프는 만약 소련을 따로 떼어 내서 하나의 자본주의 모델과 비교한다면 국가자본주의론은 성립할 수 없다고 주장했다. 소련 내부에서 재화들은 생산에 소요되는 노동시간을 기준으로 비교되지 않는다. 사실 페레스트로이카를 추진하는 자들의 불만 가운데 하나도 바로 이것이다. 소련의 가격체계에서는 경쟁 재화들 사이의 생산성을 비교할 수 없다. 가격은 포드자동차 내의 이전가격*처럼 '인위적인' 것이다.

한편 소련을 세계경제와 연관지어 보면 상황은 달라진다. 블록이나 동맹이 일시적으로 어떤 구실을 하든 세계체제는 **서로 경쟁하는** 국가들로 이루어진 체제이며, 따라서 소련도 이러한 경쟁에 휘말리게 마련이다. 우리가 소련에서 관료적 국가자본주의가 확립된 시기를 1928년으로 잡는 것은 그때부터 국제적 경쟁이 소련의 국내 과정을 좌우하는 주요 결정 요인이 됐기 때문이다.

노동자 국가의 기형화는 혁명 이후 계속 존재했다. 첫 번째 시기는 테러를 수반한 전시 공산주의 시기였으며, 그 다음은 신경제계획NEP이라는 의식적인 후퇴와 이질적인 계급 세력들의 발전 시기였다. 초

---

* 다국적기업이 모회사와 해외 자회사 간에 원료·제품·용역 따위를 거래할 때 적용하는 가격으로, 흔히 세금 부담을 낮추려고 조작된다 — 옮긴이.

좌파들은 사회주의 '모델'에서 벗어난 이 시기의 소련을 묘사하려고 '국가자본주의'라는 표현을 사용한다.[16] 우리는 이러한 견해에 동의하지 않는다. 우리는 사회주의나 노동자 국가에 대해 공상적 개념을 갖고 있지 않다. 혁명 초기에 볼셰비키 정책의 주된 요지는 러시아 혁명을 방어하고 혁명을 확산하는 것이었다. 비록 스탈린이 자신의 영향력을 키우고 있었지만, 국제혁명이나 연속혁명 사상이 승리할 수 있는 가능성은 아직 남아 있었다. 소비에트가 비록 취약했지만 아직은 관료의 단순한 거수기는 아니었다.

1928년에는 상황이 변했다. 1925년에 스탈린은 '일국사회주의' 문제를 둘러싼 투쟁에서 승리했다. 소련 자체의 발전에 전념하는 노선이 국제혁명 사상을 대체한 일국사회주의 이론은 관료의 객관적 처지를 표현한 것이었다. 1927년 중국 공산주의자들이 패배하고 [소련과] 영국의 외교 단절로 전쟁 위기가 고조되는 등 "국제 정세의 변화가 소련의 내부 관계에 결정적 영향을 미쳤다."[17]

최대한 빨리 군대를 증강하고 소비에트 국가 전체의 방어 능력도 강화하는 것이, 임박한 전쟁에 대비해 경제적·사회적 관계를 재정립하는 것이, 그리고 더 광범한 공업화가 점차 시급한 과제가 됐다.[18]

1927년 12월 소련공산당 제15차 당대회는 이것을 명시적으로 밝혔다.

군사적 공격의 가능성을 명심하고 … 5개년계획을 세울 때는, 일반적으로는 경제 전반의 급속한 발전에 최대한 집중하는 것, 특히 전시에 우리나라를 방어하고 경제 안정을 확보하는 데 핵심적인 산업들의 급속한 발전에 집중하는 것이 필수적이다.[19]

노동생산성 향상은 사회주의를 위한 투쟁의 표현이 아니라 국가적 경쟁의 표현이 됐다. 따라서 외부의 강제적인 경쟁 압력이 지배 관료의 계획을 결정짓는 주요 요인이 됐다. 소련 같은 상대적 후진국에서 강제적 공업화에 박차를 가하려면 지배자들이 대대적인 억압을 실시해야 했다. 1928년 이후에 5개년계획이 도입되고, 농민들의 강제 집산화가 단행되고, 스탈린 체제의 억압 기구가 발전했다. 1930년대 중반에는 강제수용소가 출현하고 모스크바 재판을 통한 피의 숙청이 이루어졌는데, 이것은 스탈린 개인의 성격 탓이 아니었다. 그것은 서방과 경쟁하는 데 필요한 경제 발전 수준과, 대중에게 독재를 휘두르지 않고도 지속 가능한 경제 발전 수준 사이의 격차 때문에 나타난 현상이었다. 그것은 폭력적인 사회적 반혁명이었다. 관료는 국가 발전을 감독하는 특정한 사회적 기능을 담당했으며, 노동계급을 직접 지배하는 독재 권력을 장악해서 스스로 새로운 지배계급이 됐다.

취약한 소련은 서방과 **경제적으로** 경쟁할 능력이 없었으므로 경쟁은 주로 군비경쟁의 형태를 취했다. 바로 이러한 군비경쟁 때문에 중공업·철강·철도 등에 우선순위가 부여됐다. 이러한 산업들은 군사력 강화에 필수적이었다. 스탈린 자신이 외부와의 경쟁을 위해 축적에 박차를 가했다.

공업화 속도를 늦추면 뒤처진다. 뒤처지면 패배한다. 우리는 선진국보다 50년이나 뒤져 있다. 10년 안에 이 격차를 메워야 한다. 우리가 그것을 해내든지 아니면 패배하든지 둘 중 하나다.[20]

계속해서 그는 다음과 같이 말했다.

방어를 위한 충분한 산업 기반 없이는 우리나라의 독립을 지켜 낼 수 없다. 산업 기술 없이는 그러한 산업 기반을 조성할 수 없다. … 우리가 그것을 획득하든지 아니면 파괴되든지 둘 중 하나다.[21]

축적이 외부에서 강제된다는 특징이 축적의 형태를 결정했다.[22] 모든 자본주의적 축적에서 그랬듯이 노동자들의 필요는 공업화 압력에 종속됐다. 소비가 축적에 종속됐고, 축적이 진행되면서 이러한 종속은 더욱 심화했다.

산업 총생산량 중 생산과 소비에 투입되는 비율[23]

연도	생산	소비
1928	32.8	67.2
1932	53.3	46.7
1937	57.8	42.2
1940	61.0	39.0
1950	68.8	31.2

이것은 축적을 위한 축적이었다. 노동계급은 축적 과정의 희생자였다. 이 시기의 소련을 어떤 의미에서든 '노동자 국가'로 묘사하는 것은 말이 안 된다. 소련의 경제적 동역학은 국내적으로나 국제적으로나 노동계급의 필요에 따라 결정되지 않았기 때문이다. 1930년

대 소련 노동자들의 상태는 마르크스가 분석한 자본주의적 축적 과정과 훨씬 잘 들어맞는다.

생산의 발전을 위한 모든 수단이 변증법적 변화를 거쳐 이제는 생산자를 지배하고 착취하는 수단이 된다. 그 수단들은 노동자들을 파편적 인간으로 왜곡하고 기계의 부속물로 전락시키며 노동을 고통스럽게 만들어서 노동의 실제 내용을 파괴한다. 과학이 독립된 힘으로서 노동과정에 통합됨에 따라 생산수단은 노동자들에게서 지적인 잠재력을 빼앗아 버린다. 생산수단은 노동조건을 악화시키고, 노동과정에서 노동자들을 독재(비열하기 때문에 더 증오스런)에 굴복시킨다. 또, 노동자들의 생활시간을 노동시간으로 바꿔 놓고 노동자의 아내나 자식까지도 불가항력적인 자본의 굴레 속으로 몰아넣는다.[24]

군비경쟁과 상품경쟁

자본주의를 이해하는 열쇠는 외부의 강제적이고 경쟁적인 축적 압력이 작용한다는 것, 그리고 이 때문에 노동생산성의 사회적 발전이 일어난다는 것이다. 이러한 기본적인 압력이 다양한 형태를 취하지 말아야 할 이유는 없다. 자본주의의 발전 자체는 '가치법칙'의 작용을 변화시킨다. 그러나 많은 사람들은 마르크스의 자본주의 분석을 받아들이려 하면서도, 1860년대의 자본주의와 소련 사이의 경험적 차이를 넘어설 수 없어서 우리의 이론을 받아들일 수 없었다. 우리의 견해를 비판하는 사람들의 주장인즉, 소련에는 완전하게 작동하는 시장이 없으므로 상품이 생산되지 않으며, 자본주의는

'일반화한 상품생산'이므로 소련은 자본주의가 아니라는 것이다.[25]

소련에서 가치법칙의 작용을 '소련에는 상품생산이 있는가?'라는 식의 질문으로 제기하는 것은 인위적이며 정태적인 문제 제기다. 소련에서의 생산을 따로 떼어 놓고 보면, 소련의 생산은 교환가치 생산일 수 없으며, 오히려 중앙집권적으로 조정되는 구체적 노동의 결과로서 사용가치 생산이다. 그러나 분석 수준을 국제적 경쟁 수준으로 끌어올리면 소련의 재화들은 상품의 사회적 구실, 즉 추상적 노동의 구현체 구실을 한다는 것을 알 수 있다. 소련의 관료 지배계급은 소련 내의 상품 생산비용을 다른 국가의 생산비용과 비교하며, 이러한 비교는 구체적 노동을 세계적 규모에서 추상적 노동과 결부시킨다. 소련 관료는 다른 나라와 비교해서 소련에서 어떤 것을 생산하는 데 얼마나 많은 노동이 필요한지 항상 자문해야 한다. 크리스 하먼은 다음과 같이 말했다.

> 서방의 생산과정이 변할 때마다 소련의 생산과정도 변할 수밖에 없을 것이고, 그 역도 성립한다. 서방의 축적은 소련의 축적을 강제할 것이다(또한 그 역도 성립한다). 달리 말하면, 노동생산물의 무정부적·무계획적 상호작용이 노동과정을 결정하고, 죽은 노동이 산 노동을 지배하고, 모든 구체적 노동 행위가 세계적 규모에서 추상적 노동과 연관되는, 사물 취급되는 관계들의 체계 전체가 세워진다.[26]

이것이 국가자본주의론의 핵심이다. 따라서 국제적 경쟁의 중요성을 이해해야 소련의 발전을 이해할 수 있다. 국가자본주의론을 비판하는 사람들은, 특히 마르크스의 《자본론》에서 사적 소유를 강조하는 부분을 길게 인용하면서 우리의 주장을 비판한다. 하지만 이것은 핵심을 놓친 것이다. 1970년에 만델은 크리스 하먼의 주장을 반박하면서 다음과 같은 물음을 제기했다.

서방과의 군비 생산 경쟁이 어째서 '소련 경제 전체의 발전을 결정하는가?' 어떤 경제적 메커니즘을 통해? 어떤 경제적 결과로? 서방과의 군비경쟁은 노동자들의 생활수준이나 경제성장률의 상승을 가로막는 한 요인이라고 말할 수 있다. 그러나 이것만으로는 소련이 사회주의가 아니고 "모든 구체적 노동 행위가 세계적 규모에서 추상적 노동과 연관되는" 자본주의라는 것을 증명하지는 못한다.[27]

만델은 '노동자들의 생활수준 하락'에 대해 말하지만, 문제는 노동자들의 소비가 축적의 요구에 체계적으로 종속돼 있다는 것이다. 소련에서 작동하는 **경제적** 메커니즘을 설명하라는 만델의 요구는 잘못된 것이다. 경제적 메커니즘은 자동으로 작동하지 않는다. 국가와 자본의 선택을 좌우하는 것은 시장 경쟁과 비시장 경쟁 둘 다다. 경제는 시장으로 환원될 수 없다. 국가자본주의에서, 그리고 일반적으로 현대 자본주의에서 가치법칙의 작용은 계획의 시도를 통해 조정된다.

군비경쟁이 소련 경제의 발전을 결정짓는 메커니즘은 관료의 정치적 활동을 통해 관철된다. 경제와 정치가 상호 침투한다.[28] 자본가들이 인격화한 자본이라는 마르크스의 지적은 자본가 개인들에 대한 이야기가 아니다. 국가자본주의에서는 관료가 인격화한 자본이다.[29] 관료의 정치적 결정들은 비록 시장 경쟁이라는 제한된 의미의 '경제적' 경쟁은 아니더라도 모종의 경쟁에 의해 좌우된다.

지배 관료에게 부과되는 외적인 **강제**를 명확히 알게 되면 그들의 행동도 유물론적으로 이해할 수 있다. 반대로 세계경제에서 소련이 차지하는 지위를 간과하는 사람들은 흔히 주관주의적 주장을 하게 된다. 소련을 새로운 형태의 계급사회라고 생각했던 샤트먼은 다음과 같이 썼다.

생산은 관료의 욕구를 만족시키기 위해서, 관료의 부와 특권과 권력을 증대시키기 위해서 이루어지고 확대된다. 관료의 추동력은 … 다른 사람의 노동생산물을 더 많이 전유하려는 경향이다. 그래서 관료는 흔히 자본주의에서 가장 악랄한 착취 방법들을 좋아하는 것이고, 자신의 지배를 전 세계 인민에게까지 확장하려는 야욕을 품는 것이다.[30]

이러한 주장은 우리에게 아무것도 설명해 주지 않으며, 만델의 견해 역시 아무것도 말해 주지 않는다. 만델은 다음과 같이 말했다. "관료의 소비 욕구가 … 관료적 경영의 추동력이다."[31] 만델이 그렇게 생각한 것은 다음과 같은 이유 때문이었다.

산업의 생산수단이 모두 국가의 수중에 있고, 그 국가가 생산이나 축적의 수준과 증가율을 중앙집권적으로 결정할 수 있는 한 소련의 계획은 … 진정한 계획이다.[32]

이 말이 사실이라면 전후에 나타난 경제 침체 경향과 고르바초 프가 페레스트로이카를 주장하며 긴급한 정치적 대응에 나선 것은 수수께끼가 돼 버린다. 관료는 어째서 성장과 축적의 수준을 더 높게 설정하지 못했는가? 국가자본주의 이론은 소련 경제의 **모순들**을 설명하는 데 도움이 된다.

국제적 경쟁 때문에 "(소련의) 모든 구체적 노동 행위가 세계적 규모에서 추상적 노동과 연관"된다는 사실을 규명하려면 **역사적** 검증이 필요하다. 소련 지배계급의 이데올로기적 대변자들 자신이 이 점을 의심하지 않는다. 아벨 아간베기얀은 자신의 주요 저작인 《페레스트로이카의 경제학》에서 소련과 미국의 경제 실적을 죽 비교하면서 다음과 같이 주장한다.

> 소련이 국제분업 속에 효과적으로 편입되는 것이야말로 매우 중요한 목표다. … 세계의 선진국과 비교할 때 우리의 후진성은 너무 커서 금세기 말까지는 극복할 수 없을 것이다. 생산성 면에서 우리는 미국보다 두 배 반이나 세 배 정도 뒤떨어져 있으며 서방 선진국보다는 두 배나 두 배 반 정도 뒤떨어져 있다.[33]

무역량으로 볼 때 국제분업에서 분리됐다고 해서 소련 지배계급이 자국의 생산성과 경쟁국의 생산성을 비교할 수 없는 것은 아니다. 경쟁 때문에 관료들은 상품생산에 필요한 노동시간을 꾸준히 비교한다. 이것은 명백히 시장 경쟁과 '같지' 않지만 지배계급의 경제적 과제를 결정하는 데서 비슷한 사회적 구실을 한다. 소련의 경제학자 V 코소프는 《프라우다 인터내셔널》에 다음과 같이 썼다.

지난 25년 동안 미국과의 경제적 경쟁의 결과는 그리 만족스럽지 않았다. 산업의 노동생산성은 1960년에는 미국의 44퍼센트, 1986년에는 55퍼센트 수준이었으며 농업에서는 오랫동안 20~25퍼센트 수준이었다.[34]

여기서 중요한 것은 수치가 아니라 이 주장의 내용이다. 관료의 조언자들은 "미국과의 경제적 경쟁"의 중요성을 잘 알고 있다. 그 경쟁에서 중심 문제는 노동생산성이다. 따라서 미국 노동자들의 노동과 비교되는 것은 소련 노동자들의 **구체적** 노동이 아니라 사회적 노동으로서 노동, 즉 **추상적** 노동이다.

소련을 '노동자 국가'로 보는 이론을 지지하는 사람들은 종종 군사적 위협의 압력 때문에 노동자 국가는 자체 방어를 위해 무기를 생산해야만 했다고 주장한다. 이 말은 사실이지만, 그들이 이렇게 말하면서 주장하려는 바는 군사적 경쟁은 보편적이므로 국가자본주의론을 뒷받침하는 데 사용될 수 없다는 것이다. 여기서 우리는 그 주장의 **정치적 의미**라는 핵심에 이르게 된다. 개별 노동자 국가의 필요는 **국제** 노동계급의 이익에 종속될 것이고, 노동자 국가의 국내 조직과 국제적 압력 사이의 관계는 정치적으로 결정될 것이다.[35] 군비 생산을 위해 당면한 소비를 제한하려는 결정은 **노동계급**이 내릴 것이다. 그 결정들은 축적을 위한 축적의 맹목적 경향의 결과가 아닐 것이다. 외부에서 소련에 가해진 군비경쟁 압력이 노동자 국가가 받게 될 압력과 똑같다는 주장은 스탈린의 반혁명을 무시하는 것이다.

만델이 이러한 주장을 원용하는 것을 보면 그가 **자본주의적 경**

쟁의 결정적 의의, 즉 생산성과 생산의 혁신을 핵심 문제로 만드는 것이 바로 경쟁 메커니즘이라는 사실을 중시하지 않음을 알 수 있다. 크리스 하먼은 다음과 같이 말했다.

예컨대, 로마와 카르타고의 경쟁이 자본주의적 경쟁이 아닌 이유는 두 나라의 경쟁이 '상품생산'에 바탕을 두지 않았기 때문이라는 말은 동어반복일 뿐이다. 오히려 로마(또는 카르타고) 시민들(그리고 노예들)의 노동과정이 카르타고(또는 로마)의 노동과정 변화를 따라잡기 위해 끊임없이 혁신되고 합리화되지 않았다는 것이 진정한 이유다. 즉, 서로 경쟁하는 로마와 카르타고 시민들의 '사회적 관계' 때문에 실제 생산 활동이 끊임없이 방해받지는 않았던 것이다.[36]

임금노동과 소련

자본주의는 두 가지 기본적 모순에 직면해 있다. 하나는 자본은 서로 경쟁하는 자본으로서 존재한다는 모순이고, 다른 하나는 자본과 노동 사이의 모순이다. 자본은 임금노동과의 관계 속에서만 자본으로서 존재할 수 있다. 임금노동은 자본주의 착취 메커니즘의 핵심이다. 마르크스는 《자본론》에서 다음과 같이 썼다.

사회의 다양한 경제적 토대를 구별짓는 것, 즉 예컨대 노예노동에 바탕을 둔 사회와 임금노동에 바탕을 둔 사회를 구별짓는 것은 잉여노동이 직접생산자, 즉 노동자에게서 착취되는 방식이 서로 다르다는 점이다.[37]

자본주의는 잉여노동, 즉 노동자의 재생산에 필요한 것 이상의 노동을 착취하는 특수한 메커니즘을 갖고 있다. 자본주의적 착취의 토대는 노동자들이 자신의 노동으로 창출한 가치보다 적은 가치를 화폐임금으로 받고, 나머지 가치는 잉여가치로서 자본가가 독차지한다는 것이다. 임금이 노동과 화폐의 공정한 거래처럼 보이기 때문에 노동자는 이러한 착취를 깨닫지 못한다. 잉여가치는 생산된 상품이 판매되는 경우에만 실현된다. 그런데 노동자들은 이 판매에는 참여하지 않는다.

임금노동은 잉여가치의 생산과 실현을 분리한다. 바로 이것이 자본주의가 노예제나 봉건제와 다른 점이다. 그 결과 자본주의의 임금노동은 대단히 유연하다. 노동자가 시장에 가져오는 것은 노동할 수 있는 능력뿐이다. 노동자가 특정 고용주를 위해 일을 할 수도 있고 안 할 수도 있는 독특한 자유가 경쟁에서 노동생산성을 높이는 과정의 기초가 된다. 생산성이 높아져서 상품 가격이 떨어지면 노동자를 재생산하는 데 필요한 상품들을 더욱 적은 노동으로 생산할 수 있게 된다. 그러면 노동자들이 생산한 가치 중에서 임금으로 돌려받는 부분은 감소하고, 자본가는 생산된 가치 중에서 더 많은 몫을 차지한다. 다시 말해 착취율이 증가한다. 마르크스는 이것을 상대적 잉여가치 증대라고 불렀는데, 자본주의 이전의 생산양식들과 달리 자본주의가 역동적인 것은 바로 이 때문이다. 이러한 역동성은 노예제나 봉건제보다 더 쉽게 노동을 다양한 활동에 배분하는 노동력 시장에 의존할 뿐 아니라 그 시장을 창출하기도 했다.[38]

소련에서도 임금노동이 지배적이어야 국가자본주의 이론은 유지된다. 확실히 잉여 생산은 존재했다. 그러지 않았다면 스탈린 치하에서 경제 발전이 이루어지지 못했을 것이다. 그 잉여는 관료들이 직접 노동자들에게서 착취한 것이다. 문제는 관료의 이러한 착취가 임금노동과 **자본주의적** 착취에 바탕을 둔 것이었는가 하는 점이다. 이 문제는 역사적 고찰이 필요하다.

흔히 스탈린 체제의 공포정치는 노동자들을 노예 상태로 전락시켰다고들 한다. 예컨대, 브루노 리치Bruno Rizzi는 "착취는 노예사회에서와 똑같이 이루어졌다"면서 명시적으로 그렇게 주장했다.[39] 푸레디Furedi도 1930년대의 노동자들은 "사실상 노예"였다고 부정확하게 말했다.[40]

전에 《인터내셔널 소셜리즘》에서 국가자본주의 논쟁이 벌어졌을 때, 피트 빈즈와 마이크 헤인스는 다음과 같이 주장했다.

사실상 소련에는 하나의 고용주만 있을 뿐이다. 그것은 국가다. 따라서 노동력이 사고팔리더라도 노동력은 상품이 되지 않는다. 그러므로 그것은 마르크스가 말한 의미의 임금노동이 아니다.[41]

피트 빈즈는 소련 노동자들이 임금을 단추로 받더라도 사정은 마찬가지일 것이라고 한층 강력하게 주장했다.[42] 그의 주장대로라면, 유일한 고용주가 국가이기 때문에 임금으로 받는 루블은 소비재를 산다는 것 외에는 의미가 없으며 그것조차 위로부터 '계획'에 의해 결정된다. 노동자들의 생산물은 지배자들이 독차지하고, 일정량의 자원이 노동력 유지에 할당된다. 이것이 노예제 메커니즘이 아니고 무엇인가!

알렉스 캘리니코스가 지적했듯이,[43] 이러한 주장은 소련의 임금

현실을 간과한 것이다. 사실 소련에서는 식료품이나 다른 소비재가 부족했기 때문에 노동자들은 그들의 돈으로 살 상품을 찾을 수 없었고 그 결과 1970년대에 가계 저축은 임금보다 갑절이나 빠르게 증가했다.[44] 이것이 전부라면 우리가 내려야 하는 결론은 소련 사회에서 임금이 실제로는 그 가치에 대한 청구권과 일치하지 않는다는 것이다. 그러나 루블로 받는 임금 수준은 명백히 노동자들의 소비와 관련돼 있다. 상여금은 소련 노동자들의 임금에서 주요한 부분이고, 차별 임금이 노동정책의 도구로 사용되고 있다. 힘든 작업을 하거나 사람이 살지 않는 북극지방에서 일하는 노동자들은 할증임금을 받고, 시베리아 유전에서 일하는 노동자들은 전국 평균임금보다 세 배 더 벌 수 있다.[45] 아간베기얀은 기술자들의 작업에 '물질적 동기'를 부여하기 위해 임금 수준을 올리고 개인 상여금을 50퍼센트까지 올리는 것의 중요성을 다음과 같이 설명했다.[46]

> 국가는 또한 노동자들의 상여금이나 유인(인센티브)의 원칙을 정한다. 서로 다른 작업 조건에 따라 추가 임금을 차등 지급하고, 노동이 힘들거나 생활 조건이 열악한 지역의 임금률에 지역 계수를 적용하고, … 야간 근무조에게 추가 임금을 지급하고, … 이 모든 것이 중앙에서 결정된다.[47]

만약 노동자들에 대한 통제가 절대적이고 화폐임금이 단지 공허한 지표라면 위와 같이 이야기할 수 없었을 것이다. 만약 노동자가 작업을 할지 말지 결정할 '자유'가 허구라면 그들은 왜 특수한 지역에서 노동할 때 추가로 임금을 받는가? 물론 소비재 부족은 상여금 제도의 효율성을 감소시키며, 따라서 임금 이외의 다양한 자극제가 사용되지만 이것들은 임금체계의 부정이 아니라 불완전함을 뜻한다.

소련의 임금 형태는 실질적인 것이고 노동자들은 스탈린 체제가 한창일 때조차 경제적 자유의 일부를 누리고 있었다는 주장은 토니 클리프가 《소련은 과연 사회주의였는가》에서 언급한 주장과 모순된다.

소련에서도 노동력이 실제로 상품인지를 알려면 노동력이 상품이 되는 데 필요한 특수한 조건들이 무엇인지를 살펴봐야 하다 마르크스는 두 가지 조건이 있다고 말했다. 첫째, 노동자는 노동력 이외의 생계수단이 전혀 없기 때문에 노동력을 팔아야만 한다. … 둘째, 노동자는 노동력의 유일한 소유자이기 때문에 자신의 노동력을 팔 수 있어야 한다. 즉, 노동자의 노동력 판매는 자유로워야 한다. 노동자가 자유로우면서도 동시에 속박돼 있다는 사실은 "자신을 주기적으로 판매하는 것에서, 자신의 주인을 바꾸는 것에서, 그리고 노동력의 시장가격이 변동하는 것에서" 나타난다. … 만일 고용주가 한 명밖에 없다면, "주인 바꾸기"는 불가능해지고 따라서 "자신을 주기적으로 파는 일"도 단지 형식적인 일이 되고 말 것이다.[48]

알렉스 캘리니코스가 지적했듯이,[49] 이 주장은 당시 상황의 영향을 받은 것이다. 토니 클리프는 소련을 따로 떼어 내서 본다면 자본주의로 볼 수 없다고 주장했다. 그러나 소련을 국제적 맥락에서 보더라도 소련과 그 경쟁국들 사이에 **노동력 확보 경쟁**은 사실상 존재하지 않는다. 노동이 진정한 임금노동이라면 소련 내부에 노동력 시장이 존재해야 한다.

정치적으로는 소련에서, 특히 스탈린 치하 소련에서 노동자들에게 자유가 없다는 사실을 강조할 필요가 있었다. 이것은 소련에 사회주의가 존재한다는 생각을 전면 거부하는 데 지극히 중요했고, 토니 클리프는 《소련은 과연 사회주의였는가》의 첫 장에서 소련 노동자들이 어떻게 체계적으로 종속됐는지 보여 주는 데 많은 지면을 할애했다.[50] 하지만 이것은 스탈린 치하의 노동자들을 노예로 보는 것과는 다르다. 물론 강제노동수용소는 일종의 노예 체제였지만, 수용소 재소자가 500만 명이나 됐더라도[51] 강제 노동은 주된 것이 아니라 임금노동의 보조물이었다. 1930~41년의 소련 임금정책에 대해 바버Barber는 다음과 같이 썼다.

> 1930년대에 실제로 정부에 반대했거나 또는 그런 혐의를 받은 자들을 많이 체포한 동기가 무엇이든 간에 그 결과 수용소에 갇힌 노동자가 중요한 경제적 기능을 수행한 경우는 자유 노동자를 구하기 힘들거나 구하는 데 비용이 많이 드는 산업이나 지역에 노동자를 공급할 때였다. 이 점에서 수용소 노동자는 노동력 충원 제도의 몇 가지 결점을 해결해 주었다. 그것은 결코 우연이 아니었다. 1930~31년과 1937~39년에 두 번 노동수용소 인구가 급증했을 때가 노동력 부족이 극심한 시기였다는 것은 결코 우연의 일치 같지 않다.[52]

노동자들에게 자유가 있었기 때문에 노동자를 옥죄는 가혹한 법률들이 꼭 필요했다. 통제가 절대적이었다면 결근을 가혹하게 처벌하거나 근무기록부 제도를 도입할 필요가 없었을 것이다.[53] 1930년 대에 농민을 도시로 충원하는 제도가 생겼지만, 충원기관orgnabor과 합의해서 이동한 사람들은 자비自費로 도시에 이주한 사람들보다 법적 제약을 더 많이 받았다. "따라서 충원기관이 초기에는 어느 정도 효과가 있었지만, 전통적 이주, 즉 농민이 도시로 자유롭게 유입되는 것을 대체하지 못한 것은 당연했다."[54]

바버는 다음과 같이 결론지었다.

전반적 상황은 … 고용정책이 실제로는 자유로운 노동시장에 기초했다는 것이다. 1930년대에 매우 권위주의적인 정부가 자신의 목적을 달성하려고 주민들에게 가혹한 형벌을 가했던 것은 사실이지만, 그렇다고 해서 대다수 소련 노동자들이 자신의 작업장을 선택할 자유가 없는 것은 아니었다.[55]

이러한 상대적 자유는 1930년대에 이직률이 높았던 것에서 잘 드러난다.[56] 그 뒤에도 이직률은 여전히 선진국보다 높았다.[57]

토니 클리프가 노동자의 자유와 속박, 그로 말미암은 임금노동의 **주기적 판매**를 강조한 것은 옳지만 소련에서 '주인 바꾸기'가 단지 형식적으로만 존재했다는 것은 사실이 아니다. 중앙집권적 관리 체계 때문에 노동자들은 노동력을 주기적으로 판매할 자유를 특수한 형태로 행사해야 했다. 고위 관리가 갑자기 생산량 증대를 요구할까 봐 항상 두려워한 경영자들은 노동력을 포함한 자원들을 비축해 두려 했다. 기업들은 실제로 필요한 규모보다 더 많은 노동자를 고용하는 경향이 있었고, 따라서 생산성 향상은 더욱 힘들어진 반면, 경제 전체에서 노동력은 부족해졌다.[58] 이러한 노동력 부족 때문에 이직률은 더욱 높아졌다. 노동자들이 일할 장소를 선택할 자유는 실질적인 것이었다.

소련에서 노동력 시장은 '불완전'했지만, 이러한 사정은 어떤 노동력 시장이든 마찬가지다. 중요한 것은 노동자들이 노예가 아니며, 심지어 자신의 주인을 선택할 수 없더라도 마르크스가 말한 의미의 '자유', 즉 착취 조건을 약간이나마 통제할 수 있는 자유를 행사할 수 있다는 점이다.[59] 그러한 착취는 임금 관계를 통해 은폐된다. 화폐임금은 취득할 수 있는 일정 부분의 소비재에 대한 권리를 표현하는 것이다. 임금노동은 임금 수준을 바탕으로 노동자들이 직업을 옮길 수 있게 해 준다. 마지막으로, 임금노동 제도 덕분에 상대적 잉여가치 증대를 통해 집약적으로 착취를 강화할 수 있는 가능성이 생겨난다. 소련이 이러한 **집약적** 성장을 이룩하는 데서 직면한 현실적 어려움은 체제의 더 광범한 모순에 바탕을 두고 있다.

국가자본주의적 축적의 모순

전통적으로 서방의 학자들은 소련 경제체제의 비합리성을 강조했다. 그들은 소련에 진정한 국내 시장이 형성돼 있지 않아서 서로 다른 경제 부문들 사이의 생산성 비교가 불가능하다고 주장했다. 이러한 주장에는 일면 타당한 점이 있지만, 과장이 섞여 있다. 사실 많은 부르주아 경제학자들이 소련의 자원 배분 효율성이 서방보다 크게 낮지는 않다는 점을 인정했다. 기업들 사이에 비공식적인 수평적 연계가 존재했기 때문에 시장 비슷한 것이 형성됐다. 이 유사類似

시장은 가격이 아니라 물물교환을 통해서 작동하며, 이런 물물교환은 병목현상 심화에 대처하는 데 필요하다. 한 저자는 다음과 같이 주장했다.

이런 거래는 … 암묵적인 물물교환 가격에 따라 이루어지는데, 이 가격은 현실의 상대적 생산성을 반영하고, 따라서 계획을 그대로 따를 때보다 투입 배분을 개선하는 데 도움이 된다.[60]

그러므로 소련에는 적어도 기업 간 거래에서는 서구 자본주의에서 가격 메커니즘이 하는 기능과 비슷한 특수한 메커니즘이 존재한다. 물론 이러한 메커니즘이 필요하다는 점 자체가, 가치법칙의 작동을 규제하는 것이 문제의 원인임을 보여 준다(가치법칙은 수익성과 가격체계에 따라 자원을 배분할 수 있게 해 주기 때문이다). 게다가 이런 기업 간 거래는 생산 확장이 필요해지면서 점점 더 비효율적임이 드러나고 있고 기술혁신을 수반하는 집약적 성장이 필요한 경우에는 그 정도가 훨씬 심하다. 이런 상황에서는 기업 경영자들이 혁신적 기술을 제공해 줄 사람이 누구인지, 또한 얼마나 많은 양을 물물교환에 배정해야 하는지 알기가 훨씬 어려울 것이다.

국제적 경쟁 압력에 직면해서 생산 확장이 필요해지자 기업들 사이의 특수한 조정 메커니즘은 더욱 비효율적인 것이 됐다. 마찬가지의 압력이 국가자본주의 체제의 경제 위기를 낳고 있다. 이러한 상황은 국제 경쟁에 필요한 축적 수준과, 생산력 발전 수준을 감안한 지속 가능한 축적 수준 사이의 모순에서 비롯한 결과로 보았을 때만 설명될 수 있다.

이러한 모순 때문에 경제는 주기적 변동을 겪었다. 서방 자본주의에서 경제의 주기적 변동은 단위 비용을 낮추려고 생산을 확장해야 하는 자본들이 서로 경쟁한 결과다. 모든 자본 단위들이 이러한 압력을 받으므로 모든 기업들이 생산을 확장하고자 안간힘을 쓴다. 과잉생산 공황이 닥치고(시장에는 상품이 넘쳐 난다) 그래서 생산에 병목현상이 생긴다. 이러한 병목현상 때문에 숙련노동이나 원료나 중간재가 부족해지고, 그러면 자본주의적 생산에 필요한 '투입물'의 가격이 상승한다. 그 결과 이윤이 떨어지고 상품생산이 축소되고 가장 취약한 자본 단위들은 손해를 보기 시작하고 점점 파산이나 합병의 나락으로 떨어진다. 경쟁력이 취약한 기업들이 제거되면 더 효율적인 기업들이 취할 수 있는 자원이 증가한다. 그리고 어느 단계에 이르면 다시 이윤이 회복되고 체제는 활황 곡선을 그리기 시작한다. 이러한 움직임의 핵심에는 개별 자본 단위들이 모두 지속 가능한 수준보다 높은 축적률을 추구할 수밖에 없는 경쟁적 축적 메커니즘이 존재한다.

서방에서 자본의 집적과 집중은 경제 주기의 작동을 변화시켰다. 국가 규모보다 단위 자본들의 규모가 증대해서, 단위 자본들 가운데 어느 하나가 몰락해도 지배계급의 안정이 위협받을 수 있다. 생산자가 500명인 시장에서 25명의 생산자가 몰락하면, 거기서 일하던 노동자들은 당연히 매우 불행해지고 자본가들은 불편을 겪겠지만, 체제 전반의 안정이 위협받지는 않을 것이다. 그러한 몰락 때문에, 파산한 기업들의 자원이 방출되는 것은 이윤율 회복을 위한 전제 조건이다.[61] 독점화 경향은 이러한 상황을 변화시킨다. 만약 한 나라 안에 유일하게 존재하는 항공기 생산 기업이 파산 위험에 처하면, 그 기업의 몰락은 국가를 약화시킬 것이며 수많은 부품 업체들과 관련 기업들을 끌어내릴 것이다. 이러한 상황에서는 파산 직전의 산업을 지탱하려고 국가가 개입해 '가치법칙'의 작동을 제한하도록 하는 압력이 존재한다.

국가가 이렇게 '가치법칙'의 작용을 수정하면 체제 전체에 일정한 비용 부담이 생긴다. 취약한 기업들을 구제하면 심각한 파산을 막을 수는 있겠지만, 여기에 필요한 자원은 결국 다른 곳에서 충당해 와야 하고, 따라서 경제 위기를 통해 문제들을 '일소'하는 식의 이점은 사라진다.[62] 1910년대 이후의 경제 위기는 1930년대 위기의 재탕이 아니었다. 1930년대와 달리 전반적인 가격은 경기후퇴와 함께 하락하지 않았다. 자본주의 구조에 일어난 변화로 말미암아 생산 양식에 내재한 모순의 표현 방식은 변해 왔지만, 모순 자체는 여전히 사라지지 않았다.

소련에서 경제순환이 나타나는 방식은 서방과 다르다. 그렇지만 경쟁적 축적의 필요성 때문에 지속 가능한 수준보다 높은 축적률을 시도하도록 강요받는다는 점에서 그 과정은 동일하다. 크리스 하면은 1970년대 폴란드를 다룬 글에서 이런 과정을 다음과 같이 설명했다.[63] 관료들은 계획을 수립하고 경제활동은 증가하지만, 계획 자체의 규모 때문에 병목현상과 물자 부족이 심화하기 시작한다. 어떤 계획들은 물거품이 되거나 다른 부문에 자원을 충당하기 위해 보류된다. 경제는 정체된다. 그러면 관료가 개입해서 계획상 최우선 분야로 자원을 재조정한다. 이 과정이 마무리되면 생산이 시작되고, 새로운 성장 가능성이 다시 생겨난다.

도대체 왜 관료는 완수할 수 있는 것보다 훨씬 무리한 계획들을 수립하는가? 이러한 상황은 서방과 경쟁할 필요성, 그리고 세계경제 차원의 경쟁에 의해 결정되는 축적 수준이 가용 자원만으로는 감당할 수 없을 만큼 거대하다는 사실로 설명할 수 있다. 이러한 모순을 국제 차관으로 해결하려던 1970년대 폴란드의 시도는 폴란드의 순환주기가 서방의 경기순환에 더욱 밀접하게 통합되는 결과만을 낳았을 뿐이다.[64] 자본주의의 비합리성은 "외적이고 강제적인 법칙"으로서 관철되지만, 똑같은 힘이 과잉생산과 파산이 아니라 과잉투자와 낭비라는 경기순환을 낳는다. 낭비의 원인은 그러한 경기순환과, 서방과 동일한 내재적 요인들에서 비롯하는 결과들 둘 다다.

국가자본주의에서는 파산이 존재하지 않기 때문에 자원을 더 효율적인 생산 단위들로 방출하기가 힘들었다. 이 때문에 노동이 비교적 후진적인 산업들에 계속 고용돼 있고 이것은 경제의 상대적 취약성을 더욱 악화시킨다.

투자 순환의 과정이 국가자본주의에서 엄청난 낭비를 낳는 것은 사실인데, 때때로 이러한 낭비가 국가자본주의 경제의 모순들을 '설명'하는 것으로 제시된다. 이런 설명 방식들은 필연적으로 1930년대 이후 스탈린 체제의 축적이 엄청난 경제성장을 이룩했다는 사실을 간과할 수밖에 없다.[65] 왜 그러한 성장이 지속될 수 없었는지, 그리고 왜 소련 경제가 1970년대 이후 정체됐는지는 투자 순환뿐 아니라 장기적인 경향의 문제로 설명해야 한다. 국가자본주의적 축적 내부에는 축적률의 장기적 저하 경향이 존재한다.

'사적' 자본주의에서 투하자본의 수익률 추세는 이윤율 저하 경향으로 나타난다. 생산성을 높이기 위한 경쟁은 더 발전된 생산방식에 대한 투자를 요구한다. 이것이 뜻하는 바는 소비수단보다는 생산수단의 생산을 더 많이 강조한다는 것이다. 즉, 노동력이 아니라 기계를 구입하는 데 들어가는 투자의 비율이 더 높다는 것이다. 생산에서 기계가 노동자들을 대체하는 경향이 존재하는 반면, 가치를 창출하는 것은, 그리고 특히 더 많은 축적을 가능케 하는 잉여가치를 창출하는 것은 노동자들의 노동이다. 노동력을 구입하는 데 투자되는 자본의 비율이 하락하는 만큼 투하자본 중에서 잉여가치를 생산하는 비율도 줄어든다. 총자본에 대한 총잉여가치의 비율은 하락하는 경향이 있다. 이윤율은 투입된 총자본에 대한 총잉여가치 비율의 화폐적 표현이다.

이윤율 하락의 근저에 있는 과정은 자본 단위들 사이의 관계에서 비롯한다. 서방 자본주의에서 새로운 기술에 투자하는 최초의 자본가는 새로운 불변자본에 투자하는 자본의 비중이 경쟁자들보다 훨씬 더 높다. 그러나 이런 투자는 해 볼 만한 가치가 있는데, 생산성이 높으면 훨씬 더 많은 상품이 생산되기 때문이다. 개별 상품을 생산하는 데 드는 노동시간은 줄어들지만, 그 상품들은 여전히 기준이 되는 사회적 필요노동시간에 따라 결정되는 기존의 가격으로 판매할 수 있다. 가격이 새로운 사회적 필요노동시간에 따라 조정되기 전까지 새로운 기술을 사용한 사람은 자신의 상품을 싸게 생산하는 데서 득을 본다. 이러한 이득이 사라지는 것은 새로운 생산방식이 일반화할 때다. 이제는 전반적으로 더 높아진 생산성 때문에 각 상품의 가격이 그 상품을 생산하는 데 드는 새로운 사회적 필요노동시간 수준으로 하락한다. 그러면 아무도 초과이윤을 뽑아낼 수 없게 되고, 불변자본에 투자되는 비율이 증가해서 전반적인 이윤율은 낮아진다.

이윤율 저하 경향을 소련에 곧바로 적용하는 데는 문제가 있다. 서방에서 이윤은 잉여가치가 취하는 형태 가운데 하나다. 잉여가치는 다른 형태로도 나타나는데, 가장 두드러진 것으로 세금을 들 수 있다. 관료적 국가자본주의에서도 잉여가치는 생산되지만, 이윤과의 관계는 훨씬 덜 분명하게 나타난다. 이윤율은 화폐적 표현이다. 일반적 이윤율이 형성되려면 자본이 더 수익성 높은 생산 부문으로 유입될 수 있어야 한다.[66] 그러나 소련에서는 관료적 행정 체계 때문에 이윤율을 고려한 이러한 자본 이동이 불가능하다. 기업 차원에서조차 '이윤', 즉 잉여의 수준은 가격체계의 왜곡 때문에 숨겨진다. 1930년대에

기업들이 해야 할 작업을 정해 주는 지시는 해마다 더욱 상세해졌다. 기업의 재무회계는 형식적인 것이 돼 버렸다. 이에 따라 가격은 사실상 무용지물이 됐고 많은 기업들이 이윤을 내지 못했다. 손해는 국고에서 지급되는 보조금의 형태로 은폐됐다.[67]

'이윤'의 변형에서 비롯하는 어려움은 있지만, 서방에서 이윤율 저하 경향을 낳는 메커니즘이 소련에서도 작동한다는 사실은 충분히 알 수 있다. 축적은 소련에서 축적 자체를 잠식하는 경향이 있다. 왜냐하면 일정량의 잉여를 얻기 위해서는 더 대규모 투자가 필요하기 때문이다. 아간베기얀은 1961~70년에 자본산출액 비율이 하락했음을 보여 주는 수치를 제시한다.[68] 생산을 증대하려면 점점 더 많이 투자해야 한다. 이러한 사실은 경쟁에 의해 규정되는 축적이 자체의 고유한 모순을 낳는다는 결론을 뒷받침하지만, 약간의 문제

가 있다. 그 수치들이 고정된 루블 가격으로 측정된 **물량단위**物量單位
로 계산됐다는 점이다.[69] 그러나 '가치법칙'은 생산에 필요한 인간 노
동의 양을 뜻하는 가치단위로 작용한다. 서방 자본주의에서도 가격
관계에서 가치 관계를 이끌어 내는 쉬운 방법은 없지만, 국가자본주
의에서는 그러한 어려움이 훨씬 더 커진다.

관료들은 생산된 상품들의 총수뿐 아니라 그 수를 증대시킬 방
법에도 관심을 둔다. 관료들이 성공을 가늠하는 기준이 오직 사용
가치뿐이라면 그러한 상황에서는 어떻게든 생산성이 향상되기만 하
면 좋은 일이다. 문제는 그들의 생산성과 서방의 생산성을 어떻게
비교할 것인가 하는 점이다. 교환에서 형성되는 가치 관계 같은 것
이 이러한 비교인데, 그들은 바로 이러한 비교에서 뒤처졌다.

관료들은 생산성 향상을 추구했다. 이를 위해 투자의 압도적인
부분을 임금이 아닌 생산수단에 돌렸다. 그 결과 오랫동안 생산성
이 향상됐다. 예컨대 자동차, 냉장고, 그 밖의 제조업 제품들이 노
동자 수보다 더 빠르게 증가했다. 생산수단에 특별히 투자하는 목
적은 세계 수준에 맞게 또는 그 이상으로 생산성을 향상시키고자
하는 것이다. 그러나 소련은 그렇게 하는 데 실패했다. 생산성을 세
계 수준으로 끌어올리지는 못하면서 점점 더 많은 자본을 문제 투
성이인 산업에 투자하는 경향이 있었다. 크리스 하먼은 다음과 같
이 지적했다.

재화의 총량이 투자와 같은 속도로 증가할 수 있다는 사실은 관료들
에게 전혀 중요하지 않다. 그들은 자신들의 생산이 서방의 생산과 비
교할 때 어떠한가에 관심이 있을 뿐이다. 즉, 그들의 관심사는 물적 총

량이 아니라 생산물의 가치에 있다. 투자만큼 빠르게 성장하지 못하는 것은 바로 이것, 즉 생산물의 가치다.[70]

여전히 선두 주자들보다는 뒤처져 있지만, 소련은 최신 생산방법에 투자하려 드는 자본가의 처지에 있다. 세계시장으로 완전히 통합되면, 생산된 상품의 가격은 가장 선진적인 경제들의 더 적은 사회적 필요노동시간을 바탕으로 평가될 것이고, 따라서 소련의 산업들은 손해를 보면서 팔아야 하거나 파산 위험에 처하는 것을 감수해야 한다. 세계시장에서 상대적으로 고립돼 있다 보니 경쟁 압력은 다른 방식, 즉 전면적 붕괴보다는 정체로 나타난다. 그러나 이 때문에 소련은 생산성을 세계 수준으로 끌어올리기가 더 어려워졌다.

국제분업 체계로부터의 상대적 괴리는 더 '고립된' 경제들에게 비용 증대를 강요한다. 1930년대에 쇄국경제autarky는 강제력을 이용해 조방적 성장을 이룰 수 있는 경제적 여지를 제공했다. 농민들을 토지에서 쫓아내 새로운 공장들을 세우고, 시베리아를 개척하는 일에 강제로 동원할 수 있었다. 중앙집권적 통제 덕분에 모든 잉여를 생산에 재투자할 수 있었다. 1950년대와 1960년대의 자본주의 호황기에 소련의 고립은 점점 더 최신 생산방식과 단절된다는 것을 뜻했다. 소련 혼자서는 서방 선진국들이 함께 이룩한 발전을 따라잡을 수 없었다. 산출 면에서 서방과 똑같은 발전을 이룩하는 데 필요한 투자 능력이 뒤떨어진다는 것은, 세계경제와의 경쟁적 관계로 볼 때 아무리 많은 자원을 기존 생산방법을 확대하는 데 투입하더라도 투자에서 얻는 잉여가치가 점점 더 줄어든다는 것을 뜻했다. 1970년대가 되자 조방적 성장으로는 서방을 따라잡을 수 없게 됐고, 노동생산성을 충분히 끌어올리려는 노력이 실패한 데다가 투자 순환의 문제들까지 겹치자 정체가 뒤따랐다.

소련에 가해지는 경쟁 압력의 실상은 관료들의 정치적 혼란에서 드러난다. 마침내 그들은 서방에 문호를 개방하는 것 외에는 선택의 여지가 없다고 마음을 굳혔다. 재앙을 초래하지 않고 문호를 개방할 수 있는 방법이 무엇인가가 현재의 쟁점이다.

결론

소련의 계급적 성격에 대한 논쟁은 때때로 좌파의 관념적 논쟁의 전형처럼 취급돼 왔다. 그리고 현재 동방의 변화가 너무 빨라서 오히려 국가자본주의론이 현실의 사태 전개를 따라잡지 못하는 것처럼 보일 수도 있다. 동방의 지배자들은 이제 시장 관계와 국제분업 체계로의 통합을 옹호하는 주장을 펴고 있다. 그들은 대부분 사회주의라는 겉치레도 내던져 버렸다. 이 글에서 주장한(세계시장에서 소련이 고립돼 있다는 것과 군비경쟁이 시장경쟁을 대체했다는 사실을 근거로) 내용들로 현실의 다양한 사건들에 대한 분석을 대신할 생각은 없다. 이 잡지(《인터내셔널 소셜리즘》)는 지난 몇 년 동안 전개된 '페레스트로이카'에 대해 일관된 분석을 제시해 왔다.[71]

스탈린 체제가 겪고 있는 사멸의 고통은 트로츠키 추종자들의 이론들을 시험대에 올려 놓았다. 동방이 여전히 모종의 노동자 국가라고 주장하는 사람들은 어떻게 내전이나 혁명을 거치지 않고 자본주의가 '부활'하고 있는지 설명해야 한다. 그런 사람들은 전에는 1920년대에 러시아가 자본가계급에게 정복된 일이 없었다는 이유를 대면서 국가자본주의를 거부했는데, 이제 자신들의 주장에 덜미를 잡힌 꼴이 돼 버렸다. 1930년대에 소련 관료가 스탈린 체제의 지배 기구로 변모한 것, 공업화와 집산화를 강행하는 데 필요했던 물리적 폭력의 수준, 또는 강제 노동이나 기근으로 죽은 사람들의 수는 1980년대에 목격한 어떤 것보다도 질적으로 엄청난 것이었다.

노동자 국가라는 이론을 고수하는 사람들은 관료들이 국가 소유에 의존하기 때문에 자본주의에 저항할 수밖에 없다고 주장했다. 그들은 똑같은 관료들이 왜 이제는 사적 소유로의 전환을 고려할 수 있는지 설명할 수 없다. 동방의 진로에 대한 그들의 예측은 틀렸음이 입증됐다.[72]

국가자본주의론은 동유럽에서 노동계급의 능동적 행동이 없었는데도 자본주의가 전복됐다는 주장을 비판하며 토니 클리프가 발전시킨 이론이다. 이 이론이 다른 이론들보다 여전히 우월한 이유는, 동방에서 개혁으로 말미암아 생산양식의 변혁이 일어나고 있다(즉, 자본주의로 회귀하고 있다)고 생각할 이유가 전혀 없기 때문이다. 이처럼 터무니없는 주장은 한 번으로 충분하다. 이제는 그러한 '이론들'이 역사의 쓰레기장에 폐기처분될 차례다.

이것은 추상적 문제가 아니다. 동방의 변화에 대한 분석은 정치적으로 중요한 의미가 있다. 동방의 관료들이 기본적으로 '혁명의 성과'를 지키려고 한다는 생각은 엉망진창의 혼란에 빠지는 지름길이다. 1980년대에 폴란드 연대노조를 'CIA노조'라고 비난한 '트로츠키주의자들'이나 아프가니스탄 침공을 환영하며 '적군 만세'라고 노래를 부른 것은[73] 잘못된 이론이 반동적인 결론으로 이어진 가장 극단적인 사례들일 뿐이다.[74]

혁명 이론이 정치적 실천을 지도하려면 현실 세계의 변화에 맞게 발전해야 한다. 국가자본주의 이론의 강점은 이 이론이 최근에 일어난 사건들을 해명할 수 있다는 점에서 드러났다. 국가자본주의 이론은 자본주의 발전의 경향들에 근거를 두고 있기 때문에 역동적인 이론이다. 따라서 국자자본주의 이론은 모든 종류의 마르크스주의 이론에 대한 시험을 통과한 셈이다. 즉, 그것은 우리가 세계를 분석할 뿐 아니라 변화시키는 데도 도움을 준다.

옮긴이 후기

토니 클리프(1917-2000)의 이 책은 1993년《소련 국가자본주의》라는 제목으로 도서출판 책갈피에서 처음 출판됐다가 절판된 것을 번역을 다듬고 알렉스 캘리니코스와 데렉 하울의 관련 논문 세 편을 추가해 다시 출판한 것이다. 1993년 번역본과 이 책의 구성의 차이에 대해서는 책머리에 있는 '일러두기'를 참조할 수 있다.

1993년 이 책이 처음 번역 출판된 후 오늘까지 책과 관련된 몇 가지 중요한 변화가 있었다. 우선 저자인 클리프가 2000년 사망했다. 그리고 이 책이 처음 번역 출판됐을 때만 해도 클리프는 국내 독자들에게 다소 생소한 사람이었지만, 오늘은《레닌 평전》(최일붕 외 옮김, 책갈피, 2010),《영국 노동당의 역사》(이수현 옮김, 책갈피, 2008) 등을 포함한 클리프의 주요 저작 10여 종이 국내에 번역 출판될 정도로 잘 알려진 저자가 됐다. 또 1948년 클리프가 이 책에서 주장했던 소련 국가자본주의론은 오랫동안 진보 진영에서 별종으로 취급되거나 아예 무시돼 왔지만, 최근 국내외 학계에서 진지하게 재평가되고 있다. 소련 국가자본주의 관련 논쟁을 검토한 최근의 대표적인 해외 연구로는 Marcel van der Linden의 *Western Marxism and the Soviet Union* (Brill, 2007), 국내에서 이루어진 연구로는 필자의 《마르크스와 트로츠키》(한울, 2006) 5장과 이진, "마르크스 가치론으로 본 소련 자본주의 논쟁"(경상대학교 대학원 정치경제학과 석사 학위논문, 2011) 등을 참조할 수 있으며, Ian Birchall이 클리프의 전기인 *Tony Cliff: A Marxist for His Time* (Bookmarks, 2011)를 최근 출간했다. 무엇보다 클리프가 주도해 창건한 트로츠키주의 흐름인 '국제사회주의경향'의 한국 자매조직인 '다함께'가 지난 10여 년간 크게 성장해 국내 최대 규모의 급진 좌파 정치조직이 됐다. 이와 함께 오래전 절판된 클리프의 대표적 저작인 이 책에 대한 수요가 다시 증가하게 됐고, 그래서 이 책을 다시 출판할 수 있게 됐다.

이 책이 국내에 처음 출판된 1993년은 1991년 소련이 붕괴한 지 2년도 지나지 않은 시점이었다. 역자는 소련이 진정한 마르크스적 의미의 사회주의, 즉 노동계급의 자기해방으로서 아래로부터 사회주의와 아무런 공통점도 없는 자본주의의 변종임을 입증한 클리프의 이 책이 소련 붕괴 이후 패닉 상태에 빠져 있던 국내 사회주의 운동을 다시 시작할 수 있게 하는 하나의 이론적 계기가 되길 희망했다(관련하여 1993년 번역본의 '역자 서문'을 참조할 수 있다). 그러나 이는 성급한 낙관이었다. 1991년 소련이 붕괴하자, "자본주의의 역사적 승리" 또는 "자본주의 이외 대안 부재"(TINA)와 신자유주의 세계화 담론이 맹위를 떨치는 속에 "가짜 사회주의"든 "진정한 사회주의"든 반자본주의와 사회주의를 지향하는 마르크스주의의 이론과 실천은 종류를 가리지 않고 모두 역사적 오류이거나 시대착오적인 것으로 간주돼 대중과 진보 진영의 선택지에서 사라졌다. 실제로 1993년 번역본 초판 2000부가 소진되기까지 10년 이상이나 걸렸다.

하지만 "TINA의 전성시대"는 그리 오래가지 않았다. 자본주의에는 적대적 모순이 내재하며 이는 언제든 공황과 계급투쟁으로 폭발할 수밖에 없다는 사실을 고려하면, 그런 예외적 시기가 10년 가까이나 지속된 것이 오히려 이상했다. 1999년 시애틀 전투에서부터 회복되기 시작한 "다른 세계가 가능하다"는 믿음은, 2001년 9·11 이후 미국의 이라크 침공으로 고조된 국제 반전운동과 함께 더욱 힘을 얻기 시작했으며, 2007년 서브프라임 모기지 위기 이후 세계 대공황 정세 속에서, 2011년 튀니지와 이집트, 리비아의 민중 혁명, 그리스의 총파업, 런던의 폭동, 최근 월가의 점령 운동, 우리나라의 "안철수 바람" 등에서 보듯이, 세계적 규모에서 반체제 대중투쟁의 확산, 반자본주의 정서의 고양으로 이어지고 있다.

이제 소련 붕괴 20주년을 맞아 다시 출간하는 클리프의 이 책이 오늘날 세계 대공황 국면에서 분출하고 있는 반자본주의 대중투쟁과 결합해 야만적이고 자기파괴적인 자본주의 체제를 넘어서는 진정한 마르크스적 의미의 사회주의 대안을 모색하는 데 도움이 되길 바란다.

끝으로 이 책의 재출간과 관련해 몇 분께 감사의 뜻을 전하고 싶다. 우선 처음 이 책을 번역 출판할 때 상당 부분을 초역해 준 양효식 씨께 늦은 감사 인사를 드린다(당시 그는 국가보안법 위반 혐의로 수배 중이라 '역자 서문'에서 거명할 수 없었다). 또 이번 책에 새로 추가된 캘리니코스와 하울의 논문을 번역해 준 이수현, 한석원 씨, 번역문을 클리프의 원문과 대조 교열해 상당수 오역을 바로잡아 준 이수현 씨, 번역문 전체를 읽고 문장과 표현을 잘 다듬어 준 조승희 씨, 이 책의 재출간을 제안 기획한 최일붕 씨와 도서출판 책갈피의 김희준, 김태훈 씨께 감사 드린다. 물론 있을 수 있는 번역상의 오류는 모두 역자의 것이다.

2011년 10월 25일
정성진

■ 후주

1996년판 머리말: 스탈린 체제의 무덤 앞에서

1   *Financial Times*, 12 May 1992.

2   *Independent on Sunday*, 4 February 1990.

1장 소련 스탈린 체제의 사회·경제 관계들

1   소련 경제 관리의 변화를 매우 훌륭하게 설명한 글은 다음을 보시오. G. Bienstock, S.M. Schwartz and A. Yugow, *Management in Russian Industry and Agriculture*, Oxford University Press 1944

2   A. Baykov, *The Development of the Soviet Economic System*, London 1946. p.115.

3   같은 책, p.116.

4   *All-Union Communist Party (Bolsheviks) in Resolutions and Decisions of the Congresses, Conferences and Plenums of the Central Committee* (이하 *AUCP in Resol.* 로 인용), (러시아어) Moscow 1941, 6판, Vol. II, p.811.

5   같은 책, p.812.

6   *Socialism Victorious*, London 1934, p.137.

7   *Za Industrializatsiu* (중공업인민위원부 기관지), Moscow, 16 April 1934

8   L. Gintzburg and E. Pashukanis, *Course of Soviet Economic Law* (러시아어), Moscow 1935, Vol.1, p.8.

9   *Pravda*, 11 March 1937.

10 E.L. Granovski and B.L. Markus (eds.) *The Economics of Socialist Industry* (러시아어), Moscow 1940, p.579.

11 같은 책, p.563.

12 H. Johnson, Dean of Canterbury, *The Socialist Sixth of the World*, London 1944, 19th imp. p.280.

13 *Trud* (노동조합 일간지), Moscow, 8 July 1933. M. Gordon, *Workers Before and After Lenin*, New York 1941, pp.104-105에서 인용.

14 G.K. Ordzhonikidze, *Selection of Articles and Speeches, 1911-1937* (러시아어), Moscow 1939, p.359.

15 *Pravda*, 29 December 1935.

16 "Decision of the All-Union Central Council of Trade Unions", 2 January 1933, *Labour Legislation in the USSR* (러시아어), Moscow-Leningrad 1933, p.32.0

17 V.I. Lenin, *Works* (러시아어), 4th ed. Vol. XX, pp.6-7 (이후 특별한 언급이 없는 경우에는 항상 4판이 인용된 것임.)

18 *Eleventh Congress of the Russian Communist Party (Bolsheviks). Stenographic Report. Held in Moscow, March-April 1922* (러시아어), Moscow 1936, p.275.

19 *Wage Labour in Russia* (러시아어), Moscow 1924, p.160; 그리고 *Trade Unions in USSR 1926-1928* (러시아어), Moscow 1928, p.358.

20 *Trud*, 23 April 1949.

21 G.N. Aleksandrov (ed.) *Soviet Labour Law* (러시아어), Moscow 1949, p.166.

22 *Professionalnye Soiuzy* (노동조합 월간 기관지), Moscow 1940, Nos.4-5.

23 같은 책, 1947, No.2.

24 I.T. Goliakov (ed.) *Legislation Regarding Labour* (러시아어), Moscow 1947, p.15.

25 G.N. Aleksandrov and D.M. Genkin (eds.), *Soviet Labour Law* (러시아어), Moscow 1946, p.106; 또한 다음을 보시오. G.N. Aleksandrov and G.K. Moskalenko (eds.) *Soviet Labour Law* (러시아어), Moscow 1947, pp.100-101.

26 *Labour Code of RSFSR* (러시아어), Moscow 1937, Article 58, p.28.

27 Goliakov, 위의 책, p.15.

28 *Trud*, 13 April 1952.

29 F. Neumann, *Behemoth*, London 1942, pp.352-353.

30 같은 책, p.353. 강조는 저자.

31 Baykov, 위의 책, p.222.

32 G. Sorokin, *Socialist Planning of the National Economy of USSR* (러시아어), Moscow 1946, p.95.

33 *The Large Soviet Encyclopaedia*, Vol. USSR (러시아어), Moscow 1948, Column 1751.

34 *Trud*, 20 April 1949.

35 A.I. Beskin, *Organisation and Planning of Production in the Oil Extraction Industry* (러시아어), Moscow-Leningrad 1947, p.134.

36 *Bolshevik* (당 중앙위원회 기관지), Moscow 1952, No.5.

37 *Za Industrializatsiu*, Moscow, March 1936.

38 A.A. Arutinian and B.L. Markus (eds.), *Development of Soviet Economy* (러시아어), Moscow 1940, p.492.

39 A. Yugow, *Russia's Economic Front for War and Peace*, London 1942, p.193.

40 같은 책, p.194.

41 *Trud*, 17 April 1941.

42 *Mashinostroenie* (기계공작인민위원부 기관지), Moscow, 11 May 1939.

43 *Izvestia*, 2 April 1936.

44 J. Maynard, *The Russian Peasant: And Other Studies*, London 1942, p.340.

45 스타하노프 운동이 시작된 후, 스타하노프상 수상자 살해와 사보타주 사건들을 보도한 최초의 기록으로는 다음을 보시오. *Izvestia*, 23 August 1935, 27 September 1935, 2 and 5 October 1935: *Pravda*, 2, 21 and 22 November 1935: *Trud* 1 November 1935. 더 많이 인용할 수도 있다.

46 Beskin, 위의 책, p.31.

47 V.I. Lenin, *Works* (러시아어), 위의 책, Vol.XXI, p.135.

48 *Labour Code 1922* (러시아어), Moscow 1922, Article 37.

49 V. Serge, *Russia Twenty Years After*, New York 1937, p.66에서 인용.

50 *A Collection of Laws and Ordinances of the Workers-Peasant Government of the USSR* (이후 *Coll. Laws USSR*로 인용), (러시아어) Moscow 1932, No. 84, Article 516.

51 *Izvestia*, 17 December 1930.

52 *Labour Code of RSFSR* (러시아어), Moscow 1937, Article 37, p.20.

53 *Za Industrializatsiu*, 12 February 1931; *A Collection of Decisions and Ordinances of the Government of USSR* (이후 *Coll. Decisions USSR*로 인용) (러시아어), Moscow 1938, No.58, Article 329.

54 Serge, 위의 책, p.68.

55 *A Collection of Laws and Ordinances of the Workers' and Peasants' Government of RSFSR* (이후 *Coll. Laws RSFSR*로서 인용), (러시아어) Moscow 1932, No. 85, Article 371.

56 *Decisions of the Central Committee of the All-Union Communist Party (Bolsheviks) and the Council of People's Commissars of USSR, concerning Most Important Problems of Socialist Construction* (러시아어), Leningrad 1933, pp.127–130.

57 *Coll. Decisions USSR*, 1939, No.1, Article 1.

58 *Supreme Soviet USSR Gazette* (러시아어), Moscow 1940, No.20.

59 *Izvestia*, 30 December 1940.

60 *Bloknot Agitatora* (모스크바 당 위원회 선전선동부 기관지), Moscow 1952, No.4, pp.41–42.

61 *Supreme Soviet USSR Gazette* (러시아어), Moscow 1940, No.42.

62 Aleksandrov and Genkin, (러시아어), p.278.

63 같은 책, pp.273–274.

64 같은 책, p.275.

65 G.N. Aleksandrov, *Soviet Labour Law*, 1949를 보시오.

66 *Coll. Laws RSFSR*, 1927, No.49, Article 330; and *Criminal Code of RSFSR* (러시아어), Moscow 1937, Article 58, Item 14. 강조는 저자.

67 V. Gsovski, *Soviet Civil Law*, Ann Arbor 1948, Vol.I, p.805.

68 *Labour Code 1922* (러시아어), Moscow 1922, Article 129, p.18.

69 Women Workers and their Protection in Russian Industry, *International Labour Review*, October 1929.

70 G.N. Serebrennikov, *Zhenskii Trud v. SSSR*, Moscow 1934, p.204. J. Grunfeld in Women's Work in Russia's Planned Economy, *Social Research*, February 1942에서 인용. 물론 Serebrennikov는 주의 깊게도 그의 책 *The Position of Women in the USSR*, London 1937(러시아인이 아

닌 독자들을 위해 특별히 쓴 책)에서 이 같은 정보를 포함시키고 있지 않다.

71 *Russian News Bulletin*, 30 July 1941.

72 S. Wolfsson, "Socialism and the Family", in *Pod Znamenem Marksizma* (당 이론 기관지), Moscow 1936, R. Schlesinger, *The Family in the USSR*, London 1949, p.287에서 인용.

73 International Labour Conference, Eighteenth Session, *Employment of Women on Underground Work in Mines of all Kinds*, Geneva 1934, Report VI.

74 C. Haldane, *Russian Newsreel*, London 1942, p.151.

75 M. Hindus, *Russia Fights On*, London 1942, p.135.

76 *Pravda*, 1 January 1939.

77 D.J. Dallin and B.I. Nicolayesky, *Forced Labour is Soviet Russia*, London 1948, p.153.

78 같은 책, p.52.

79 같은 책, pp.54-62.

80 A. Ciliga, *The Russian Enigma*, London 1940, p.249.

81 Y. Gluckstein, *Stalin's Satellites in Europe*, London 1952, pp.309-310.

82 W. Kolarz, *Russia and her Colonies*, London 1952, p.185.

83 *Supplements to the Order of the Council of People's Commissars of USSR and the Central Committee of the All-Union Communist Party* (러시아어), No.127, 17 January 1941. 출판 연도와 지명이 미상. Photographic copy by the Universal Press for the American Council of Learned Socialists, New York 1950.

84 같은 책, p.10.

85 Dallin and Nicolayevsky, 위의 책, p.165.

86 *Pravda*, 28 March 1953.

87 *Izvestia*, 20 December 1937.

88 A.Ya. Vyshinsky (ed.) *The Laws of the Soviet State* (러시아어), Moscow 1938, pp.514-515.

89 *Five-Year Plan of National Economic Construction of USSR*, 3rd ed. (이후 I Plan으로 인용) (러시아어), Moscow 1930, Vol.I, p.132; *The Second Five-Year Plan for the Development of the National Economy of USSR* (이후 II Plan으로 인용) (러시아어), Moscow 1934, Vol.I, p.429.

90   *I Plan*, Vol.II, Part I p.250; *II Plan*, Vol.I pp.172, 522, Vol.II pp.291-292, 296; *Pravda*, 19 February 1941; *Socialist Construction of the USSR, Statistical Yearbook 1936* (이후 *Socialist Construction 1936*으로 인용) (러시아어), Moscow 1936, pp.192, 195, 201, 204, 206; *Socialist Construction of the USSR (1933-1938)* (이후 *Socialist Construction 1933-1938*로 인용) (러시아어), Moscow 1938, p.73; *Pravda*, 10 March 1950; *Izvestia*, 17 April 1951.

91   *Socialist Construction (1933-1938)*, pp.xxiv-xxv.

92   A. Baykov, *Soviet Foreign Trade*, Princeton 1946, Appendix Tables IV and VI.

93   *I Plan*, Vol.I, pp.145, 147; Vol.II, Part I, pp.248-251; *II Plan*, Vol.I, pp.172, 522; Vol.II, pp.276, 278-280. 291-292, 296; *Law on the Five-Year Plan for the Reconstruction and Development of the National Economy of USSR for 1946-50* (이후 *IV Plan*으로 인용) (러시아어), Moscow 1946, pp.11-13; *Pravda*, 6 October 1952.

94   다음 자료로부터 산정. *I Plan*, Vol.I, pp.145, 147; Vol.II, Part I, pp.248-251; *Summary of the Fulfilment of the First Five-Year Plan of Development of the National Economy of USSR* (이후 *Ful. I Plan*으로 인용) (러시아어), Moscow 1933, pp.83, 95, 105, 121; *II Plan*, Vol.I, pp.172, 522; Vol.II, pp.276, 278-280, 291-293, 296; *IV Plan*, pp.11-13; *Izvestia*, 17 April 1951.(제3차 5개년계획(1938~1942)의 달성에 대해서는 아무런 언급이 없다. 왜냐하면 전쟁으로 그 계획이 중단돼서 달성 수치가 발표되지 않았기 때문이다.)

95   *Socialist Construction 1936*, p.3.

96   S.N. Prokopovicz, *Russlands Volkswirtschaft unter den Sowjets*, Zurich 1944, p.302.

97   *I Plan*, Vol.I, p.20; V.P. Diachenko (ed.) *Finance and Credit in USSR* (러시아어), Moscow 1938, p.184; *IV Plan*, p.9; *National Economy of USSR* (러시아어), Moscow 1948, Vol.II, p.185.

98   *National Economy of USSR* (러시아어), Moscow 1948, Vol.II, p.129.

99   Prokopovicz, 위의 책, p.306.

100 N. Jasny, *The Socialised Agriculture of USSR*, Stanford 1949, pp.777-778.

101 K. Kautsky, *Die Agrarfrage*, Stuttgart 1899, pp.24, 31.

102 N.A. Voznessensky, *The War Economy of the USSR in the Period of the Patriotic War* (러시아어), Moscow 1948, p.126.

103 N. Jasny, *The Soviet Economy During the Plan Era*, Stanford 1951, p.74.

104 같은 책, p.76.

105 p. 35의 소비재 생산량 수치로부터 산정한 것.

106 V.V. Kuibyshev, *Articles and Speeches, 1930-1935* (러시아어) moscow 1935, p.131.

107 *I Plan*, Vol.II, Part 2, pp.292-293; Ful. *I Plan*, p.186; *II Plan*, Vol.I, p.533.

108 *Workers' and Employees' Budget, Vol.I. The Budget of a Worker's Family in 1922-1927* (러시아어), Moscow 1929, p.55; *II Plan*, Vol.I p.533; B.B. Veselovsky, *Course of Economics and Planning of Communal Economy* (러시아어), Moscow 1945, p.174.

109 United Nations, *The European Housing Problem*, Geneva 1949, p.41.

110 United Nations, *Economic Survey of Europe in 1949*, Geneva 1950, p.31.

111 *International Labour Review*, May 1932, p.627.

112 *Soviet News*, 23 January 1952.

113 V.L. Kobalevsky, *Organisation and Economics of Housing in USSR* (러시아어), Moscow-Leningrad 1940, p.109.

114 Veselovsky, 위의 책, p.176.

115 *IV Plan*, p.55.

116 Veselovsky, 위의 책, pp.132, 473.

117 *Soviet News*, 23 January 1952; *Pravda*, 18 October 1937.

118 *International Labour Review*, May 1932, p.627.

119 A.G. Zverev, *State Budgets of the USSR, 1938/1945* (러시아어), Moscow 1946, pp.15, 22, 47, 104; K.N. Plotnikov, *Budget of a Socialist State* (러시아어), Moscow 1948, pp.142, 146, 216, 218; *The National Economy of the USSR* (러시아어), Moscow 1951, Vol.IV, pp.127, 340; *Planovoe Khoziaistvo* (국가계획위원회 월간 기관지), Moscow 1952, No.2, p.24.

120 이 수치들은 다음 자료에서 얻은 것이다. *State Plan of Development of National Economy of the USSR for 1941*, No.127, 17 January 1941, *op. cit.*, p.11.

121 L.P.Shulkin, *Consumption of Iron and Steel in the USSR* (러시아어), Moscow-Leningrad 1940, pp.20ff; M. Gardner Clark, *Some Economic Problems of the Soviet Iron and Steel Industry* (미출간 학위논문), Cornell University 1950, p.42.

122　Voznessensky, 위의 책, p.126.

123　Arutinian and Markus, 위의 책, p.484.

124　Prokopovicz, 위의 책, p.306.

125　*USSR and the Capitalist Countries; Statistic Handbook* (러시아어), Moscow 1939, pp.75-80.

126　*Soviet Weekly*, Supplement, 18 December 1947.

127　Ministry of Labour, *Labour Survey of British Workers*, April 1947.

128　N. Jasny, *The Socialised Agriculture of USSR, op. cit.*, pp.374-375.

129　같은 책, p.375.

130　A. Arina, "Kolkhozes in 1938", *Sotsialisticheskoe Selskokhoziaistvo* (농업인민위원부 월간 기관지), Moscow 1939, No.12.

131　Arina, 위의 책, and Jasny, *The Socialised Agriculture of USSR, op. cit.*, p.684.

132　T.I. Basyuk, *The Organisation of Kolkhoz Production* (러시아어), Moscow 1946, pp.272-273.

133　Prokopovicz, 위의 책, p.164.

134　F. Semenov, A. Pankratova 외(外), *The Proletariat in the Revolution of 1905-1907* (러시아어), Moscow-Leningrad 1930, p.232.

135　M.,P.Osadko (ed.) *Problems of Organisation of Kolkhoz Production* (러시아어), Moscow 1945, p.94.

136　같은 책.

137　같은 책, p.95.

138　같은 책, p.191.

139　같은 책, p.201.

140　같은 책, p.212.

141　같은 책, p.217.

142　V.I. Lenin, *Selected Works*, Vol.I, p.179.

143　K. Marx, *Capital*, New York, Modern Library n.d., Vol.I, p.193.

144　K. Marx and F. Engels, *Selected Correspondence*, London 1941, pp.509-510.

145　M. Dobb, *Soviet Economic Development since 1917*, London 1948, p.364.

146 A.K. Sochkov (ed.), *Revenues of the State Budget of USSR* (러시아어), Moscow 1945, p.14; Plotkinov, 위의 책, pp.17, 26, 102, 181, 259; N.N. Rovinsky, *The State Budget of USSR* (Russian), Moscow 1950, p.393; *The National Economy of USSR 1950* (러시아어), Moscow 1950, p.393; *The National Economy of USSR 1951* (러시아어), Moscow 1951, p.337; *Planovoe Khoziaistvo* 1952, No.2, p.20.

147 Suchkov, 위의 책, p.16.

148 N. Jasny, *The Soviet Price System*, Stanford 1951, pp.164-165.

149 M. Dobb, *Soviet Planning and Labour in Peace and War*, London 1942, pp.61-62.

150 M. Dobb, *Soviet Economic Development since 1917, op. cit.*, pp.371-372.

151 Prokopovicz, 위의 책, p.316; *Bolshevik* No.12, 1950.

152 *AUCP in Resol.*, Moscow 1932, 4판, Vol.I, p.22.

153 같은 책, p.506.

154 *Socialist Construction, 1935*, p.644; Jasny, *The Soviet Price System, op. cit.*, p.78.

155 *Socialist Construction, 1936*, pp.646-647; Jasny, 같은 책.

156 Zverev, 위의 책, p.43.

157 *Coll. Laws USSR* 1932, No.62, Article 360.

158 J.V. Stalin, *Works* (러시아어), Vol.VIII, p.209.

159 이 발췌문과 다음에 오는 두 발췌문은 다음에서 인용한 것임. Gluckstein, 위의 책, pp.93-95.

160 *Pravda*, 5 June 1947.

161 같은 책.

162 *Pravda*, 9 July 1947.

163 *Criminal Code of RSFSR* (러시아어), Moscow 1937, pp.70-71.

164 같은 책, p.74.

165 *Code of Laws on Marriage, Family and Guardianship of RSFSR* (러시아어), Moscow 1948, p.19, Article 69.

166 같은 책, p.19, Article 70.

167 *Coll. Laws USSR* 1935, No.19, Article 155.

168 M. Yvon, *L'URSS, telle qu'elle est*, Paris 1938, p.243에서 인용.

169 *Vecherniaia Moskva*, 19 April 1935, in N.S. Timasheff, *The Great Retreat*, New York 1946, p.325.

170 *Sovetskaia Ustitsiia*, 1935, No.10을 보시오. Timasheff, 위의 책, p.321에서 인용.

171 *Supreme Soviet USSR Gazette*, 1941, No.25.

172 I.T. Goliakov (ed.) *Criminal Law* (러시아어) 3판, 1943, p.137. Gsovski, 위의 책, Vol.I, p.122에서 인용.

173 Dallin and Nicolaevsky, 위의 책, p.84.

174 K. Marx and F. Engels, *Works* (러시아어), Vol.IV, p.312.

175 V.I. Lenin, *Works* (러시아어), Vol.XXIV, p.5.

176 K. Marx, *Critique of the Gotha Programme*. Lenin, *State and Revolution*, London 1942, p.70에서 인용.

177 Lenin, 위의 책, p.76.

178 같은 책, p.77.

179 같은 책, p.78.

180 같은 책, p.40.

181 V.I. Lenin, *Works* (러시아어), Vol.XXVII, p.13.

182 같은 책, Vol.XXIX, p.159.

183 같은 책, Vol.XXXIII, p.64.

184 *AUCP in Resol.* 4판, Vol.I, p.337.

185 같은 책, p.444.

186 *Minutes of the Tenth Congress of the Russian Communist Party (Bolsheviks) held in Moscow, March 1921* (러시아어), Moscow 1933, p.317.

187 S.G. Strumilin, *Wages and Labour Productivity in Russian Industry in 1913-22* (러시아어), Moscow 1923, p.35.

188 M.N. Pokrovsky (ed.) *1905* (러시아어), Moscow-Leningrad 1925, Vol.I, p.439.

189 *Labour in USSR, Statistical-Economic Survey, October 1922 - March 1924* (러시아어), Moscow 1924, p.158.

190 S. Zagorsky, *Wages and Regulation of Conditions of Labour in the USSR*, Geneva 1930, pp.176, 178.

191 L. Lawton, *Economic History of Soviet Russia*, London 1932, Vol.II,

pp.359-361.

192 Z.M. Chernilovsky (ed.), *History of State and Law* (러시아어), Moscow 1949, p.29로부터.

193 D.I. Chernomordik, *The Economic Policy of USSR* (러시아어), Moscow-Leningrad 1936, p.240에서 인용.

194 *Labour Code 1922* (러시아어), Moscow 1922, Article 57, pp.9-10.

195 같은 책, Abrogated 17 March 1934 (*Coll. Laws USSR* 1934, No.15, Article 109).

196 *Coll. Laws USSR* 1937, No.71, Article 340.

197 L.A. Bronstein and B.N. Budrin, *Planning and Accounting in Automotive Transport* (러시아어), Moscow 1948, p.150.

198 *Coll. Laws USSR* 1936, No.20, Article 169.

199 G. Poliak, "On the Director's Funds in Industrial Enterprises", *Planovoe Khoziaistvo*, 1938, No.4.

200 *Socialist Construction 1933-38*, 위의 책, p.138.

201 L. Vilenski, Financial Questions of Industry , *Planovoe Khoziaistvo*, 1938, No.4.

202 Yvon, 위의 책, p.111에서 인용.

203 *Pravda*, 27 June 1937.

204 *Socialist Construction 1936*, 위의 책, p.513.

205 *First Session of the Supreme Soviet of the USSR, Stenographic Report* (러시아어), Moscow 1948, pp.124, 205.

206 *Isvestia*, 18 January 1938.

207 *New York Times*, 23 August 1943.

208 *Pravda*, 21 December 1939.

209 *Isvestia*, 6 April 1940.

210 A. Werth, *The Year of Stalingrad*, London 1946, p.126.

211 같은 책, p.104.

212 같은 책.

213 위의 p. 57을 보시오.

214 Jasny, *The Soviet Price System, op. cit.*, pp.44-45.

215 *Coll. Laws RSFSR*, 1918, No.34, Article 456.

216 *Coll. Laws USSR*, 1929, No.8, Article 78.

217 R. Bishop, *Soviet Millionaires*, London 1945, p.3.

218 I.I. Evtikhiev and V. A. Vlassov, *Administrative Law of USSR* (러시아어), Moscow 1946, pp.164, 418.

219 같은 책, p.408.

220 *Pravda*, 4 April 1951.

221 *Pravda*, 17 March 1949.

222 *Large Soviet Encyclopaedia*, Vol.USSR (러시아어), Columns 1225, 1228 and 1233.

223 *Cultural Construction USSR* (러시아어), Moscow 1940, pp.111-112.

224 같은 책, p.114.

225 *Coll. Decisions USSR*, 1940, No.27, Article 637.

226 *The People's Education in RSFSR in 1943* (러시아어), 1944, p.42.

227 *Directive of the All-Union Communist Party (Bolsheviks) and the Decisions of the Soviet Government on Education. Collection of Documents 1917-1947* (러시아어), Moscow-Leningrad 1947, Vol.II, pp.109-111.

228 Decree of 28 December 1940, *Supreme Soviet USSR Gazette* (러시아어), 1941, No.1.

229 같은 책, 1947, No.21.

230 *I Plan*, Vol.I, Part 1, p.329.

231 같은 책, pp.324-325.

232 *Socialist Construction 1933-38*, 위의 책, pp.xxiv-xxv.

233 *I Plan*, Vol.I, p.94.

234 *Ful. I Plan*, p.170.

235 *Pravda*, 27 October 1940.

236 I.P. Bardin and N.P. Banny, *Iron and Steel Industry in the New Five-Year Period* (러시아어), Moscow-Leningrad 1947, p.166.

237 같은 책, p.165.

238 *Izvestia*, 24 May 1952.

239 *Meeting of the Supreme Soviet of USSR (Third Session), 20-25 February 1947* (러시아어), Moscow 1947, p.20.

240 N. Jasny, *Soviet Prices of Producers' Goods*, Stanford 1951, pp.83-84.

241 Jasny, *The Soviet Price System, op. cit.*, pp.9-10.

242 같은 책, p.10.

243 J.V. Stalin, *Economic Problems of Socialism in the USSR*, Moscow 1952, pp.24-25.

244 *Planavoe Khoziaistvo*, 1946, No.3, pp.38-39.

245 H.G. Berman, *Justice in Russia: An Interpretation of Soviet Law*, Cambridge, Mass. 1950, p.66.

246 같은 책, pp.76-77.

247 Stalin in *Pravda*, 7 November 1929, *Problems of Leninism*, p.301. 스탈린의 *Works* (러시아어), Vol.XII, p.129에는 5만~10만 헥타르가 4만~5만 헥타르로 바뀐 채 같은 글이 재수록돼 있다.

248 *Izvestia*, 20 January 1930.

249 G.K. Ordzhonikidze, *Industrial Development in 1931 and the Tasks for 1932*, Moscow 1932, pp.40-41.

250 *Planovoe Khoziaistvo*, 1931, Nos. 5-6, p.29; *II Plan*, Vol.II, pp.276, 278-280.

251 *Izvestia*, 8 March 1931.

252 *Komsomolskaia Pravda*, 6 December 1935. Gordon, 위의 책, pp.389-390에서 인용.

253 K. Marx and F. Engels, *The Communist Manifesto* in *Selected Works*, London 1942, Vol.I, pp.208-210.

2장 소련 스탈린 체제의 국가와 당

1 K. Marx, *Selected Works*, Vol.I, pp.226-227.

2 F. Engels in *Neue Zeit*, Vol.XX, No.1, p.8. K. Marx and F. Engels, *Selected Correspondence*, London 1943, p.486에서 인용.

3 K. Marx, *The Civil War in France*, London 1941에 붙인 엥겔스의 서문, p.19.

4 같은 책, pp.40-41.

5 같은 책, p.18.

6 F. Engels, *The Origin of the Family, Private Property and the State*,

London 1943, p.195.

7 V.I. Lenin, *The State and Revolution*, London 1942, p.10.

8 L. Trotsky, *The Revolution Betrayed*, London 1937, p.211.

9 *AUCP in Resol.*, 4판, Vol.I, p.22.

10 *Coll. Laws RSFSR*, 1917, No.9, Article 138.

11 같은 책, Article 139.

12 Ya.L. Berman (ed.) *The All-Union Communist Party (Bolsheviks) and Military Affairs, in Resolutions of Congresses and Conferences of the AUCP* (러시아어), Moscow 1928, 2판, pp.71-73.

13 L. Trotsky, *How the Revolution Armed Itself* (러시아어), Moscow 1924, Vol.II, Book I, p.118.

14 같은 책, Vol.II, Book 2, p.16. 트로츠키는 1919년 12월 16일 발표한 테제에서도 같은 주장을 내놓았다. 같은 책 pp.33-36.

15 Berman, 위의 책, pp.84-85

16 I. Smilga, *Fundamental Problems of the Construction of the Red Army* (러시아어), Moscow 1921, pp.16-17. 같은 생각은 M.N. Tukhachevsky의 다음 논문에 정교하게 다듬어져 있다. "The Red Army and the Militia" in his *War of the Classes. Articles 1919-1920*, (러시아어), Moscow 1923, pp.60-77. Smilga의 논지와 Tukhachevsky의 논지 사이에 유일한 차이는 후자가 시민군 제도와 "전 세계에 사회주의 혁명을 확산시켜야 하는 소련의 사명"은 양립할 수 없다는 점을 강조한다는 데 있다.

17 *Soviet Military Encyclopaedia* (러시아어), Moscow 1932, Vol.I, Column 619에서 인용.

18 D.F. White, *The Growth of the Red Army*, Princeton 1944, pp.63-64.

19 Trotsky, *How the Revolution Armed Itself, op. cit.* Vol.II, Book I, pp.84-86. White, 위의 책, p.121에서 인용.

20 White, 위의 책, p.303.

21 같은 책, p.223.

22 E. Wollenberg, *The Red Army*, London 1940, pp.182-183.

23 같은 책, p.188.

24 White, 위의 책, p.303.

25 같은 책, p.304.

26 같은 책, p.305.

27 K. Voroshilov, in *The Land of Socialism Today and Tomorrow*, Moscow 1939, p.288.

28 A. Bergson, *National Income and Product of the USSR*, Appendix: Sources and Methods , New York 1950, hectographed, p.8.

29 *New York Times*, 23 August 1943.

30 Evtikhiev and Vlassov, 위의 책, pp.166-167.

31 *Coll. Laws USSR*, 1935, No.57, Articles 468-469.

32 같은 책, 1937, No.51, Article 219.

33 *Supreme Soviet USSR Gazette* (러시아어), 1940, No.15.

34 같은 책, 1945, No.36. 육·해·공군에 계급 제도를 도입하는 법령들을 열거한 목록으로는 다음을 보시오, 위의 책, pp.156-157.

35 *Krasnaia Zvezda* (소련군 일간지), Moscow, 4 September 1940.

36 *Small Soviet Encyclopaedia* (러시아어), Vol.VI, p.624.

37 *Krasnaia Zvezda*, 22 October 1943.

38 같은 책, 23 May 1940.

39 *Daily Worker*, 9 July 1943.

40 *Krasnaia Zvezda*, 22 October 1940.

41 같은 책, 15 October 1940.

42 같은 책, 22 October 1940.

43 *Pravda*, 6 October 1940.

44 J. Towster, *Political Power in the USSR*, New York 1948, p.210.

45 Speech of Sverdlov, 5 July 1918. J. Bunyan, *Intervention, Civil War and Communism in Russia, April-December 1918. Documents and Materials*, Baltimore 1936, p.205에서 인용.

46 *Izvestia*, 1 September 1939.

47 *Pravda*, 7 March 1952.

48 *Pravda*, 12 April 1954.

49 Johnson, 위의 책, p.353.

50 J. Stalin, *Speeches at Pre-Election Meetings of Electors of the Stalin Election District in Moscow Province. 11 December 1937 and 9 February 1947* (러시아어), Moscow 1946, p.5.

51 A.R. Williams, *The Soviets*, New York 1937, p.49.

52   *Pravda*, 22 December 1947.

53   B. Newman, *The New Europe*, London 1942, p.159.

54   *New York Times*, 25 November 1937.

55   *AUCP in Resol.*, 4판, Vol.I, p.126.

56   *AUCP in Resol.*, 6판, Vol.I, pp.154-160.

57   L. Trotsky, *History of the Russian Revolution*, London 1932, Vol.I, p.59.

58   같은 책, 그리고 V. I. Lenin, *Works* (러시아어), Vol.XXI, p.432.

59   A. Shliapnikov, *The Year Seventeen* (러시아어), Moscow 1924, Vol.I, p.197.

60   A.S. Bubnov 외, *The All-Union Communist Party (Bolsheviks)* (러시아어), Moscow-Leningrad 1931, p.113.

61   *Pravda*, 15 March 1917. Trotsky, *History of the Russian Revolution*, op. cit., Vol.I, p.305에서 인용.

62   *Pravda*, 8 April 1917.

63   Bubnov, 위의 책, p.114.

64   *AUCP in Resol.*, 4판, 위의 책, Vol.I, p.258.

65   V. I. Lenin, *Works* (러시아어), 3판, Vol.XX, p.652.

66   같은 책, Vol.XXI, p.526.

67   J. Reed, *Ten Days that Shook the World*, London 1932, pp.223-224.

68   같은 책.

69   L. Trotsky, *Stalin*, London 1947, pp.341-342.

70   Bubnov, 위의 책, p.511.

71   같은 책, p.512.

72   V.I. Lenin, *Works* (러시아어), 2판, Vol.XXVI, p.232.

73   *AUCP in Resol.*, 4판, Vol.I, pp.372, 543; Vol.II, p.212.

74   같은 책, 6판, Vol.II, p.592.

75   V.I. Lenin, *Works* (러시아어), 위의 책, Vol.XXX, p.414.

76   *Social and National Composition of the All-Union Communist Party [Bolsheviks]* (러시아어), Moscow-Leningrad 1928, p.41.

77   Towster, 위의 책, p.328.

78   S.N. Harper and R. Thompson, *The Government of the Soviet Union*, 2판, New York 1949, p.80.

79   *Partiinaia Zhizn* (당 중앙위원회 기관지), Moscow, No.20, October 1947,

p.83.

80 *Pravda*, 22 April 1942.

81 Bubnov, 위의 책, p.626.

82 *USSR, The Land of Socialism* (러시아어), Moscow 1936, p.94.

83 Bubnov, 위의 책, p.624.

84 K. Voroshilov, *Articles and Speeches 1925-1936* (러시아어), Moscow 1939, p.94.

85 *The Land of Socialism Today and Tomorrow*, 위의 책, p.148.

86 *Pravda*, 23 July 1940.

87 Malenkov's Report, *Pravda*, 14 March 1939.

88 Bubnov, 위의 책, p.612.

89 같은 책, p.620.

90 *AUCP in Resol.*, 4판, Vol.I, p.315.

91 L. Trotsky, *Stalin*, 위의 책, p.484.

92 White, 위의 책, p.387.

93 *Bolshevik*, No.5, March 1937.

94 *The Land of Socialism Today and Tomorrow*, 위의 책, pp.195-196.

95 V.I. Lenin, *Works* (러시아어), 위의 책, Vol.XXV, p.442.

96 J.V. Stalin, *Works* (러시아어), 위의 책, Vol.X, p.95.

97 *Constitution, Basic Law, of the Russian Socialist Federated Soviet Republic*, Moscow 1919, Article 9, pp.4-5.

98 P.F. Yudin, The Most Important Source of the Development of Soviet Society , *On Soviet Socialist Society* (러시아어), Moscow 1948, p.22.

99 같은 책.

100 Ts.A. Stepanian, "The Conditions and the Paths of Transition from Socialism to Communism", *On Soviet Socialist Society*, 같은 책, p.526.

3장 노동자 국가의 경제

1   K. Marx, *The Poverty of Philosophy*, London n.d., p.146.

2   F. Engels, *Herr Eugen Dühring's Revolution in Science (Anti-Dühring)*, London n.d., p.320.

3   K. Marx, *Capital*, Vol.I, pp.396-397.

4   K. Marx and F. Engels, *Selected Correspondence*, London 1942, p.493.

5   K. Marx, *Selected Works*, 위의 책, Vol.I, p.652.

6   K. Marx, *Capital*, 위의 책, Vol.I, p.652.

7   K. Marx, *Selected Works*, 위의 책, Vol.I, pp.563-566.

8   V.I. Lenin, *Works* (러시아어), 4판, Vol.XXXI, pp.7-8.

9   C. Clark, *The Conditions of Economic Progress*, 2판, London 1951, p.268.

10 F. Engels, *The Peasant Question in France and Germany* (러시아어), St. Petersburg 1920, pp.37, 39.

11 E.A. Preobrazhensky, "The Law of Primitive Socialist Accumulation", 1924년에 발표된 논문으로서, 나중에 그의 *New Economics* (러시아어), Moscow 1926의 한 장으로 수록된다. 이 책의 Vol.I, Part 1, p.100.

12 Trotsky's Speech to the Twelfth Party Congress, *Twelfth Congress of the Russian Communist Party [Bolsheviks] Stenographic Report* (러시아어), Moscow 1923, p.321을 보시오.

13 Preobrazhensky, 위의 책, pp.57-58.

4장 10월혁명 이전 제정 러시아 사회의 물질적 유산

1   V.I. Lenin, *Works* (러시아어), Vol.XXVII, p.387.

2   K. Marx, *Die Moralisierende Kritik und die Kritische Moral. Beitrag zur deutschen Kulturgeschichte. Gegen Karl Heinzen. Aus dem literarischen Nachlass von Marx Engels und Lassalle*, Stuttgart 1902, Vol.2, p.456.

3   C. Clark, *The Conditions of Economic Progress*, London 1940, pp.79, 83, 91, 98.

4   K. Marx, *Die Moralisierende Kritik und die Kritische Moral*, 위의 책, 강조는 저자.

5   F. Engels, *The Peasant War in Germany*, London 1927, pp.135-136.

6   F. Engels, *Socialism Utopian and Scientific* in Marx-Engels, *Selected Works*, Vol.I, p.183.

5장 국가자본주의와 노동자 국가의 공통점과 차이점

1   L. Trotsky, *The Revolution Betrayed*, London 1937, pp.232-233.

2   J. Burnham, *The Managerial Revolution*, London 1945, pp.103-104.

3   V.I. Lenin, *Works* (러시아어), Vol.XXV, p.51.

4   K. Marx, *Capital*, Vol.III, Chicago 1909, p.712.

5   같은 책, p.517.

6   V.I. Lenin, *Imperialism, the Highest Stage of Capitalism*, London 1942, p.20.

7   V.I. Lenin, *Collected Works*, London, Vol.XXI, Book 1, pp.210-211.

8   N. Bukarin, *Oekonomie des Transformationsperiode*, Hamburg 1922, pp.131-133.

9   F. Engels, *Anti-Dühring*, 위의 책, pp.306-307.

6장 스탈린 체제의 사회·경제·정치에 대한 심층 고찰

1   V.I. Lenin, *Works* (러시아어), Vol. XXIX, p.388.

2   N. Bukharin, *Historical Materialism*, London 1926, p.276.

3   F. Engels, *The Origin of the Family, Private Property and the State*, 위의 책, p.201.

4   K. Marx, *Capital*, Vol.I, pp.648-652.

5   G.V. Plekhanov, *The Materialist Conception of History*, London 1940, p.32.

6   F. Engels, *Anti-Dühring*, 위의 책, p.309.

7   R. Luxemburg, *Sozialreform oder Revolution?* 2판, Leipzig 1908, p.41.

8   V.I. Lenin, *State and Revolution*, 위의 책, pp.30-31.

9   *Fourth International and the Soviet Union*. 제4인터내셔널 1차 국제협의회에서 채택된 테제, Geneva, July 1936.

10 V.I. Lenin, *Imperialism, the Highest Stage of Capitalism*, 위의 책, p.109. 강조는 저자.

11 J. Kuczynski, *Weltproduktion und Welthandel in den letzten 100 Jahren*, Libau 1935, pp.20-21.

7장 소련 경제와 마르크스의 가치법칙 및 자본주의 공황론 (스탈린 체제의 경제결정론)

1 F. Engels, *Anti-Dühring*, 위의 책, p.341.

2 I. Lapidus and K. Ostrovitianov, *Political Economy in Connection with the Theory of Soviet Economy*, Moscow-Leningrad 1928, pp.8-9.

3 같은 책, p.10.

4 같은 책, pp.131-132.

5 E.A. Preobrazhensky, *New Economic*, 위의 책, pp.28-29, 36-37.

6 A. Leontiev, *Political Economy. A Beginner's Course*, London 1943, p.76. 동일한 견해는 다음을 보시오. A. Leontiev and E.L. Khmelnitskaia, *Outlines of Transition Economics* (러시아어), Leningrad 1927, 특히 p.132.

7 F. Engels, *Anti-Dühring*, 위의 책, p.340.

8 같은 책, p.341.

9 *Marx and Engels Archives* (러시아어), Moscow 1933, Vol.II (VII) pp.6-7.

10 같은 책, Vol.V, p.59.

11 *Pod Znamenem Marksizma*, No.7-8, 1943, *American Economic Review*, September 1944에 완역. 인용은 이 번역문에 있는 것임.

12 Stalin, *Economic Problems of Socialism in the USSR*, 위의 책, p.23.

13 같은 책, p.42.

14 같은 책, p.22.

15 같은 책, p.21.

16 K. Marx, *Capital*, Vol.I, p.188.

17 같은 책, p.49.

18 같은 책, p.84.

19 같은 책.

20 같은 책, p.114.

21 같은 책, pp.390-391.

22 Marx and Engels, *Selected Correspondence*, 위의 책, p.246.

23 R. Hilferding, *Das Finanzkapital*, Vienna 1910, p.286.

24 K. Marx, *Capital*, Vol.I, p.105.

25 V.I. Lenin, *Works* (러시아어), Vol.XXV, p.51.

26 K. Marx, *Capital*, Vol.I, p.49.

27 같은 책, p.84.

28 같은 책, p.126.

29 같은 책.

30 같은 책, p.633.

31 같은 책, pp.186-187.

32 *Foreign Trade of the USSR for 20 Years, 1918-1937, Statistical Handbook* (러시아어), Moscow 1939, p.10.

33 Y. Gluckstein, 위의 책, pp.62-67을 보시오.

34 N. Bukharin, *World Economy and Imperialism* (러시아어), 3판, Moscow 1920, p.157n.

35 K. Marx, *Capital*, Vol.III, p.286.

36 같은 책, pp.312-313.

37 같은 책, p.568.

38 예컨대 K. Marx, *Capital*, Vol.III, p.199을 보시오.

39 같은 책, p.283.

40 같은 책, p.303.

41 같은 책, Vol.II, p.476.

42 같은 책, Vol.I, pp.694-695.

43 같은 책, Vol.II, p.211.

44 K. Marx, *Theorien über den Mehrwert*, Vol.II, Book 2, p.293.

45 K. Marx, *Das Kapital*, Marx-Engels-Lenin ed., Vol.II, p.562. P.M.Sweezy, *The Theory of Capitalist Development*, London 1946, p.186에서 인용.

46 K. Marx, *Capital*, Vol.III, pp.140-141.

47 같은 책, pp.569-576.

48 N. Bukharin, *Der Imperialismus und die Akkumulation des Kapitals*, Vienna-Berlin 1926, p.80.

49 같은 책, pp.80-81.

50 K. Marx, *Capital*, Vol.III, p.304.

51 M. Tugan-Baranovsky, *Studien zur Theorie und Geschichte der Handelskrisen in England*, Jena 1901, p.25.

52 같은 책, p.231.

53 같은 책, p.27.

54 M. Tugan-Baranovsky, *Theoretische Grundlagen des Marxismus*, p.230.
    Sweezy, 위의 책, p.168에서 인용.

55 같은 책, pp.230-231. Sweezy, 같은 책, p.169에서 인용.

56 K. Marx, *Capital*, Vol.I, p.649.

57 K. Marx, *A Contribution to the Critique of Political Economy*, Chicago
    1918, pp.278-279.

58 K. Marx, *Capital*, Vol.I, p.701.

8장 소련의 제국주의적 팽창

1   *New International* (마르크스주의 월간지), New York, February 1942.

2   V.I. Lenin, *Imperialism, the Highest Stage of Capitalism*, op. cit., p. 81.

3   G.C. Allen, M.S. Gordon, E.F. Penrose, E.B. Schumpeter, *The
    Industrialisation of Japan and Manchukuo, 1930-1940*, New York 1940,
    pp.10-11.

4   같은 책, pp.26-27.

5   F. Sternberg, *The Coming Crisis*, London 1947, p.73.

6   E. Varga and L. Mendelsohn (eds.), *New Data for V.I. Lenin's
    Imperialism, the Highest Stage of Capitalism*, London 1939, p.141.

7   Schumpeter, 위의 책, p.399; A.J. Grajdanzev, "Manchuria: an Industrial
    Survey", *Pacific Affairs*, December 1945.

8   K.L. Mitchell, *Industrialisation of the Western Pacific*, New York 1942,
    pp. 75-78; Allan Rodgers, "The Manchurian Iron and Steel Industry
    and its Resource Base", *Geographical Review*, New York, January 1948;
    A.J. Grajdanzev, 위의 책.

9   Sternberg, 위의 책, pp.74, 73.

10 R.A. Brady, *Business as a System of Power*, New York 1943, p.3.

11 Gluckstein, 위의 책, pp.66-67.

12 *Far Eastern Economic Review*, 27 November 1952.

13 *Prenodavaniye istorii v Shkolye*, 1950, No.6.

14 *Voprosy Istorii*, 1950, No.10.

15 *Literaturnaia Gazeta* (소련 작가동맹의 주간 기관지) Moscow, 10 July

1952.

16 같은 책.

17 *Pravda*, 26 December 1950.

18 *Literaturnaia Gazeta*, 16 May 1953.

19 *Proletarian*, Kharkov 1934, Nos.15-21. Quoted by W.E.D. Allen, *The Ukraine*, Cambridge 1940, p.326에서 인용.

20 더 특수한 측면들은 Gluckstein, 위의 책, pp.281-310을 보시오.

9장 소련의 계급투쟁

1 Ciliga, 위의 책, p.97.

2 Serge, 위의 책, p.166.

3 G. Fischer, "Soviet Opposition to Stalin. A Case Study in World War II", Cambridge (Mass.) 1952, p.106.

4 같은 책, p.138.

5 *Answers to Questions of Interest to Soviet Citizens Located Abroad as Displaced Persons* (러시아어), Moscow 1949, p.3. G. Fischer, 같은 책, pp.111-112에서 인용.

6 Fischer, 같은 책, p.206.

7 The UPA newspaper in Volhynia, No.1, 1943, "Defence of the Ukraine"을 보시오. Vz.F. in "The Russian Ukrainian Underground", *New International*, April 1949에서 인용.

8 *The Position of the Ukrainian Liberation Movement*를 보시오. 이 책은 1947년에 UPA가 우크라이나에서 불법으로 발행했고 1948년에는 독일에서 이주자들이 재발행했다.

9 같은 책.

10 같은 책.

후기: 스탈린에서 고르바초프까지

1 Tony Cliff, *The Nature of Stalinist Russia*, 복사본, London 1948

2 Fabian Society pamphlet에서.

3 E. Germain (Ernest Mandel), in *Quatrieme International* 14, 1956,

Nos.1~3.

4   In *Quatrieme International*, December 1956.

5   Tony Cliff, "The Class Nature of the People's Democracies", 1950,
    reprinted in *Neither Washington nor Moscow*, London 1982 와 Ygael
    Gluckstein (Tony Cliff), *Stalin's Satellites in Europe*, London 1952에 수록

6   Ygael Gluckstein (Tony Cliff), *Mao's China*, London 1957.

7   Cliff, *The Nature of Stalinist Russia*, pp.134-5.

8   이 중 몇몇은 *A Socialist Review*, [London, (1965)]와 *Neither Washington
    nor Moscow*에 수록.

9   Tony Cliff, *From Stalin to Khrushchev*, London 1956.

10 Cliff, *Russia: A Marxist Analysis*, London 1964, p.198.

11 같은 책, p.209.

12 같은 책, p.234.

13 같은 책, p.240.

14 같은 책, p.254.

15 같은 책, p.256.

16 같은 책, p.256.

17 같은 책, p.254.

18 같은 책, p.255.

19 같은 책, pp.248-9.

20 같은 책, pp.250-4.

21 같은 책, p.274.

22 같은 책, pp.262-3.

23 J. Pajetska, Goldman and Korba, Basked, Bence and Kis, Branko
    Horvat 등의 사람들이 설명한 내용은 다음 책의 요약을 보시오. Chris
    Harman, *Class Struggles in Eastern Europe*, London 1983, pp.288-
    96[국역: 《동유럽에서의 계급투쟁》, 갈무리, 1994].

24 예컨대 다음을 보시오. Branko Horvat, "Trade Cycles in Yugoslavia",
    East European Economist 특별호, Vol.X, Nos.3-4와 Goldman and
    Korba, *Economic Growth in Czechoslovakia*, Prague 1969; 또한 이
    설명들을 요약해 놓은 다음 책을 보시오. Harman, *Class Struggles in
    Eastern Europe*.

25 Cliff, *Russia: A Marxist Analysis*, p.263.

26 같은 책, p.274.

27 같은 책, p.283.

28 같은 책, pp.284-5.

29 같은 책, p.291에서 제시된 수치.

30 같은 책, pp.289 and 295.

31 같은 책, pp.309-10.

32 같은 책, p.318.

33 같은 책, p.315에서 인용.

34 같은 책, p.319.

35 같은 책, pp.223-4.

36 같은 책, p.327.

37 같은 책, pp.329-31.

38 같은 책, p.333.

39 "The Class Nature of the East European States", 1949, *Neither Washington am Moscow*에 수록 ; *Stalin's Satellites in Europe*, 1952; *Mao's China*, 1957; and "Deflected Permanent Revolution", 1963, 같은 제목의 소책자로 재발행, London 1986.

40 Cliff, *Russia: A Marxist Analysis*, p.336.

41 같은 책, p.337.

42 나는 여기서 그가 1965년 London School of Economics에서 한 강연에 대한 내 기억에 의거하고 있다.

43 M.I. Goldman, *Gorbachev's Challenge* (Ontario 1987) pp.32-3에서 제시된 수치.

44 *Narodnoe khouiastw* (각종 연도)에 나온 수치, Mike Haynes, "Understanding the Soviet Crisis", in *International Socialism 2:34*, p.18에서 인용.

45 US Congress Joint Economic Committee, *USSR: Measures of Economic Growth*, Washington 1982에 나온 수치, Goldman, p.18에서 인용.

46 *Narodnoe khoziastvo*에 나온 수치, Goldman, p.66에서 인용.

47 Nikolai Ryzhkov, "Report on Draft Guidelines for Economic and Social Development", 1986년 3월 소련공산당 27차 대회 보고.

48 Ryzhkov, "Report to 27th Congress".

49 이 이야기에 대해서는 여러 설명들이 있다. 예컨대 C. Schmidt-Hauer, *Gorbachev, the path to power*, London 1986, pp.72-3을 보시오.

50 Gorbachev의 연설, *Financial Times*, 12 June 1986에서 인용.

51 E. Rusanov의 글에 나오는 수치는 스탈린 말년에 0.3퍼센트의 임금 인상은 1퍼센트의 생산성 증가를 낳았다는 것을 보여 준다. 1980년대 말에는 그렇게 하는 데 0.9퍼센트의 임금 인상이 필요했다. (Goldman, p.29에서 인용)

52 *Pravda*, 12 December 1984 and 22 August 1985, Goldman, p.23에서 인용.

53 Goldman, p.30에서 인용.

54 이에 대한 설명으로는 Andy Zebrowski in *Socialist Worker Review*, December 1987와 Anthony Barnett, *Soviet Freedom*, London 1988, pp.216-7을 보시오.

55 *Izvestia*, 4 December 1986, Goldman, p.78에서 인용.

56 The Russian news agency TASS, 27 January 1987, Zebrowski에서 인용.

57 "Law on State Enterprise Associations", in *Izvestia*, 1 July 1987.

58 Zebrowski에서 인용.

59 *Partiinaya zhizn*, No.5, 1969, p.5, Mervyn Matthews, *Class and Society in Soviet Russia*, London 1972 p.224에서 인용.

60 *Partiinaya zhizn*, Matthews, p.224에서 인용.

61 *Pravda*, 15 February 1987에 실린 기사.

62 이 설명은 *The Guardian*, 12 November 1987, and Barnett, pp.174-7에 근거한 것이다.

63 이 사건에 대한 완전한 논의로는 Harman, *Class Struggles in Eastern Europe*을 보시오.

64 Harvey Liebenstein, "Allocative inefficiency versus 'X-inefficiency'", in *American Economic Review*, June 1960.

부록1 소련을 '변질된 노동자 국가'로 본 트로츠키의 정의에 대한 비판적 검토

1 *Problems of the Development of the USSR. A Draft of the Thesis of the International Left Opposition on the Russian Question*, New York 1931, p.36.

2   *New International*, April 1943.

3   같은 책.

4   L. Trotsky, *The Revolution Betrayed*, London 1937, p.235.

5   같은 책, pp.238-240.

6   K.Marx, *The Poverty of Philosophy*, London n.d., pp.129-130.

7   같은 책, p.166.

8   아랍 동부의 봉건제에 관해 여기서 사용된 자료들은 다음과 같다. A.N. Poliak, *Feudalism in Egypt, Syria, Palestine and Lebanon*, London 1939; A.N. Poliak, "La Révoltes Populaires en Egypte a l'Epoque des Mamelukes et leurs causes Economiques", in *Revue des Etudes Islamiques*, Paris 1934; A.N. Poliak, various articles that appeared in Hebrew in the periodical *Hamashek Hashituui*, Tel Aviv; A. Kremer, *Kulturgeschichte des Orients unter der Chalifen*, Wien 1875-1877; A. Kremer, *Geschichte der herrschenden Ideen des Islams*, Leipzig 1868; C.H. Becker, *Beiträge zur Geschichte Ägyptens unter dem Islam*, Strasbourg 1902-1903.

9   Trotsky, *The Revolution Betrayed, op. cit.*, p.110.

10 같은 책.

11 Marx, *A Contribution to the Critique of Political Economy, op. cit.*, pp.285-286.

12 Trotsky, *In Defence of Marxism*, New York 1942, pp. 63-70.

13 L. Trotsky, *Stalin, op. cit.*, p.408.

14 L. Trotsky, *The Living Thoughts of Karl Marx*, London 1940, p.9

15 Trotsky, *The Revolution Betrayed, op. cit.*, p.238.

16 L. Trotsky, *War and the Fourth International*, New York 1934, p.22.

17 Engels, *Anti-Dühring, op. cit.*, p.312.

18 L. Laurat, *Marxism and Democracy*, London 1940, p.69에서 인용.

부록2 관료 집산주의 이론 비판

1   이 논쟁과 관련된 주요 출판물로는 M Shachtman, *The Bureaucratic Revolution* (New York, 1962), L Trotsky, *In Defence of Marxism* (New York, 1973), J P Cannon, *The Struggle for a Proletarian Party* (New

York, 1972) 등이 있다. 역사적 배경을 다루는 유용한 글은 A Wald, *The New York Intellectuals* (New York, 1987), ch 6을 보시오. 논쟁의 이론적 맥락과 샤트먼에 대한 짤막한 비판적 평가는 A Callinicos, *Trotskyism* (Milton Keynes, 1990), 특히 ch 4[국역: 《트로츠키주의의 역사》, 백의, 1994]를 보시오.

2   예컨대 E E Haberkern and A Lipow, The Myth of Max Shachtman, Appendix B to Haberkern and Lipow (eds), *Neither Capitalism nor Socialism* (Atlantic Highlands, 1996)을 보시오.

3   M Shachtman, *Bureaucratic Revolution*, pp305-306. 이런 태도를 비판한 글은 D Hallas, 'The Stalinist Parties', in *The Fourth International, Stalinism and the Origins of the International Socialists* (London, 1971)을 보시오.

4   P Drucker, *Max Shachtman and His Left* (New Jersey, 1994), Part II.

5   예컨대 J Hanson and G Novack, Introduction to L Trotsky, *In Defence of Marxism*, 앞의 책.

6   E E Haberkern and A Lipow, 앞의 책, p185.

7   J Burnham (1937) 'From Formula to Reality', in E E Haberkern and A Lipow (eds), *Neither Capitalism nor Socialism*, pp13, 15.

8   P Drucker, 앞의 책, pp90-91.

9   M Shachtman, (1940) 'Is Russia a Workers State?', in E E Haberkern and A Lipow (eds), *Neither Capitalism nor Socialism*. 또, Drucker, 앞의 책, ch 4도 보시오.

10   J Burnham (1941) 'The Theory of the Managerial Revolution', in E E Haberkern and A Lipow (eds), *Neither Capitalism nor Socialism*.

11   드와이트 맥도널드(Dwight MacDonald)는 버넘과 비슷하지만 약간 더 미묘한 차이가 있고 덜 반동적인 태도를 취하면서 다음과 같이 주장했다. "관료 집산주의는 부르주아지의 계급 지배만큼 안정적인 신종 계급 지배로 발전할 수도 있고 안 할 수도 있지만 대안적인 사회주의적 해결책은 여전히 가능하다." D MacDonald, 'The Future of Democratic Values', Horizon, VIII: 47 (1943), p318.

12   M Shachtman, 'Is Russia a Workers' State?', 앞의 책, p77.

13   P Drucker, 앞의 책, p132.

14   같은 책, pp80-81. 중요한 점은 샤트먼의 소유형태 개념과, 마르크스가 법률적 소유형태와 생산관계(생산력을 사실상 통제하는 관계를 의미한다)를 구분한 것의 차이를 혼동해서는 안 된다는 것이다. 왜냐하면 어느 개념을

이용하더라도 정설 트로츠키주의의 노동자 국가 개념을 비판하는 주장들을 펼칠 수 있기 때문이다. 마르크스의 구분은 T Cliff, *State Capitalism in Russia* (London, 1988), pp184-187, 314-316과 G A Cohen, *Karl Marx's Theory of History* (Oxford, 1978), chs III and IX[국역: 《카를 마르크스의 역사 이론》, 한길사, 2011]을 보시오.

15 같은 책, p77.

16 L Trotsky, *In Defence of Marxism*, 앞의 책, pp7, 14.

17 M Shachtman (1941) 'The Russian Question', in E E Haberkern and A Lipow (eds), *Neither Capitalism nor Socialism*, 앞의 책, p118.

18 같은 책, p119.

19 M Shachtman, 'Is Russia a Workers State?', 앞의 책, p86을 보시오. 인용된 구절은 샤트먼의 이 글이 재수록된 *The Bureaucratic Revolution*에서는 삭제됐다.

20 전후 정설 트로츠키주의의 위기에 대해서는 A Callinicos, *Trotskyism*, 앞의 책, ch 2를 보시오.

21 J Carter (1941) 'Bureaucratic Collectivism', in E E Haberkern and A Lipow (eds), *Neither Capitalism nor Socialism*, 앞의 책, pp107-113.

22 E Erber (1941) 'The Basis for Defensism in Russia', in E E Haberkern and A Lipow (eds), *Neither Capitalism nor Socialism*, 앞의 책.

23 See T Cliff, 'The Theory of Bureaucratic Collectivism A Critique', Appendix 2 to *State Capitalism in Russia*, 앞의 책, pp336-337.

24 H Draper (1948) 'The Triangle of Forces', in E E Haberkern and A Lipow (eds), *Neither Capitalism nor Socialism*, 앞의 책, pp136-137.

25 P Drucker, Shachtman, 앞의 책, p138.

26 T Cliff, 앞의 책, p337.

27 E E Haberkern and A Lipow, 'Myth', 앞의 책, pp186-187.

28 J Carter, 'Bureaucratic Collectivism', 앞의 책, p104.

29 T Cliff, 'The Theory of Bureaucratic Collectivism', 앞의 책을 보시오. 이 글은 원래 1948년에 제4인터내셔널 내에서 이른바 '러시아 문제' 논쟁의 일환으로 쓰였다. 수치스럽게도 하브컨과 리포는 이 글을 무시할 뿐 아니라 마찬가지로 제4인터내셔널의 내부 문헌으로 처음 제출된 클리프의 국가자본주의론도 무시한다.

30 J Carter, Bureaucratic Collectivism, 앞의 책, p106. 임금노동과 자본주의의 생산력 발전 사이의 관계는 A Callinicos, 'Wage-Labour and State

Capitalism', *International Socialism* 12 (1981)[이 책의 부록 3]을 보시오.

31 R Brenner, 'The Soviet Union and Eastern Europe', *Against the Current* (N.S.) 30 and 31 (1991). 내가 브레너의 분석을 비판한 내용은 *Theories and Narratives* (Cambridge, 1995), pp134-139[국역: 《이론과 서사》, 일신사, 2000]을 보시오.

32 M Shachtman, *Bureaucratic Revolution*, 앞의 책, p32. 스탈린 체제가 진 보인지 아니면 야만인지를 다룬 최고의 논의는 T Cliff, *State Capitalism*, pp196-200을 보시오.

33 E E Haberkern and A Lipow, 'Myth', 앞의 책, pp185, 186.

34 하브컨과 리포의 편집이 형편없음을 보여 주는 사례를 몇 가지 들면 다음 과 같다. 두서없고 장황한 머리말은 그들이 모은 글들이 작성된 역사적 맥 락을 제대로 설명해 주지 않는다. 또, 그 책에 나오는 다양한 정치적 경향들 에 대한 필수적 배경 지식도 제공하지 않는다. 또, 어떤 자료는 처음 출판됐 을 때의 세부적 내용들도 알려 주지만, 그렇지 않은 자료들도 많다. 또, 편 집자 주는 흔히 편파적이 추가 서술이다. 편집자들이 어떨 때는 1인칭 단 수인 '나'로 바뀐다, 등등. 지면 때문에 더 실질적인 뒤죽박죽 사례들을 다 루지는 못하겠다. 예컨대, 하브컨과 리포는 샤트먼이 암시한 바를 따라서 개혁주의 정부들이 관료 집산주의로 가는 '의회적 길'이 될 수 있다고 시 사한다. Editorial Note to M Shachtman, (1951) 'Aspects of the Labour Government', in E E Haberkern and A Lipow (eds), *Neither Capitalism nor Socialism*, 앞의 책, p168을 보시오.

35 E E Haberkern and A Lipow, Introduction, *Neither Capitalism nor Socialism*, 앞의 책, pxi.

36 같은 책, ppxiv-xv.

37 J Carter, Bureaucratic Collectivism, p105. See also H Draper, (1948) 'The Economic Drive behind Tito', in E E Haberkern and A Lipow (eds), *Neither Capitalism nor Socialism*, 앞의 책.

38 C Harman, 'The Storm Breaks', *International Socialism* 46 (1990)[국 역: 《1989년 동유럽 혁명과국가자본주의 체제 붕괴》, 책갈피, 2009] and A Callinicos, *The Revenge of History* (Cambridge, 1991), ch 2[국역: 《역 사의 복수》, 백의, 1993].

39 J Burham and M Shachtman, 'Intellectuals in Retreat', *New International*, V:1 (1939), p20.

40 'Discussions with Trotsky', in *Writings of Leon Trotsky* (1939-40) (New York, 1973), p282에서 인용.

41 C Harman, *The Fire Last Time* (London, 1988), ch 13[국역: 《세계를 뒤흔든 1968》, 책갈피, 2004]를 보시오. 그리고 미국 사회주의노동자당의 태도를 둘러싸고 제4인터내셔널 내에서 벌어진 광범한 논쟁은 Intercontinental Press, 1975-1976을 보시오.

부록3 임금노동과 국가자본주의

1   P. Binns와 M. Haynes, 'New Theories of Eastern European Class Societies', *International Socialism* 2:7, Winter 1980.

2   Karl Marx, *Wage labour and Capital*, K. Marx and F. Engels, *Selected Works*, (London, 1968) p. 83. 강조는 원저자의 것.

3   *International Socialism* 2:9, Summer 1980.

4   다음을 보시오. I. I. Rubin, *Essays on Marx's Theory of Value* (Dedroit, 1972) [《마르크스의 가치론》, 함상호 옮김 (이론과 실천, 1989)]; K. Marx, *Capital*, vol. 1 (Harmondsworth, 1976) 12장과 *Capital*, vol. 3 (Moscow, 1972) 10장과 15장; C. Harman 'Marx's Theory of Crisis and its Critics', *International Socialism* 2:11, Winter 1981.

5   K. Marx, *Capital*, vol. 2 (Moscow 1967), p. 228. 어떤 경우에는, 예컨대 남아프리카의 흑인 광산 노동자들과 가내 하인들의 경우 현물 지급이 매우 중요하다.

6   O. Patterson, 'Slavery in Human History', *New Left Review*, 117, September-October 1979, pp. 50~1.

7   Marx, *Capital*, vol. 1.

8   Marx, 'Results of the Immediate Process of Production', Appendix to *Capital*, Vol. 1, p. 1031.

9   Marx, *Capital*, vol. 2, p. 483.

10 B. Hindess와 P. Hirst가 공저한 *Precapitalist Modes of Production* (London, 1975)의 제3장에 있는 노예제 생산양식에 관한 논의를 보시오.

11 Marx, 'Results', pp. 1031~2.

12 R. Brenner, 'The Origins of Capitalist Development', *New Left Review* 104, July-August 1977.

13 G. Bois *Crise du Feodalisme* (Paris, 1976). 그러나 부아는 브레너가 생산양식을 너무 협소하게 계급 권력 관계와 동일시했다고 주장한다. 부아의 논문 'Against the neo-malthusian orthodoxy', *Past and Present* no 79,

May 1978을 보시오.

14 Marx, 'Results', p. 103.

15 Marx, *Capital*, vol. 1, p. 78.

16 M. Wever, *The Agrarian Sociology of Ancient Civilisations* (London, 1976) pp. 396, 355.

17 A. H. Jones, 'Slavery in the ancient world', *Economic History Review*, Second series IX 1956년 pp. 187~91.

18 Bois, *Crise du Feodalisme*, p. 160부터 보시오.

19 Marx, *Grundrisse* (Harmondsworth, 1973) p. 29.

20 예컨대, Marx, 'Results', p. 952를 보시오.

21 J. Banaji, 'Modes of production in a materialist conception of history', *Capital and Class* 3 Autumn 1977.

22 W. Kula, *An Economic Theory of Feudalism* (London, 1976). 봉건적 생산양식의 구조저 특징괴 깅기적 동역학에 내해서는 Bois, *Crise du Feodalisme*, p. 352부터 보시오.

23 Brenner, 앞의 책, pp. 70~1.

24 Marx, *Grundrisse*, p. 517.

25 Patterson, 앞의 책, pp. 51, 53.

26 Weber, 앞의 책, p. 51.

27 M. Weber, *Economy and Society* (Berkeley, 1978) pp. 164~6.

28 Marx, *Capital*, vol. 3, pp. 593, 328, 596.

29 Marx, *Grundrisse*, p. 96, *Capital* vol. 2, p. 33.

30 Banaji, 앞의 책, pp. 16~17. 한편 레닌은 남북전쟁이 일어난 지 50년 후에 미국 남부 주들의 라티푼디움을 "전자본주의적 관계의 잔존물"이라고 기술했다. *Collected Works* vol. 22 (Moscow, 1964) p. 50을 보시오.

31 Hindess and Hirst, 앞의 책, p. 148부터 보시오

32 K. D. White, 'The Productivity of Labour in Roman Agriculture', *Antiquity* XXXIX 1965.

33 R. Hilton ed, *The Transition from Feudalism to Capitalism* (London, 1976)을 보시오

34 Brenner, 앞의 책, p. 39.

35 T Cliff, *State Capitalism in Russia* (London, 1974) p. 207.

36 Marx, 'Results', p. 1032.

37 클리프는 똑같은 점을 나치 독일과 관련해 지적한다. 그러나 그는 소련에서 임금노동의 존재를 부정하는 자신의 견해가 어떤 문제를 내포하는지 고찰하려 하지 않는다. T. Cliff, 'The Theory of bureaucratic collectivism — a critique', *Origins of the International Socialists* (London, 1971)을 보시오.

38 Z. Medvedev, 'Russia under Brezhnev', *New Left Review* 117, September-October 1979, p. 16. 스탈린 치하의 수용소 인구 관련 수치는 다음에 나와 있다. A. Solzhenitsyn, *The Gulag Archipelago* (London, 1976) p. 191. 노동수용소의 본질과 경제적 구실을 일반적으로 설명한 내용은 같은 책 제4부를 보시오.

39 A. Nove, 'Problems and Prospects of the Soviet economy', *New Left Review* no 119 (1980), p. 9.

40 D. Lane and F. O'Dell, The Soviet Industrial Worker (London, 1978) p. 90.

41 T Cliff, *State Capitalism in Russia* (London, 1974) p. 207.

42 같은 책, p. 196.

43 노예제와 생산성 향상이 양립할 수 없다는 점은 G. A. Cohen, *Karl Marx's Theory of History* (Oxford, 1978) pp. 189~93을 보시오.

44 T. Cliff, Russia-a Marxist analysis (London, 1970), pp. 200~1.

45 Marx, 'Results', pp. 1024, 1035.

46 이 글의 본론에서 논의된 것 말고도 용어법상의 괴이한 점들이 있다. 예컨대, 빈즈-헤인스는 "산 잉여가치와 죽은 잉여가치"도 이야기한다. 이것이 무엇을 뜻하는지는 분명치 않다. 마르크스는 죽은 노동(불변자본)과 산 노동(가변자본 더하기 잉여가치)을 구별한다. 아마 죽은 잉여가치란 그동안 축적돼 이제 자본의 형태를 취하는 잉여가치(자본의 유통 과정에서 새롭게 생산된 잉여가치와는 반대로)를 뜻하는 듯하다. 어쨌든 그러한 구별은 불필요하고 혼란을 자아내는 구별인 것 같다.

부록4 가치법칙과 소련

1 국가자본주의론에 대한 주요 자료는 다음과 같은 것들이 있다. T Cliff, *State Capitalism in Russia* (Bookmarks, London, 1988); C. Harman, 'The Inconsistencies of Ernest Mandel', *International Socialism* (old series) no. 41, December 1969/January 1970. 이 글은 *Readings on*

'State Capitalism' (IMG, London, 1973)에 재수록됨(본문에서 인용한 글은 이 판에 실린 것임). C. Harman, 'Poland: Crisis of State Capitalism', *International Socialism* (old series) 93 & 94. A. Callinicos, 'Wage Labour and State Capitalism', *International Socialism* 2:12, Spring 1981[이 책의 부록 3].

2   노동가치와 가격을 매개하는 많은 사항들이나 생산가격 문제를 여기서는 살펴보지 않겠다.

3   K. Marx, *Capital*, Vol. 1 (Penguin, Harmondsworth, 1976), p. 165.

4   여기서도 관료들이 특별 상점을 이용하는 것은 가격을 통한 소비자 할당을 왜곡했다. 관료들의 루블은 노동자들의 루블과 구매력이 다르다.

5   T Cliff, *State Capitalism*, 앞의 책, pp. 220-221.

6   *Capital*, 앞의 책, p. 739.

7   명백히 이러한 추상은 자본가들의 사치품 소비를 부인하지 않는다. 그러나 이것들이 자본주의 동역학의 토대는 아니다. 사치품 소비는 "자본축적에 대한 야탈"이다. 같은 책.

8   *Capital*, 같은 책, p. 742.

9   Marx, *Manifesto of The Communist Party*, in *Revolutions of 1848* (Penguin, Harmondsworth, 1973), pp 70, 72.

10   *Capital*, 앞의 책, p.165.

11   R Hilferding, *Finance Capital*, Cliff, 앞의 책, p 210에서 재인용.

12   C. Harman, 'The Myth of Market Socialism', *International Socialism* 2:42, pp. 17~24. '주식회사 소련'이라는 개념은 논쟁을 발전시켰다는 점에서 가치가 있었지만 소련은 국민경제이지 하나의 기업이 아니라는 점을 강조하는 것이 필수적이다. 논쟁의 수준에 대한 명확한 이해가 또다시 본질적이다.

13   N. Bukharin, *Imperialism and World Economy* (Merlin, London 1972) p. 119[국역: 《제국주의론》, 지양사, 1987].

14   역사적 과정에 대해서는 다음을 보시오 C. Harman, 'How the Revolution Was Lost', *Russia from Worker's State to State Capitalism* (Bookmarks, London, 1987), C Harman, *Class Struggles in Eastern Europe* (Bookmarks, London, 1988). 중국과 쿠바의 국가자본주의 형성에 대해서는 T. Cliff, *Deflected Permanent Revolution* (SWP, London, 1990)을 보시오

15   *The Managerial Revolution*에서 J 버넘은 국가의 구실 변화를 자본주의 폐기론으로까지 끌어올렸다. 이러한 인상적인 사상은 국가자본주의론과 아무 관련이 없다. 우리의 이론은 버넘이 자본주의 생산양식의 특수성이라고

했던 유사성들에 바탕을 둔다. 말하자면 국유화의 비자본주의적 성격이나 국가의 대외무역 통제를 피상적으로 강조하는 사람들은 나치 독일에 대해서는 문제에 봉착하게 된다.

16 예를 들어 A. Buick & J. Crump, *State Capitalism: The Wages System Under New Management* (MacMillan, Basingstoke, 1986), p. 126부터 보시오.

17 M. Reiman, *The Birth of Stalinism* (I. B. Taurus, London, 1987), p. 12.

18 같은 책, p. 13.

19 R. W. Davies, *The Soviet Economy in Turmoil 1929~30* (MacMilan, Basingstoke, 1989), p. 442에서 재인용. 이 책에는 1929~30년 소련의 군수산업을 다룬 장이 있는데, 여기서는 공업화를 강제하는 국제적 압력에 대한 라이만의 주장이 더욱 확고히 나타나 있다.

20 I. Deutscher, *Stalin* (Penguin, Harmondsworth, 1966), p. 328

21 M. Reiman, 앞의 책, p. 86.

22 이것은 스탈린의 공업화와 좌익반대파의 주장 사이의 차이가 무엇인가 하는 중요한 문제를 제기한다. 결정적으로 '일국사회주의'를 지지한 관료들이 국제 혁명의 계획을 포기한 점이 축적의 속도와 억압적인 성격을 지배했다. 트로츠키가 주장한 공업 성장은 소련에서 소비에트 민주주의 세력을 재생하기 위한 정치적 계획의 일부였다. 반대파의 지도자들이 혼란을 겪다가 결국에는 스탈린에 투항했더라도 이 둘은 완전히 달랐다.

23 T. Cliff, *Russia, A Marxist Analysis* (IS, London, 1970), p. 33. 이 글은 이 책의 초판이다.

24 *Capital*, 앞의 책, p. 799.

25 *Readings on 'State Capitalism*'에 있는 E. Mandel, 'The Inconsistencies of State Capitalism', 앞의 책, p. 8을 보시오.

26 C. Harman, 'Inconsistencies', 앞의 책, p. 29.

27 E. Mandel, 'The Mystifications of State Capitalism', *Readings*, 앞의 책, p. 34.

28 T Cliff, *State Capitalism*, 앞의 책, p 29. "고대사회처럼 오늘날 소련에서도 지배계급의 수호자인 동시에 사회적 생산의 조직자라는 국가의 이중적 기능은 경제와 정치를 완전히 융합시켰다."

29 같은 책, pp. 163~164.

30 M Shachtman, 'Is Russia a Workers' State?', *New International*, January/February 1952, p. 46. 이 단락은 원래 *New International*, December 1940에서 나왔다. 그리고 *The Bureaucratic Revolution*

(Donald press, NY, 1962)에선 한 장으로 재수록됐다.

31 E. Mandel, 'Inconsistencies', 앞의 책, p. 17.

32 E. Mandel, *Marxist Economy Theory* (Merlin, London, 1968), p. 561.

33 A. Aganbegyan, *The Challenge: Economics of Perestroika* (Hutchinson, London, 1988), pp. 37, 39.

34 V. Kossov, 'Consuming Interest. The Economic Strategy of Perestroika', *Pravda International* 2:8, 1988, p. 18.

35 러시아에서 노동자 국가를 군사적으로 방어한 역사적 경험에 대해서는 다음을 보시오. T, Cliff, *Trotsky Vol. 2, The Sword of the Revolution* (Bookmarks, London, 1990).

36 C. Harman, 'Inconsistencies', 앞의 책, p, 28.

37 *Capital*, 앞의 책, p.325.

38 임금노동이 자본주의에 필수적이라는 내용의 포괄적인 논의에 대해서는 다음을 보시오. A. Callinicos, 'Wage Labour and State Capitalism', 앞의 책, 특히 pp. 99~102[이 책의 부록3].

39 B. Rizzi, *The Bureaucratisation of the World* (Tavistock, London, 1985), p.80.

40 F. Furedi, *The Soviet Union Demystified* (Junius, London, 1986), p. 180.

41 P. Binns and M. Haynes, 'New Theories of Eastern European Class Societies', *International Socialism* 2:7, Winter 1980, p. 47.

42 SWP 여름 학교인 마르크시즘87에서 나온 질문에 대한 답변에서. 이것이 사실이라면 단추가 화폐가 되든지 아니면 교환이 물물교환으로 퇴보할 것이다.

43 A. Callinicos, 'Wage Labour', 앞의 책, pp. 111~112.

44 M. Harrison, 'Lessons of Soviet planning for Full Employment' in D. Lane(ed), *Labour and Employment in the USSR* (Wheatsheaf, Brighton, 1986), p. 75.

45 *Guardian*, 22 Jan. 1986.

46 A. Aganbegyan, 앞의 책, p. 106.

47 같은 책, p. 167.

48 T Cliff, *State Capitalism*, 앞의 책, pp 218-21.

49 A. Callinicos, 'Wage Labour', 앞의 책, p. 117.

50 T Cliff, *State Capitalism*, 앞의 책.

51 강제노동수용소에 수용된 인원이 몇 명인지에 대한 길고도 복잡한 논쟁이 있다. A. Nove, *Soviet Studies*, vol. XLⅡ, no. 2, April 1990을 보시오.

52 J. Barber, 'The Development of Soviet Employment and Labour Policy 1930~1941', D. Lane (ed), *Labour and Employment in the USSR*, 앞의 책, p. 59.

53 같은 책, pp. 61~62. 또한 T Cliff, State Capitalism, 앞의 책, pp 34-39.

54 J. barber, 앞의 책, p. 55.

55 같은 책, p. 63.

56 같은 책, p. 60.

57 Lane and O'Dell, *The Soviet Industrial Worker*, p. 75. A. Callinicos, 'Wage labour', 앞의 책에서 재인용.

58 P. Hanson in Lane (ed), *Labour and Employment*, 앞의 책, p. 88. 또한 A. J. Pietsch in Lane (ed), 앞의 책을 보시오.

59 여기서 핵심은 노동력의 주기적인 재판매가 소련 노동자들에게는 현실이라는 점이다. 억압에 직면한 노동자들의 저항은 최근에서야 공공연한 파업 투쟁의 형태를 종종 취했다. 그러나 계획적 결근, 사보타주, '태업' 등과 같은 다른 저항 수단도 중요하다. '소비에트'의 노동자들을 단순히 원자화된 자동인형으로 묘사하지 않는 것이 핵심이다.

60 R. S. Whitesell, 'Why Does the Soviet Economy Appear to be Allocatively Efficient?', *Soviet Studies* vol. 42, no. 2, April 1990, p. 262.

61 이것에 대한 짤막한 논의로는 다음을 보시오. P. Green, *Why the World Economy is in Crisis* (SWP, London, 1988), p. 17. A Callinicos, *Revolutionary Ideas of Karl Marx* (Bookmarks, London, 1988) p 17[국역:《칼 맑스의 혁명적 사상》, 책갈피, 2007]. C Harman, *Explaining the Crisis* (Bookmarks, London, 1984) pp 30-31[국역:《마르크스주의와 공황론》, 풀무질, 1995].

62 C Harman, *Explaining*, 앞의 책, p 118. 또, A Callinicos, *Revolutionary Ideas*, 앞의 책, p. 192.

63 C. Harman, 'Poland: Crisis of State Capitalism', 앞의 책.

64 C. Barker & K. Weber, *Solidarność-From Cdansk to Military Repression*, *International Socialism* 15, 1982, p. 128부터 보시오.

65 C Harman, 'The Storm Breaks', *International Socialism* 2:46, Spring 1990, pp 30-31.

66 A Callinicos, *Revolutionary Ideas*, 앞의 책, p122ff. Nick Moore, 'Marx's

Labour Theory of Value'. 그리고 감사의 말을 보시오.

67   A. Aganbegyan, 앞의 책, p. 22.

68   같은 책, p. 80.

69   같은 책, 각주 p. 3.

70   Chris Harman, *Class Struggles*, 앞의 책, p 365 note 26.

71   C. Harman & A. Zebrowski, 'Glasnost: Before the Storm', *International Socialism* 2:39, Summer 1988[국역: "기로에 선 글라스노스트", 《페레스트로이카란 무엇인가》, 신평론, 1990]. 'Polish Socialists Speak out', *International Socialism* 2:41, Winter 1988. C. Harman, 'The Myth of Market Socialism', *International Socialism* 2:42, Spring 1989. C. Harman, 'The Storm Breaks', *International Socialism* 2:46, Spring 1990. C. Harman 'From Trotsky to State Capitalism', *International Socialism* 2:47, Summer 1990. 물론 *Socialist Worker Review*와 *Socialist Worker*의 많은 기사들도 포함된다.

72   내기 좋아하는 구절은 이것이다. "주요 유럽 국가들 가운데 일부에서 자본주의[서방 자본주의로 읽으시오 — 하울]가 전복되고 노동자 국가가 수립될 때만 … 소련에서 정치혁명을 위한 조건이 형성될 것이다." P. Bellis, *Marxism and the USSR* (MaCmillan, London, 1979), p. 236.

73   스탈린주의로 물든 국제스파르타쿠스단 경향이 이런 끔찍한 말을 했다.

74   예컨대 스탈린주의 관료인 일리에스쿠의 명령에 따라 루마니아 광부들이 학생 시위대를 두들겨 팬 뒤인 1990년 6월 22일자 〈밀리턴트〉(Militant)가 취한 수치스러운 태도를 보시오.

■ 찾아보기